한 번에 합격, 자격증은 이기적

이렇게 기막힌 적중률

 함께 공부하고 특별한 혜택까지!
이기적 스터디 카페

 구독자 약 15만 명, 전강 무료!
이기적 유튜브

오직 스터디 카페 멤버에게만 주어지는 특별 혜택!

이기적 스터디 카페

이기적 스터디 카페

합격을 위한 기적 같은 선물
또기적 합격자료집

 혼자 공부하기 외롭다면?
온라인 스터디 참여

 모든 궁금증 바로 해결!
전문가와 1:1 질문답변

 1년 내내 진행되는
이기적 365 이벤트

 도서 증정 & 상품까지!
우수 서평단 도전

 간편하게 한눈에
시험 일정 확인

합격까지 모든 순간 이기적과 함께!

이기적 365 EVENT

QR코드를 찍어 이벤트에 참여하고 푸짐한 선물 받아가세요!

1. 기출문제 복원하기

이기적 책으로 공부하고 시험을 봤다면 7일 내로 문제를 제보해 주세요!

2. 합격 후기 작성하기

당신만의 특별한 합격 스토리와 노하우를 전해 주세요!

3. 온라인 서점 리뷰 남기기

온라인 서점에서 책을 구매하고 평점과 리뷰를 남겨 주세요!

4. 정오표 이벤트 참여하기

더 완벽한 이기적이 될 수 있게 수험서의 오류를 제보해 주세요!

※ 이벤트별 혜택은 변경될 수 있으므로 자세한 내용은 해당 QR을 참고해 주세요.

합격 후기 EVENT

모두에게 당신의 합격 스토리를 들려주세요

합격하고 마음껏 자랑하세요.
후기를 남기면 네이버페이 포인트를 선물로 드려요.

네이버페이 포인트 쿠폰
20,000원
5,000원

 블로그에 자랑 남기기
개인 블로그에
합격 후기 작성하고 20,000원 받기!

20,000원
네이버페이 포인트 지급

▲ 자세히 보기

 카페에 자랑 남기기
이기적 스터디 카페에
합격 후기 작성하고 5,000원 받기!

5,000원
네이버페이 포인트 지급

▲ 자세히 보기

※ 자세한 참여 방법은 QR코드 또는 이기적 스터디 카페 '이기적 이벤트' 게시판을 확인해 주세요.
※ 이벤트에 참여한 후기는 추후 마케팅 용도로 활용될 수 있으며 혜택은 변동될 수 있습니다.

가장 가까이 만날 수 있는 선생님
조주기능사 전문 유튜버 한잔공감

한잔공감 채널에서는!

- ✓ 조주기능사 시험은 이기적&한잔공감으로, 필기+실기 완전 정복
- ✓ 알면 알수록 빠져드는, 위스키 입문가이드
- ✓ 위스키 가격까지 파헤친다, 한눈에 보이는 위스키스캐너

◀ 선생님 채널 바로가기

한잔공감

합격을 위해 모두 드려요.
이기적 합격 솔루션!
이기적이 여러분을 위해 준비했어요

저자가 직접 알려주는, 무료 동영상 강의

자격증 독학 어렵지 않아요. 혼자 공부하지 마세요.
어려운 문제 풀이는 선생님과 함께 해요.

합격하는 실기 꿀팁, 또기적 합격자료집

7분이라는 짧은 시간 안에 음료 세 잔을 어떻게 만들어~ㅠㅠ
걱정은 No! 선생님의 암기법과 꿀팁으로 자신만만하게 준비하세요.

무엇이든 물어보세요, 1:1 질문답변

공부하다 궁금한 게 생기셨나요? 무엇이든 물어보세요.
금방 답해 드릴게요.

문풀의 중요성, CBT 모의고사 2회분

더 많은 문제를 풀고 싶으신가요?
이기적이 준비한 CBT 모의고사로 충분히 연습하고 합격하세요.

※ 〈2026 이기적 조주기능사 필기+실기 올인원〉 도서를 구매하고 인증한 회원에게만 드리는 자료입니다.

정오표 바로가기 ▶

또, 드릴게요! 이기적이 준비한 선물
또기적 합격자료집

1 시험에 관한 A to Z 합격 비법서
책에 다 담지 못한 혜택은 또기적 합격자료집에서 확인

2 편리하고 똑똑한 디지털 자료
PC · 태블릿 · 스마트폰으로 언제든 열람하고 필요한 부분만 출력 가능

3 초보자, 독학러 필수 신청
혼자서도 충분한 학습 플랜과 수험생 맞춤 구성으로 한 번에 합격

※ 도서 구매 시 추가로 증정되는 PDF용 자료이며 실제 도서가 아닙니다.

◀ 또기적 합격자료집 받으러 가기

이렇게 기막힌 적중률

조주기능사
올인원
1권 · 필기

"이" 한 권으로 합격의 "기적"을 경험하세요!

차례

출제빈도에 따라 분류하였습니다.
- 상 : 반드시 보고 가야 하는 이론
- 중 : 보편적으로 다루어지는 이론
- 하 : 알고 가면 좋은 이론

PART 01 음료 특성 분석

CHAPTER 01 음료론
- 하 SECTION 01 음료의 개념과 역사 … 1-18
- 상 SECTION 02 음료의 분류 … 1-19

CHAPTER 02 양조주
- 중 SECTION 01 양조주의 개념 … 1-22
- 상 SECTION 02 와인 … 1-23
- 중 SECTION 03 맥주 … 1-36

CHAPTER 03 증류주
- 하 SECTION 01 증류주의 개념 … 1-42
- 상 SECTION 02 위스키 … 1-43
- 중 SECTION 03 럼 … 1-47
- 중 SECTION 04 진 … 1-50
- 중 SECTION 05 보드카 … 1-52
- 중 SECTION 06 테킬라 … 1-54
- 상 SECTION 07 브랜디 … 1-57
- 중 SECTION 08 아쿠아비트 … 1-63

CHAPTER 04 혼성주
- 하 SECTION 01 혼성주의 개념 … 1-66
- 상 SECTION 02 혼성주의 분류 … 1-68

CHAPTER 05 전통주
- 하 SECTION 01 전통주의 개념 … 1-72
- 하 SECTION 02 소주 … 1-74
- 상 SECTION 03 전통주의 분류 … 1-76

CHAPTER 06 비알코올성 음료
- 상 SECTION 01 기호음료 … 1-80
- 상 SECTION 02 영양음료와 청량음료 … 1-84
- ❗ 합격을 다지는 예상문제 … 1-86

PART 02 칵테일 실무

CHAPTER 01 칵테일 특성
- 하 SECTION 01 칵테일의 개념과 역사 … 1-92
- 상 SECTION 02 칵테일의 분류 … 1-95

CHAPTER 02 칵테일 기법 실무
- 상 SECTION 01 칵테일 기법 … 1-100

CHAPTER 03 칵테일 조주 실무
- 중 SECTION 01 칵테일 조주 준비 … 1-106
- 상 SECTION 02 칵테일 표준 레시피 … 1-116
- ❗ 합격을 다지는 예상문제 … 1-126

PART 03 주장관리

CHAPTER 01 주장
- 상 SECTION 01 주장의 개념 … 1-132
- 상 SECTION 02 주장관리 … 1-134
- 상 SECTION 03 주장 서비스 … 1-136

CHAPTER 02 음료 영업장 관리
- 상 SECTION 01 음료 영업장 시설 관리 … 1-140
- 상 SECTION 02 음료 영업장 위생 관리 … 1-142
- 중 SECTION 03 주장 음료 관리 … 1-146

CHAPTER 03   주류 서비스&보관
- SECTION 01   와인 서비스&보관   1-152
- SECTION 02   기타 주류 서비스&보관   1-155

CHAPTER 04   술과 건강
- SECTION 01   술과 건강   1-158
- 합격을 다지는 예상문제   1-159

PART 04   외국어 사용 표현

CHAPTER 01   바텐더 외국어 사용
- SECTION 01   접객 서비스 외국어   1-166
- SECTION 02   음료 서비스 외국어   1-171
- SECTION 03   기타 외국어   1-175

CHAPTER 02   음료 영업장 전문용어
- SECTION 01   음료(주류)의 외국어   1-178
- 합격을 다지는 예상문제   1-185

PART 05   해설과 함께 보는 최신 기출문제

최신 기출문제 01회   1-192
최신 기출문제 02회   1-203
최신 기출문제 03회   1-214
최신 기출문제 04회   1-225
최신 기출문제 05회   1-236
최신 기출문제 06회   1-247
최신 기출문제 07회   1-258
최신 기출문제 08회   1-269

PART 06   해설과 따로 보는 최신 기출문제

최신 기출문제 01회   1-280
최신 기출문제 02회   1-288
최신 기출문제 03회   1-297
최신 기출문제 04회   1-305
최신 기출문제 05회   1-313
최신 기출문제 06회   1-321
최신 기출문제 07회   1-330
최신 기출문제 08회   1-338

PART 07   정답 & 해설   1-348

부록 BONUS   또기적 합격자료집   PDF
- 실기 시험장 스케치
- 합격하는 실기 꿀팁
- CBT 모의고사 2회분
- 스터디 플래너

※ 참여 방법 : '이기적 스터디 카페' 검색 → 이기적 스터디 카페(cafe.naver.com/yjbooks) 접속 → '구매 인증 PDF 증정' 게시판 → 구매 인증 → 메일로 자료 받기

이 책의 구성

STEP 1 핵심 이론만 꼼꼼히 학습

전문가가 핵심만 정리한
완벽 이론

STEP 2 빠른 복습 및 실력 점검

해설과 함께 보는
최신 기출문제 8회분

- 출제빈도와 빈출태그로 중요도 확인
- 섬세한 사진 자료로 쉬운 이해
- 다양한 팁으로 학습능률 상승

- 보다 더 빠르게 출제경향 파악
- 상세한 해설로 문제 마스터
- 오답 피하기로 틀린 이유 분석

STEP 3 기출로 실전 감각 향상

BONUS 또기적 합격자료집

해설과 따로 보는
최신 기출문제 8회분

도서 구매자 특별 제공
이기적이 몰래 알려주는 꿀팁

- 소요 시간 내 문제 풀이 연습
- 추가 이론으로 마지막 복습
- 단기간 학습으로 기출문제 정복

- 실기 시험 꿀팁
- CBT 모의고사 2회분

CBT 시험 가이드

CBT란?

CBT는 시험지와 필기구로 응시하는 일반 필기시험과 달리, 컴퓨터 화면으로 시험 문제를 확인하고 그에 따른 정답을 클릭하면 네트워크를 통하여 감독자 PC에 자동으로 수험자의 답안이 저장되는 방식의 시험입니다.
오른쪽 QR코드를 스캔해서 큐넷 CBT를 체험해 보세요!

큐넷 CBT 체험하기

CBT 응시 유의사항

- 수험자마다 문제가 모두 달라요, 문제은행에서 자동 출제됩니다!
- 답지는 따로 없어요!
- 문제를 다 풀면, 반드시 '제출' 버튼을 눌러야만 시험이 종료되어요!
- 시험 종료 안내방송이 따로 없어요!

FAQ

Q CBT 시험이 처음이에요! 시험 당일에는 어떤 것들을 준비해야 좋을까요?

A 시험 20분 전 도착을 목표로 출발하고 시험장에는 주차할 자리가 마땅하지 않은 경우가 많으므로, 대중교통을 이용하는 것을 추천합니다. 무사히 시험 장소에 도착했다면 수험자 입장 시간에 늦지 않게 시험실에 입실하고, 자신의 자리를 확인한 뒤 착석하세요.

Q 기존보다 더 어려워졌을까요?

A 시험 자체의 난이도 차이는 없지만, 랜덤으로 출제되는 CBT 시험 특성상 경우에 따라 유독 어려운 문제가 많이 출제될 수는 있습니다. 이러한 돌발 상황에 대비하기 위해 이기적 CBT 온라인 문제집으로 실제 시험과 동일한 환경에서 미리 연습해 두세요.

Q 풀었던 문제의 답안 수정은 어떻게 하나요?

A 마킹한 답안을 수정할 경우에는 문제지 화면에서 수정하고자 하는 문제의 답을 다시 클릭하면 먼저 체크한 번호는 없어지고 새로 선택한 번호가 검은색으로 마킹됩니다.

Q 문제를 다 풀고 나면 어떻게 하나요?

A 문제를 다 풀고 시험을 종료하려면, '시험 종료' 버튼을 클릭하면 됩니다. 마킹하지 않은 문제가 있을 경우 남은 문제의 문제번호 목록을 보여 주고, 남은 문제번호를 선택한 다음 [문항으로 이동] 버튼을 클릭하면 문제화면에 클릭한 문제가 나타납니다. 남은 문제가 없을 경우 최종적으로 종료 여부를 확인하는 대화상자가 나타나며 [예]를 클릭하면 시험이 종료되고 수험자가 작성한 답안은 자동으로 저장되어 서버로 전송됩니다.

CBT 진행 순서

좌석번호 확인 — 수험자 접속 대기 화면에서 본인의 좌석번호를 확인합니다.

↓

수험자 정보 확인 — 시험 감독관이 수험자의 신분을 확인하는 단계입니다.
신분 확인이 끝나면 시험이 시작됩니다.

↓

안내사항 — 시험 안내사항을 확인하고, 다음을 클릭합니다.

↓

유의사항 — 시험과 관련된 유의사항을 확인합니다.

↓

문제풀이 메뉴 설명 — 시험을 볼 때 필요한 메뉴에 대한 설명을 확인합니다.
메뉴를 이용해 글자 크기와 화면 배치를 조정할 수 있습니다.
남은 시간을 확인하며 답을 표기하고, 필요한 경우 아래의 계산기를 이용할 수 있습니다.

↓

문제풀이 연습 — 시험 보기 전, 연습을 해 보는 단계입니다.
직접 시험 메뉴화면을 클릭하며, CBT가 어떻게 진행되는지 확인합니다.

↓

시험 준비 완료 — 문제풀이 연습을 모두 마친 후 [시험 준비 완료] 버튼을 클릭하면 시험 감독관의 지시에 따라 시험이 시작됩니다.

↓

시험 시작 — 시험이 시작되었습니다. 수험자는 제한 시간에 맞추어 문제풀이를 시작합니다.

↓

답안 제출 — 시험을 완료하면 [답안 제출] 버튼을 클릭합니다. 답안을 수정하기 위해 시험화면으로 돌아가고 싶으면 [아니오] 버튼을 클릭합니다.

↓

답안 제출 최종 확인 — 답안 제출 메뉴에서 [예] 버튼을 클릭하면, 수험자의 실수를 방지하기 의해 한 번 더 주의 문구가 나타납니다. 시험 문제 풀이가 완벽히 끝났다면 [예] 버튼을 클릭하여 최종 제출합니다.

↓

합격 발표 — CBT 시험이 모두 종료되면, 퇴실할 수 있습니다.

이제 완벽하게 CBT 필기시험에 대해 이해하셨나요?
그렇다면 이기적이 준비한 CBT 온라인 문제집으로 학습해 보세요!
이기적 온라인 문제집 : https://cbt.youngjin.com

 이기적 CBT 바로가기

시험의 모든 것

시험 알아보기

● 자격 소개
조주에 관한 숙련기능을 가지고 조주작업과 관련되는 업무를 수행할 수 있는 전문인력을 양성하고자 제정된 자격제도입니다. 주류, 음료류, 다류 등에 대한 재료 및 제법의 지식을 바탕으로 칵테일을 조주하고 호텔과 외식업체의 주장관리, 고객관리, 고객서비스, 경영관리, 케이터링 등의 업무를 수행할 수 있어야 합니다.

● 진로 및 전망
주류, 음료류, 다류 등을 서비스하는 칵테일바, 와인바, 호텔, 레스토랑 등의 외식업체에서 바텐더, 소믈리에, 바리스타 등으로 근무하며, 간혹 해외 업체로 취업을 하기도 합니다. 주류, 음료류, 다류 등에 관한 많은 지식을 가져야 함은 물론이고 고객과의 원만하고 폭넓은 대화를 나눌 수 있는 소양을 갖추어야 하며, 외국인을 대할 기회가 많기 때문에 간단한 외국어 회화능력을 갖추는 것이 유리합니다.

● 필기시험 응시자격
남녀 노소 누구나 응시 가능

● 필기시험 형식
- CBT(Computer Based Test) 시험
- 객관식 4지 택일형
- 총 60문항, 시험 시간 1시간

● 필기시험 검정 현황

연도	응시(명)	합격(명)	합격률(%)
2024	7,124	4,520	63.4
2023	8,485	6,471	76.3
2022	7,878	5,932	75.3

출제 기준

● 필기시험 출제 기준
- 적용 기간 : 2025.01.01.~2027.12.31.

출제 기준 상세 보기

주요항목	세부항목
위생관리	음료 영업장 위생 관리
	재료 · 기물 · 기구 위생 관리
	개인위생 관리
	식품위생 및 관련법규
음료 특성 분석	음료 분류
	양조주 특성
	증류주 특성
	혼성주 특성
	전통주 특성
	비알코올성 음료 특성
	음료 활용
	음료의 개념과 역사
칵테일 기법 실무	칵테일 특성 파악
	칵테일 기법 수행
칵테일 조주 실무	칵테일 조주
	전통주 칵테일 조주
	칵테일 관능평가
고객 서비스	고객 응대
	주문 서비스
	편익 제공
	술과 건강
음료 영업장 관리	음료 영업장 시설 관리
	음료 영업장 기구 · 글라스 관리
	음료 관리
바텐더 외국어 사용	기초 외국어 구사
	음료 영업장 전문용어 구사
식음료 영업	테이블 세팅
	스테이션 준비
	음료 재료 준비
	영업장 점검
와인장비 · 비품 관리	와인글라스 유지 · 관리
	와인비품 유지 · 관리

접수 및 응시

● **필기시험 접수 방법**
- 접수 기간 : 회별 원서접수 첫날 10:00부터 마지막 날 18:00까지
- 접수방법
  - 큐넷 홈페이지의 "연간국가기술자격 시험일정"에서 시행회차, 종목, 시도, 시/군/구를 설정하여 검색한 후 접수 (필히 사진 등록)
  - 지역에 상관없이 원하는 시험장 선택 가능

● **시험 일자**
- 2026년 조주기능사 시험 일정은 미정이며, 큐넷 홈페이지를 통해 확인할 수 있음.
- (참고) 2025년 조주기능사 시험 일정

구분	필기 접수	필기 시험	실기 접수	실기 시험
1회	01.06.~01.09.	01.21.~01.25.	02.10.~02.13.	03.15~04.02.
2회	03.17.~03.21.	04.05.~04.10.	04.21.~04.24.	05.31.~06.15.
3회	06.09.~06.12.	06.28.~07.03.	07.28.~07.31.	08.30.~09.17.
4회	08.25.~08.28.	09.20.~09.25.	10.20.~10.23.	11.22.~12.10.

● **필기시험 수수료**

14,500원

● **필기시험일 유의사항**
- 입실시간 준수
- 수험표, 신분증, 필기구(흑색 싸인펜 등) 지참

● **필기시험 합격기준**

100점을 만점으로 하여 60점 이상

> **고사장 및 시험 관련 문의**
> - 시행처 : 한국산업인력공단(큐넷)
> - q-net.or.kr/

합격 발표

● **합격자 발표**
- 큐넷 홈페이지에서 합격자 확인 가능
- 필기시험 합격예정자 및 최종합격자 발표시간은 해당 발표일 09:00임

● **시험문제/가답안 공개**
- 별도로 시험문제지를 큐넷 홈페이지 등에 공개하지 않음
- 가답안은 시험종료 당일부터 지정된 기간 동안 인터넷으로 공개

● **자격증 신규 발급**

신규 발급 안내	인터넷 신청 후 우편배송

인터넷 발급 방법	• 인터넷 발급 신청하여 우편수령
	• 인터넷 자격증 발급신청 접수기간 : 월요일~일요일(24시간) 연중 무휴
	• 인터넷을 이용한 자격증 발급신청이 가능한 경우
	  - 배송신청가능자 : 공단이 본인 확인용 사진을 보유한 경우 (2005년 9월 이후 자격취득자 및 공인인증 가능자)
	• 인터넷 우편배송 신청 전 공단에 직접 방문하여야 하는 경우
	  - 공단에서 확인된 본인 사진이 없는 경우
	  - 신분 미확인자인 경우(사진상이자 포함)
	  - 법령 개정으로 자격 종목의 선택이 필요한 경우
	• 인터넷 자격증 발급 시 비용
	  - 수수료 : 3,100원 / 배송비 : 3,290원

발급 문의	32개 지부/지사

📞 **1644-8000**

시험 출제 경향

PART 01 음료 특성 분석

다양한 음료의 종류와 특성을 파악, 분류하고 지식을 배우는 파트입니다.

빈출 태그

01 음료론   음료의 개념과 역사, 알코올성 음료, 비알코올성 음료

02 양조주   양조주의 개념·분류·제조방법, 와인의 개념·분류·제조과정, 국가별 와인, 맥주의 개념·원료·제조과정·분류

03 증류주   증류주의 개념·분류·제조과정, 위스키의 개념·분류·제조과정, 럼의 개념·분류·제조과정·브랜드, 진의 개념·분류·제조과정·브랜드, 보드카의 개념·분류·제조과정·브랜드, 테킬라의 개념·분류·제조과정·브랜드, 브랜디의 개념·분류·제조과정·브랜드, 아쿠아비트의 개념·분류·제조과정·브랜드

04 혼성주   혼성주의 개념·역사·제조방법·분류

05 전통주   전통주의 개념·역사·종류·제조방법, 소주의 개념·역사·종류

06 비알코올성 음료   기호음료(비알코올성 음료)의 개념·특징·종류, 차(Tea), 커피, 코코아, 영양음료, 청량음료

PART 02 칵테일 실무

칵테일 조주를 위한 기본적인 지식과 기법을 습득하여 칵테일을 조주하고 관능평가를 수행하는 방법을 배우는 파트입니다.

빈출 태그

01 칵테일 특성   칵테일의 역사·어원·정의, 칵테일의 분류·용량·기주·스타일

02 칵테일 기법 실무   칵테일의 기법·계량단위·도수계산법

03 칵테일 조주 실무   글라스, 칵테일 기물, 부재료, 레시피, 칵테일 표준 레시피, 전통주 칵테일

PART 03 주장관리

고객에게 위생적인 음료를 제공하기 위해 영업장의 관리, 운영, 마케팅 등 고객에 대한 서비스를 수행하는 능력을 배우는 파트입니다.

빈출 태그

- 01 주장   주장의 개념·분류, 주장관리의 개념, 조직도, 홀에서의 직무, 주장 서비스, 자세·용어
- 02 음료 영업장 관리   영업장 관리, 글라스, 얼음, 취급과 관리법, 위생법, 원가관리, 매출관리, 재고관리, 구매관리
- 03 주류 서비스&보관   와인 서비스, 보관방법, 맥주, 위스키, 브랜디 서비스
- 04 술과 건강   건강과 음주법, 취객 대처방법

PART 04 외국어 사용 표현

기초 외국어, 음료 영업장 전문용어를 숙지하고 사용하는 방법을 배우는 파트입니다.

빈출 태그

- 01 바텐더 외국어 사용   접객 서비스 외국어, 음료 서비스 외국어, 기타 외국어 표현
- 02 음료 영업장 전문용어   주류 관련 표현

PART 01

음료 특성 분석

파트 소개

다양한 음료의 종류와 특성을 파악, 분류하고 지식을 배우는 파트입니다.

CHAPTER 01

음료론

학습 방향
음료의 정의와 역사는 어떠한지 학습하고, 알코올성 음료와 비알코올성 음료의 종류를 파악합니다.

출제빈도
SECTION 01 하   10%
SECTION 02 상   90%

음료의 개념과 역사

빈출 태그 ▶ 개념, 역사

01 음료의 역사

1) 음료의 역사
- 물은 모든 생명체의 근원이자 필수 요소이며, 인체의 70%가량이 물로 구성되어 있다. 체내의 수분을 보충하기 위해 마신 최초의 음료는 물인데, 강물이 오염되어 질병에 걸리게 되자 물을 가공해서 마시기 시작했다.
- 1919년 발견된 스페인의 발렌시아(Valencia) 부근 동굴 속에서 약 1만 년 전의 것으로 추측되는 암벽의 조각에 한 손에 바구니를 들고 봉밀을 채취하는 사람의 그림이 그려져 있어 봉밀 그 자체를 마셨거나 물에 타서 마셨다는 기록을 찾아볼 수 있다.
- 기원전 6,000년경 바빌로니아 사람들은 레몬 과즙을 마셨으며, 밀빵이 물에 젖어 발효된 맥주를 발견하여 음료로 즐겼다.
- 중앙아시아 지역에서는 야생 포도가 쌓여 자연 발효된 포도주를 음료로 즐겼다.
- 현대의 탄산음료는 18세기에 탄산화 물을 효과적으로 만들어 내는 방법을 개발한 것으로부터 비롯되었다.
- 1767년 영국의 화학자인 조셉 프리스트리(Joseph Pristry)가 탄산가스를 발견했으며, 이후 탄산음료의 발전에 큰 기여를 하게 된다.

02 음료의 정의

1) 음료(Drink, Beverage)란?
사람이 마실 수 있는 모든 액체를 뜻한다.

2) 음료의 분류
음료를 크게 분류를 하면 알코올성 음료와 비알코올성 음료로 구분한다.
① 알코올성 음료 : 양조주, 증류주, 혼성주
② 비알코올성 음료 : 청량음료, 영양음료, 기호음료

SECTION 02 음료의 분류

출제빈도 상 중 하
반복학습 1 2 3

빈출 태그 ▶ 알코올성 음료, 비알코올성 음료

01 음료의 분류

음료	알코올성 음료	양조주 (Fermented Liqueur)	단발효주	과실주(포도주, 사과주)
			복발효주	맥주, 막걸리, 약주, 탁주, 청주
		증류주(Distilled Liqueur)		아쿠아비트, 브랜디, 위스키, 럼, 진, 보드카, 테킬라
		혼성주 (Compounded Liqueur)	약초류 (향초류)	압생트, 캄파리, 베르무스, 드람부이 등
			과실류	큐라소, 트리플 섹, 쿠앵트로 등
			종자류	깔루아, 아마레토, 크렘 드 카카오 등
	비알코올성 음료	청량음료	탄산음료	콜라, 탄산수, 토닉 워터, 진저에일 등
			무탄산음료	생수, 광천수
		영양음료	주스류	토마토 주스, 레몬 주스 등
			우유류	살균우유, 멸균우유
		기호음료		커피, 차, 코코아

02 알코올성 음료

1) 알코올성 음료의 정의

주세법상의 술의 정의는 곡류(전분), 과일(당분)을 발효 또는 증류하여 1% 이상의 알코올 성분이 함유된 음료를 말하며, 원용량에 포함된 에틸알코올(섭씨 15도에서 0.7947의 비중을 가진 것)을 뜻한다. 단, 약사법에 따른 의약품으로써 알코올 분이 6% 미만의 것을 제외한다.

2) 알코올성 음료의 분류

① 양조주(Fermented Liqueur) : 과일(당질)이나 곡물(전분질) 원료에 효모를 첨가하여 발효시켜 만든 술

② 증류주(Distilled Liqueur) : 과실이나 곡류 등을 발효시킨 후 열을 가하여 알코올을 분리하여 만든 술

③ 혼성주(Compounded Liqueur) : 증류주 혹은 양조주를 원료로 하여 당분을 더하고 과일이나 향료, 약초 등 초근목피의 침전물로 향미를 더하여 만든 술

> **기적의 TIP**
>
> 유럽에서의 사이다(Cider)는 탄산음료가 아닌 사과로 만든 과실주에 속한다.

★ **에비앙(Evian)**
광천수를 이용하여 세계 최초로 물을 상품화한 프랑스 브랜드

대표 광천수
- 프랑스의 에비앙 워터 (Evian Water)

대표 광천 탄산수
- 프랑스의 비시 워터 (Vichy Water)
- 프랑스의 페리에 워터 (Perrier Water)
- 독일의 셀처 워터 (Seltzer Water)
- 한국의 초정약수

03 비알코올성 음료

① **청량음료(Soft Drink)**
- 탄산음료 : 콜라(Cola), 소다수(Soda Water), 토닉 워터(Tonic Water), 콜린스 믹스(Collins Mix), 진저에일(Ginger Ale) 등
- 비탄산음료 : 미네랄 워터(Mineral Water, 생수), 에비앙 워터(Evian Water)★

② **영양음료(Milk Products and Fruit and Vegetable Drink)** : 우유류와 과실 주스, 야채 주스(토마토 주스) 등

③ **기호음료(Beverages)** : 세계 3대 기호음료인 커피(Coffee), 차(Tea), 코코아(Cocoa)

CHAPTER

02

양조주

학습 방향

양조주는 발효주로서 재료와 제조과정 등에 따라 다양하게 나뉩니다. 양조주가 어떻게 분류되는지 확인하고, 대표적인 종류인 와인과 맥주에 대해 학습합니다.

출제빈도

SECTION 01	중	5%
SECTION 02	상	80%
SECTION 03	중	15%

SECTION 01 양조주(Fermented Liqueur)의 개념

빈출 태그 ▶ 개념, 분류, 제조방법

01 양조주의 개념 및 특징

1) 양조주의 정의
양조주는 발효주라고도 하며, 과일(당질)이나 곡물(전분질) 원료에 효모를 첨가하여 발효시켜 만든 술이다.

당분(Diastase) + 효모(Yeast) → 에틸알코올(Alcohol) + 이산화탄소(CO_2) + 물(H_2O)

2) 양조주의 특징
① 알코올 함량이 20% 이하로 도수가 낮은 편
② 알코올 함량이 적어 보존 기간이 비교적 짧고 유통기간이 존재
③ 과실주는 당분을 갖고 있어 쉽게 술 제조 가능
④ 곡물주는 전분을 당화과정을 통해 당으로 분해 후 발효시켜 술을 제조
⑤ 발효하는 과정에서 당분이 효모에 의해 물, 에틸알코올, 이산화탄소를 발생

02 양조주의 분류

1) 양조주의 분류
① **단발효주(과실류)**★
- 단당류로 이루어진 당분이 과일의 표피에 존재하는 효모와 만나 발효한 술
- 와인(Wine)-포도, 사과주(Cider)-사과, 토디(Toddy)-야자수, 페리(Perry)-배

② **복발효주(곡류)**
- 다당류 형태의 전분 원료에 당화과정을 거치고 효모를 첨가하여 발효한 술
- 맥주, 청주, 막걸리, 사케, 탁주

③ 기타 발효주 : 미드(Mead) – 꿀, 풀케(Pulque)★ – 용설란

2) 복발효주의 제조방법에 따른 분류
복발효주는 제조과정에 따라 단행복발효주, 병행복발효주로 나뉜다.

① 단행복발효주
- 곡물(보리)을 건조해 싹을 틔운 맥아를 당화, 발효 순으로 순차적으로 진행한 술
- 맥주

② 병행복발효주
- 곡물에 누룩(곰팡이)을 넣어 당화와 발효를 동시에 진행한 술
- 청주, 막걸리, 사케, 탁주

기적의 TIP

양조주의 최대 알코올 생성량은 20% 정도이다.

기적의 TIP

효모는 맥아즙 속의 당분을 분해하여 알코올과 탄산가스를 만드는 역할을 한다.

- 효모의 생육조건
  - 적정 영양소
  - 적정 온도
  - 적정 pH

★ **단발효주**
과당원료(과일)에 당화과정 없이 효모를 첨가하면 알코올, 이산화탄소, 물이 만들어진다.

★ **풀케(Pulque)**
용설란(Agave)의 수액을 발효시켜 만든 멕시코의 술이다.

와인(Wine)

빈출 태그 ▶ 개념, 분류, 제조과정, 국가별 와인, 영어

01 와인의 개념 및 특징

1) 와인의 어원 및 정의

① 와인의 어원 : 라틴어 'Vinum', 즉 '포도나무로부터 만든 술'이라는 의미에서 유래

② 와인의 정의
- 넓은 의미 : 과실을 발효시켜 만든 양조주
- 일반적 의미 : 포도를 발효시켜 만든 포도주

③ 국가별 와인의 명칭

프랑스	이탈리아	독일	미국, 영국	포르투갈
뱅(Vin)	비노(Vino)	바인(Wein)	와인(Wine)	비뉴(Vinho)

④ 와인의 품질을 결정하는 요소 : 포도품종(Grape), 양조기술(Skill), 환경요소(Terroir)★

⑤ 와인을 분류하는 특성 4가지 : 색(Color), 투명도(Transparency), 맛(Taste), 향(Fragrance)

> **기적의 TIP**
> 와인은 평균 알코올 도수가 9~13도 내외이며, 우리나라 주세법에서는 과실주의 일종으로 정의한다.

> ★ **떼루아(Terroir)**
> 포도주가 만들어지는 자연환경 요소로 인한 포도주의 독특한 향미를 의미하며, 더 넓게는 포도가 자라는 데 영향을 주는 토양, 기후 등의 상호 작용을 포괄적으로 아우르는 것을 말한다.

> **기적의 TIP**
> **세계 10대 와인 생산국**
> - 1위 프랑스
> - 2위 이탈리아
> - 3위 미국
> - 4위 스페인
> - 5위 아르헨티나
> - 6위 독일
> - 7위 남아프리카
> - 8위 오스트레일리아
> - 9위 칠레
> - 10위 포르투갈

02 와인의 분류

1) 색에 따른 분류

① 레드 와인(Red Wine)
- 적포도의 씨와 껍질을 함께 넣어 발효시킨 와인
- 포도 껍질의 안토시안에 의한 붉은빛 컬러
- 씨와 껍질에 함유된 탄닌에 의한 떫은맛이 특징
- 15~19℃의 온도로 시음 : 적포도에 함유된 탄닌 성분으로 인해 차게 마시면 쓴맛이 강화됨

② 화이트 와인(White Wine)
- 백포도(청포도) 혹은 씨와 껍질을 제거한 적포도를 발효시킨 와인
- 연한 노란빛 컬러
- 탄닌 성분이 적어 부드럽고 상큼한 맛이 특징
- 8~12℃의 온도로 시음 : 낮은 온도에서 과일의 향이 풍부해짐

③ 로제 와인(Rose Wine)
- 적포도의 씨와 껍질을 함께 넣으나 어느 정도 색이 나오면 껍질을 제거하여 발효시킨 와인
- 연한 장미색을 연상케 하는 분홍빛 컬러
- 비교적 가벼운 바디감에 풍부한 과일의 풍미가 특징
- 오래 숙성하지 않고 마시는 것이 특징
- 화이트 와인과 동일하게 낮은 온도(8~12℃)로 시음

2) 숙성 기간에 따른 분류

① 영 와인(Young Wine) : 5년 이하로 숙성한 와인
② 에이지드 와인(Aged Wine) : 올드 와인(Old Wine)이라고도 하며, 5~15년 정도 숙성한 와인
③ 그레이트 와인(Great Wine) : 15년 이상 숙성한 와인

3) 맛, 당도에 따른 분류

구분	스위트 와인 (Sweet Wine)	미디엄 드라이 와인 (Medium Dry Wine)	드라이 와인 (Dry Wine)
정의	단맛이 강한 와인	단맛이 약간 나는 와인	신맛과 단맛이 거의 없는 와인
유사표현	감미와인	• 데미 드라이 와인(Demi Dry Wine) • 세미 드라이 와인(Semi Dry Wine) • 오프 드라이 와인(Off Dry Wine)	무감미와인
발효상태	포도당이 완전히 발효되지 않은 상태 (당분이 많이 남은 상태)	포도당이 중간 정도 발효된 상태 (당분이 약간 남은 상태)	포도당이 완전히 발효된 상태 (당분이 남지 않은 상태)
당분	당분 함유량 3% 이상	당분 함유량 2% 미만	당분 함유량 1% 미만
식사구분	식후주	식주	식전주

> **기적의 TIP**
> 드라이 와인의 당분이 거의 남아 있지 않은 주된 이유
> 미생물이 포도 속의 천연 포도당을 거의 완전히 발효시키기 때문이다.

> **기적의 TIP**
> 스위트 와인(감미 와인)을 만드는 방법
> • 귀부 포도(Noble Rot Grape)를 원료로 사용
> • 발효 도중 알코올을 강화
> • 햇볕에 말린 포도를 사용

> ★ 귀부병
> 수확시기가 늦어지거나 특정한 기후에 의해 포도의 껍질에 보트리티스 시네레아(Botrytis Cinerea)라는 곰팡이 균이 발생하는 병으로, 포도의 수분을 증발시켜 당도를 높이면서 화학 작용으로 인한 특유의 향을 낸다.

① 포도의 당분을 높이는 4가지 방법
- 원래 예정 수확일 보다 늦게 수확하는 방법(Late Harvest) : 독일의 슈페트레제(Spatlese), 아우스레제(Auslese), 베렌아우스레제(Beerenauslese)
- 포도를 수확한 후 햇볕에 말리는 방법 : 이탈리아의 빈 산토(Vin Santo), 독일의 QmP(Qualitätswein mit Prädikat)
- 한 겨울에 수확하여 포도의 수분을 얼리는 방법 : 독일의 아이스바인(Eiswein), 캐나다의 아이스 와인(Ice Wine)
- 귀부★ 포도(Noble Rot Grape)를 사용하는 방법 : 프랑스의 소테른(Sauternes), 헝가리의 토카이(Tokaj), 독일의 트로켄베렌아우스레제(Trockenbeerenauslese, TBA)

4) 식사 용도에 따른 분류

① 아페리티프 와인(Aperitif Wine, 식전주)
- 식욕 증진을 위해 식전에 마시는 와인
- 대표적인 와인 : 스페인의 드라이 셰리(Dry Sherry Wine), 이탈리아의 베르무스(Vermouth)

② 테이블 와인(Table Wine, 식주)
- 식욕 증진 및 분위기 연출을 위해 식사 중에 함께 마시는 와인
- 대표적인 와인 : 육류는 레드 와인(Red Wine), 생선류는 화이트 와인(White Wine)

③ 디저트 와인(Dessert Wine, 식후주)
- 입안을 개운하게 하기 위해 식사 후에 마시는 달콤한 와인
- 대표적인 와인 : 포르투갈의 포트 와인(Port Wine), 스페인의 크림 셰리(Cream Sherry), 프랑스의 소테른(Sauternes), 프랑스의 바르삭(Barsac), 독일의 베렌아우스레제(Beerenauslese), 캐나다의 아이스 와인(Ice Wine)

5) 알코올 도수에 따른 분류

① 주정 강화 와인(Fortified Wine)
- 와인의 변질을 방지하기 위해 일반 와인에 주정이나 브랜디(Brandy)를 넣어 알코올 도수를 높인 와인
- 지역에 따라 2가지로 구분

지역	스페인 헤레스(Jerez)	포르투갈 도오루(Douro)
와인	셰리 와인(Sherry Wine)	포트 와인(Port Wine)
식사 유형	• 식전주 • 아페리티프 와인(Aperitif Wine)	• 식후주 • 디저트 와인(Desert Wine)

- 브랜디나 주정을 넣는 시기에 따라 2가지로 구분

구분	발효 진행 중	발효 진행 후
방법	발효 진행 중에 주정을 첨가하는 방법으로 효모가 발효를 멈추어 잔여 당도와 함께 알코올 도수를 높이는 방법	발효가 완전히 끝난 상태에서 주정을 첨가하는 방법

와인	포르투갈의 포트 와인(Port Wine)	• 스페인의 드라이 셰리 와인
		  (Dry Sherry Wine)
		• 시칠리아의 마르살라(Marsala)
		• 이탈리아의 베르무스(Vermouth)
		• 프랑스의 뱅 두 내추럴
		  (Vin doux Naturel, VDN)

② 비강화 와인(Unfortified Wine) : 주정을 인위적으로 첨가하지 않은 일반적인 와인

6) 탄산가스 유무에 따른 분류

① 스파클링 와인(Sparkling Wine, 발포성 와인)

- 포도의 당분과 효모가 만나 발생하는 이산화탄소를 밀봉하여 탄산수처럼 기포가 있는 와인

> 포도 수확(Harvest) → 분쇄(Mushing) & 압착(Pressing) → 발효(Fermentation) → 아상블라주(Assemblage) → 효모, 당분 첨가 → 르뮈아주(Remuage) → 데고르주망(Degorgement) → 병입(Bottling)

아상블라주(Assemblage)	포도 품종이나 다른 포도밭의 와인을 섞는 것
르뮈아주(Remuage)	효모 찌꺼기를 병목에 모으는 것
데고르주망(Degorgement)	침전물이 모인 병목을 영하 –20℃~–30℃의 냉매가 든 통에 얼린 뒤, 병 입구의 마개를 열어 얼어붙은 침전물을 배출하는 것(침전물을 제거하는 과정)

- 국가별 스파클링 와인의 종류

프랑스	– 샴페인(Champagne)★ : 프랑스 샹파뉴 지역에서 만든 최고급 스파클링 와인 – 대표적인 포도 품종 : 샤르도네(Chardonnay), 피노 누아(Pinot Noir), 피노 뮈니에(Pinot Meunier)
	크레망(Cremant) : 프랑스 알자스나 부르고뉴, 루아르 지방 등에서 만든 스파클링 와인
	뱅 무세(Vin Mousseux) : 샴페인(Champagne)과 크레망(Cremant)을 제외한 프랑스 지역의 스파클링 와인
이탈리아	스푸만테(Spumante) : 이탈리아 전체 지역에서 만드는 스파클링 와인
	아스티(Asti) : 모스카토 다스티(Moscato D'Asti)로도 유명한 피에몬테주의 아스티 지역에서 만든 스파클링 와인
	프로세코(Prosecco) : 이탈리아 북부 지역에서 정통 방식에 따라 만든 최고 등급의 스파클링 와인
독일	젝트(Sekt) : 독일에서 만든 우수한 품질의 스파클링 와인
	페를바인(Perlwein) : 세미 스파클링 와인
스페인	카바(Cava) : 스페인 페네데스 지역에서 생산되는 스파클링 와인
	에스푸모소(Espumoso) : 카바(Cava) 이외의 스페인의 대중적인 스파클링 와인
포르투갈	에스푸만테(Espumante) : 포르투갈에서 만든 스파클링 와인

② 스틸 와인(Still Wine, 비발포성 와인)

- 탄산가스도 녹아있지 않고, 알코올을 추가로 첨가하지도 않은 순수하게 포도만을 발효하여 만든 와인
- 알코올 도수 14도 이하의 와인
- 대표적인 와인 : 레드 와인(Red Wine), 화이트 와인(White Wine), 로제 와인(Rose Wine)

★ 샴페인(Champagne)
17세기 말경 돔 페리뇽(Dom Perignon)이라는 베네딕트 수도원의 수도승에 의해 만들어졌다.

개념 체크

1 스파클링 와인에 해당되지 않는 것은?
① Champagne
② Cremant
③ Vin doux Naturel
④ Spumante

1 ③

03 와인의 제조과정

> 식품기준청 와인 표준 규정 상, 1% 알코올을 만들기 위해 16.5g/L의 당분이 필요하다.

1) 레드 와인(Red Wine)

① 포도 수확(Harvest) → 분쇄(Mushing) → 이산화황(SO2) 첨가 → 1차 발효(Fermentation) → 압착(Pressing) → 2차 발효(Fermentation) → 앙금 분리 → 숙성(Aging) → 여과(Filtering) → 병입(Bottling)

② 특징
- 유산 발효(유산균/젖산 박테리아에 의한 발효) 진행, 2번의 발효 과정을 진행
- 유산 발효는 신맛을 줄여 와인을 부드럽게 하며, 와인 제조에 필수 과정이 아닌 선택적으로 진행

2) 화이트 와인(White Wine)

① 포도 수확(Harvest) → 분쇄(Mushing) → 압착(Pressing) → 발효(Fermentation) → 앙금 분리 → 숙성(Aging) → 여과(Filtering) → 병입(Bottling)

② 특징 : 발효 과정을 거의 생략

3) 로제 와인(Rose Wine)

초기에는 레드 와인과 동일하나 어느 정도 붉은색이 나오면 껍질과 씨를 제거하여 화이트 와인과 동일하게 발효

4) 스파클링 와인(Sparkling Wine)

포도 수확(Harvest) → 분쇄(Mushing)&압착(Pressing) → 발효(Fermentation) → 아상블라주(Assemblage) → 효모, 당분 첨가 → 르뮈아주(Remuage) → 데고르주망(Degorgement) → 병입(Bottling)

기적의 TIP

이산화황(SO2)의 역할
- 항산화제 역할
- 부패균 생성 방지
- 갈변 방지

기적의 TIP

젖산발효
말로락틱 발효(Malolactic Fermentation)라고도 하며, 신맛을 줄여 와인을 부드럽게 한다. 모든 와인에 필요한 것이 아니라 선택적으로 한다.

기적의 TIP

와인 제조용 포도 재배 시 일조량이 부족할 경우, 발효를 진행할 때 포도즙에 설탕을 첨가한다.

> **기적의 TIP**
>
> 와인 테이스팅 평가의 기준
> - 당도(Sweetness)
> - 탄닌(Tannin)
> - 산도(Acidity)
> - 바디(Body)
>
> 와인 테이스팅 최종평가 요소
> - 품질
> - 가격
> - 마실 시기 결정
> - 음식과의 매칭

04 와인의 테이스팅

1) 와인의 적정 서브 온도 및 적정량

① 레드 와인(Red Wine) : 15~19℃의 실온 / 150mL

② 화이트 와인(White Wine) : 8~12℃의 온도로 칠링 / 120mL

③ 로제 와인(Rose Wine) : 8~12℃의 온도로 칠링

2) 와인의 테이스팅 요소

① 색(외관) : 선명도, 농도, 점도

② 향 : 과일 향, 꽃 향, 야채 향, 오크 향, 향신료

③ 맛 : 단맛, 신맛, 탄닌, 바디, 밸런스, 여운(피니시)

3) 와인 테이스팅의 순서

① 드라이 와인 → 스위트 와인

② 화이트 와인 → 레드 와인

③ 영 빈티지 와인 → 올드 빈티지 와인

④ 낮은 알코올 도수 → 높은 알코올 도수

⑤ 향이 약한 와인 → 향이 강한 와인

4) 호스트의 테이스팅

초대한 사람 또는 와인을 주문한 사람이 와인을 시음하여 와인의 상태와 이상 여부를 확인

5) 고객의 테이스팅

와인 잔을 흔들며 아로마(Aroma)나 부케(Bouquet)의 향을 확인

① 아로마(Aroma)
- 포도 원료 자체에서 우러나오는 향으로 와인에서 맡을 수 있는 첫 번째 향
- 토양의 성분, 기후, 재배 조건에 따라 향의 차이가 발생

② 부케(Bouquet) : 와인의 발효 과정이나 숙성 과정 중에 형성되어 발생하는 복잡하고 다양한 향

6) 와인 테이스팅의 기타 표현

시트러스(Citrus)	귤, 라임, 레몬, 오렌지, 자몽 등 감귤류 과일의 향기와 풍미
코르키(Corky)	곰팡이 낀 코르크 냄새
흙냄새(Earthy)	흙이 젖었을 때 나는 쿰쿰한 냄새, 젖은 잎처럼 축축한 냄새
프루티(Fruity)	신선한 과일의 냄새
몰디(Moldy)	곰팡이가 낀 과일이나 나무의 냄새
레이즈니(Raisiny)	건포도나 과숙성한 포도의 냄새
우디(Woody)	오래 숙성된 오크통 나무의 냄새

> **개념 체크**
>
> 1 와인 테이스팅의 표현으로 가장 부적합한 것은?
> ① Citrus - 감귤류 과일의 향기와 풍미
> ② Corky - 곰팡이 낀 코르크 냄새
> ③ Fruity - 신선한 과일 냄새
> ④ Woody - 마른 풀이나 꽃냄새
>
> 1 ④

05 주요 포도품종

1) 레드 와인용 포도품종

지역명	품종명	특징
프랑스 보르도 지역	카베르네 쇼비뇽 (Cabernet Sauvignon)	• 껍질이 두꺼우며 크기가 작고, 포도 알이 둥글고 많은 편 • 그 외, 호주, 칠레, 미국, 남아프리카에서 재배
	카베르네 프랑 (Cabernet Franc)	섬세한 향
	메를로 (Merlot)	• 부드러운 맛 • 그 외, 캘리포니아, 칠레 등에서 재배
	클라렛 (Claret)	거의 없는 단맛
프랑스 론 지역	그르나슈 (Grenache)	고급 레드 와인과 로제 와인을 제조하기 좋은 라즈베리 향
	시라 (Syrah) 쉬라즈 (Shiraz)	• 블랙 체리 같은 강한 맛 • 호주 지역의 쉬라즈(Shiraz)의 경우, 향신료의 맛이 추가
프랑스 부르고뉴 지방의 보졸레 지역	가메 (Gamay)	과일의 풍부한 향과 순한 맛
프랑스 부르고뉴 지역	피노 누아 (Pinot Noir)	• 로마네 꽁띠(Romanee-Conti)를 만드는 데 사용되는 품종 • 재배하기 까다롭지만 잘 맞는 토양을 만나면 훌륭한 와인 생산이 가능
아르헨티나의 품종	말벡 (Malbec)	긴 여운의 신맛
스페인 리오하 지역	템프라니요 (Tempranillo)	• 숙성을 오래 할수록 부드러운 맛 • 숙성을 오래 안 하면 짙은 향과 거친 풍미를 띠는 것이 특징
미국 캘리포니아 나파 밸리 지역	진판델 (Zinfandel)	신선하고 우아한 맛

> **기적의 TIP**
>
> **칠레의 포도품종**
> • 카베르네 쇼비뇽
>   (Cabernet Sauvignon)
> • 메를로(Merlot)
> • 말벡(Malbec)

2) 화이트 와인용 포도품종

지역명	품종명	특징
프랑스 부르고뉴 지역	샤르도네 (Chardonnay)	백색 과일, 레몬, 견과류의 향
프랑스 부르고뉴 지역	피노 블랑 (Pinot Blanc)	백색 과일, 레몬, 과실의 향
프랑스 보르도와 루아르 지역	쇼비뇽 블랑 (Sauvignon Blanc)	까치밥나무의 열매이며, 과일과 푸른 풀의 향
프랑스 보르도 지방의 소테른 지역	세미용 (Semillon)	꿀, 바닐라, 무화과 향
프랑스 보르도 지역	뮈스카델 (Muscadelle)	꽃 향과 신선한 과실의 향
프랑스 루아스 지방 남아프리카 공화국의 주품종	슈냉 블랑 (Chenin Blanc)	강한 신맛
독일 모젤, 라인가우 프랑스 알자스 지역	리슬링 (Riesling)	살구와 사과 등의 과실의 향

> **기적의 TIP**
> 와인의 등급제도가 없는 나라로는 남아프리카 공화국이 있다.

06 각국 와인의 등급 및 주요 산지

구분	프랑스	이탈리아	독일	스페인	포르투갈
최상급	AOC	DOCG	QmP	DOC	DOC
우수	VDQS(폐지)	DOC	QbA	DO	IGP
지역등급	Vin de Pays	IGT	Landwein	Vino de la Tierra	Vinho de Mesa
테이블	Vin de Table	VDT	Tafelwein	–	–

1) 프랑스

① 프랑스 3대 와인 산지 : 보르도, 부르고뉴, 샴파뉴

② 프랑스의 기후

- 대서양 기후(해양성 기후)
  - 연평균 11~12.5℃로 겨울은 따뜻하고 여름은 선선하며, 바다와 강이 있어 강수량이 많다.
  - 지역 : 노르망디, 보르도, 코냑, 아르마냑
- 지중해성 기후
  - 대체로 온화한 기온이지만 여름에는 기온이 유독 높아 포도의 당도가 높다.
  - 지역 : 프로방스, 론(남부), 랑그독
- 대륙성 기후
  - 산맥에 의한 기후 변화가 커서 겨울엔 춥고 여름에는 덥다.
  - 지역 : 샴파뉴, 부르고뉴, 알자스, 론(북부)

> **기적의 TIP**
>
> **보졸레 누보 (Beaujolais Nouveau)**
> 프랑스 보졸레 지역에서 가메(Gamey) 품종으로 만든 햇와인을 말하며, 매년 9월에 생산된 와인을 4~6주 숙성시킨 후 11월 셋째 주 목요일에 출시된다. 쓴맛이 적고, 과실향이 많이 나며, 탄닌이 적어 떫은맛이 약한 편으로 1일 이내에 마셔야 하며 최대 1년까지 보관이 가능하다.
>
> **보졸레 누보의 양조과정**
> ① 손으로 수확한다.
> ② 열매를 분리하지 않고, 포도 송이채 밀폐된 탱크에 넣는다.
> ③ 발효 중 CO_2의 영향을 받아 산도가 낮은 와인을 생산한다.
> ④ 오랜 숙성 없이 출하한다.

③ 프랑스의 와인 등급
- AOC법(원산지 통제 명칭)★ : AOC, VDQS, Vin de Pays, Vin de Table
  - 정의 : 1935년 INAO(국립원산지명칭 관리 위원회)에서 규정한 법으로 지역의 이름으로 와인의 품질을 통제한다는 것이며, Appellation 원산지명 'Controlee'로 표시한다.
- 1935년 AOC법 제정
- 1949년 VDQS에 관한 규정 추가
- 1979년 Vin de Pays와 Vin de Table에 관한 규정을 신설하여 와인의 등급을 관리
- 2009년 AOP, IGP(Indication Geographique Protege), VDF(Vin de France)으로 개정

★ AOC(Appellation d'Orgine Controlee)
프랑스의 농산품과 식료품 분야에서 원산지 명칭으로 와인의 품질과 등급을 법으로 통제하는 규정이며, 1935년에 시행되었다.

④ 프랑스의 유명 와인 산지

기후	산지명	지역명
대서양	보르도(Bordeaux)	메독(Medoc), 마고(Margaux), 그라브(Graves), 소테른(Sauternes), 생 떼밀리옹(Saint-Emilion)★, 포므롤(Pomerol)★, 바르삭(Barsac) 등
지중해성	프로방스(Provence)★	코트 드 프로방스(Côtes de Provence), 코토 덱상 프로방스(Coteaux d'Aix en Provence), 코토 바로아 드 프로방스(Coteaux Varois de Provence), 방돌(Bandol) 등
대륙성	부르고뉴(Bourgogne)	보졸레(Beaujolais), 샤블리(Chablis), 마꼬네(Mâconnais), 꼬뜨 도르(Côte d'Or), 꼬뜨 샬로네즈(Côte Chalonnaise) 등
대륙성	론(Rhone)	꼬뜨 로띠(Côte Rôtie), 꽁드리유(Condrieu), 에르미타쥬(Hermitage), 샤또 네프 뒤 빠쁘(Châteauneuf du Pape) 등
대륙성	샹파뉴(Champagne)	꼬뜨 데 블랑(Côtes des Blancs), 몽타뉴 드 랭스(Montagne de Reims), 발레 드 라 마른(Valle de la Marne), 오브(Aube), 꼬뜨 드 세잔(Côte de Sézanne)

★ 생 떼밀리옹(Saint-Emilion)
철분이 함유된 충적층으로 이루어진 지하 토양을 가지고 있어, '쇠찌꺼기'라는 별명을 가진 지역으로 셰리 와인(Sherry Wine)의 원산지이다.

★ 포므롤(Pomerol)
고급 와인이 많이 생산되는 곳으로 세계적인 최고의 와인으로 유명한 페트뤼스(Petrus)의 생산지로 잘 알려져 있다.

★ 프로방스(Provence)
프랑스에서 가장 오래된 포도 재배지로 주로 로제 와인(Rose Wine)을 생산한다.

- 기타 와인산지 : 알자스(Alsace), 발 드 루아르(Val de Loire)등이 유명

⑤ 당분 함량에 따른 샴페인의 분류
- 브뤼 나투르(Brut Nature) : 1L 당 0~3g 이하
- 엑스트라 브뤼(Extra Brut) : 1L 당 0~6g 이하
- 브뤼(Brut, Very Dry) : 1L 당 12g 이하, 당분 0~1%
- 엑스트라 섹(Extra Sec, Extra Dry) : 1L 당 12~17g 이하, 당분 1~2%
- 섹(Sec, Medium Dry) : 1L 당 17~32g 이하, 당분 2~6%
- 데미 섹(Demi Sec, Sweet) : 1L 당 32~50g 이하, 당분 6~8%
- 두(Doux, Very Sweet) : 1L 당 50g 이상, 당분 8~10%

🅿 기적의 TIP

당분 함량 순서
Brut Nature < Extra Brut < Brut < Extra Sec < Sec < Demi Sec < Doux

2) 이탈리아

① 이탈리아의 와인 등급 : DOCG, DOC, IGT, VDT(Vino da Tavola)

② 이탈리아의 유명 와인 산지 : 이탈리아는 거의 전 지역에서 와인 생산

산지명	지역명
토스카나(Toscana)	키안티(Chianti) 등
피에몬테(Piemonte)	바롤로(Barolo), 바르바레스코(Barbaresco) 등
베네토(Veneto)	소아베(Soave) 등
에밀리아 로마냐(Emilia-Romagna)	람부르스코(Lambrusco) DOC, 알바나 디 로마냐(Albana di Romagna) DOCG

③ 이탈리아의 포도품종 : 산지오베제(Sangiovese), 네비올로(Nebbiolo), 바르베라(Barbera), 돌체토(Dolcetto), 트레비아노(Trebbiano) 등

④ 이탈리아의 와인 관련 용어

키아레토(Chiaretto)	로제 와인
체라수올로(Cherasuolo)	짙은 로제 와인
비노 노벨로(Vino Novello)	햇와인
슈페리오레(Superiore)	숙성을 좀 더 오래 하여 알코올 도수가 약간 더 높은 와인
클라시코(Classico)	와인이 생산되는 핵심 지역, 전통 지역, 원조를 의미
세코(Secco)	드라이
세미-세코(Semi-Secco)	미디엄 드라이
아보카토(Abbocatto)	미디엄 스위트
돌체(Dolce)	스위트
아마로네(Amarone)	씁쌀하다는 의미
리제르바(Riserva)	최저 숙성기간을 초과하여 알코올 함량이 1.5% 높은 와인
프리잔테(Frizzante)	약발포성 와인
스푸만테(Spumante)	발포성 와인
갈로 네로(Gallo Nero)	이탈리아어로 '검은 수탉'이란 뜻으로, 키안티(Chianti) 클라시코에 붙는 마크
피아스코(Fiasco)	짚으로 싼 호리병 모양의 키안티(Chianti) 와인병

> **기적의 TIP**
>
> 기타 와인 관련 용어
> - 벤더미아(Vendemmia) : 빈티지
> - 아나타(Annata) : 빈티지
> - 로사토(Rosato) : 분홍색
> - 로쏘(Rosso) : 붉은색

3) 독일

① 독일의 와인 등급 : QmP★, QbA, Landwein, Tafelwein

② QmP 와인 등급 6단계

- QmP(Qualitätswein mit Prädikat) 프레디카츠바인(Pradikatswein)
  - 수확 시 당분 함량에 따라 아래 6개 세부 등급으로 결정

와인 등급	당도	내용
카비네트(Kabinett)	가장 덜 단	정상적인 시기에 수확한 포도로 만든 와인
슈페트레제(Spatlese)	약간 달콤한	7~10일 정도 늦게 수확하여 만든 와인
아우스레제(Auslese)	적정하게 달콤한	한 달 정도 늦게 수확한 포도를 선별하여 만든 와인
베렌아우스레제(Beerenauslese)	달콤한	잘 익은 포도송이를 손으로 수확하여 만든 고품질의 와인
트로켄베렌아우스레제(Trockenbeerenauslese)	달콤한	귀부병이 있는 포도로 만든 와인
아이스바인(Eiswein)	가장 달콤한	수분을 증발시킨 얼린 포도로 만든 디저트 와인

③ QbA(Qualitätswein bestimmter Anbaugebiete)
- 독일의 13개의 지정된 지역의 1곳에서 생산된 질 좋은 와인
- 전체 생산량의 65%를 차지하며, 가당이 허용되지만 와인 간의 블렌딩은 허용되지 않음

④ 란트바인(Landwein)
- 1982년 프랑스의 와인 등급 중 '뱅 드 페이(Vin de Pays)'를 모방하여 도입해서 만든 등급
- 어느 정도의 생산지 구분을 하고, 발효 전에 설탕을 첨가할 수도 있음

⑤ 타펠바인(Tafelwein)
- 테이블 와인(Table Wine)으로 가격 부담 없이 마실 수 있는 와인
- 독일 전체 생산량의 3%를 차지하며, 포도 재배지 구분없이 블렌딩이 가능

⑥ 독일의 유명 와인 산지

산지명	특징
모젤(Mosel)-자르(Saar)-루버(Ruwer)	• 전세계 가장 북쪽에서 위치한 100% 화이트 와인 산지 • 미네랄과 산미가 좋은 리슬링(Riesling) 와인을 생산 • 아이스와인으로도 유명
라인가우(Rheingau)	• 독일 최고급 와인 산지 • 풍부한 향을 가진 우아한 와인을 생산 • 슈패트부르군더(Spatburgunder)로 만든 레드 와인이 유명
라인헤센(Rheinhessen)	• 독일에서 가장 넓은 와인 산지 • 대중적인 테이블 와인을 주로 생산
아르(Ahr)	• 가벼우면서 우아한 신선한 레드 와인을 생산 • 슈패트부르군더(Spatburgunder)와 포트기저(Portugieser) 포도품종이 유명
팔츠(Pfalz)	• 화이트 60%, 레드 40% 비율의 남부지역 와인 산지 • 과실향이 좋고 외향적인 와인을 생산

★ QmP (Qualitätswein mit Prädikat)
프레디카츠바인(Pradikatswein)이라고도 하며, 독일 와인의 최고급 품질을 엄선하여 표기하는 것이다. 가당을 허용하지 않으며, 수확 시 당분 함량에 따라 6개 세부 등급으로 결정한다.

🎯 개념 체크

1 독일 와인의 분류 중 가장 고급와인의 등급 표시는?
① QbA
② Tafelwein
③ Landwein
④ QmP

1 ④

⑦ 독일의 와인 관련 용어

호크 와인(Hock Wine)	독일 라인(Rhein)산의 화이트 와인
로트바인(Rotwein)	레드 와인
바이스바인(Weisswein)	화이트 와인
로제바인(Rosewein)	로제 와인
로틀링(Rotling)	로제 와인
쉴러바인(Schillerwein)	뷔르템베르크 지역에서 만든 로제 와인
젝트(Sekt)	스파클링 와인
할프트로켄(Halbtrocken)	미디엄 드라이
트로켄(Trocken)	드라이
바인켈러레이(Weinkellerei)	와이너리(와인을 생산하는 건물이나 재산, 또는 와인 생산과 관련된 사업)
야아강(Jahrgang)	빈티지
복스보이텔(Bocksbeutel)	둥근 와인 병

4) 스페인

① 스페인의 와인 등급 : DOC, DO, Vino de la Tierra

② 스페인의 유명 와인 산지 : 리오하(Rioja), 헤레스(Jerez-Xeres-Sherry), 카탈루냐(Catalunya) 등

③ 포도 품종의 종류 : 팔로미노(Palomino), 페드로 히메네스(Pedro Ximenez, PX), 모스카텔(Moscatel)

④ 팔로미노(Palomino) 품종의 셰리 와인
- 피노(Fino) : 영(Young) 셰리 와인으로 단맛이 없고 향이 좋은 와인
- 만자니야(Manzanilla) : 피노(Fino)와 비슷하게 드라이한 와인
- 아몬틸라도(Amontillado) : 피노(Fino)를 일정기간 숙성시킨 것으로 미디엄 스위트의 와인
- 몬틸라도(Montillado) : 피노(Fino)와 아몬틸라도(Amontillado)의 중간 정도의 단맛이 없는 와인
- 올로로소(Oloroso) : 농도가 짙은 편이며 단맛이 있는 와인

5) 포르투갈

① 포르투갈의 와인 등급 : DOC, IGP, Vinho de Mesa

② 포르투갈의 유명 와인 산지 : 도오루(Douro), 미뉴(Minho), 다오(Dao) 등

③ 포르투갈의 3대 와인 : 마테우스 로제, 포트 와인, 마데이라 와인

기적의 TIP

보데가(Bodaga)
스페인의 와인 저장 창고를 말하며, 셰리 와인의 숙성에 가장 적합한 장소이다.

기적의 TIP

솔레라 시스템 (Solera System)
오래된 와인에 새로운 와인을 섞어 균일한 맛을 유지하는 스페인의 셰리 와인을 숙성시키는 시스템을 말하며, 소량씩 반자동 블렌딩 방식이다.

07 와인 전문 용어

용어	설명
소믈리에(Sommelier)	와인을 관리하고 고객에게 추천하거나 와인 판매 일을 하는 사람
와인 마스터(Wine Master)	와인의 제조 및 저장 관리를 책임지는 사람
클라렛(Claret)	프랑스 보드로 지방의 레드 와인으로 포도주의 여왕을 의미
매그넘(Magnum)	1.5L 용량을 의미하며, 스탠다드 병 2개 또는 와인 10잔 정도 보관 가능
제로보암(Jeroboam)	3L 용량을 의미하며, 스탠다드 병 4개 또는 와인 20잔 정도 보관 가능
발타자르(Balthazer)	12L 용량을 의미하며, 스탠다드 병 16개 또는 와인 80잔 정도 보관 가능
데미(Demi)	하프(Half)라고 부르며, 375mL 용량에 스탠다드 병 $\frac{1}{2}$ 또는 와인 2.5잔 정도 보관 가능
디캔더(Decanter)	레드 와인의 침전물을 분리하기 위해 사용하는 용기
빈티지(Vintage)	특별히 포도의 수확(양조)이 잘된 연도를 병의 상표 라벨에 표기하는 것
필록세라(Phylloxera)	포도뿌리혹벌레, 19세기 유럽 대부분의 포도밭을 황폐화한 해충
부쇼네(Bouchonne)	와인 코르크가 곰팡이에 오염이 되어 와인의 맛이 변질되는 것
페니어(Pannier)	와인용 바구니
그린 하비스트(Green Harvest)	수확량을 제한하기 위한 작업
레이트 하비스트(Late Harvest)	포도의 당도가 더 높아질 때까지 기다렸다 수확하는 것
라거(Lagar)	포트 와인 양조 시, 포도의 색과 탄닌을 빨리 추출하기 위해 포도를 발로 밟는 화강암 통
챕탈리제이션(Chaptalisation)	당을 보충하는 것
도세(Doce)	'단맛'을 의미하는 포르투갈어
마세라시옹(Maceration)	발효 시, 포도 껍질과 즙을 일정 시간 동안 함께 담가 색, 향기, 맛을 추출해 내는 과정
펀트(Punt)	레드 와인의 찌꺼기의 이동을 방지하기 위해 병 바닥이 오목하게 요철모양으로 들어간 부분
파이닝(Fining)	와인에 남아있는 효모나 단백질 이물질을 제거하는 행위
블러시 와인(Blush Wine)	적포도를 착즙해 주스만 발효시키는 캘리포니아의 로제 와인
까브(Cave)	지하 저장고
플로르(Flor)	셰리 와인을 70~80%만 채우고 보관 시, 표면에 얇은 막이 생기는 현상
끌로(Clos)	구획 또는 포도밭
프리 런 와인(Free Run Wine)	레드 와인 발효 후 압력을 가하지 않아도 유출되는 와인
프렌치 패러독스 (French Paradox)	프랑스인들이 고지방 식이를 하고도 심장병에 덜 걸리는 현상

> **기적의 TIP**
>
> **포도주 저장 (Aging of Wine)**
> 포도주 저장 처음 시도한 나라는 그리스(Greece)이다.

맥주(Beer)

빈출 태그 ▶ 개념, 원료, 제조과정, 분류

01 맥주의 개념 및 특징

1) 맥주의 어원 및 정의

① 맥주의 어원
- 라틴어 'Bibere', 즉 '마시다'라는 의미에서 유래
- 라틴어 'Bior', 즉 '곡물'이라는 의미에서 유래

② 맥주의 정의
- 일반적인 의미 : 보리로 만든 맥아로 즙을 내어 여과한 후, 홉(Hop)을 첨가하고 효모로 발효시켜 만든 양조주
- 국내 주세법에서의 의미 : 엿기름, 홉과 쌀, 보리, 옥수수, 수수, 감자, 녹말, 당분, 캐러멜 중 한 가지 또는 두 가지 이상의 재료와 물을 사용하여 발효시켜 양조하거나 여과한 술

2) 맥주의 특징

① 맥주의 효과 : 항균 작용, 식욕 증진, 신경 진정, 소화 및 수면 촉진 작용

② 맥주의 거품 효과
- 탄산가스의 발산을 막는 역할
- 산화작용을 억제
- 맥주의 신선도 유지

기적의 TIP

맥주잔의 종류
- 필스너 글라스 (Pilsner Glass)
- 스템리스 필스너 글라스 (Stemless Pilsner Glass)
- 머그잔(Mug Glass)
- 파인트(Pint)

02 맥주의 원료

1) 맥주의 원료

① 보리(대맥, Barley)
- 껍질이 얇고, 황금빛(담황색)을 띠며 윤택이 있는 것
- 낱알(알맹이)이 크고 균일한 것
- 전분 함유량이 많고 단백질이 적은 것
- 수분 함유량이 13% 이하로 잘 건조된 것
- 발아율 95% 이상인 것

② 물 : 무색투명하고 오염되지 않은 깨끗한 물

③ 호프, 홉(Hop)
- 자웅이주의 숙근 식물로서 수정이 안 된 암꽃을 사용
- 맥주 특유의 향과 상쾌한 쓴맛과 향을 내는 역할
- 맥아즙의 단백질 등 질소화합물을 침전·제거하여 맥주를 맑고 투명하게 하는 역할
- 잡균이 번식하는 것을 막아 보존성을 증가
- 거품의 지속성 및 항균성을 부여
- 신경을 진정시켜 수면 촉진

④ 효모(Yeast)
- 제조과정에서 맥아즙 속의 당분의 분해하는 곰팡이류에 속하는 미생물
- 알코올과 탄산가스를 생성하는 역할

> **기적의 TIP**
>
> **맥아**
> 맥주의 원료로 보리에 싹을 틔워 건조한 것으로 엿기름이라고도 한다.

> **개념 체크**
>
> 1 맥주의 원료 중 홉(Hop)의 역할이 아닌 것은?
> ① 맥주 특유의 상큼한 쓴맛과 향을 낸다.
> ② 맥아즙의 단백질을 제거한다.
> ③ 잡균을 제거하여 보존성을 증가시킨다.
> ④ 알코올의 농도를 증가시킨다.
>
> 1 ④

03 국가별 맥주

1) 국가별 맥주의 명칭

이탈리아	독일	러시아, 체코	덴마크
비르라(Birra)	비어(Bier)	피보(Pivo)	오레트(Ollet)
프랑스	포르투갈	일본	중국
비에르(Biere)	세르베자(Cerveja)	비루(ビール)	페이주(Píjiǔ)

2) 국가별 대표 맥주

국가	대표 맥주
독일	벡스(Beck's), 뢰벤브로이(LowenBrau), 디벨스(Diebels), 크롬바허(Krombacher)
네덜란드	하이네켄(Heineken), 그롤쉬(Grolsch), 암스텔(Amstel)
체코	필스너 우르켈(Plisner Urquell)
미국	밀러(Miller), 버드와이저(Budweiser)
이탈리아	페로니(Peroni)
영국	기네스(Guinness)
덴마크	칼스버그(Carlsberg)
멕시코	코로나(Corona)
일본	기린(Kirin), 아사히(Asahi), 샷포로(Sapporo)
중국	칭따오(Tsingtao)
필리핀	산미구엘(San Miguel)

> **기적의 TIP**
>
> **페로니(Peroni)**
> 이탈리아 맥주로 옥수수를 넣어 만들며, 가볍지만 쓴맛이 있는 라거 맥주이다.

04 맥주의 제조 과정

> 제분 → 담금 → 맥즙여과 → 끓임 → 침전 → 냉각 → 발효 → 숙성 → 여과 → 병입

제분(Milling)	효소분해를 보다 더 용이하게 하기 위해 보리를 빻아서 가루로 만드는 과정
담금(Mashing)	발효하기 쉬운 형태로 당을 분해하기 위해 분쇄된 맥아를 물에 섞어 배양하는 과정
맥즙여과(Lautering)	맥아 찌꺼기와 단백질의 응고물을 걸러내기 위해 담금액을 거르는 과정
끓임(Boiling)	여과된 맥아즙에 홉(Hop)을 첨가하여 90~120분 동안 끓이는 과정
침전(Whirlpooling)	침전조에 맥아즙을 옮겨 응고된 단백질이나 기타 불순물들을 침전시켜서 제거하는 과정
냉각(Cooling)	침전시킨 맥즙은 열교환기를 통해서 냉각하는 과정
발효(Fermentation)	1차 발효로 맥아즙에 효모를 첨가하여 8시간에서 10시간 정도 발효를 시키는 과정(1차 발효 후 12℃로 숙성)
숙성(Maturing)	2차 발효로 1차 발효를 마친 후에 탄산가스를 함유하기 위해 잔존 분을 저온으로 1~3개월 정도 숙성시키는 과정(-1~3℃의 온도)
여과(Filtering)	숙성된 맥주를 맑게 하려고 저온에서 여과를 시키는 과정
병입(Bottling)	여과된 맥주를 바로 통에 넣어 출고하거나 가열 살균하여 병입 하는 과정

05 맥주의 분류

1) 발효 방식에 따른 분류

① 상면발효 맥주
- 10~20℃의 고온으로 단기 숙성
- 높은 알코올 도수
- 발효 중 표면에 떠오르는 효모를 사용하여 고온에서 발효시킨 맥주
- 대표 맥주 : 에일(Ale) – 단기간에 발효시켜 과일의 맛과 향을 느낄 수 있는 맥주
- 대표적인 나라 : 영국, 아일랜드, 벨기에, 독일, 캐나다 동부 및 미국

② 하면발효 맥주
- 5~10℃의 저온으로 장기 숙성
- 낮은 알코올 도수
- 발효 중 밑으로 가라앉는 효모를 사용하여 저온에서 발효시킨 맥주
- 대표 맥주 : 라거(Lager) – 탱크에서 저장 숙성한 맥주를 여과하여 가열 처리한 맥주(알코올 도수 4도)
- 맥주 생산량의 70%를 차지

> **기적의 TIP**
>
> **상면발효이지만 저온숙성을 하는 맥주**
> - 독일 쾰른 지역의 쾰시(Kolsch) : 황금빛 컬러
> - 독일 뒤셀도르프 지역의 알트(Alt) : 구릿빛 컬러

구분	상면발효 맥주	하면발효 맥주
예시	에일(Ale), 스타우트(Stout), 포터(Porter), 호가든(Hoegaarden), 쾰시(Kolsch)	라거(Lager), 복(Bock), 필스너(Pilsner), 생맥주(Draft(Draught) Beer), 뮌헨(Munchener), 버드와이저(Budweiser), 아사히(Asahi), 도르트문트(Dortmunder), 포스터스(Foster's)

③ 자연발효 맥주
- 야생 효모, 젖산균 등의 균을 사용하여 자연적으로 발효시킨 맥주
- 예시 : 람빅(Lambic)★

2) 색에 따른 분류

① 담색 맥주
- 옅은 황금색을 띠는 맥아를 사용하여 옅은 황금색
- 상면발효 : 페일 에일(Pale Ale), 마일드 에일(Mild Ale)
- 하면발효 : 필스너(Pilsner), 도르트문트(Dortmund)

② 중간색 맥주
- 담색 맥주와 농색 맥주의 중간인 갈색
- 빈(Wien)

③ 농색 맥주
- 깊고 풍부한 맛이 내는 흑갈색
- 상면발효 : 스타우트(Stout), 포터(Porter)
- 하면발효 : 뮌헨비어(Münchner Bier)

3) 열처리에 따른 분류

① 생맥주(Draft Beer or Draugh Beer)★ : 효모가 살균되지 않는 미살균 맥주로 영양이 풍부하나 장기 저장은 불가능
② 병, 캔맥주(Lager Beer)★ : 저온 살균하여 저장하는 맥주로 영양소가 파괴되어 저장 가능

4) 기타

① 드라이 맥주(Dry Beer)★
- 일반 맥주보다 0.5% 더 높은 4.5%의 도수를 가진 맥주
- 당분 함량이 적어 톡 쏘는 맛이 특징
- 부드러우면서 산뜻한 맛을 내는 것이 특징

② 아이스 맥주(Ice Beer)
- 숙성의 단계에서 영하 3~5℃의 탱크에서 3일 정도 더 숙성시킨 맥주
- 맥주의 거친 맛을 내는 탄닌과 단백질의 성분을 살얼음과 함께 걷어내는 양조법으로 제조

③ 흑맥주(Black Beer) : 색이 진하고 엿기름향이 강한 감칠맛의 맥주

④ 복 맥주(Bock Beer) : 짙은 색의 맥주로 알코올 도수가 높고 강한 향미와 단맛을 가진 흑맥주

⑤ 하이브리드 맥주(Hybrid Beer)
- 에일(Ale)과 라거(Lager)의 방법을 섞어서 만든 맥주
- 상면발효 효모를 저온에서, 하면발효 효모를 고온에서 사용하여 가볍고 상큼 맛을 느낄 수 있는 맥주

★ 람빅(Lambic)
상면발효 맥주 중 벨기에의 브뤼셀에서 전통적인 발효법을 이용해 만드는 맥주로, 발효시키기 전에 뜨거운 맥즙을 공기 중에 직접 노출시켜 자연에 존재하는 야생 효모와 미생물이 자연스럽게 맥즙에 섞여 발효하게 만든 맥주이다.

★ 생맥주(Draft Beer or Draugh Beer)
약 6개월 이상 장기간 보관하면, 보관상태가 양호해도 맥주 속의 단백질 성분이 자연 응고되어 뿌옇게 혼탁화된다. (30℃ 이상에서 보관 시 3~4배 정도 더 빠른 속도로 혼탁화) 미살균 맥주이므로 2~3℃의 온도를 유지해야 한다.

★ 병, 캔맥주(Lager Beer)
병, 캔맥주의 권장 음용 기간은 12개월이다.

★ 드라이 맥주(Dry Beer)
미국에서 맥주의 맛이 '드라이'라는 표현을 사용할 때는, '약하다', '담백하다'라는 뜻이다. 단, 일본이나 한국 맥주의 '드라이'라는 표현은 '단맛이 없고 깔끔하다'라는 것을 의미한다.

개념 체크

1 Bock Beer에 대한 설명으로 옳은 것은?
① 알코올 도수가 높은 흑맥주
② 알코올 도수가 낮은 담색 맥주
③ 이탈리아산 고급 흑맥주
④ 제조 12시간 내의 생맥주

1 ①

CHAPTER

03

증류주

학습 방향

증류주는 열을 가해 알코올을 분리하여 만드는 술입니다. 크게 증류기의 종류에 따라 분류하며, 대표적인 증류주로서 위스키, 럼, 진, 보드카, 테킬라, 브랜디, 아쿠아비트에 대해 학습합니다.

출제빈도

SECTION 01	하	5%
SECTION 02	상	20%
SECTION 03	중	10%
SECTION 04	중	10%
SECTION 05	중	15%
SECTION 06	중	10%
SECTION 07	상	20%
SECTION 08	중	10%

SECTION 01 증류주(Distilled Liqueur)의 개념

출제빈도 상 중 하
반복학습 1 2 3

빈출 태그 ▶ 개념, 분류, 제조과정

01 증류주의 개념 및 특징

1) 증류주의 정의

- 증류주는 과실이나 곡류 등을 발효시킨 후 열을 가하여 알코올 분리해서 만든 술로, 양조주를 증류하여 술을 가열하면서 알코올을 기화시키고, 다시 냉각시키면 높은 알코올 농도를 얻는다.

> 양조주 → 증류(가열) → 알코올의 기화 → 냉각 → 액화 → 높은 도수의 술(증류주)

- 증류주는 혼합물을 구성하는 각 물질의 비등점의 차이를 이용하여 만드는 술이다.

2) 증류주의 특징

① 대부분 알코올 20도 이상의 높은 도수
② 알코올 도수가 높아 잘 부패되지 않아 장기 보관 가능
③ 갈색의 증류주는 대부분 오크통에서 숙성

3) 증류주의 종류

위스키, 럼, 진, 보드카, 테킬라, 브랜디, 아쿠아비트, 증류식 소주

02 증류기 종류에 따른 분류

구분	단식 증류기(Pot Still)	연속식 증류기(Patent Still)
의미	1회 증류가 끝날 때마다 발효액을 넣어 증류하는 투구형의 증류기	발효액을 연속해서 투입하여 알코올을 일정한 속도로 추출하는 증류기
특징	• 원료의 파괴가 적어 고유의 맛과 향을 잘 살림 • 품질이 우수한 편으로 고급 증류주의 제조에 이용 • 증류 시 알코올 도수를 80% 이하로 낮게 증류 • 시설비가 저렴한 편이나 대량 생산이 어려움	• 적은 양을 빠른 시간에 증류(적은 시간 소요) • 원료의 맛과 향 등 주요 성분이 상실 • 시설비가 비싼 편이나 대량 생산이 가능
대표 종류	몰트 위스키(Malt Whisky), 블렌디드 위스키(Blended Whisky), 아이리시 위스키(Irish Whiskey), 브랜디(코냑, Cognac), 헤비 럼(Heavy Rum), 진(Gin), 증류식 소주	그레인 위스키(Grain Whisky), 아메리칸 위스키(American Whiskey), 캐나디안 위스키(Canadian Whisky), 브랜디(아르마냑, Armagnac), 보드카(Vodka), 라이트 럼(Light Rum), 미디엄 럼(Medium Rum), 아쿠아비트(Aquavit)

기적의 TIP

증류주를 오크통에 보관할 시 생기는 현상
- 원액의 개성을 결정
- 천사의 몫(Angel's Share) 현상이 발생
- 증류주가 갈색으로 변화

천사의 몫(Angel's Share, 엔젤스 셰어)
말 그대로 천사와 술을 공유하였다는 의미로, 오크통에 숙성하면서 조금씩 증발되는 양을 말한다.

기적의 TIP

생명의 물이 어원인 술
- 위스키(Whisky)
- 브랜디(Brandy)
- 보드카(Vodka)
- 아쿠아비트(Aquavit)
- 오드비(Eau-de-Vie)

SECTION 02 위스키(Whisky)

빈출 태그 ▶ 개념, 분류, 제조과정

01 위스키의 개념 및 특징

1) 위스키의 어원 및 정의

① 위스키의 어원 및 역사
- 라틴어의 'Aqua Vitae' : '생명의 물'이라는 의미에서 유래
- 고대 게일어 'Usque Baugh'(우스케 바하) → 'USKY'(우스키) → Whisky(위스키)로 변화
- 12세기 아일랜드에서 처음 제조되어, 15세기경 스코틀랜드로 전파

② 위스키의 정의 : 보리(Barley), 밀(Wheat), 귀리(Oat), 호밀(Rye), 옥수수(Corn) 등의 곡류를 당화, 발효, 증류, 숙성시킨 증류주

> **기적의 TIP**
>
> **Whisky와 Whiskey 차이**
> 아일랜드에서 만든 아이리시 위스키는 Whiskey, 스코틀랜드에서 만든 스카치 위스키는 Whisky로 표기한다. 아메리칸 위스키도 98% 정도 Whiskey로 표기하는데, 그 이유는 종교 탄압을 견디지 못한 아일랜드 사람들이 배를 타고 신대륙으로 넘어가서 위스키를 만들기 시작했기 때문이다.

2) 위스키의 제조과정

맥아(Malting) → 당화(Mashing) → 발효(Fermentation) → 증류(Distillation) → 숙성(Aging) → 병입(Bottling)

① 맥아(Malting)
- 원료 : 주원료는 보리로 쓰이고, 그 외 호밀(Rye), 밀(Wheat), 귀리(Oats) 등을 사용
- 정선 : 불량한 보리를 선별하여 제거
- 침맥 : 보리를 깨끗이 씻은 뒤, 물을 주어 발아 준비
- 발아 : 침맥한 보리를 발아실로 보내 약 1주일 정도 발아 진행
- 건조 : 발아한 보리는 건조 트레이에 상단과 하단으로 각 1주일씩 변경하면서 피트(Peat)★의 열로 건조
- 제근, 분쇄 : 맥아의 뿌리를 제거하고, 당화하기 쉽게 분말로 제조

② 당화(Mashing)
- 당화 : 당화조★에 분쇄된 맥아에 물을 넣는 과정(곡물을 전분에서 당으로 변화시키는 과정)
- 냉각 : 당화 후 효모균의 적당한 온도까지 냉각

③ 발효(Fermentation) : 냉각된 당화액에 효모를 첨가하여 발효

④ 증류(Distillation) : 발효가 끝난 술은 2번 증류

⑤ 숙성(Aging)
- 저장 : 2차 증류를 마친 술은 오크통에서 장기 숙성 진행
- 혼합(블렌드, Blend) : 서로 다른 맛과 향을 가진 위스키를 혼합

⑥ 후숙 및 병입(Bottling) : 블렌드가 끝난 위스키는 다시 후숙시킨 뒤 병입

★ **피트(Peat)**
위스키에 향을 더하고 몰트를 부드럽게 만드는 중요한 역할을 하며 '이탄'이라고도 부른다.

★ **당화조**
스테인리스 소재의 큰 용기

> **기적의 TIP**
>
> **위스키의 숙성**
> 캐나다 2년, 영국 3년, 미국 4년으로 법으로 정하고 있지만 더 오래(20~30년) 저장할 수도 있다.

02 위스키의 분류

1) 증류 방식에 따른 분류

구분	포트 스틸 위스키(Pot Still Whisky)	패턴트 스틸 위스키(Patent Still Whisky)
증류 방법	단식 증류(Pot Still)	연속식 증류(Patent Still)
증류기 이미지		
위스키 종류	• 몰트 위스키(Malt Whisky) • 블렌디드 위스키(Blended Whisky) • 아이리시 위스키(Irish Whiskey)	• 그레인 위스키(Grain Whisky)★ • 아메리칸 위스키(American Whiskey) • 캐나디안 위스키(Canadian Whisky)

★ **그레인 위스키(Grain Whisky)**
풍미가 순하고 온화한 맛 때문에 '사일런트 스피릿(Silent Spirit)'이라고도 부르며, 블렌드(Blend)용 위스키로 거의 사용한다.

2) 생산 지역에 따른 분류

세계 4대 위스키 생산지에는 스카치 위스키(Scotch Whisky), 아메리칸 위스키(American Whiskey), 아이리시 위스키(Irish Whiskey), 캐나디안 위스키(Canadian Whisky)가 있다.

① 스카치 위스키(Scotch Whisky)
- 원료 : 보리(맥아)
- 생산지 : 스코틀랜드 내 다섯 지역
  - 스페이사이드(Speyside)★, 하이랜드(Highland), 로우랜드(Lowland), 캠벨타운(Campbeltown), 아일라(Islay)
- 스카치 위스키의 5가지 법적 분류

★ **스페이사이드(Speyside)**
스코틀랜드 위스키 생산지 중 제일 많이 증류소가 있는 지역이며, 싱글 몰트 스카치 위스키의 60% 이상이 이 지역에서 생산된다.

구분	내용
싱글몰트 스카치 위스키	한 증류소에서 단식 증류기로 맥아만 사용하여 만든 위스키
싱글그레인 스카치 위스키	한 증류소에서 증류기의 종류에 상관없이 곡물만 사용하여 만든 위스키
블렌디드 몰트 스카치 위스키	최소 2개 이상의 증류소에서 생산된 싱글몰트 위스키만을 혼합하여 만든 위스키
블렌디드 그레인 스카치 위스키	최소 2개 이상의 증류소에서 생산된 싱글그레인 위스키만을 혼합하여 만든 위스키
블렌디드 스카치 위스키	1개 이상의 싱글몰트 위스키와 싱글그레인 위스키를 혼합하여 만든 위스키

- 스카치 위스키의 정의(규정)
  - 위스키의 숙성기간은 최소 3년 이상 이어야 한다.
  - 병입 후 알코올 도수가 최소 40도 이상 이어야 한다.
  - 증류된 원액을 숙성시켜야 하는 오크통(캐스크)은 700L가 넘지 않아야 한다.
  - 첨가물은 물과 색소만 허용된다.

- 원료와 제조방법에 따라 크게 3가지로 구분

구분	원료	증류방법	제조과정	대표 종류
몰트 위스키 (Malt Whisky)	100% 맥아	단식 증류 (Pot Still)	맥아 → 당화 → 발효 → 증류 → 숙성 → 병입	더 글렌리벳(The Glenlivet), 맥캘란(Macallan), 글렌피딕(Glenfiddich), 아부나흐(A'bunadh), 글렌모렌지(Glenmorangie) 등
그레인 위스키 (Grain Whisky)	곡물 (옥수수 혹은 호밀)	연속식 증류 (Patent Still)	곡물 → 분쇄 → 당화 → 발효 → 증류 → 숙성 → 병입	헤이그 클럽(Haig Club)
블렌디드 위스키 (Blended Whisky)	몰트 위스키 + 그레인 위스키	단식 증류 (Pot Still)	몰트 위스키 + 그레인 위스키 → 병입	발렌타인(Ballantine's), 벨즈(Bell's), 조니워커(Johnnie Walker), 시바스 리갈(Chivas Regal), 로얄 살루트(Royal Salute), J&B, 커티 삭(Cutty Sark), 올드파(Old Parr), 블랙 앤 화이트(Black&White), 화이트홀스(White Horse), V.A.T 69 등

② 아메리칸 위스키(American Whiskey)
- 원료 : 옥수수, 호밀
- 생산지 : 미국 내 전 지역
- 스트레이트 위스키(Straight Whiskey)
  - 옥수수, 호밀, 밀, 보리 등의 원료를 사용하여 만든 위스키
  - 다른 곡주나 위스키를 혼합하지 않고 내부를 그을린 참나무 오크통에 2년 이상 숙성시킨 위스키
- 원료나 제조방법에 따라 4가지로 구분

구분	원료	제조방법	대표 종류
버번 위스키 (Bourbon Whiskey)	옥수수 51% 이상	연속식 증류기 사용하며, 80% 미만으로 증류하여 알코올 농도 40% 이상으로 병입	짐 빔(Jim Beam), 와일드 터키(Wild Turkey), 올드 그랜드 대드(Old Grand Dad), 올드 포레스터(Old Forester), 아이 더블유 하퍼(I.W.Harper)
테네시 위스키 (Tennessee Whiskey)	옥수수 51% 이상	버번 위스키와 비슷하나 제조과정에서 사탕단풍나무 숯을 이용한 여과방법을 사용	잭 다니엘(Jack Daniel's)
라이 위스키 (Rye Whiskey)	호밀 51% 이상	버번 위스키와 제조과정은 비슷하나 옥수수와 보리 대신 라이(호밀)를 사용	짐 빔 라이(Jim Beam Rye), 옐로우 로즈 라이(Yellow Rose Rye), 와일드 터키 라이(Wild Turkey Rye)
콘 위스키 (Corn Whiskey)	옥수수 80% 이상	버번 위스키와 비슷하나 그을리지 않은 오크통에서 숙성	멜로우 콘(Mellow Corn)

 개념 체크

1 스카치 위스키의 5가지 법적분류에 해당하지 않는 것은?
① 싱글몰트 스카치 위스키
② 블렌디드 몰트 스카치 위스키
③ 라이 위스키
④ 블렌디드 스카치 위스키

1 ③

③ 아이리시 위스키(Irish Whiskey)
- 원료 : 엿기름, 보리, 호밀, 밀 등
- 생산지 : 아일랜드
- 아이리시 위스키의 특징
  - 깊고 진한 맛과 향을 지닌 몰트 위스키
  - 피트(Peat)로 훈연을 하지 않아 깨끗하고 부드러운 맛과 향
  - 단식 증류기로 3번 증류
- 대표 종류
  - 존 제임슨(John Jameson), 올드 부시밀(Old Bushmills)

④ 캐나디안 위스키(Canadian Whisky)
- 원료 : 호밀
- 생산지 : 캐나다
- 캐나디안 위스키의 특징
  - 세계 4대 위스키 중 가장 순하고 부드러운 편
  - 아메리칸 위스키보다 호밀의 사용량이 더 많은 편
- 대표 종류
  - 크라운 로얄(Crown Royal), 로드 칼버트(Lord Calvert), 캐나디안 클럽(Canadian Club), 씨그램 V.O(Seagram's V.O)

> **기적의 TIP**
>
> **재패니스 위스키 (Japanese Whisky)**
> 일본에서 제조하는 위스키
> - 대표 종류 : 히비키(Hibiki), 야마자키(Yamazaki)

럼(Rum)

빈출 태그 ▶ 개념, 분류, 제조과정, 브랜드

01 럼의 개념 및 특징

1) 럼의 어원 및 정의

① 럼의 어원 및 역사
- 라틴어인 'Saccharum : 사탕수수'라는 의미에서 유래했다는 설
- 원주민이 술을 마신 후 취기에 흥분(Rumbullion)했다고 해서 럼(Rum)이 생겼다는 설
- 선원들이 자주 애음하여 '뱃사람의 술' 또는 '해적의 술'이라고도 불렸다는 설
- 17세기 초 카리브해의 바베이도스(Barbados) 섬에 이주한 영국인에 의해 사탕수수 즙의 부산물인 당밀★로 알코올 발효될 수 있다는 사실을 처음 발견
- 서인도제도를 통치하는 유럽의 식민정책 중 삼각무역에 의해 사용

② 럼의 정의 : 사탕수수(Sugar Cane), 당밀(Molasses)을 발효시켜, 시럽으로 농축하여 추출한 후 발효, 증류한 술

★ 당밀(Molasses)
사탕수수에서 설탕을 추출하고 남은 검은빛의 즙을 말한다.

> 📍 **기적의 TIP**
>
> **럼의 원산지**
> 카리브해 연안의 서인도제도

2) 럼의 특징

① 당밀 자체에 당이 포함되어 있어 별도의 당화 과정 없이 발효 진행
② 양조 과정에서 대부분의 당이 알코올로 변하여 당밀의 단맛이 적은 편
③ 제조 과정 중 불순물이 남아 높은 숙취를 유발

3) 럼의 제조과정

> ① 라이트 럼(Light Rum) : 사탕수수, 당밀 → 발효(2~4일) → 연속식 증류기(Patent Still) → 2~10년 숙성
> ② 미디엄 럼(Medium Rum) : 아래 2가지 방법으로 제조
> • 라이트 럼(Light Rum) + 헤비 럼(Heavy Rum) 혼합
> • 사탕수수, 당밀 → 발효(5~20일) → 연속식 증류기(Patent Still) → 3년 이상 숙성
> ③ 헤비 럼(Heavy Rum) : 사탕수수, 당밀 → 발효(5~20일) → 단식 증류기(Pot Still) → 10~15년 숙성

원료인 사탕수수를 즙을 내어 당밀을 만들어 준 뒤 물과 효모를 넣고 발효시키는데 이때 향을 강하게 하기 위해 아카시아 수액이나 파인애플 즙을 첨가하는 경우도 있다. 발효된 상태에서 연속식 증류기, 단식 증류기를 사용하여 증류주를 얻은 다음, 오크통에 라이트 럼은 2~10년, 헤비 럼은 10년에서 최대 15년까지 숙성한다.

> 🎯 **개념 체크**
>
> **1** 럼(Rum)의 주원료는?
> ① 호밀(Rye)과 보리(Barley)
> ② 사탕수수(Sugar Cane)와 당밀(Molasses)
> ③ 꿀(Honey)
> ④ 쌀(Rice)과 옥수수(Corn)
>
> 1 ②

02 럼의 분류

1) 숙성 방식에 따른 분류

① 화이트 럼(White Rum) : 숙성하지 않은 증류액 또는 숙성은 했지만 색소를 뺀 럼

② 엠버 럼(Amber Rum) : 오크통에서 18개월 숙성한 럼

③ 올드 럼(Old Rum) : 오크통에서 최소 3년 숙성한 럼

④ 스파이스드 럼(Spiced Rum) : 화이트 럼에 생강, 계피 등의 향신료를 담가 다양한 향과 풍미를 내는 럼

⑤ 빈티지 럼(Vintage Rum) : 다양한 오크통에서 숙성되어 단일 빈티지로 병입한 럼

> **기적의 TIP**
>
> **플레이버드 럼 (Flavored Rum)**
> 도수가 40% 이하의 바나나, 망고, 시트러스 계열, 코코넛 등 과일의 풍미가 들어간 럼으로 스트레이트 또는 온 더 락으로 마신다.
> ⓔ 빅 애플(Big Apple), 바카디의 모히또, 말리부 럼
>
> **오버 프루프 럼 (Over-Proof Rum)**
> 도수가 40% 이상의 럼으로 칵테일에 소량으로 사용이 된다.
> ⓔ 바카디 151(Bacardi 151)

2) 맛과 향에 따른 분류

구분	라이트 럼 (Light Rum, White Rum)	미디엄 럼 (Medium Rum, Gold Rum)	헤비 럼 (Heavy Rum, Dark Rum)
컬러	담색 또는 무색	연한 갈색	짙은 갈색
주 원산지	쿠바	마르티니크	자메이카
증류 방법	연속식 증류기(Patent Still)	연속식 증류기(Patent Still)	단식 증류기(Pot Still)
제조 과정	사탕수수(당밀) + 배양 효모 → 발효 → 연속식 증류기 → 단기 숙성 → 활성탄여과	라이트 럼과 헤비 럼을 혼합하는 방법 헤비 럼 방법으로 발효 후 연속식 증류기를 사용하는 방법	1회 증류 → 남은 발효액 + 새로운 사탕수수 즙 → 발효 → 단식 증류기 → 태운 오크통에서 착색 → 3년 이상 숙성
대표 종류	바카디 슈페리어(Bacardi Superior), 그린 아일랜드(Green Island)	바카디 골드(Bacardi Gold), 네그리타(Negrita)	마이어스 럼(Myers's Rum), 바카디 8(Bacardi 8), 트리니다드(Trinidad)

① 라이트 럼(Light Rum, White Rum)
- 순수하게 배양한 효모로 발효 진행
- 달콤하면서 연한 향미로 부드러워 칵테일 베이스로 주로 사용

② 미디엄 럼(Medium Rum, Gold Rum) : 약간의 향미를 가지고 있으며, 대량 생산되는 서민 대중품

③ 헤비 럼(Heavy Rum, Dark Rum)
- 오크통에서 최소 10년 이상 숙성 진행
- 자연 발효시킨 당밀로 효모 이외의 다양한 미생물이 발생하여 다소 향미가 진한 편

03 럼의 유명 브랜드

① 바카디(Bacardi)
- 쿠바에서 시작되었으나 현재 푸에르토리코 원산지가 유명
- 세계에서 가장 큰 생산업체
- 대표 종류 : 화이트 럼(White Rum), 골드 럼(Gold Rum), 다크 럼(Dark Rum)

② 하바나 클럽(Havana Club)
- 황금색을 띠고 있는 쿠바산 럼
- 사탕수수 원액을 3번 증류하여 3년 이상 숙성시킨 럼
- 40% 알코올 도수를 가지고 있으며, 부드러운 맛과 달콤한 향이 특징

③ 캡틴 모건(Captain Morgan)
- 영국 주류 회사 디아지오에서 생산하는 향미 럼주 브랜드로 푸에르토리코, 자메이카에서 생산
- 사탕수수 원액을 3번 증류하여 1년 동안 숙성
- 35% 알코올 도수를 가지고 있으며, 강한 바닐라 향이 특징

④ 자카파(Zacapa)
- 황금색을 띠고 있는 과테말라산 프리미엄 럼
- 사탕수수 원액을 3번 증류하여 6년 동안 숙성
- 40% 알코올 도수를 가지고 있으며, 풍부한 맛과 진한 향이 특징

⑤ 플랜테이션(Plantation)
- 자메이카, 바베이도스, 트리니다드, 베네수엘라 등 다양한 원산지의 럼을 블렌딩한 프랑스산 프리미엄 럼
- 풍부하고 복합적인 맛과 향이 특징

⑥ 네그리타(Negrita)
- 황금색을 띠고 있는 자메이카산 럼
- 3년 이상 숙성
- 40% 알코올 도수를 가지고 있으며, 부드럽고 달콤한 맛이 특징

⑦ 올드 닉(Old Nick)
- 황금색을 띠고 있는 마르티니크 군도에서 생산된 럼
- 사탕수수 원액을 3번 증류하여 3년 이상 숙성
- 40% 알코올 도수를 가지고 있으며, 부드럽고 달콤한 맛이 특징

⑧ 바톤(Barton)
- 황금색을 띠고 있는 미국에서 가장 유명한 럼
- 버진 아일랜드산 사탕수수를 원료로 3년 동안 숙성
- 40% 알코올 도수를 가지고 있으며, 부드럽고 달콤한 맛이 특징
- 스트레이트로 마시거나 칵테일의 제조에 주로 사용

⑨ 크라켄(The Kraken)
- 검은색을 띠고 있는 미국산 스파이시드 럼
- 3년 이상 숙성
- 40% 알코올 도수를 가지고 있으며, 풍부한 맛과 스파이시한 향이 특징

SECTION 04 진(Gin)

빈출 태그 ▶ 개념, 분류, 제조과정, 브랜드

진(Gin)
진은 "네덜란드 프란시스퀴스 실비우스 드 보우베(Sylvius de Bouve)라는 사람이 만들었고, 영국 사람이 꽃을 피웠으며, 미국 사람이 영광을 주었다."라는 말이 있다.

진의 대표 원산지
영국, 네덜란드

기적의 TIP
진(Gin) 제조 시 사용하는 향료 식물
- 두송자(Juniper Berry)
- 고수풀(Coriander)
- 당귀 뿌리(Angelica)

01 진의 개념 및 특징

1) 진의 어원 및 정의

① 진의 어원 및 역사
- 네덜란드에서 주니에브르(Genièvre, Jenever)라는 약용주 개발
- 17세기 말 영국에 수출되어 앞글자만 따서 'Gen'이라고 불렸고, 영국식인 진(Gin)으로 변화됨

② 진의 정의
- 보리, 호밀, 옥수수 등 곡물(Grain)을 주원료로 만든 무색투명한 증류주
- 알코올에 두송자, 고수풀, 당귀 뿌리 등의 향료 식물로 착향시킨 술

2) 진의 특징

① 소나무의 신선하고 청량한 향
② 무색투명하고 산뜻한 맛
③ 40~50% 정도의 알코올 농도

3) 진의 제조과정

원료 → 제분(Milling) → 당화(Mashing) → 발효(Fermentaion) → 증류(Distillation) → 착향(Flavored) → 증류(Distillation) → 병입(Bottling)

원료를 당화, 발효시킨 뒤 증류한 다음, 향료 식물을 넣어 단식 증류기로 2~3회 증류하고 최종 알코올 도수 40~45%로 낮추어 병입한다.

02 진의 분류

1) 생산지에 따른 분류

구분	영국	네덜란드
종류	드라이 진(Dry Gin)★, 런던 드라이 진(London Dry Gin)	제네버(Genever), 홀란드 진(Holland Gin)★, 더치 진(Dutch Gin)★
증류 방법	연속식 증류기(Patent Still) → 단식 증류기(Pot Still)	단식 증류기(Pot Still)
제조 과정	곡물 → 당화, 발효 → 연속식 증류기 → 증류주 → 향료 식물 첨가 → 단식 증류기(2회 증류) → 증류수 혼합 → 병입	곡물 → 당화, 발효 → 단식 증류기 → 증류주 → 향료 식물 첨가 → 단식 증류기(2~3회 증류) → 증류수 혼합 → 병입
최종도수	37~47.5%	45%
향료 식물	주니퍼 베리(Juniper Berry), 코리앤더(Coriander), 안젤리카(Angelica), 시나몬, 레몬 껍질 등	주니퍼 베리(Juniper Berry)
맛	단맛이 거의 없는 편	원료의 맛과 향이 남아있어 단맛이 약간 있는 편
기타 사항	제조 과정 중 저장을 하지 않음	차갑게 한 뒤 스트레이트로 음용

★ 드라이 진(Dry Gin)
연속 증류기를 통해 만들어진 90~95%의 증류주에, 물로 희석해 60%의 도수로 만든 후 향료 식물을 첨가하여 단식 증류기로 2회 증류한 뒤 마지막에 증류수를 혼합하여 최종 알코올 도수 37~47.5%로 낮추어 병입한다.

★ 홀란드 진(Holland Gin)/ 더치 진(Dutch Gin)
단식 증류기를 통해 만들어진 50~55%의 알코올 도수 증류주에 주니퍼 베리를 첨가하여 단식 증류기로 재증류한 뒤 마지막에 증류수를 혼합하여 최종 알코올 도수 45%로 낮추어 병입한다.

03 진의 유명 브랜드

1) 진의 국가별 유명 브랜드

영국	탱커레이(Tanqueray), 비피터(Beefeater), 고든스(Gordon's), 봄베이 사파이어(Bombay Sapphire), 헨드릭스 진(Hendrick's Gin), 브로커스(Broker's), 길비스(Gilbey's)
네덜란드	볼스 제네버(Bols Genever), NO.3
미국	바톤 진(Barton Gin), 에비에이션 진(Aviation Gin)
일본	산토리 수이 진(Suntory Sui Gin)

2) 기타

① 올드 톰 진(Old Tom Gin)
- 네덜란드에서 영국으로 넘어와 점점 드라이한 맛으로 변화된 진
- 드라이 진 스타일이 되기 전에는 당분이 조금 남아있는 스위트 진의 풍미를 가짐

② 플레이버드 진(Flavored Gin) : 주니퍼 베리 대신 여러 가지의 과일, 약초, 씨앗, 뿌리 등을 사용하여 만든 진

③ 슈타인헤거(Steinhager)
- 독일(Germany)의 진
- 주원료로 두송자(Juniper Berry) 등의 향신료를 사용하여 만든 진

개념 체크

1 "생명의 물"이라고 지칭되었던 유래가 없는 술은?
① 위스키
② 브랜디
③ 보드카
④ 진

1 ④

SECTION 05 보드카(Vodka)

빈출 태그 ▶ 개념, 분류, 제조과정, 브랜드

보드카(Vodka)
보드카는 흑사병을 치료하는 약주로 '생명의 물'이라고 불렸고, 폴란드어로 '물'이라는 뜻의 '보다(Voda)'라는 단어에 '작다'라는 뜻의 '카(ka)'가 합쳐져 18세기부터 보드카(Vodka)라고 불렸다.

01 보드카의 개념 및 특징

1) 보드카의 어원 및 정의

① 보드카의 어원 및 역사 : 러시아어의 'Zhizenennia Voda', 즉 '생명의 물'이라는 의미에서 유래
② 보드카의 정의 : 감자, 고구마, 보리, 밀, 호밀, 옥수수 등 곡물을 원료로 만든 무색, 무미, 무취의 증류주

2) 보드카의 특징

- 무색(Colorless), 무미(Tasteless), 무취(Odorless)의 깔끔한 증류주
- 슬라브 민족의 국민주라고 불릴 정도로 귀족이나 노동자 모두 즐기는 술
- 주로 스트레이트로 마시거나 칵테일의 재료로 주로 사용
- 플레이버드 보드카(Flavored Vodka) : 보드카에 과실류(오렌지, 레몬, 라임 등)와 민트 등을 함께 배합하여 기존의 무미, 무취의 보드카에 맛과 향을 가미한 보드카

3) 보드카의 제조과정

원료 → 당화(Mashing) → 발효(Fermentation) → 증류(Distillation) → 여과(Filtration) → 병입(Bottling)

원료에 맥아를 넣어 당화, 발효시킨 뒤 연속식 증류기를 사용하여 95%가량의 증류주를 얻은 다음, 자작나무 숯으로 만든 활성탄과 모래층을 통과시켜 여과하고, 증류수를 혼합하여 최종 알코올 도수 40~50%로 낮추어 병입한다. 이때, 숙성(Aging)과 저장하는 과정을 진행하지 않는다.

02 보드카의 유명 브랜드

1) 보드카의 국가별 유명 브랜드

러시아	스톨리치나야(Stolichnaya), 모스코프스카야(Moskovskaya)
미국	스카이(SKY), 모나크(Monarch), 바톤(Barton)
네덜란드	볼스(Bols), 케틀 원(Ketel One)
핀란드	핀란디아(Finlandia)
폴란드	벨베데르(Belvedere)
스웨덴	앱솔루트(Absolute), 레벨(Level)
프랑스	그레이 구스(Grey Goose), 시락(Ciroc)
뉴질랜드	42빌로우(42 Below)
독일	단즈카(Danzka)
아일랜드	레이카(Reyka)

> **기적의 TIP**
>
> **스미노프(Smirnoff)**
> 1860년대 러시아의 Pyotr Arsenievich Smirnov에 의해 개발되었으며, 브랜드 본사는 미국에 있고, 영국에서 생산 한다.

① **스톨리치나야(Stolichnaya)** : 밀을 원료로 사용하여 부드러우면서 짜릿한 맛을 제공하는 러시아산 보드카

② **모나크(Monarch)** : 4번의 증류를 거친 후, 이중 목탄을 추가하여 여과하고 첨가제를 넣지 않은 미국산 보드카

③ **바톤(Barton)** : 4번의 증류를 거친 후, 자작나무 숯으로 여러 차례 여과해서 만든 미국산 보드카

④ **핀란디아(Finlandia)** : 핀란드의 백야에서 재배된 보리와 지하 200m에서 끌어올린 깨끗한 빙하수를 사용하여 풍미가 깊고 강렬하면서 깔끔한 맛을 제공하는 보드카

SECTION 06 테킬라(Tequila)

빈출 태그 ▶ 개념, 분류, 제조과정, 브랜드

01 테킬라의 개념 및 특징

1) 테킬라의 어원 및 정의

① 테킬라의 어원 및 역사
- 멕시코의 중앙 고원지대에 위치한 테킬라(Tequila) 마을의 이름에서 유래
- 16세기 경 스페인의 증류 기술이 멕시코에 도입이 되어, 기존 발효주인 풀케(Pulque)를 증류한 메즈칼(Mezcal)이라는 증류주를 개발
- 메즈칼(Mezcal) : 멕시코 전 지역(주로 남부)에서 용설란(Agave)으로 발효한 발효주인 풀케(Pulque)를 증류하여 생산한 증류주를 통칭하는 술로, 메즈칼(Mezcal)이 테킬라 지역에서 특정 조건들을 갖추어 생산하면 테킬라(Tequila)라고 부름(즉, 테킬라는 메즈칼의 한 종류)
- 1968년 멕시코시티 올림픽 이후 전 세계적으로 알려지게 됨

② 테킬라의 정의
- 일반적인 의미 : 멕시코 화산지대인 할리스코(Jalisco) 주에 위치한 테킬라 지역의 이름을 딴 술로, 테킬라 지역의 중심으로 지정된 5개 지역에서만 생산하며, 백합과인 용설란(Agave)★을 발효하여 만든 풀케(Pulque)를 증류시킨 증류주
- 법적인 의미 : 블루 아가베(Blue Agave)를 최소 51% 이상 사용하며, 용설란의 잎을 제거한 상태인 피나(Pina)를 발효하여 만든 풀케(Pulque)를 증류시킨 증류주
- 프리미엄 테킬라 : 아가베 아즐 테킬라나(Agave Azul Tequilana)을 원료의 즙액을 100% 사용한 증류주

2) 테킬라의 특징
① 주원료인 블루 아가베(Blue Agave)를 최소 51% 이상 사용하여 제조
② 40~50% 정도의 알코올 농도의 무색투명한 술
③ 소금과 라임을 함께 곁들여 마시는 것이 특징

기적의 TIP

테킬라의 원산지
멕시코 화산지대인 할리스코(Jalisco) 주에 위치한 테킬라 지역의 전체가 아닌 5곳에서 생산이 된다.
- 할리스코(Jalisco)
- 과나후아토(Guanajuato)
- 미초아칸(Michoacan)
- 타마울리파스(Tamaulipas)
- 나야리트(Nayarit)

★ 용설란(Agave, 아가베)
아가베(Agave)는 '이눌린'이라는 전분과 비슷한 물질이 함유되어 있다.

3) 테킬라의 제조과정

> 원료 → 당화(Mashing) → 분쇄(Mushing) → 발효(Fermentation) : 풀케(Pulque) → 증류(Distillation) → 숙성(Aging) → 병입(Bottling)

8~10년 정도 자란 용설란(Agave)의 잎을 제거하여 화덕이나 오븐에 구우면서(익히면서) 당화를 진행한 뒤 분쇄하고 물을 넣어 발효를 진행한다. 이때 옥수수당 또는 설탕을 첨가하여 발효할 수 있다. 발효된 풀케(Pulque)를 단식 증류기로 2번 증류하여 필요에 따라 숙성하여 테킬라를 만든다.

02 테킬라의 분류

1) 숙성 기간에 따른 분류

① 블랑코(Blanco) 혹은 실버 테킬라(Silver Tequila)
- 숙성 과정을 거치지 않으며, 증류 후 6일 안에 출시되는 무색투명한 테킬라
- 호벤(Joven)/오로(Oro)
  - 블랑코(Blanco)에 다른 테킬라 또는 캐러멜 색소, 허브, 과일 등을 섞어 만든 혼합형 테킬라
- 골드 테킬라(Gold Tequila)
  - 숙성을 거치지 않고 식용 색소를 첨가하여 색과 맛을 낸 테킬라
  - 공식적으로 정해진 테킬라 등급은 아니며, 블랑코(Blanco)에 속하여 분류되는 테킬라

② 레포사도(Reposado) : 'Rested(숙성)'의 뜻으로 오크통에서 2개월~1년 이하로 숙성시킨 황금빛의 테킬라

③ 아네호(Anejo) : 'Aged(숙성된)'의 뜻으로 600L 이하의 정부 공인의 오크통에서 1년 이상 숙성시킨 짙은 황금빛의 테킬라

④ 엑스트라 아네호(Extra Anejo) : 오크통에서 3년 이상 숙성시킨 테킬라

03 테킬라의 유명 브랜드

1) 테킬라의 유명 브랜드

① 호세 쿠엘보(Jose Cuervo)
   블루 아가베(용설란) 식물로 만들며, 독특한 향과 맛을 가진 테킬라

② 사우자(Sauza)
   - 아가베의 중심부에서 추출한 달콤한 아가베 시럽을 사용
   - 3번 증류하여 부드럽고 고급스러운 단맛을 가진 테킬라

③ 엘 테소로(El Tesoro)
   - 한국어로 '보물'이라는 의미
   - 멕시코 할리스코 고지대에서 모든 공정을 수작업으로 만든 테킬라

④ 페페 로페즈(Pepe Lopez)
   2번 증류해서 만들어 깔끔한 맛을 가진 테킬라

⑤ 패트론(Patron)
   - 최고급 원료인 웨버 블루 아가베(Weber Blue Agave)를 사용
   - 다른 첨가물 없이 소량만 증류하여 만든 테킬라

⑥ 그밖에 유명한 브랜드
   엘 히마도르(El Jimador), 돈 훌리오(Don Julio), 몬테 알반(Monte Alban), 투 핑거스(Two Fingers), 마리아치(Mariachi)

04 테킬라 마시는 방법

> 테킬라는 기본적으로 한 번에 원샷하고, 왼쪽 손등에 소금을 묻힌 뒤 혀를 사용해서 핥아가며 마신다.

① 슬래머(Slammer)
   - 긴 테킬라 스트레이트 잔에 테킬라를 $\frac{1}{2} \sim \frac{1}{3}$ 정도 따르고 나머지는 탄산음료로 잔을 채운다.
   - 냅킨이나 잔 받침으로 잔을 덮은 후, 테이블에 잔을 내리쳐 거품이 일어나는 동시에 원샷한다.

② 슈터(Shooter)
   - 왼손 엄지와 검지 사이의 평평한 부분에 라임즙을 살짝 묻혀 소금을 올린다.
   - 왼손에 라임 웨지, 오른손에 스트레이트 잔을 잡는다.
   - 소금을 먼저 핥고, 입안에 짠맛이 퍼지자마자 원샷 후 라임으로 산뜻하게 마무리해 준다.

③ 바디 샷(Body Shot)
   - 왼손 엄지와 검지 사이의 평평한 부분에 레몬즙을 살짝 묻혀 소금을 올린다.
   - 테킬라는 먼저 마신 후 소금을 핥고 레몬으로 산뜻하게 마무리해 준다.

개념 체크

1 다음 중 테킬라가 아닌 것은?
① Cuervo
② El Tesoro
③ Sambuca
④ Sauza

1 ③

SECTION 07 브랜디(Brandy)

빈출 태그 ▶ 개념, 분류, 제조과정, 브랜드

01 브랜디의 개념 및 특징

1) 브랜디의 어원 및 정의

① 브랜디의 어원 및 역사
- 프랑스 어의 'Vin Brule' : '불에 태운 와인'이라는 의미에서 유래
- 프랑스 어의 뱅 브루네(Vin Brule) → 네덜란드 어의 브란데 웨인(Brande-Wijin) → 영국의 브랜디(Brandy)

② 브랜디의 정의
- 일반적인 의미 : 포도 또는 과실의 주원료로 발효한 술을 증류해서 만드는 모든 증류주
- 넓은 의미 : 과육을 쓰지 않고 껍질이나 압착 후의 찌꺼기를 사용한 증류주도 포함

> **기적의 TIP**
>
> **브랜디의 원산지**
> - 프랑스의 코냑(Cognac)
> - 프랑스의 아르마냑(Armagnac)

2) 브랜디의 특징

① 35~60% 정도의 알코올 농도
② 제조 과정 중 블렌딩을 진행
③ 주로 식후주로 마시는 경우가 많은 편

3) 브랜디의 제조과정

> 양조작업(와인 제조) → 증류(Distillation) → 저장(Aging) → 혼합(Blending) → 숙성(Aging) → 병입(Bottling)

와인의 제조과정 중 발효 후 숙성하기 전에 단식 증류기를 사용하여 2~3회 증류를 진행하고, 오크통에 넣어 저장 후 블렌딩(Blending)과정을 통해 증류주의 품질을 일정하게 맞추고 한번 더 재숙성을 진행한 뒤 병입한다.

> **기적의 TIP**
>
> **브랜디의 오크통 숙성**
> 브랜디 제조 과정에서 증류한 브랜디를 리무진 오크통(Limousin)을 사용하여 저장하는데, 이때 오크통은 화이트 와인을 먼저 넣어 유해한 색소나 이물질 제거하는 과정을 거치게 된다.
>
> **리무진 오크통(Limousin)**
> 느슨한 형태의 나뭇결을 가지고 있어 통기성이 양호하며 탄닌의 함유량이 높은 편으로 레드 와인이나 브랜디의 숙성에 좋은 오크통이다.

02 프랑스의 브랜디

1) 프랑스 유명 산지
① 코냑(Cognac), 아르마냑(Armagnac)
② 프랑스의 보르도(Bordeaux), 코냑(Cognac), 아르마냑(Armagnac) 등은 대서양기후의 영향을 받는다.

2) 브랜디의 등급
① 약자 : V(Very), S(Superior), O(Old), P(Pale), X(Extra)
② 등급 : VO < VSO < VSOP < XO < EXTRA
③ 코냑(Cognac)은 품질을 구별하기 위해 국가에서 정한 기준이 아닌 제조사별로 숙성 기간에 따라 문자나 부호를 정해 표기하며, 대표적인 제조사로는 헤네시(Hennessy)가 있다.

- 헤네시의 브랜디는 숙성 기간에 따라 아래 등급으로 나누어진다.
  - Three Star : 5년
  - VO(Very Old) : 15년
  - VSO(Very Superior Old) : 15~25년
  - VSOP(Very Superior Old Pale) 또는 Reserve : 25~30년
  - XO(Extra Old) 또는 Napoleon : 45년 이상
  - Extra : 70년 이상

> **기적의 TIP**
> 처음으로 별표의 기호를 도입한 것은 1865년 헤네시(Hennessy)사에 의해서이다.

> ★ AOC(Appellation d'Orgine Controlee)
> 1935년에 시행된 프랑스의 농산품과 식료품 분야에서 원산지 명칭으로 와인의 품질과 등급을 법으로 통제하는 규정이다.

> **기적의 TIP**
> 핀느 샹파뉴 (Fine Champagne)
> 그랑 샹파뉴(Grand Champagne) 지역의 와인 증류 원액을 50%이상 함유한 코냑을 말한다.

> ★ 크뤼(Cru)
> 개성을 지닌 고급 와인을 생산하는 포도원 또는 부르고뉴 와인 생산지의 포도밭 구획(Climat)이라고 한다.

3) 프랑스의 원산지 통제 증명법(AC법 또는 AOC법★) 따른 지역 분류

지역명	특징
그랑 샹파뉴 (Grand Champagne)	• 무른 백악질 토양이 있는 가장 중요한 곳으로 샤랑트(Charente)강 남쪽에 위치 • 오랜 숙성이 가능한 꽃향, 섬세한 색의 오드비(Eau-de-Vie)를 생산 • 중후한 맛의 최고급품으로 유명
쁘띠뜨 샹파뉴 (Petite Champagne)	• 그랑 샹파뉴(Grand Champagne) 주변에 위치 • 덜 무른 백악질 토양과 뚜렷한 해양성 기후가 특징 • 꽃 향기와 은은한 과일의 향이 나는 코냑을 주로 생산
보더리 (Borderies)	• 샤랑트(Charente) 북쪽에 있는 작은 지역으로 백악질 토양의 특징이 적은 편 • 향이 풍부한 숙성이 빠른 코냑을 주로 생산
핀 부아 (Fins Bois)	• 쁘띠뜨 샹파뉴(Petite Champagne), 그랑 샹파뉴(Grand Champagne), 보더리(Borderies) 등 세 지역을 둘러싸고 있는 가장 큰 규모의 지역 • 대부분 얇은 점토와 석회석 토양으로 이루어진 곳에 위치 • 과일의 향이 풍부한 숙성이 빠른 코냑을 주로 생산
봉 부아 (Bon Bois)	• 다양한 토양과 기후 영향을 받는 지역 • 핀 부아(Fins Bois) 지역을 둘러싼 다채로운 모습의 크뤼(Cru)★
부아 오르디네르(Bois Ordinaires)	• 대서양 해안과 올레롱 섬(Ile d'Oléron) 및 레 섬(Ile de Ré)을 포함한 지역 • 해양의 강한 영향을 받는 곳에 위치

4) 코냑(Cognac)과 아르마냑(Armagnac)

구분	코냑(Cognac)	아르마냑(Armagnac)
생산지	프랑스의 코냑 지방(보르도 북쪽)	프랑스 아르마냑 지방(보르도 남쪽)
증류기	단식 증류(2회)	연속식 증류(1회)

① 코냑(Cognac)

- 포도를 주원료로 프랑스의 코냑 지방(보르도 북쪽)에서만 생산되는 브랜디
- 모든 코냑은 브랜디에 속하며, 코냑과 브랜디의 차이점은 지역(Region)으로 구분
- 단식 증류기로 2회 증류 후 화이트 오크통에서 숙성
- 전통의 품질을 유지하기 위해 3월 31일까지 모든 증류 작업을 마무리
- 부드럽고 섬세한 맛으로 주로 식후주로 마시는 편
- 코냑의 대표 브랜드

대표브랜드	특징
마르텔(Martell)	– 실리카 클레이를 지닌 보더리(Borderies) 지역의 최고급 품질의 코냑을 생산 – 품질 좋은 위니 블랑(Ugni Blanc) 품종을 이용
헤네시(Hennessy)	– 포도원과 증류소를 소유하여 직접 코냑을 생산 – 상품명과 숙성 기간을 최초로 표기한 제조사
꾸브와제(Courvoisier)	남서부 코냑 지방의 최우수 위니 블랑(Ugni Blanc) 품종만을 엄선해서 사용하여 생산
레미 마틴(Remy Martin)	그랑 샹파뉴(Grande Champagne)와 쁘띠뜨 샹파뉴(Petite Champagne) 지역에서 생산된 최고급 오드비(Eau-de-Vie)를 숙성하여 코냑을 생산
까뮤(Camus)	전통적인 제조방법을 통해 코냑을 생산
하인(Hine)	– 최고의 떼루아에서 직접 포도를 재배하고 껍질까지 발효한 리스(Lees)를 함께 증류하여 생산 – 복합적인 풍미와 풍부한 아로마가 특징

> **기적의 TIP**
>
> **코냑(Cognac)과 브랜디(Brandy)**
> 모든 코냑은 브랜디에 속하며, 코냑과 브랜디의 차이점은 지역(Region)이다. 프랑스 코냑 지방에서 생산되는 브랜디만을 코냑이라고 부른다.

② 아르마냑(Armagnac)
- 유럽 최초로 만든 브랜디
- 프랑스 아르마냑 지방에서 AOC법에 준하여 생산되는 브랜디
- 주요 포도품종 : 생 떼밀리옹(Saint-Emilion), 위니 블랑(Ugni Blanc)
- 제조방식 : 연속식 증류기로 1회 증류 후 블랙 오크통에 숙성(숙성 기간이 짧은 편)
- 저장 연수 표시 : 코냑에 준하여 사용
- 코냑과 비교하여 색이 짙으며, 더 강하고 거친 풍미와 함께 살구 향이 나는 브랜디
- 아르마냑의 지역의 분류

지역명	특징
바 아르마냑 (Bas-Armagnac)	- 전체 아르마냑 지역의 $\frac{1}{3}$ 정도를 차지 - 독특하면서도 우아한 과일향의 섬세한 향이 특징 - 참나무와 소나무 숲이 많아 검게 보여 아르마냑 누아르(Noir, 검은색)라고도 불림
테나레즈 (Ténarèze)	- 아르마냑의 중간 지역에 위치 - 진흙 석회 성분으로 오랜 숙성시킨 후 풍부한 맛을 내는 강한 향과 맛이 특징 - 3종류 중 가장 품질이 좋은 바 아르마냑을 제외하고 일반적으로 아르마냑으로 표기
오 아르마냑 (Haut-Armagnac)	- 남쪽 구릉지대인 강변에 위치 - 재배 면적은 가장 넓지만 품종이 한정적이며 전체 아르마냑의 60% 정도 생산 - 토양에 백악질 성분이 많아 아르마냑 블랑(Blanc, 흰색)이라고도 불림

- 아르마냑의 5대 브랜드

대표브랜드	특징
샤보 (Chabot)	- 프랑스 남부 아르마냑 지방의 비옥한 토양과 강한 햇빛에 무르익은 포도로 제조 - 전통적인 고유 제조방법에 의해 증류된 아르마냑 원액을 블랙 오크통에서 숙성 - 풍부한 향과 맛이 특징
말리악 (Malliac)	- 1회 증류하는 아르마냑 전통 방식과 2회 증류하는 코냑 방식의 2가지 증류법을 병용 - 새 오크통으로 1년 숙성시킨 후, 헌 오크통으로 천천히 숙성
쟈노 (Janneau)	- 아르마냑 지방에서 가장 많은 원액 재고를 보유 - 최소 12년 이상 숙성된 원액이 전체 생산의 65% 차지 - 숙성기간이 오래될수록 복합적인 향과 맛이 강화
몽테스큐 (Montesquiou)	- 연속식 증류기로 증류한 원액만을 사용 - 처음에 새 오크통으로 6개월 숙성시키고, 약간 헌 오크통으로 2개월 숙성한 후, 마지막으로 가장 오래된 헌 오크통으로 남은 기간 동안 숙성 진행
샤또 드 로바드 (Chateau de Laubade)	- 프랑스 남부 가스코뉴 지역의 블랙 오크통만을 사용 - 위니 블랑, 폴 블랑쉬, 바코, 콜롬바드 4가지 품종의 포도를 유기 비료를 사용하여 재배 - 품종별, 빈티지별로 나누어 증류, 숙성한 뒤 블렌딩 진행

5) 기타 프랑스 브랜디

① 오드비(Eau-de-Vie)
- '생명의 물'이라는 뜻
- 프랑스에서는 '증류주'를 의미하고, 과일과 작은 열매를 증류하여 숙성하지 않은 브랜디를 의미
- 넓은 의미로는 포도 이외의 과일로 증류한 술
- 오드비의 종류
  - 오드비 드 뱅(Eau-de-Vie de Vin) : 프랑스의 12개 유명 와인 산지에서 잉여 와인을 증류해서 만든 브랜디
  - 오드비 드 마르(Eau-de-Vie de Marc) : 포도주를 만들고 남은 포도 찌꺼기를 발효하고 증류하여 만든 브랜디

② 칼바도스(Calvados) : 프랑스 노르망디(Normandy) 지방에서 AOC법에 준하여 생산되는 사과 브랜디

③ 오드비 드 뱅 드 시드르(Eau-de-Vie de Cidre) : 프랑스 내 칼바도스(Calvados)를 제외한 사과 브랜디

④ 키르시(Kirsch) / 키르시바서(Kirschwasser)
- 체리를 원료로 발효, 증류한 브랜디
- 키르시(Kirsch)는 프랑스산 체리 브랜디, 키르시바서(Kirschwasser)는 독일산 체리 브랜디

> **기적의 TIP**
> - 애프리콧(Apricot) : 살구 브랜디
> - 프랑부아즈(Framboise) : 라즈베리(나무딸기) 브랜디
> - 슬리보비츠(Slivovitz) : 자두 브랜디

03 기타 국가의 브랜디

1) 독일 브랜디

① 독일 브랜디의 특징 : 가벼운 느낌의 브랜디

② 독일 브랜디의 종류
- 바인브란트(Weinbrand) : 6개월 이상 숙성한 고급 브랜디
- 우어알트(Uralt) : 1년 이상 숙성한 고급 브랜디

2) 이탈리아 브랜디

① 이탈리아 브랜디의 특징
- 다양한 종류의 브랜디
- 비교적 무거운 바디감

② 이탈리아 브랜디의 종류
- 그라파(Grappa)
  - 포도주를 만들고 남은 포도 찌꺼기에 약초 등을 배합하여 발효하고 증류한 브랜디
  - 숙성시키지 않아 무색을 띠고 있으며, 주로 식후주로 마시는 브랜디

> **개념 체크**
> 1 다음 중 포도주 만들고 남은 찌꺼기로 증류한 브랜디는?
> ① Grappa
> ② Calvados
> ③ Blanco
> ④ Apricot
>
> 1 ①

3) 스페인 브랜디
와인(Wine)의 부산물로 제조하며, 달달한 향기가 나고 셰리(Sherry) 만들 때 사용

4) 포르투갈 브랜디
스페인과 마찬가지로 와인(Wine)의 부산물로 제조

5) 아메리칸 브랜디
약 200년 전 스페인의 신부에 의해 미국 캘리포니아로 전해왔으며, 연속식 증류기를 사용하여 제조

SECTION 08 아쿠아비트(Aquavit)

빈출 태그 ▶ 개념, 분류, 제조과정, 브랜드

01 아쿠아비트의 개념 및 특징

1) 아쿠아비트의 어원 및 정의

① 아쿠아비트의 어원 및 역사
- 라틴어의 'Aqua Vitae', 즉 '생명의 물'이라는 의미에서 유래
- 노르웨이와 독일에서는 Aquavit, 덴마크에서는 Akvavit라고 불림
- 15세기부터 제조하였으며, 초기에는 와인을 증류시켜 의약품으로 사용
- 16세기부터 곡물을 원료로 사용하였으며 18세기부터 감자를 원료로 사용

② 아쿠아비트의 정의
- 감자를 주원료로 하여 회향초 씨(Caraway Seed), 고수, 박하, 오렌지 껍질 등 여러 종류의 허브로 착향 시킨 증류주

2) 아쿠아비트의 특징

① 무색에 가까운 옅은 색상의 투명한 술
② 40~45% 정도의 알코올 농도
③ 진(Gin)의 제조방법과 거의 비슷
④ 주로 차갑게 해서 식전주로 스트레이트로 마시거나, 맥주와 함께 곁들여 마시는 경우가 있음

3) 아쿠아비트의 제조과정

| 원료 → 당화(Mashing) → 발효(Fermentation) → 증류(Distillation) → 착향(Flavored) → 병입(Bottling) |

원료인 감자를 익히고 으깨어 맥아를 넣어 당화, 발효시킨 뒤 연속식 증류기를 사용하여 95%가량의 증류주를 얻은 다음, 물로 희석하고 여러 종류의 허브로 향을 입히고 병입한다. 이때 필요에 따라 오크통 숙성을 진행한다.

> **기적의 TIP**
>
> **아쿠아비트의 원산지**
> 북유럽 스칸디나비아 지방

> **개념 체크**
>
> 1 아쿠아비트(Aquavit)에 대한 설명 중 틀린 것은?
> ① 감자를 당화시켜 연속 증류법으로 증류한다.
> ② 맥주와 곁들여 마시기도 한다.
> ③ 혼성주의 한 종류로 식후주에 적합하다.
> ④ 진(Gin)의 제조 방법과 비슷하다.
>
> 1 ③

❷ 아쿠아비트의 국가별 유명 브랜드

국가	특징	대표브랜드
덴마크	가벼운 타입	스키퍼(Skipper), 올보르(Aalborg)
스웨덴	중간 타입	스와르트 빈바르스(Svart-Vinbars), 스코네(Skane)
노르웨이	무거운 타입	봄멀룬더(Bommerlunder), O.P 앤더슨(O.P Andersom)

CHAPTER

04

혼성주

학습 방향

혼성주는 증류주 베이스에 맛과 향을 더하여 만든 술입니다. 다양한 혼성주를 제조 방법과 재료에 따라 어떻게 분류하는지 학습합니다.

출제빈도

SECTION 01　하　10%
SECTION 02　상　90%

혼성주(Liqueur, Compounded Liqueur)의 개념

SECTION 01

빈출 태그 ▶ 개념, 역사, 제조방법

01 혼성주의 개념 및 특징

1) 혼성주의 어원 및 정의

① 혼성주의 어원 및 역사
- 라틴어의 'Liquefacere' : '녹이다'라는 의미에서 유래
- 고대 그리스 시대에 약용으로 사용
- 중세 연금술사들이 증류주를 만드는 기법을 터득하는 과정에서 우연히 발견
- 아르노 드 빌네브(Arnaud de Villeneuve) : 혼성주(리큐어, Liqueur)를 처음으로 만든 사람

② 혼성주의 정의
- 혼성주는 증류주를 원료로 하여 당분을 더하고 과일이나 향료, 약초 등 초근목피의 침출물로 향미를 더하여 만든 술
- 프랑스에서는 알코올 15% 이상, 당분 20% 이상을 함유하고 향신료가 첨가된 술을 리큐어라고 정의

2) 혼성주의 특징

① 코디얼(Cordial)이라고도 부름
② 화려한 색채로 '액체의 보석'이라고도 부름
③ 당분을 함유하고 있어, 주로 식후주로 많이 마시는 편
④ 특이한 향, 감미, 알코올의 조화가 잘 되어있어 칵테일 제조에 주로 사용

02 혼성주의 제조방법

제조방법	내용
증류법 (Distillation Process)	증류주에 원료를 배합한 뒤 단식 증류법으로 증류하고 설탕과 향료를 넣어 단맛과 향미를 내는 방법
배합법, 에센스법 (Essence Process)	• 과일이나 약초, 향초 등의 진액을 추출하여 주정과 섞어 천연 또는 합성 향료를 첨가하여 만드는 방법 • 천연 향료나 인조 향료를 사용하며, 그 외에 달걀 노른자나 동물의 모유 등을 사용하여 만드는 방법 • 가격이 저렴한 것이 장점이나, 질이 낮다는 단점이 있음 • 대표적으로 사용하는 나라 : 독일
침출법 (Infusion Process)	• 가장 많이 쓰이는 방법이며, 다른 말로 콜드 방식(Cold Method)이라고도 부름 • 증류하면 변질될 수 있는 과일이나 약초, 향료 등을 증류주에 담가 맛과 향을 우려내는 방법 • 수개월에서 수년간 장기 숙성시키기 때문에 가장 시간이 많이 소요 • 맛과 향이 추출되면 여과한 후 블렌딩하여 병입
여과법 (Percolation Process)	• 증류가가 기화할 때 허브, 약초 등을 통과하여 풍미가 더해지는 방법 • 향을 얻은 증류주를 액화하여 당분을 가미 • 커피를 제조하는 방법과 비슷

SECTION 02

혼성주(Liqueur, Compounded Liqueur)의 분류

출제빈도 상 중 하
반복학습 1 2 3

빈출 태그 ▶ 분류

01 혼성주의 분류

1) 약초, 향초류에 따른 분류

혼성주	내용
압생트 (Absente, Absinthe)	• 프랑스에서 향쑥, 살구씨, 아니스 등의 원료를 침출한 다음 증류한 리큐어 • 얼음과 함께 마실 수 있는 리큐어
아니제트 (Anisette)	프랑스산 증류주에 아니스 열매, 레몬 껍질, 코리앤더 등의 향미를 첨가하고 시럽으로 단맛을 낸 리큐어
베네딕틴 D.O.M (Benedictine D.O.M)	• 1510년 프랑스 페캉(Fecamp) 사원에서 성직자가 만든 리큐어로 라틴어로 데오 옵티모 맥시모(Deo Optimo Maximo) 로 '가장 선하고 가장 위대한 신에게', "최선, 최대의 것을 신에게 바친다."라는 뜻을 지닌 리큐어 • 프랑스에서 가장 오래된 리큐어 중 하나로 호박색의 띠는 43도의 리큐어(현재는 40도의 도수를 지님) • 안젤리카, 박하, 주니퍼 베리, 시나몬 등 약 27종의 약초를 사용
시나 (Cynar)	• 와인에 국화과의 아티초크(Artichoke)와 약초를 배합한 진한 커피색의 리큐어 • 주로 식전주로 마시는 리큐어
샤르트뢰즈 (Chartreuse)	• 프랑스 수도원, 승원의 뜻으로 '리큐어의 여왕'이라고 부름 • 130가지 정도의 허브를 포도주에 침출하고 증류한 리큐어
캄파리 (Campari)	• 이탈리아의 식전주로 애음 • 오렌지 과피, 뿌리, 씨, 회향초 등 70여 가지의 재료로 만든 붉은색의 리큐어 • 45일동안 제조과정을 거쳐 최종 알코올 농도 24%에 병입
갈리아노 (Galliano)	• 이탈리아 밀라노 지방에서 오렌지와 아니스 등 40여종의 약초로 만든 강한 바닐라 향의 리큐어 • 연한 황금빛을 띠며, 길쭉한 독특한 모양의 병에 담기는 것이 특징
베르무스 (Vermouth)	이탈리아산 원료인 와인에 브랜디나 당분을 섞고 향료나 약초를 넣어 향미를 낸 리큐어
삼부카 (Sambuca)	• 주정에 아니스를 넣고 숙성한 이탈리아의 전통 리큐어 • 아니제트(Anisette)와 비슷한 리큐어
예거마이스터 (Jagermeister)	독일에서 허브, 과일 등 56가지의 재료를 사용해서 만든 허브 리큐어
언더버그 (Underberg)	독일산 허브와 향신료로 만든 식후주 리큐어
파르페 아무르 (Parfait Amour)	• '완벽한 사랑'이라는 뜻의 꽃과 향신료, 과일의 힌트로 달콤한 향이 나는 연보라색의 리큐어 • 19세기 여성들에게 큰 인기
듀보네 (Dubonnet)	레드 와인에 키니네를 원료로 첨가하여 만든 옅은 갈색을 띠는 프랑스산의 고전 식전주 리큐어

쿰멜 (Kummel)	• 회향초를 사용하여 만든 리큐어 • 증류법에 의해 만들어지는 달고 색이 없는 리큐어로 캐러웨이 씨, 쿠민, 회향 등을 첨가하여 맛을 내는 리큐어
크렘 드 민트 (Creme de Menthe)	• 설탕과 민트 잎을 사용하여 만든 리큐어 • 페퍼민트 칵테일 제조 시 사용하며 박하 향이 나는 것이 특징
리카 (Ricard)	감초를 베이스로 한 프랑스의 식전주 리큐어
앙고스투라 비터 (Angostura Bitters)	• 베네수엘라에서 만들어진 비터(Bitters)로 풍미와 향기가 있는 고미제와 약초들을 배합한 리큐어 • 보통 1~3dash 정도 소량으로 사용
드람부이(Drambuie)	• 스카치 위스키에 히스 꽃에서 딴 헤더 꿀과 허브 등을 첨가하여 만든 감미 짙은 암갈색의 스코틀랜드산 리큐어 • '사람을 만족시키는 음료'라는 뜻을 지닌 술

> **기적의 TIP**
>
> **비터(Bitters)**
> 쓴맛이 강한 혼성주로 처음에는 약재로 사용되었으나, 현재는 주로 식전주로 마시며, 칵테일에는 소량을 첨가하여 향료 또는 고미제로 사용한다.
>
> **비터(Bitters)류에 속하는 혼성주**
> • 캄파리(Campari)
> • 아메르 피콘(Amer Picon)
> • 앙고스투라 비터 (Angostura Bitters)
> • 언더버그(Underberg)
> • 예거마이스터 (Jagermeister)

2) 과일, 과실류에 따른 분류

혼성주	주원료	내용
큐라소 (Curacao)	오렌지 껍질	베네수엘라산 오렌지 껍질을 원료로 만든 리큐어
트리플 섹 (Triple Sec)	오렌지 껍질	오렌지 껍질을 주원료로 하여 3회 증류하여 만든 오렌지 리큐어
쿠앵트로 (Cointreau)	오렌지 껍질	오렌지 껍질을 원료로 만든 프랑스산 고급 리큐어
그랑 마니에 (Grand Marnier)	오렌지 껍질	3~4년 숙성된 코냑에 오렌지 껍질 등을 침출하여 만든 최고급 오렌지 리큐어
아메르 피콘 (Amer Picon)	오렌지 껍질	• 오렌지 껍질을 가미한 프랑스의 식전주 리큐어 • 강한 쓴맛으로 물이나 소다수를 섞어 마시는 경우가 있음
슬로우 진 (Sloe Gin)	오얏나무 열매	야생 오얏나무 열매(야생 자두, Sloe Berry) 성분에 진(Gin)을 첨가하여 만든 붉은색의 리큐어
크렘 드 카시스 (Creme de Casis)	카시스 열매	카시스 열매(Black Currant)로 만든 새콤달콤한 리큐어
마라스키노 (Marasquin)	체리	마라스카 종의 체리를 원료로 만든 리큐어
체리 히링 (Cherry Heering)	체리	피터 히링(Peter Heering)사에서 생산된 진홍색 사워 체리 리큐어
미도리 (Midori)	멜론	일본의 멜론 리큐어
서던 컴포트 (Southern Comfort)	복숭아	버번 위스키에 복숭아 향미를 낸 대표적인 미국산 리큐어

> **기적의 TIP**
>
> **대표적인 오렌지 리큐어**
> • 큐라소(Curacao)
> • 트리플 섹(Triple Sec)
> • 쿠앵트로(Cointreau)
> • 그랑 마니에 (Grand Marnier)

3) 종자류에 따른 분류

혼성주	주원료	내용
깔루아 (Kahlua)	커피	증류주에 멕시코산 커피를 주원료로 하여 코코아, 바닐라 향을 첨가하여 만든 리큐어
티아 마리아 (Tia Maria)	커피	럼을 베이스로 한 단맛이 나는 자메이카산 커피 리큐어
파샤 (Pasha)	커피	터키산 커피 리큐어
카모라 (Kamora)	커피	멕시코산 커피 리큐어로 깔루아(Kahlua)에 비해 덜 단맛이 특징
아마레토 (Amaretto)	살구씨	• 이탈리아산 리큐어 • 살구씨를 주원료로 물과 함께 증류한 뒤, 향초 성분과 시럽을 첨가하여 만든 아몬드향 리큐어
크렘 드 카카오 (Cream de Cacao)	카카오	카카오씨를 주원료로 카카오와 바닐라의 향을 더한 카카오 리큐어
쇼콜라 스위스 (Chocolate Suisse)	카카오	병 속에 초콜릿 조각을 띄워 초콜릿 향을 강화한 스위스산 리큐어

4) 증류주 베이스에 따른 분류

혼성주	주원료	내용
베일리스 아이리시 크림 (Bailey's Irish Cream)	위스키	• 아일랜드산 아이리시 위스키에 크림과 카카오 맛을 첨가하여 만든 크림 리큐어 • 17%의 낮은 알코올 도수로 냉장보관
아드보카트(Advocaat)	브랜디	브랜디(Brandy)를 베이스로 하여 달걀 노른자와 설탕 등을 혼합하여 만든 네덜란드산 리큐어

CHAPTER 05

전통주

학습 방향

우리나라 전통주의 기원, 종류, 제조방법 등에 대해 학습합니다. 제조방법이나 특색에 따른 전통주의 종류를 정확히 파악하는 것이 중요합니다.

출제빈도

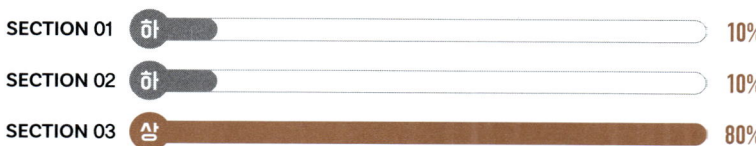

SECTION 01 전통주의 개념

빈출 태그 ▶ 개념, 역사, 종류

01 전통주의 개념 및 특징

1) 전통주의 정의

① 전통주의 역사
- 고려시대 때 몽골에 의해 증류주의 제조기술이 전파
- 탁주 → 약주 → 소주 순으로 개발

② 전통주의 정의
- 곡류(쌀, 찹쌀, 보리)를 주원료로 발효주를 만들어 제사에 사용하던 술
- 우리나라 주세법상 탁주와 약주의 알코올 도수를 표기 시 허용 오차는 ±1.0%

> **주세법 시행령 제1조**
> 주류에 대하여는 최종 제품의 알코올분 표시도수의 0.5도까지 그 증감을 허용하고, 살균하지 아니한 탁주 및 약주의 경우는 추가로 0.5도까지 증가를 허용한다.

2) 전통주의 특징

① 발효제는 누룩만 사용하여 제조
② 재료 및 누룩의 종류 등에 따라, 처리방법과 숙성방법 등에 따라 술을 빚는 방법이 다양
③ 탁주, 약주, 소주 등 다양한 민속주 생산
④ 주로 쌀 등 곡물을 주원료로 하는 민속주가 대표적임
⑤ 계절이나 절기에 따른 산물을 이용하기 때문에 계절주의 성격을 띠는 편
⑥ 건강과 치료 목적의 약주를 빚어 술도 즐기고 건강도 도모할 수 있음

3) 전통 민속주의 양조기구 및 기물

누룩 고리, 채반, 술자루

기적의 TIP

되
곡식이나 액체, 가루의 분량을 재는 것으로, 정육면체 또는 직육면체로 나무나 쇠로 제작한 것을 말한다. 1되는 1.8L이며 1/10되를 1홉이라고 한다.

02 전통주의 종류

1) 탁주
① 정의 : 쌀 등 곡식을 주원료로 하여 발효시킨 후 탁하게 빚은 술
② 종류 : 동동주(발효가 되기 전 쌀알이 떠있는 술), 막걸리(발효가 완전히 끝나 쌀알이 가라앉은 술)

2) 약주
① 정의 : 곡물을 원료로 하여 누룩을 1% 이상 사용하여 발효시킨 뒤, 약재를 넣어 약효를 살린 술

3) 청주
① 정의 : 쌀을 원료로 하여 누룩을 1% 미만 사용하여 물과 함께 빚어 걸러낸 맑은 술

4) 소주
① 정의 : 백미, 잡곡류, 당밀, 사탕수수, 고구마, 타피오카 등 다양한 원료를 발효하여 증류하거나, 알코올에 물과 향료를 넣어 희석한 술
② 종류 : 증류식 소주, 희석식 소주

개념 체크

1 우리나라 민속주에 대한 설명으로 틀린 것은?
① 탁주류, 약주류, 소주류 등 다양한 민속주가 생산된다.
② 쌀 등 곡물을 주원료로 사용하는 민속주가 많다.
③ 삼국시대부터 증류주가 제조되었다.
④ 발효제로는 누룩만을 사용하여 제조하고 있다.

1 ③

SECTION 02 소주

빈출 태그 ▶ 개념, 역사, 종류

01 소주의 개념 및 역사

1) 소주의 역사와 정의

① 소주 역사
- 소아시아의 수메르 지방에서 처음 제조되어, 고려시대 말 몽골에 의해 전파
- 조선시대에 고려시대보다 소주의 선호도가 높아졌으며, 초기에는 사치스러운 고급주로 권력가와 부유층이 즐기던 술이었지만, 조선시대 말 대량으로 생산되어 서민의 술로 자리 잡음
- 개성지방에서는 '아락주'라 부름
- 초기에는 약용으로 음용되기 시작하였으며 점차 약용약주, 혼양주의 제조 증가

② 소주의 정의
- 곡류를 발효하여 증류하거나, 알코올에 물과 향료를 넣어 희석한 술

③ 소주의 원료
- 쌀, 보리, 밀, 옥수수, 감자 그리고 당밀, 고구마, 타피오카 등의 전분질
- 곡물 이외에 당분, 구연산, 아미노산류, 무기염류, 아스파탐, 자일리톨 등의 물질이 첨가

2) 소주의 특징

① 제조 방식에 따라 증류식 소주와 희석식 소주로 구분
② 오늘날 제조업체의 특성에 따른 다양한 당류와 첨가물에 따라 소주의 맛과 향이 다양하게 생산
③ 저장과 숙성 과정을 거쳐 다양하게 고급화하여 생산

02 소주의 종류

1) 증류식 소주
① 정의 : 쌀, 보리 등 곡류를 원료로 누룩과 물을 원료로 발효 후 단식 증류한 술
② 예시 : 안동소주, 남한산성소주, 진도 홍주, 불소곡주, 계룡 백일주, 송화 백일주, 죽력고, 추성주, 문배주, 고소리술, 감홍로, 이강주

2) 희석식 소주
① 정의 : 타피오카, 고구마, 당밀 등을 연속식 증류를 통해 얻은 주정에 증류수와 당류, 구연산, 아미노산 등의 첨가물을 배합한 술
② 오늘날의 대부분 소주들은 희석식으로 제조

개념 체크

1 소주의 원료로 틀린 것은?
① 쌀
② 보리
③ 맥아
④ 밀

1 ③

SECTION 03 전통주의 분류

출제빈도 상 중 하
반복학습 1 2 3

빈출 태그 ▶ 제조방법

01 전통주의 분류

1) 특성에 따른 분류

① 모양
- 동동주 : 술 위에 쌀알이 동동 뜬 모습의 술
- 막걸리★ : 병행복발효법으로 만들며, 막 걸러낸 모습의 술
- 매화주 : 술 위에 뜬 쌀알이 모여 매화꽃처럼 보이는 술
- 백화주 : 술 위에 흰 꽃이 피어 있는 모습처럼 보이는 술
- 부의주 : 술 위에 뜬 쌀알이 개미 유충처럼 떠 있는 모습을 연상케 하는 술

② 맛
- 감주 : 술과 식혜의 중간으로, 누룩으로 빚은 술의 일종을 말하는 강한 단맛의 술
- 석탄주 : 입안에 삼키고 마시기 아까울 정도로 달고 향기로운 술
- 녹파주 : 산뜻한 풀 내음의 풍미로 깔끔하고 담백한 맛의 술
- 청감주 : 물 대신 좋은 술로 빚어 감미를 더한 주도가 낮은 술

③ 시간
- 삼해주 : 정월의 세 번의 해일마다 덧술을 하여 만든 술(대표적인 조선 중엽 소주)
- 삼오주 : 정월에 오일마다 세 번에 걸쳐 빚는 술
- 벼락술 : 벼락처럼 빨리 완성되는 술
- 일일주 : 하루 만에 완성되는 술
- 삼일주 : 삼일 만에 완성되는 술

★ 막걸리
조상들이 곡물로 만들어 농번기에 주로 마신 술로 누룩과 혼합하여 고두밥을 넣어 발효시킨 다음, 맑은 술을 뜨지 않고 그대로 걸러서 만든 양조주이다. 탁주라고도 하며, 알코올 도수가 낮고(6~8%) 쌀을 이용하여 만들기 때문에 쌀 소비를 촉진시키는 점이 있다.

2) 제조방식에 따른 분류

① 탁주, 막걸리

구분	내용
계명주	• 고구려의 서경(평양)을 중심으로 제조법이 널리 알려진 술 • 술을 빚은 다음 날 새벽에 닭이 울 때까지 술이 다 익는다는 뜻에서 이름이 유래 • 술을 빨리 익히기 위해 엿기름을 사용하며, 알코올 농도가 낮고 단맛이 나는 것이 특징
모주	• 조선 광해군 때 인목대비의 어머니가 빚었던 술이라고 알려져 있음 • 막걸리에 8가지의 한약재를 넣고 끓인 전주 지방의 해장술 • 알코올이 거의 없어질 때 계핏가루를 넣는 것이 특징

② 혼양주 : 약주와 소주를 섞은 술

구분	내용
김천 과하주	• 무더운 여름을 탈 없이 날 수 있는 술이라는 뜻에서 이름이 유래 • 쌀을 원료로 약주에 소주를 섞어 빚어 마시는 술
송순주	곡주를 빚는 과정에서 송순과 소주를 넣어 발효시킨 술
합주	• 청주와 탁주를 합친 술 • 탁주보다 하얗고 신맛이 적으며 단맛과 매운맛이 강한 술

> **기적의 TIP**
>
> **중요무형문화재**
> • 서울 문배주(제86-1호)
> • 충남 면천 두견주(제86-2호)
> • 경주 교동법주(제86-3호)

③ 약주, 청주

구분	내용
경주 교동법주	• 중요무형문화재 제86-3호로 엄격한 법도에 의해 술을 담근다는 전통주 • 신라시대부터 전해오는 유상곡수라 하여 주로 상류계급에서 즐기던 술 • 중국 남방 술인 소흥주보다 빛깔이 좀 더 흰 것이 특징
충남 면천 두견주	• 중요무형문화재 제86-2호로 청주에 진달래꽃(두견화)을 넣어 만든 약주 • 고려시대 때부터 전해오는 충남 서북부 해안지방(당진군 면천면)의 전통 민속주
아산 연엽주	• 고려시대 병자호란 때 이완 장군이 병사의 사기를 돋우기 위해 약쑥과 가향의 성분을 고루 갖춘 술을 마시게 한 것에서 유래 • 차보다 얼큰하고 짙게 우러난 호박색에 부드러운 연잎 냄새의 깊은 감칠맛이 특징
한산 소곡주	• 백제시대 때 궁중 술로서 백제 유민들이 나라를 잃고 그 슬픔을 잊기 위해 빚은 술 • 민속주 중 가장 오래된 술 • 누룩을 적게 쓰며, 찹쌀을 빚어 100일 동안 익히는 술 • '앉은뱅이 술'이라고도 부름
금산 인삼주	충남 금산 지역의 민속주
백세주	• 백세주를 마시면 불로장생한다 하여 불로장수 주로 유명 • 주로 찹쌀과 구기자, 고유 약초 등의 원료로 만들어지는 우리나라 고유의 술
전주 이강주	• 쌀로 빚으며 배, 생강, 울금 등 한약재를 넣어 숙성시킨 호남의 명주로 알려진 전북 전주의 전통주 • 알코올 도수 30%로 부드럽게 취하고 뒤끝이 깨끗한 것이 특징

• 기타
 – 안동 송화주, 칠선주, 계룡 백일주, 송죽 오곡주, 금산 삼송주

> **개념 체크**
>
> 1 부드러우며 뒤끝이 깨끗한 약주로서 쌀로 빚으며, 소주에 배, 생강, 울금 등 한약재를 넣어 숙성시킨 전북 전주의 전통주는?
>
> ① 두견주
> ② 국화주
> ③ 이강주
> ④ 춘향주
>
> 1 ③

④ 증류식 소주

구분	내용
안동소주	• 경상북도무형문화재 제12호로서 안동지방의 명가에서 전승되어 온 증류식 소주 • 한가위 차례상에 조상님께 올리는 술로 오랜 세월을 이어오며 조상의 숨결이 스며든 전통 민속주 • 쌀, 보리, 조, 수수, 콩 등 5가지 곡식을 물에 불린 후 시루에 쪄 고두밥을 만들고, 누룩을 섞고 발효시켜 빚는 술 • 제조 시 소주를 내릴 때 소주고리를 사용
서울 문배주	• 평안도 지방에서 전승되어 중요무형문화재 제86-1호로 지정된 술 • 술의 향기가 문배나무의 과실에서 풍기는 향기와 같다하여 문배주라는 이름이 유래되었으며, 남북 장관급 회담 행사 시 주로 마시는 술 • 밀, 좁쌀, 수수를 원료와 누룩(밀)으로 술을 빚고, 익으면 소주고리에서 증류하여 받은 술 • 6개월 내지 1년간 숙성시킨 알코올 도수 40%인 술 • 우리나라식 대표적인 고급 위스키로 간주되는 술
정읍 죽력고	청죽을 쪼개어 불에 구워, 스며 나오는 진액인 죽력과 물을 소주에 넣고 중탕한 술
감홍로주	• 평양의 명주로 고려시대에 원나라로부터 유입된 증류주 • 용안육과 정향, 진피 등 다양한 약재를 우려내 만든 붉은빛의 약용주 • 은은하게 달콤한 알코올 도수 40%인 술

• 기타
  – 진도 홍주, 제주 한주, 율주, 춘향주★, 국화주, 옥로주, 홍천 옥선주

★ 춘향주
성춘향과 이몽룡의 애절한 사랑 무대가 되었던 남원의 민속주로서 여성들이 부담 없이 즐길 수 있는 은은한 국화향이 특징이며, 지리산의 야생 국화와 지리산 뱀사골의 지하 암반수로 만든 술이다.

🅑 기적의 TIP

외래주
천축주, 섬라주, 금화주, 죽엽청주, 소흥주

CHAPTER

06

비알코올성 음료

학습 방향

커피, 차, 코코아와 영양음료(주스류, 우유류)와 탄산음료 등에 대해 학습합니다.

출제빈도

SECTION 01　상　60%
SECTION 02　상　40%

SECTION 01 기호음료

빈출 태그 ▶ 개념, 특징, 종류, 차(Tea), 커피(coffee), 코코아(Cocoa)

01 기호음료

1) 기호음료의 정의
개인의 취향과 기호에 맞게 즐기면서 마실 수 있는 커피, 차와 같은 음료

2) 세계 3대 기호 음료
① 차(Tea)
② 커피(Coffee)
③ 코코아(Cocoa)★

★ 코코아(Cocoa)
세계 3대 기호음료 중 하나로 카카오 콩의 지방을 제거하고 분쇄하여 만든 것으로 물에 잘 녹는다. 코코넛 열매의 가공품이 아니다.

02 차(Tea)

1) 차(Tea)의 개념 및 특징
① 차(Tea)의 정의
- 차 잎을 찌거나 덖어서 만든 음료
- 차의 등급을 나누는 기준 : 잎의 크기나 위치 등
- 차의 분류 : 홍차, 녹차, 오룡차 등

② 차의 성분 중 탄닌의 약리작용 : 해독작용, 살균작용, 소염작용, 지혈작용

2) 발효에 의한 분류

구분	발효법	내용	대표종류
차(Tea)	비발효차/불발효차	발효하지 않은 차	녹차(카테킨 : 녹차의 가용 성분)
	반발효차	찻잎을 20~70% 정도 발효시킨 차	• 자스민차 • 오룡차(우롱차, 청차)
	발효차	찻잎을 85% 이상 발효시킨 차	• 홍차(다즐링, 기문차, 우바, 아삼) • 블렌드 티(잉글리시 블랙퍼스트, 얼그레이)
	후발효차	찻잎을 가열한 후 미생물로 발효한 차	• 보이차 • 흑차

🏆 기적의 TIP

세계 3대 홍차
- 인도의 다즐링(Daljeeling)
- 중국의 기문차(Keemun)
- 스리랑카의 우바(Uva)

🎯 개념 체크

1 차의 분류가 옳게 연결된 것은?
① 발효차 – 얼그레이
② 불발효차 – 보이차
③ 반발효차 – 녹차
④ 후발효차 – 자스민

1 ①

- 한국의 녹차
  - 작설차 : 곡우(4월 20일)에서 입하(5월 5~6일) 사이에 차나무의 새싹을 따서 만든 녹차
  - 우전차 : 곡우 이전에 수확하여 만든 차, 찻잎이 작고 연하며 맛이 부드러운 것이 특징
  - 곡우차 : 곡우 전후로 수확하여 만든 차, 찻잎이 작고 맛이 부드러운 것이 특징
  - 입하차 : 입하 전후로 수확하여 만든 차, 비타민 C와 엽록소, 카테킨 등이 풍부하게 함유한 것이 특징

03 커피(Coffee)

1) 커피(Coffee)의 개념 및 특징

① 커피(Coffee)의 정의
- 커피나무에서 생두를 수확해 가공 후 볶은 원두를 곱게 분쇄하고 물을 이용해 성분을 추출한 음료
- 초기에는 약용으로 사용

② 커피의 재배조건
- 연 강우량 1,500~2,000mm, 평균기온 20℃ 전후이면서 온난한 기후
- 햇빛과 열을 피하여, 배수가 잘 되는 지역
- 개화 전까지는 충분히 수분을 공급 → 수확 시점에는 건조한 기후가 필요
- 커피 벨트(Coffee Belt) : 북위 25도 ~ 남위 25도 사이의 지역, 커피를 재배하기에 적합한 기후와 토양

③ 커피의 수확과 가공
- 커피나무에서 생두를 수확하여, 가공 공정을 거쳐 볶은 뒤 가루로 분쇄하고 물로 추출하여 음용
- 발효와 숙성의 과정이 없음

④ 커피의 평가
- 커피의 향과 맛을 체계적으로 평가하는 과정
- 커피의 향미를 평가하는 순서 : 후각(향기) → 미각(맛) → 촉각(입안의 느낌)
- 커피 품질 요소 : 로스팅(Roasting), 블렌딩(Blending), 그라인딩(Grinding)

2) 커피의 원두

구분	원두종류	생산량	원산지	재배지역	고도
커피 (Coffee)	아라비카 (Arabica)	70%	에티오피아	브라질, 콜롬비아, 콩고 등 중남미와 일부 동아프리카 지역	해발 800m 이상
	로부스타 (Robusta)	30%	콩고	동남아, 서아프리카, 베트남, 인도네시아, 인도 등	해발 800m 이하
	리베리카 (Liberica)	1%	라이베리아	라이베리아	저지대

① 아라비카(Arabica)
- 생두의 모양이 납작한 타원형
- 원두의 성장이 느리나, 향미가 풍부하며 산미가 있는 부드러운 맛

② 로부스타(Robusta)
- 원두의 성장이 빠르나, 향미가 약하고 강한 쓴맛
- 주로 인스턴트 커피의 원료로 사용

③ 리베리카(Liberica)
- 다른 품종들보다 원두가 불규칙하고 사이즈가 큰 편
- 향미가 약하고 강한 쓴맛을 지님

3) 로스팅(Roasting) : 생두를 볶아 잠재적인 맛을 모두 방출하는 가열 과정

> **커피 로스팅의 강도**
> 아메리칸 로스팅(American Roasting) < 저먼 로스팅(German Roasting) < 프렌치 로스팅(French Roasting) < 이탈리안 로스팅(Italian Roasting)

분류	내용
라이트 로스팅(Light Roasting)	생두가 노란색으로 변하는 향과 바디가 없는 초기 단계
시나몬 로스팅(Cinnamon Roasting)	원두의 은피(Silver Skin)가 제거되고 황갈색을 띠는 단계
아메리칸 로스팅(American Roasting)	신맛과 견과류 맛이 나는 단계로 추출해서 마실 수 있는 단계
하이 로스팅(High Roasting)	신맛이 줄어들고 단맛이 나는 단계(가장 일반적인 로스팅 단계)
저먼 로스팅(German Roasting)	신맛은 거의 없어지고 쓴맛과 단맛이 나는 단계
풀 시티 로스팅(Full City Roasting)	에스프레소용 로스팅 단계, 단맛이 강하고 원두 표면에 오일이 발생
프렌치 로스팅(French Roasting)	아이스 커피용 로스팅 단계, 원두 표면이 검은색을 띠면서 오일이 발생
이탈리안 로스팅(Italian Roasting)	바디감과 단맛은 줄고 쓴맛이 강화된 단계

개념 체크

1 커피의 3대 원종이 아닌 것은?
① 아라비카
② 로부스타
③ 리베리카
④ 수마트라

1 ④

4) 추출 방식

분류	내용
우려내기(Steeping)	• 커피 가루를 뜨거운 물에 일정 시간 우려낸 후 추출하는 방식 • 프렌치 프레스(French Press), 더치커피(Dutch Coffee)
끓이기(Boiling, Decoction)	• 커피 가루를 뜨거운 물에 넣고 끓여주는 방식 • 이브릭(Ibrik), 체즈베(Cezve)
반복 여과 추출(Percolation)	• 뜨거운 물과 커피 추출액이 연속으로 커피 층을 통과하는 방식 • 퍼콜레이터(Percolator)
진공여과 추출(Vacuum Filtration)	• 진공 상태에서 우리는 방식 • 커피 메이커(Coffee Maker), 핸드 드립(Hand Drip)
가압여과 추출(Pressurized Infusion)	• 2기압 이상의 뜨거운 물이 커피 층을 통과하는 방식 • 모카 포트(Mocha Pot), 에스프레소 머신(Espresso Machine)

- 에스프레소(Espresso)의 커피 추출이 빠른 원인
  - 약한 탬핑 강도
  - 높은 펌프 압력
  - 너무 굵은 분쇄입자
  - 너무 적은 커피의 사용

> **기적의 TIP**
> **핸드 드립 커피의 특성**
> • 비교적 조리 시간이 오래 걸린다.
> • 대체로 메뉴가 제한된다.
> • 추출자에 따라 커피 맛이 영향을 받는다.
> • 드리퍼(Dripper)와 종이 필터(Drip Filter)를 사용하여 커피 추출한다.

5) 커피의 종류

① 에스프레소(Espresso) : 고압의 수증기로 추출한 커피
② 데미타세★ 커피(Demi-Tasse Coffee) : 용량 70mL 내외의 잔에 담기는 커피
③ 아메리카노(Americano) : 에스프레소 + 물
④ 카페라테(Cafe Latte) : 에스프레소 + 우유
⑤ 카페오레(Cafe au Lait) : 브루잉 커피 + 우유
⑥ 카푸치노(Cappuccino) : 에스프레소 + 우유 거품 + 시나몬 파우더
⑦ 에스프레소 마끼야또(Espresso Macchiato) : 에스프레소 + 우유 거품
⑧ 에스프레소 콘파냐(Espresso Con Panna) : 에스프레소 + 크림
⑨ 비엔나 커피(Vienna Coffee) : 아메리카노 + 크림
⑩ 카페모카(Cafe Mocha) : 에스프레소 + 우유 + 초콜릿 + 휘핑크림
⑪ 아이리시 커피(Irish Coffee) : 커피에 위스키를 넣어 따뜻하게 마시는 칵테일 커피
⑫ 카페 로얄(Cafe Royal) : 커피 컵 위에 스푼을 걸쳐 각설탕을 놓고 브랜디를 부은 후 불을 붙이는 칵테일 커피
⑬ 디카페인 커피(Decaffeinated Coffee) : 카페인(Caffein)을 제거한 커피

> ★ 데미타세(Demi-Tasse)
> 에스프레소의 잔으로 사용하며, 에스프레소의 향과 맛을 최대한 살리기 위한 작은 크기의 잔이다.
> • 양 : 1oz
> • 내부 : 곡선 형태
> • 크기 : 커피 크기의 $\frac{1}{2}$ 크기

> **기적의 TIP**
> **크레마(Crema)**
> 크레마(Crema)는 에스프레소 추출 시 생성되는 갈색빛을 띠는 거품이다. 간혹 에스프레소 추출 시 너무 진한 다크 크레마(Dark Crema)가 추출되는 경우가 있는데, 이 때는 물의 온도가 95℃ 이상이거나 물의 공급이 제대로 안 될 시 나타날 수 있으며, 펌프의 압력이 기준 압력보다 낮을 시에도 다크 크레마(Dark Crema)가 나타난다.

영양음료와 청량음료

빈출 태그 ▶ 주스류, 우유류, 청량음료

01 영양음료

1) 주스류
토마토 주스, 레몬, 라임, 오렌지 등 과실을 짜서 만든 음료
① 야채 주스 : 토마토 등
② 과일 주스 : 라임, 레몬, 파인애플, 오렌지, 크렌베리 등

2) 우유류
① 살균법 : 해로운 병원균만 선택적으로 살균 처리한 우유
- 저온살균법(LTLT) : 62~65℃, 30분 살균
- 고온단시간살균법(HTST) : 72~75℃, 15~20초 살균
- 고온장시간살균법(HTLT) : 95~120℃, 30~60분 살균
- 초고온순간살균법(UHT) : 130~150℃, 0.5~5초 살균

② 멸균법 : 장기간 보관하기 위해, 일반 실온에서 서식할 수 있는 모든 미생물을 완전히 제거한 우유
- 초고온 멸균법: 150℃, 2.5~3초간 가열처리

02 청량음료

1) 콜라(Cola)
- 서아프리카의 원산지로 콜라나무 종자 열매에서 추출한 원액을 가공한 뒤 탄산수를 주입하여 제조한 음료
- 커피보다 2~3배 많은 카페인과 콜라닌이 함유
- 주로 버번 위스키, 테네시 위스키, 다크 럼과 혼합하여 마시는 경우가 많음

2) 소다수(Soda Water)
- 물에 이산화탄소로만 구성된 무색, 무미, 무취의 탄산음료
- 칼로리가 없으며, 식욕을 돋우는 효과
- 술을 과음하고 숙취가 심할 때 마시면 빠르게 숙취가 해소되는 것이 특징
- 주로 청량감을 더하기 위해 레모네이드 제조 시 사용

> **기적의 TIP**
>
> 탄산음료의 이산화탄소(CO_2) 효과
> - 청량함과 시원한 느낌을 제공
> - 향기의 변화를 예방
> - 미생물의 발육을 억제

3) 토닉 워터(Tonic Water)

- 영국에서 발명된 뒷맛이 쌉싸름한 무색투명의 착향 탄산음료
- 소다수에 여러 가지 향료 식물(레몬, 키니네 껍질, 라임, 오렌지 등)의 원료로 당분을 첨가한 음료
- 열대지방 사람들의 식욕 증진과 원기를 회복시키는 강장제 음료
- 주로 진(Gin)과 혼합하여 마시는 경우가 많음

4) 진저에일(Ginger Ale)

- 생강을 주원료로 만든 착색한 무알코올 착향 탄산음료
- 식욕 증진과 소화제의 효과
- 주로 진(Gin)이나 브랜디(Brandy)와 혼합하여 마시는 경우가 많음

5) 콜린스 믹스(Collins Mix)

- 레몬, 설탕을 주원료로 액상과당, 탄산가스, 구연산, 향료 등이 첨가되는 착향 탄산음료
- 주로 롱 드링크 칵테일이나 비알코올성 펀치 칵테일 제조 시 사용
- 레몬 $\frac{1}{2}$oz, 슈가시럽 1tsp, 소다수를 혼합하여 대체용으로 가능

6) 사이다(Cider), 시드르(Cidre)

사과를 발효하여 만든 알코올 도수 6%의 사과주 또는 소다수에 구연산, 주석산, 레몬즙 등을 혼합한 음료

기적의 TIP

체이서(Chaser)
도수가 높은 술이나 칵테일을 내놓을 때, 다른 글라스에 물이나 음료수 등을 담아 내놓는 것이다.

술과 체이서(Chaser)의 궁합
- 위스키(Whisky) – 광천수
- 진(Gin) – 토닉 워터
- 럼(Rum) – 오렌지 주스

합격을 다지는 예상문제

01 음료(Beverage)를 구분하는 방법으로 올바른 것은?

① 알코올성과 비알코올성
② 양조주와 증류주
③ 기호음료와 청량음료
④ 발효주와 혼성주

음료는 알코올성 음료와 비알코올성 음료로 구분한다.
알코올성 음료에는 양조주, 증류주, 혼성주가 포함되며, 비알코올성 음료에는 청량음료, 영양음료, 기호음료가 포함된다.

02 다음 광천수 중 탄산수가 아닌 것은?

① 셀처 워터(Seltzer Water)
② 에비앙 워터(Evian Water)
③ 초정약수
④ 페리에 워터(Perrier Water)

에비앙 워터는 프랑스의 천연 광천수로 탄산이 들어있지 않은 미네랄 워터이다.

오답 피하기
① 독일의 광천 탄산수
③ 한국의 광천 탄산수
④ 프랑스의 광천 탄산수

03 보르도(Bordeaux) 지역에서 재배되는 레드 와인용 품종이 아닌 것은?

① 메를로(Merlot)
② 뮈스카델(Muscadelle)
③ 카베르네 쇼비뇽(Cabernet Sauvignon)
④ 카베르네 프랑(Cabernet Franc)

뮈스카델은 보르도(Bordeaux) 지역의 화이트 와인 품종이다.

오답 피하기
보르도(Bordeaux) 지역의 레드 와인 품종에는 카베르네 쇼비뇽(Cabernet Sauvignon), 카베르네 프랑(Cabernet Franc), 메를로(Merlot), 클라렛(Claret)이 있다.

04 각 나라별 와인 등급 중 가장 높은 등급이 아닌 것은?

① 프랑스 VOQS
② 이탈리아 DOCG
③ 독일 QmP
④ 스페인 DOC

프랑스는 VOQS가 아닌 AOC 등급이 가장 높은 등급이다.

오답 피하기
와인의 등급은 국가별로 아래로 나뉜다.
- 이탈리아 : DOCG > DOC > IGT > VDT
- 독일 : QmP > QbA > Landwein > Tafelwein
- 스페인 : DOC > DO > Vin de la Tierra
- 프랑스 : AOC > VDQS > Vin de Pays > Vin de Pays

정답 01 ① 02 ② 03 ② 04 ①

05 상면발효 맥주가 아닌 것은?

① 에일 맥주(Ale Beer)
② 포터 맥주(Porter Beer)
③ 스타우트 맥주(Stout Beer)
④ 필스너 맥주(Pilsner Beer)

필스너 맥주(Pilsner Beer)는 상면발효 맥주가 아닌 하면발효 맥주이다.

오답 피하기
상면발효 맥주에는 에일(Ale), 스타우트(Stout), 포터(Porter), 호가든(Hoegaarden), 쾰시(Kolsch) 등이 있다.

06 스카치 위스키가 아닌 것은?

① Glenfiddich
② Cutty Sark
③ Jack Daniel's
④ Ballantine's

잭 다니엘(Jack Daniel's)은 테네시 위스키에 속한다.

07 맥주(Beer) 양조용 보리로 부적합한 것은?

① 껍질이 얇고, 담황색을 하고 윤택이 있는 것
② 알맹이가 고르고 95% 이상의 발아율이 있는 것
③ 수분 함유량은 13% 이하로 잘 건조된 것
④ 단백질이 많은 것

단백질이 많은 것보다 단백질이 적은 것이 좋다.

08 럼(Rum)의 원산지는?

① 러시아
② 카리브해 제도
③ 북미지역
④ 중앙아시아

럼(Rum)의 원산지는 카리브해 연안의 서인도제도이다.

09 진(Gin)에 대한 설명 중 틀린 것은?

① 진의 원료는 보리, 호밀, 옥수수 등 곡물을 주원료로 한다.
② 무색투명한 증류주이다.
③ 증류 후 1~2년간 저장(Age)한다.
④ 두송자(Juniper Berry)를 사용하여 착향시킨다.

오답 피하기
진(Gin)은 보리, 호밀, 옥수수 등 곡물(Grain)을 주원료로 만든 무색투명한 증류주이며, 알코올에 두송자(Juniper Berry), 고수풀(Coriander), 당귀 뿌리(Angelica) 등의 향료 식물로 착향 시킨 술로, 숙성/저장하는 과정을 거치지 않는다.

10 보드카의 설명으로 옳지 않은 것은?

① 슬라브 민족의 국민주로 애음되고 있다.
② 보드카는 러시아에서만 생산된다.
③ 보드카의 원료는 주로 보리, 밀, 호밀, 옥수수, 감자 등이 사용된다.
④ 보드카에 향을 입힌 보드카를 플레이버드 보드카라 칭한다.

보드카는 러시아, 미국, 네덜란드, 핀란드, 폴란드 등 다양한 국가에서 생산된다.

11 테킬라의 구분이 아닌 것은?

① 블랑코
② 그라파
③ 레포사도
④ 아네호

그라파(Grappa)는 포도주를 만들고 남은 포도 찌꺼기에 약초 등 배합하여 발효하고 증류한 브랜디를 말한다.

오답 피하기
테킬라(Tequila)는 숙성기간에 따라 블랑코(Blanco), 레포사도(Reposado), 아네호(Anejo), 엑스트라 아네호(Extra Anejo) 분류된다.

12 북유럽 스칸디나비아 지방의 특산주로 감자와 맥아를 부재료로 사용하여 증류 후에 회향초 씨(Caraway Seed)등 여러 가지 허브로 향기를 착향 시킨 술은?

① 보드카(Vodka)
② 진(Gin)
③ 테킬라(Tequila)
④ 아쿠아비트(Aquavit)

아쿠아비트(Aquavit)는 북유럽 스칸디나비아 지방산 감자를 주원료로 하여 회향초 씨(Caraway Seed), 고수, 박하, 오렌지 껍질 등 여러 종류의 허브로 착향 시킨 증류주를 말한다.

13 브랜디(Brandy) 숙성도의 고급화 순서가 옳은 것은?

① Three Star – VSO – VSOP – XO
② Three Star – VSOP – VSO – XO
③ Three Star – XO – VSO – VSO
④ Three Star – VSO – XO – VSOP

브랜디(Brandy)의 등급은 [Three Star < VO < VSO < VSOP < XO < EXTRA] 순으로 나뉜다.

14 프랑스 수도원에서 약초로 만든 리큐어로 '리큐어의 여왕'이라 불리는 것은?

① 압생트(Absinthe)
② 베네딕틴 디오엠(Benedictine D.O.M)
③ 듀보네(Dubonnet)
④ 샤르트뢰즈(Chartreuse)

샤르트뢰즈(Chartreuse)는 프랑스 수도원, 승원의 뜻으로 130가지 정도의 허브(약초)를 포도주에 침출하고 증류한 리큐어이며, '리큐어의 여왕'이라고 부른다.

오답 피하기
① 프랑스에서 향쑥, 살구씨, 아니스 등의 원료를 침출한 다음 증류한 리큐어이다.
② 안젤리카, 박하, 주니퍼 베리, 시나몬 등 약 27종의 약초를 사용해서 만든 리큐어이다.
③ 레드 와인에 키니네를 원료로 첨가하여 만든 옅은 갈색을 띠는 리큐어이다.

15 증류하면 변질될 수 있는 과일이나 약초, 향료에 증류주를 가해 향미성을 용해시키는 방법으로 열을 가하지 않는 리큐어 제조법으로 가장 적합한 것은?

① 증류법
② 침출법
③ 여과법
④ 에센스법

침출법은 증류하면 변질될 수 있는 과일이나 약초, 향료 등을 증류주에 담가 맛과 향을 우려내며 가장 많이 사용하는 방법이다.

오답 피하기
① 증류주에 원료를 배합한 뒤 단식 증류법으로 증류하고 설탕과 향료를 넣어 단맛과 향미를 내는 방법이다.
③ 증류주가 기화할 때 허브, 약초 등을 통과하여 풍미가 더해지는 방법이다.
④ 과일이나 약초, 향초 등의 진액을 추출하여 주정과 섞어 천연 또는 합성 향료를 첨가하여 만드는 방법이다.

16 다음에서 설명하는 전통주는?

> 고구려의 도읍지인 서경(평양)을 중심으로 제조법이 널리 알려진 술로서 붉은빛이 나도록 하는 수수를 주원료로 사용했다. 이 술은 밤에 술을 담가 다음날 새벽에 닭이 울 때 먹는 술이라 하여 한자의 뜻으로 이름이 붙여졌다고 한다.

① 백세주
② 두견주
③ 문배주
④ 계명주

계명주에 대한 설명으로 계명주는 술을 빚은 다음날 새벽에 닭이 울 때까지 술이 다 익는다는 뜻에서 이름이 유래되었다.

오답 피하기
① 마시면 불로장생한다 하여 불로장수 주로 유명한 전통주이다.
② 중요무형문화재로 청주에 진달래꽃(두견화)을 넣어 만든 전통주이다.
③ 술이 익으면 배꽃 향이 난다 하여 문배주라고 부르며, 남북 장관급 회담행사 시 주로 마시는 전통주이다.

17 지방의 특산 전통주가 잘못 연결된 것은?

① 금산 – 인삼주
② 홍천 – 옥선주
③ 안동 – 송화주
④ 전주 – 오곡주

전주의 특산 전통주는 이강주이며, 오곡주는 송죽의 특산 전통주이다.

18 차에 들어있는 성분 중 탄닌의 4대 약리작용이 아닌 것은?

① 해독작용
② 살균작용
③ 이뇨작용
④ 소염작용

탄닌의 4대 약리작용에는 해독작용, 살균작용, 소염작용, 지혈작용이 있다.

19 커피를 재배하기에 적합한 기후와 토양을 가지고 있어 커피 벨트라고 불리는 지역은?

① 적도~남위 25도 사이의 지역
② 북위 25도~남위 25도 사이의 지역
③ 북위 25도~적도 사이의 지역
④ 남위 25도~남위 50도 사이의 지역

커피 벨트(Coffee Belt)는 북위 25도~남위 25도 사이의 지역을 말하며 커피를 재배하기에 적합한 기후와 토양을 가지고 있다.

20 무색투명한 음료로서 레몬, 라임, 오렌지, 키니네 등으로 엑기스를 만들고 당분을 배합하여 열대지방에서 일하는 사람들의 식욕부진과 원기를 회복하기 위해 제조되었던 것은?

① Mineral Water
② Cider
③ Tonic Water
④ Collins Mix

토닉 워터(Tonic Water)는 소다수에 여러 가지 향료 식물의 원료로 당분을 첨가한 착향 탄산음료이다.

정답 17 ④ 18 ③ 19 ② 20 ③

PART 02

칵테일 실무

파트 소개

칵테일 조주를 위한 기본적인 지식과 기법을 습득하여 칵테일을 조주하고 관능 평가를 수행하는 방법을 배우는 파트입니다.

CHAPTER 01

칵테일 특성

학습 방향

음료의 정의와 역사는 어떠한지 학습하고, 알코올성 음료와 비알코올성 음료의 종류를 파악합니다.

출제빈도

SECTION 01 하 5%
SECTION 02 상 95%

SECTION 01 칵테일(Cocktail)의 개념과 역사

출제빈도 상 중 하
반복학습 1 2 3

빈출 태그 ▶ 역사, 어원, 정의

01 칵테일의 역사

1) 칵테일의 역사

- 기원전부터 이집트에서는 맥주에 꿀이나 대추, 야자 열매를 넣어 마셨고, 고대 로마 시대에는 포도주(와인)를 해수(생수)에 섞어 마시기도 했다.
- 1658년 인도 주재 영국인은 펀치(Punch)를 고안해 냈으며, 펀치(Punch)는 인도어로 다섯을 의미한다. 술, 설탕, 과일, 주스, 물 등 다섯 가지의 재료를 사용하여 만들었으며, 이렇게 혼합한 음료를 칵테일이라고 부르게 된 것은 18세기 중엽이다.
- 1748년 영국의 책자 'The Squire Recipes'에 칵테일이라는 단어가 처음 나온다.
- 1876년 암모니아 압축에 의한 인공 냉동기(제빙기)가 발명한 이후 계절과 상관없이 얼음을 사용한 칵테일이 등장한다.
- 1920~1933년 미국에서 금주법이 해제되자 칵테일의 전성기를 맞이하게 되었으며, 제2차 세계대전을 계기로 세계적인 음료가 되었다.

2) 우리나라의 역사

> 대한민국에 들어온 것은 그 시기가 확실하지 않으나 미국 대사관이 설립되었을 때 만들어진 것으로 예상하며, 근대 호텔의 등장과 함께 대중화가 시작된 것으로 보인다.

- 1880년 개항과 함께 서구문물이 들어오면서 외국인을 위한 시설이 필요
- 1902년 우리나라 호텔의 원조인 '손탁(Son Tag)' 호텔에 건립
  - 당시, 손탁 여사가 운영하는 '정동 구락부'라는 외교 모임이 있었는데, 이때부터 우리나라의 칵테일 역사가 시작되었을 것이라는 설이 있다.
- 1950년 6·25 전쟁이 발발하여 미군이 용산에 주둔하면서 칵테일은 외국인과 특정인들만 음용
- 1960년대에 관광 사업 진흥법이 발효되면서부터 중소 민영호텔의 등장과 1963년 워커힐 호텔에 칵테일 바를 운영하면서 칵테일 문화가 조금씩 알려지기 시작

02 칵테일의 어원

칵테일에 관한 어원은 전 세계에 걸쳐 수많은 설이 있으나 어느 것이 정설인지는 정확하게 알려지지는 않았지만 그중 3가지를 소개하면 다음과 같다.

① 멕시코의 유카탄반도의 칸베체란 항구 도시에 영국 배가 입항했을 때, 상륙한 선원들이 어떤 술집에 들어가자 카운터 안에서 한 소년이 깨끗하게 껍질을 벗긴 나뭇가지를 이용하여 드락스(Drace)라고 하는 원주민의 혼합 음료를 만들어 사람들을 대접하고 있었다. 당시 영국인들은 술을 스트레이트로만 마시고 있었기 때문에, 혼합 음료의 이름을 묻자 원주민 소년은 나뭇가지가 무엇인지 물어보는 줄 알고 '콜라 데 가요(Cola de Gallo)'라고 말했다. 이는 스페인어로 수탉 꼬리란 뜻이며, 소년은 나뭇가지의 모양이 흡사 수탉의 꼬리를 닮았기 때문에 그렇게 재치 있는 별명을 붙여 대답했던 것이다. 그 후 선원들은 혼합 음료를 'Tail of Cock(테일 오브 칵)'이라 불렀고, 그 뒤 간단하게 칵테일이라 부르게 되었다고 한다.

② 1795년경 미국 루이지애나주 뉴올리언스에 이주해 온 프랑스의 약사 페이쇼(Peychaud)라는 사람이 달걀과 음료를 넣어 조합한 '코케텔(Coquetel)'를 만들어 사람들에게 대접해서 칵테일이라 불렀다는 이야기가 있다. 프랑스어의 '코케티에(Coquetier)'는 달걀을 담는 작은 잔이며, 당시 칵테일은 달걀 모양과 크기가 비슷한 잔에 제공되었다.

③ 미국 독립전쟁 당시 버지니아 기병대에 '패트릭 후라나간'이라는 한 아일랜드인이 입대하였으나, 얼마 되지 않아 전사하고 말았다. 그는 당시 신혼이었던 '베시'라는 부인이 있었으며, 그녀는 죽은 남편을 잊지 못하고 남편의 부대에 종군할 것을 희망하였고, 부대에서는 할 수 없이 그녀에게 부대의 주보를 맡겼다. 그녀는 브레이서(Bracer)라고 부르는 혼합주를 만드는 데 소질이 있어 군인들의 호평을 받았다. 그러던 어느 날 그녀는 반미 영국인 지주의 정원에 들어가 아름다운 꼬리를 지닌 수탉을 훔쳐와 닭의 꼬리로 장식된 혼합주를 장교들에게 대접하였고, 만취한 한 장교가 병에 꽂힌 수탉의 꼬리(칵테일)를 보고 "야! 그 칵테일 멋있군!" 하고 말하자 술에 취한 다른 장교가 자기들이 마신 혼합주의 이름이 칵테일인 줄 알고 "응 정말 멋있는 술이야."라고 응수하였다. 그 후부터 이 혼합주 브레이서(Bracer)를 칵테일이라고 부르게 되었다고 한다.

03 칵테일의 정의

1) 칵테일의 정의
칵테일은 술과 여러 종류의 음료, 첨가물 등 2가지 이상의 재료를 섞어 만든 혼합주이다.
- 술 + 술
- 술 + 술 이외의 재료(주스, 탄산음료 등)
- 술 이외의 재료 + 술 이외의 재료 = 무알코올 칵테일(Mock + Cocktail = Mocktail)

2) 칵테일의 5대 요소
잔(Glass), 맛(Taste), 향(Flavor), 색(Color), 장식(Decoration)

3) 칵테일의 특징
① 부드러운 맛
② 미각적인 효과
③ 식욕 증진
④ 분위기 증진
⑤ 예술적 가치
⑥ 색/맛/향의 조화
⑦ 긴장을 풀고 근육을 부드럽게 하여 피로감 해소

개념 체크

1 칵테일의 기본 5대 요소와 가장 관계가 먼 것은?
① Glass(잔)
② Method(방법)
③ Taste(맛)
④ Flavor(향)

1 ②

칵테일(Cocktail)의 분류

빈출 태그 ▶ 분류, 용량, 기주, 스타일

01 용도에 따른 분류

1) 식사 전 칵테일(Aperitif Cocktail)
- 라틴어 Aperire(Open)에서 유래
- 식욕 증진을 위해 식전에 마시는 칵테일
- 단맛이 없고 산뜻한 맛
- 약초계의 사용으로 쌉쌀한 향
- 주로 캄파리(Campari), 베르무스(Vermouth), 드라이 셰리(Dry Sherry) 등의 재료가 들어가는 칵테일
- 대표 칵테일 : 맨해튼(Manhattan), 네그로니(Negroni), 드라이 마티니(Dry Martini), 캄파리(Campari)

2) 식사 후 칵테일(After Dinner Cocktail)
- 애프터 디너 칵테일(After Dinner Cocktail), 디저트 칵테일(Dessert Cocktail), 디제스티프(Digestif)
- 식후 소화를 돕기 위해 마시는 칵테일
- 주로 브랜디(Brandy), 코냑(Cognac), 리큐어(Liqueur) 등의 재료가 들어가는 칵테일
- 대표 칵테일 : B&B, 푸스카페(Pousse Cafe), 그래스호퍼(Grasshopper), 브랜디 알렉산더(Brandy Alexander)

3) 클럽 칵테일(Club Cocktail)
- 정찬의 코스에서 오드되브르(Hors d'Oeuvre)★이나 수프(Soup) 대신에 마시는 우아하고 자양분이 많은 칵테일
- 자극이 강하고 식사와 조화로운 맛이 특징
- 대표 칵테일 : 클로버 클럽 칵테일(Clover Club Cocktail), 로얄 클로버 클럽(Royal Clover Club)

★ 오드볼/오드되브르 (Hors-d'Oeuvre)
영어로는 애피타이저(Appetizer)로 식욕을 돋구기 위해 나오는 조그마한 음식이다.

4) 나이트 캡 칵테일(Night Cap Cocktail)
- 잠자리에 들기 전에 마시는 칵테일
- 아니제트(Anisette), 쿠앵트로(Cointreau), 달걀(Egg) 등 강장성★의 부재료를 사용한 칵테일
- 대표 칵테일 : 나이트 캡 칵테일(Night Cap Cocktail)

★ 강장성
피로 회복과 활력 증진의 효과

5) 올 데이 칵테일(All Day Cocktail)

- 식사와 상관없이 마시는 칵테일
- 신맛이나 단맛이 나는 특징
- 주로 주스류가 들어가는 칵테일
- 대표 칵테일 : 테킬라 선라이즈(Tequila Sunrise), 마가리타(Margarita), 롱 아일랜드 아이스 티(Long Island Iced Tea), 피나콜라다(Pina Colada), 준벅(June Bug), 스크류드라이버(Screwdriver)

6) 서퍼 칵테일(Supper Cocktail), 비포 미드나잇 칵테일(Before Midnight Cocktail)

- 만찬 때 마시는 칵테일
- 대표 칵테일 : 압생트 칵테일(Absinthe Cocktail)

7) 샴페인 칵테일(Champagne Cocktail)

- 축하연 때 마시는 칵테일
- 샴페인을 사용하여 상쾌한 맛을 풍겨 어떤 축하 자리에도 잘 어울리는 것이 특징
- 대표 칵테일 : 미모사(Mimosa)

02 용량에 따른 분류

1) 쇼트 드링크 칵테일(Short Drink Cocktail)

- 180mL(6oz) 미만의 용량 글라스로 만든 칵테일
- 알코올성 음료 + 알코올성 음료의 혼합
- 비교적 주정이 강하여 짧은 시간에 취기가 빨리 오르는 것이 특징
- 주로 칵테일 글라스, 샴페인 글라스를 사용
- 대표 칵테일 : 맨해튼(Manhattan), 마티니(Martini), 브롱크스(Bronx)

2) 롱 드링크 칵테일(Long Drink Cocktail)

- 180mL(6oz) 이상의 용량 글라스로 만든 칵테일
- 알코올성 음료 + 비알코올성 음료의 혼합
- 비교적 주정이 약하여 도수가 약한 편으로 시간을 두고 여러 번 나눠 마시기 좋은 것이 특징
- 주로 텀블러 글라스, 하이볼 글라스, 콜린스 글라스, 필스너 글라스를 사용
- 대표 칵테일 : 진 피즈(Gin Fizz), 로얄 피즈(Royal Fizz), 톰 콜린스(Tom Collins) 피나콜라다(Pina Colada), 치치(Chi-Chi), 마이타이(Mai-Tai), 싱가폴 슬링(Singapore Sling), 럼 펀치(Rum Punch)

03 음용에 따른 분류

1) 온 더 락(On The Rocks)
글라스에 얼음만 넣고 그 위에 술을 따른 상태로 마시는 형태

2) 스트레이트 업(Straight Up)
글라스에 얼음을 넣지 않은 상태로 술을 따라 마시는 형태

04 맛에 따른 분류

스위트 칵테일(Sweet Cocktail)	사워 칵테일(Sour Cocktail)	드라이 칵테일(Dry Cocktail)
단맛이 강한 칵테일	신맛이 강한 칵테일	담백한 맛에 약간의 쓴맛을 더한 칵테일

05 조주 형태에 따른 분류

하이볼(Highball)	증류주에 탄산음료나 물을 섞어 하이볼 글라스에 만드는 칵테일
피즈(Fizz)	• 진, 리큐어 등의 베이스를 사용 • 설탕, 진, 레몬 주스, 소다수 등을 혼합하여 과일로 장식한 칵테일
슬링(Sling)★	• 피즈(Fizz)와 비슷하나 피즈(Fizz)에 리큐어를 첨가한 칵테일 • 진·브랜디·위스키 등에 과즙·설탕·향료 등 특히 라임으로 단맛을 낸 음료
리키(Rickey)	라임의 즙을 낸 뒤 글라스에 넣어 소다수 또는 물로 채운 칵테일
쿨러(Cooler)	증류주나 양조주에 설탕, 레몬 또는 라임 주스를 넣고 소다수나 진저에일로 채운 칵테일
콜린스(Collins)	증류주에 레몬이나 라임즙, 설탕을 넣고 소다수로 채운 칵테일
토디(Toddy)	뜨거운 물 또는 차가운 물에 설탕과 위스키나 럼 등의 증류주 넣어 만든 칵테일
사워(Sour)	증류주에 레몬 주스나 소다수를 섞어 사워 글라스에 제공하는 칵테일
데이지(Daisy)	증류주에 레몬 주스, 라임 주스, 그레나딘 시럽 또는 리큐어 등을 혼합한 뒤 소다수로 채운 칵테일
크러스타(Crusta)	증류주에 레몬 주스와 소량의 리큐어 또는 쓴 맛의 재료를 혼합한 뒤 레몬 껍질이나 오렌지 껍질을 넣은 칵테일
에이드(Ade)	과일즙에 설탕 시럽과 물을 혼합하여 만든 칵테일
스쿼시(Squash)	에이드(Ade)와 비슷하나 레몬, 오렌지 등의 과일즙에 설탕과 소다수를 넣어 만든 칵테일
에그녹(Eggnog)	브랜디와 럼, 설탕, 달걀 등을 넣어 혼합하여 우유로 채운 뒤 넛맥 또는 계피를 뿌려 장식하는 칵테일
플립(Flip)	• 에그녹(Eggnog)과 비슷하나 와인이나 증류주를 사용 • 달걀 노른자와 설탕을 넣은 후 넛맥을 뿌려 장식하는 칵테일
프라페(Frappe)	칵테일 글라스에 크러쉬드 아이스(Crushed Ice)를 가득 채운 후 술을 부어 만든 칵테일
미스트(Mist)	• 프라페(Frappe)와 비슷하나 위스키나 브랜디 등의 증류주를 사용 • 곱게 갈린 셰이브드 아이스(Shaved Ice)를 넣어 용량이 많은 칵테일

> **기적의 TIP**
>
> 일부 칵테일은 글라스 형태로 묶어서 나뉠 수 있다.
>
> **하이볼 글라스 (Highball Glass)**
> 하이볼(Highball), 피즈(Fizz), 리키(Rikey), 슬링(Sling), 쿨러(Cooler), 토디(Toddy)
>
> **사워 글라스 (Sour Glass)**
> 사워(Sour), 데이지(Daisy), 크러스타(Crusta)
>
> ★ 슬링(Sling)
> 피즈(Fizz)보다 용량이 많으며, 더 부드러운 맛이 특징이다.

> **개념 체크**
>
> 1 식전주(Aperitif Cocktail)로 권할 수 없는 것은?
>   ① Manhattan(맨해튼)
>   ② Dry Sherry(드라이 셰리)
>   ③ Port Wine(포트 와인)
>   ④ Dry Martini(드라이 마티니)
>
> 1 ③

> **기적의 TIP**
>
> **핫 드링크 칵테일**
> **(Hot Drinks Cocktail)**
> 얼음을 사용하지 않은 칵테일로 뜨거운 커피나 물을 사용한 따뜻한 칵테일이다.
> 예) Irish Coffee, Jamaican Coffee, Tom and Jerry

줄렙(Julep)	민트 줄기를 넣어 만든 칵테일
스매시(Smash)	• 줄렙(Julep)과 비슷하나 셰이브드 아이스(Shaved Ice)를 사용 • 설탕, 물을 넣고 민트 줄기로 장식한 칵테일
스위즐(Swizzle)	스매시(Smash)와 비슷하나 술에 라임 주스 등에 셰이브드 아이스(Shaved Ice)를 넣고 함께 저어 글라스의 표면에 서리가 맺힌 칵테일
생거리(Sangaree)	레드 와인에 설탕이나 레몬 주스를 넣고 물로 채운 칵테일
펀치(Punch)	술과 과일, 설탕, 주스, 물 등을 혼합한 뒤 큰 얼음을 띄워 여러 사람이 떠서 먹는 칵테일
트로피컬 칵테일 (Tropical Cocktail)	럼(Rum)에 과일 주스, 시럽, 크러쉬드 아이스(Crushed Ice) 등을 넣고, 블렌더(Blender)로 갈아 과일로 장식하여 만든 열대성 칵테일

CHAPTER

02

칵테일 기법 실무

학습 방향

칵테일을 만드는 다양한 방법들에 대해 자세히 학습합니다. 지거와 스플릿, 컵 등의 계량도구에 따른 단위도 알아두도록 합니다.

출제빈도

SECTION 01　상　　　　　　　　　100%

SECTION 01 칵테일 기법

출제빈도 상 중 하
반복학습 1 2 3

빈출 태그 ▶ 기법, 계량단위, 도수계산법

> **기적의 TIP**
>
> 탄산음료가 부재료인 경우, 저어주는 횟수를 줄여서 제공해야 탄산의 청량감을 살릴 수 있다.

01 칵테일 기법

1) 빌딩(Building)/직접 넣기

① 의미 : 가벼운 비중의 재료를 글라스에 직접 붓는 기법

② 주요 사용도구 : 지거

③ 특징 : 잘 섞이는 두 가지 이상의 술이나 음료수를 혼합할 때 사용

④ 방법
- 글라스에 얼음을 $\frac{2}{3}$ 정도 채운다.
- 지거로 재료를 계량하여 글라스에 넣는다.
- 바 스푼을 이용하여 글라스의 아래부터 위로 2~3회 젓는다.

⑤ 대표 칵테일 : 블랙 러시안(Black Russian), 스크류드라이버(Screwdriver), 키르(Kir)

> **기적의 TIP**
>
> 셰이킹(Shaking) 시 주의할 점
> 스트레이너와 캡을 먼저 합친 후, 바디를 닫을 경우, 셰이커의 내부 압력이 높아져 안의 내용물이 흘러넘칠 수 있다.

2) 셰이킹(Shaking)/흔들기

① 의미 : 달걀, 시럽, 크림, 설탕 등 잘 섞이지 않는 재료를 넣고 흔들어 만드는 기법

② 주요 사용도구 : 셰이커

③ 특징 : 강한 기주의 맛을 부드럽게 순화

④ 방법
- 셰이커 바디에 얼음과 재료를 넣는다.
- 바디 → 스트레이너 → 캡 순으로 닫고 흔든다.

⑤ 대표 칵테일 : 핑크 레이디(Pink Lady)

3) 스터링(Stirring)/휘젓기

① 의미 : 믹싱 글라스에 얼음과 재료를 넣어 바 스푼으로 휘저어 혼합과 냉각을 시키는 기법

② 주요 사용도구 : 믹싱 글라스

③ 특징 : 잘 섞이는 두 가지 이상의 술이나 음료수를 빠르게 냉각/혼합할 때 사용

④ 방법
- 믹싱 글라스에 술이나 음료를 넣는다.
- 바 스푼의 볼록한 부분이 믹싱 글라스의 벽면을 향하도록 젓는다.
- 스터 횟수는 10~15회 정도 진행한다.

⑤ 대표 칵테일 : 마티니(Martini), 깁슨(Gibson), 맨해튼(Manhattan), 로브 로이(Rob Roy)

> **기적의 TIP**
>
> **스터링(Stirring) 시 주의할 점**
> - 스터링(Stirring) 후 글라스에 따를 때는 스트레이너를 이용한다.
> - 바 스푼 자체를 회전시키면서 저어야만 얼음이 믹싱 글라스 내부에 부딪히지 않고 회전하면서 냉각이 된다.
> - 소다와 같은 발포성 음료를 함께 넣고 저을 때는 조심스럽게 짧게 해야 한다.

4) 플로팅(Floating)/띄우기

① 의미 : 재료 간의 비중 차이를 이용해서 섞이지 않도록 띄우거나 쌓는 기법

② 주요 사용도구 : 바 스푼

③ 특징 : 비중이 높은 음료부터 비중이 낮은 음료 순으로 진행

④ 방법
- 바 스푼의 오목한 부분을 글라스 안쪽을 향해 대고 술을 조금씩 붓는다.
- 술이나 음료를 변경할 때마다 바 스푼과 지거를 씻어서 사용한다.

⑤ 대표 칵테일 : 푸스카페(Pousse Cafe), B-52

5) 블렌딩(Blending)/갈아넣기

① 의미 : 과일, 달걀 등 혼합하기 어려운 재료를 블렌더 등의 전동 기구를 사용하여 만드는 기법

② 주요 사용도구 : 블렌더(믹서기)

③ 특징 : 얼음이 들어간 프로즌 스타일의 칵테일 조주 시 사용하는 기법

④ 방법
- 블렌더의 바디에 직접 얼음, 술, 음료를 넣는다.
- 소다와 같은 발포성 음료는 블렌딩이 끝난 후에 별도로 첨가해 넣어 젓는다.

⑤ 대표 칵테일 : 마이타이(Mai Tai)

> **기적의 TIP**
>
> **블렌딩(Blending) 시 주의할 점**
> 큐브드 아이스(Cubed Ice)보다는 크러쉬드 아이스(Crushed Ice)를 사용해야 블렌더의 날이 상하지 않는다.

6) 머들링(Muddling)/으깨기

① 의미 : 술이나 음료를 넣기 전 글라스에 허브나 과일을 으깨는 기법

② 주요 사용도구 : 머들러

③ 특징 : 허브나 과일의 맛과 향을 강하게 하기 위해 사용

④ 방법
- 글라스에 직접 허브나 라임, 레몬 등과 같은 과일을 넣는다.
- 즙이 나올 정도로만 머들러로 가볍게 으깬다.
- 술이나 음료, 나머지 재료를 넣고 혼합한다.

⑤ 대표 칵테일 : 모히또(Mojito), 카이피리냐(Caipirinha)

7) 리밍(Rimming)/묻히기

① 의미 : 글라스 가장자리에 레몬즙 등을 이용해서 소금이나 설탕 등을 묻히는 방법으로 프로스팅(Frosting)이라고도 부름

② 주요 사용도구 : 글라스 리머

③ 특징 : 칵테일의 맛과 향을 증대시켜 주고 눈송이 같은 분위기 연출

④ 방법
- 글라스의 가장자리에 레몬즙을 묻힌다.
- 글라스 리머를 이용하여 레몬즙이 묻은 글라스를 돌려가며 소금이나 설탕을 묻힌다.
- 손으로 가볍게 털어준 뒤 술을 넣는다.

⑤ 대표 칵테일 : 마가리타(Margarita), 키스 오브 파이어(Kiss of Fire)

> **기적의 TIP**
> 글라스의 가장자리를 림(Rim)이라고 부른다.

> **기적의 TIP**
> 마가리타(Margarita)는 소금, 키스 오브 파이어(Kiss of Fire)은 설탕을 묻히니 기억해 두자.

02 칵테일 계량 단위

1) 지거의 기본 계량 단위

① 지거는 음료의 양을 측정하는 기본 계량컵이다.
② 일반적으로는 작은 쪽이 1oz, 큰 쪽이 1.5oz로 구성된 더블 지거의 형태가 많다.

> **기적의 TIP**
>
> 칵테일 계량 단위를 묻는 문제는 자주 출제되므로 특히 동일 단위들은 외워두는 것이 좋다.

- 1oz는 약 30mL 용량이다.
- 지거는 모래시계처럼 위로 갈수록 넓어지는 구조이므로 실제로는 1oz의 $\frac{2}{3}$ 지점이 $\frac{1}{2}$ oz가 되는 경우가 많다.

2) 칵테일 계량 단위

단위	동일 단위		표준 계량 환산	용량
1Dash	1대시	5~6Drop	$\frac{1}{32}$ oz	0.9mL
1Tsp	1티스푼	1Teaspoon	$\frac{1}{6} \sim \frac{1}{8}$ oz	5mL
1Tbsp	1테이블스푼	1Tablespoon	$\frac{1}{2}$ oz	15mL
1oz	1온스	1Ounce 1Pony 1Finger 1Shot	1oz	30mL
1Jigger	1지거	$\frac{1}{4}$ Split	$1+\frac{1}{2}$ oz	45mL
1Split	1스플릿	4Jigger	6oz	180mL
1Cup	1컵	$\frac{1}{16}$ Gallon $\frac{1}{2}$ Pint	8oz	240mL
1Pint	1파인트	1Pound	16oz	480mL
1Quart	1쿼트	4Cup $\frac{1}{4}$ Gallon	32oz	960mL
1Gallon	1갤론	4Quart	128oz	3,840mL

3) 알코올 도수 계산법

① 공식 : (재료의 알코올 도수×재료의 양)+(재료의 알코올 도수×재료의 양)+... / 음료의 총량

② 도수 : 도수의 단위에는 퍼센트(%), 프루프(Proof)가 있다.
- 프루프(Proof)는 퍼센트(%)의 2배를 의미한다.
  - 오버 프루프(Over-Proof) : 표준 강도 50% 이상 알코올 함유
  - 언더 프루프(Under-Proof) : 표준 강도 50% 이하 알코올 함유

개념 체크

1 Golden Cadillac(골든 캐딜락)의 알코올 도수는?
① 22.1%
② 27.5%
③ 30.1%
④ 32.5%

1 ①

CHAPTER 03

칵테일 조주 실무

학습 방향

칵테일을 만드는 다양한 방법들에 대해 자세히 학습합니다. 지거와 스플릿, 컵 등의 계량도구에 따른 단위도 알아두도록 합니다.

출제빈도

| SECTION 01 | 중 | 30% |
| SECTION 02 | 상 | 70% |

SECTION 01

칵테일 조주 준비

출제빈도 상 중 하
반복학습 1 2 3

빈출 태그 ▶ 글라스, 기물, 부재료, 레시피

01 글라스(Glass)의 종류

칵테일 글라스는 크게 텀블러 글라스(Tumbler Glass)형, 스템 글라스(Stemmed Glass)형으로 나뉜다.

1) 텀블러 글라스(Tumbler Glass) 형

논 알코올 칵테일(Non Alcohol Cocktail)이나 롱 드링크(Long Drink)에 사용하며, 일반적으로 8oz(240mL) 용량의 원통형 모양의 컵을 텀블러(Tumble) 형이라고 부르며, 스템(Stem)이 없는 글라스이다.

글라스	명칭	내용
	올드 패션드 글라스 Old-Fashioned Glass	• 증류주를 얼음과 함께 차갑게 마실 때 사용하는 글라스 • 온 더 락 글라스(On the Rock Glass)라고도 부름 • 평균적으로 6~8oz(180~240mL)의 용량
	하이볼 글라스 Highball Glass	• 얼음, 술, 탄산음료를 혼합할 때 사용하는 글라스 • 평균적으로 8~10oz(240~300mL)의 용량
	콜린스 글라스 Collins Glass ★	• 양이 많은 롱 드링크를 제공할 때 사용하는 글라스 • 톨 하이볼 글라스(Tall Highball Glass)라고도 부름 • 평균적으로 10~12oz(300~360mL)의 용량
	머그 글라스 Mug Glass	• 생맥주를 제공할 때 사용하는 손잡이가 있는 글라스 • 주로 300mL, 500mL, 1,000mL 용량의 글라스를 사용

★ 콜린스 글라스
(Collins Glass)
하이볼 글라스(Highball Glass)보다 용량이 더 큰 잔이라고 보면 된다.

개념 체크

1 다음 중 용량이 가장 작은 글라스는?
① Old-Fashioned Glass
② Highball Glass
③ Collins Glass
④ Shot Glass

1 ④

글라스	명칭	내용
	샷 글라스 Shot Glass	• 브랜디 이외의 증류주를 스트레이트로 마실 때 사용하는 글라스 • 위스키 글라스(Whiskey Glass)라고도 부름 • 평균적으로 1~2oz(30~60mL)의 용량

2) 스템 글라스(Stemmed Glass)형

만들어진 칵테일에 손의 체온이 전달되지 않도록 하기 위해 글라스 하단에 기둥 손잡이가 있는 글라스이다.

글라스	명칭	내용
	칵테일 글라스 Cocktail Glass	• 가장 많이 사용되는 칵테일용 글라스 • 역삼각형의 발레리나를 연상하게 하는 모양 • 평균적으로 4~5oz(120~150mL)의 쇼트 드링크 용량
	샴페인 글라스 Champagne Glass [소서(Saucer) 형]	• 입구와 볼의 형태가 넓은 형태의 글라스 • 축하주로서 건배용 글라스로 주로 사용
	샴페인 글라스 Champagne Glass [플루트(Flute) 형]	• 입구가 좁고 볼이 길쭉한 형태의 글라스 • 탄산의 기포가 오래 보존되어 스파클링 와인용으로 주로 사용
	사워 글라스 Sour Glass ★	• 위스키 사워, 브랜디 사워 등 사워 칵테일을 제공할 때 사용하는 글라스 • 평균적으로 4oz(120mL)의 용량
	리큐어 글라스 Liqueur Glass ★	• 리큐어, 스피리츠, 위스키 등을 마실 때 사용하는 글라스 • 코디얼 글라스(Cordial Glass)라고도 부름 • 1oz(30mL)의 용량

> **기적의 TIP**
>
> **칵테일 글라스 4대 명칭**
>
>
> - 림(Rim)
> - 보울(Bowl)
> - 스템(Stem)
> - 베이스(Base)
>
> 4대 명칭 : 베이스(Base), 스템(Stem), 보울(Bowl), 림(Rim)

★ **사워 글라스(Sour Glass)**
샴페인 글라스 플루트(Flute)형과 유사하나 스템의 길이가 더 짧다.

★ **리큐어 글라스**
　 (Liqueur Glass)
리큐어 글라스(Liqueur Glass)를 다르게 부르는 명칭으로 코디얼 글라스(Cordial Glass)가 기출 문제에 자주 출제되니 기억해 두자.

★ **브랜디 글라스**
   (Brandy Glass)
브랜디의 향기가 잔 속에서 휘감기는 특징을 가지고 있으며, 글라스를 예열하여 따뜻한 상태로 사용한다. 잔 형태 그대로 가득 따르지 않고 1oz(30mL) 용량으로 따라야 한다.

★ **필스너 글라스**
   (Pilsner Glass)
맥주를 따른 후 글라스의 아랫부분 가운데에서 계속 기포가 올라와 거품을 유지해주는 형태를 가지고 있다.

	명칭	특징
	브랜디 글라스 Brandy Glass ★	• 몸통 부분이 넓고 입구가 좁은 튤립 형태의 글라스 • 스니프터(Snifter)라고도 부름 • 평균적으로 1oz(30mL)의 용량
	고블렛 글라스 Goblet Glass	• 식당이나 커피숍에서 고객에게 물을 제공할 때 사용하는 글라스 • 위로 갈수록 방사형으로 넓어지는 형태
	필스너 글라스 Pilsner Glass ★	• 원래는 체코의 '필슨'이라는 회사에서 맥주잔으로 개발 • 최근에 롱 드링크를 제공할 때 사용하는 글라스 • 평균적으로 8~12oz(240~360mL) 용량
	아이리시 커피 글라스 Irish Coffee Glass	• 아이리시 커피 등에 사용하는 글라스 • 다양한 형태 • 평균적으로 8~10oz(240~300mL) 용량 • 내열성이 강한 것이 특징
	셰리 와인 글라스 Sherry Wine Glass	• 셰리 와인이나 포트 와인을 마실 때 사용하는 글라스 • 칵테일 B-52 제조 시 사용 • 평균적으로 2~3oz(60~90mL) 용량
	와인 글라스 Wine Glass	• 와인을 마실 때 사용하는 글라스 • 다양한 형태 • 레드 와인 글라스와 화이트 와인 글라스로 구분

02 기물의 종류

도구	명칭	내용
	셰이커 Shaker	• 혼합하기 어려운 재료를 얼음과 함께 섞으면서 냉각시키는 도구 • 캡(Cap), 스트레이너(Strainer), 바디(Body)로 구성
	지거 Jigger ★	• 음료와 술의 양을 측정하는 표준 계량컵 • 보편적으로 1oz(30mL), $1+\frac{1}{2}$oz(45mL) 용량이 위아래로 붙어있는 더블 지거(Double Jigger) 형태
	바 스푼 Bar Spoon	• 재료를 혼합하거나 소량으로 계량할 때 사용하는 가늘고 중간 부분이 나선형으로 되어있는 긴 스푼 • 체리, 올리브를 떠서 담을 때도 사용 • 믹싱 스푼이라고도 부름
	믹싱 글라스 Mixing Glass	• 비교적 혼합하기 쉬운 재료를 바 스푼으로 저어주는 스터(Stir) 기법에 사용되는 도구 • 칵테일 마티니(Martini)를 만들 때 많이 사용되는 도구
	스트레이너 Strainer	• 믹싱 글라스(Mixing Glass)에서 혼합한 칵테일을 글라스에 따를 때 사용 • 얼음이 글라스에 떨어지지 않게 하는 도구 • 둥근 원형 철사 망 + 용수철 + 손잡이 형태
	푸어러 Pourer ★	병의 입구에 끼워 글라스나 지거(Jigger)에 따를 때 음료가 흘러내리는 것을 방지하고 양 조절을 해주는 도구
	머들러 Muddler	술과 음료를 혼합하기 전에 과일이나 허브 같은 가니쉬 재료를 미리 으깨서 향을 낼 때 사용하는 도구

> ★ 지거(Jigger)
> 메저컵(Measure Cup)이라고도 부른다.

> ★ 푸어러(Pourer)
> 술에 당분이나 우유(Milk)가 함유된 병에 끼우면 당분이 굳어서 푸어러의 입구를 막을 수 있으므로 사용 후 꼭 청소를 해주어야 한다.

> **기적의 TIP**
>
> **고객용 머들러**
> 재료를 으깨서 칵테일을 조주 할 때 사용하는 바텐더용 머들러와 다르게, 완성된 롱 드링크 칵테일에 꽂아 고객이 직접 글라스 안의 칵테일을 저을 때 사용하는 고객용 머들러가 있다.

★ 스터 로드(Stir Road)
스터러(Stirrer)라고도 부른다.

★ 칵테일 픽(Cocktail Pick)
검 모양으로 생겼다고 하여 스워드 픽(Sword Pick)이라고 부른다. 칵테일의 분위기에 맞는 모양이나 색깔, 재질 등을 고려하여 선택하면 된다.

	명칭	설명
	블렌더 Blender	• 과일 등 혼합하기 어려운 재료를 얼음과 함께 섞을 때 사용하는 도구 • 트로피컬 칵테일(Tropical Cocktail), 프로즌 칵테일(Frozen Cocktail)을 만들 때 사용
	스퀴저 Squeezer	오렌지나 레몬, 라임 등 감귤류의 과일의 생즙을 짤 때 사용하는 도구
	글라스 리머 Glass Rimmer	• 소금, 설탕을 글라스의 가장자리에 뒤집어서 묻히는 도구 • 마가리타(Margarita), 키스 오브 파이어(Kiss of Fire)를 만들 때 사용
	제스터 Zester	• 오렌지나 레몬의 껍질을 벗기는 도구 • 가니쉬에 적합한 두께의 껍질 생성이 가능함과 과일의 상처를 방지하는 역할
	스터 로드 Stir Road★	음료를 저을 때 사용하는 도구
	칵테일 픽 Cocktail Pick★	• 칵테일의 장식인 가니쉬를 꽂을 때 사용하는 도구 • 주로 올리브나 체리, 파인애플 등을 꽂아 장식하는 데 사용
	아이스 픽 Ice Pick	• 규모가 큰 얼음 덩어리를 잘게 부술 때 사용하는 도구 • 손잡이 아랫부분이 송곳으로 되어있어 원하는 얼음을 크기로 다듬을 때도 사용

	명칭	설명
	아이스 페일 Ice Pail	얼음을 담아두는 용기인 얼음 통
	아이스 텅 Ice Tong	셰이커, 믹싱 글라스, 글라스에 얼음을 담을 때 사용하는 얼음 집게
	아이스 스쿱 Ice Scoop	• 셰이커, 믹싱 글라스, 글라스에 얼음을 담을 때 사용하는 얼음 스푼 • 스테인리스, 플라스틱 두 종류
	스토퍼 Stopper	• 주로 탄산이 들어간 술이나 음료가 사용 후 남았을 경우 보관하는 도구 • 보조 병마개 역할
	코스터 Coaster	• 글라스의 표면에 맺힌 물방울이 바 카운터나 테이블에 적시지 않도록 사용되는 글라스 받침대 • 냉각된 글라스의 물기가 흘러내리는 것을 방지하기 위해 사용

> **기적의 TIP**
>
> 얼음 통을 아이스 페일(Ice Pail)이 아닌 아이스 텅(Ice Tong)으로 혼돈할 수 있으니 암기 시 주의하자.

> **기적의 TIP**
>
> **기타 도구 용어**
>
> • 와인 디캔더(Wine Decanter) : 와인을 다른 용기에 옮길 때 사용되는 고급 유리병으로 공기와 접촉하면서 이물질을 제거하고 부드러운 와인을 음용하기 위해 사용하는 도구
>
> • 칵테일 디캔더(Cocktail Decanter) : 위스키를 주문하고 얼음과 함께 콜라나 소다수, 물 등을 원할 때 제공하는 용기
>
> • 코르크 스크류(Cork Screw) : 와인의 병마개를 뽑을 때 사용하는 도구
>
> • 글라스 홀더(Glass Holder) : 뜨거운 종류의 칵테일을 고객에게 제공할 때 손 데임 방지를 위해 사용하는 손잡이가 있는 도구

03 부재료

1) 얼음의 종류

얼음은 종류나 형태가 다양하여 칵테일 조주 시 각각의 사용 용도에 맞게 여러 가지 형태와 크기의 얼음이 사용된다. 보편적으로 투명하고 단단하며 물에 잘 녹지 않는 얼음이 좋으며, 얼음 속 공기가 들어있으면 주로 불투명한 외관을 띠며 좋지 않은 얼음으로 분류된다. 한 번 사용한 얼음은 재사용하면 안 된다.

종류	모양	내용
셰이브드 아이스 Shaved Ice		• 팥빙수의 얼음처럼 곱게 갈아서 나오는 얼음 • 가장 차가운 칵테일을 만들 때 사용
크러쉬드 아이스 Crushed Ice		• 잘게 갈아낸 알갱이 모양의 얼음 • 프라페 스타일의 칵테일을 만들 때 사용
큐브드 아이스 Cubed Ice		• 가장 많이 사용하는 정육면체의 사각 얼음 • 아이스 텅(Ice Tong)이나 아이스 스쿱(Ice Scoop)을 이용하여 얼음을 사용
크랙트 아이스 Cracked Ice		큰 얼음 덩어리를 아이스 픽(Ice Pick)으로 쪼개서 만든 불규칙한 모양의 각진 얼음
럼프 오브 아이스 Lump of Ice		• 올드 패션드 글라스(Old-Fashioned Glass)에 들어가는 크기의 주먹만 한 작은 덩어리 얼음 • 온 더 락(On the Rock) 형태로 마실 때 사용
블록 오브 아이스 Block of Ice		• 1kg 이상의 통얼음 • 파티나 사람들이 많이 모인 자리에서 펀치(Punch) 등에 넣을 때 사용

개념 체크

1 얼음의 명칭 중 단위량 부피가 가장 큰 것은?
　① Cracked Ice
　② Cubed Ice
　③ Lumped Ice
　④ Crushed Ice

1 ③

2) 시럽의 종류

- 심플 시럽(Simple Syrup)★ : 물과 설탕으로 만든 시럽
- 그레나딘 시럽(Grenadine Syrup) : 석류 향을 넣어 만든 붉은색의 풍미를 가한 달콤한 시럽
- 라즈베리 시럽(Raspberry Syrup) : 당밀에 나무딸기의 풍미를 가한 시럽
- 메이플 시럽(Maple Syrup) : 붉은 단풍나무의 수액을 농축한 시럽

★ 심플 시럽(Simple Syrup)
플레인 시럽(Plain Syrup) 또는 슈가 시럽(Sugar Syrup) 이라고도 부른다.

3) 음료의 종류

- 진저에일(Ginger Ale) : 생강향이 함유된 탄산음료
- 토닉 워터(Tonic Water) : 영국에서 식욕 증진과 피로 해소를 목적으로 개발된 키니네 껍질이 함유된 탄산음료
- 콜린스 믹스(Collins Mix) : 레몬과 설탕을 주원료로 액상과당, 구연산, 향료 등을 함유한 탄산음료
- 사이다(Cider) : 탄산가스가 함유된 무색의 사과향 비알코올성 탄산음료
- 콜라(Cola) : 미국에서 개발되었으며 커피의 2~3배의 카페인이 함유된 비알코올성 탄산음료
- 소다수(Soda Water) : 물에 이산화탄소를 주입한 무색무취의 탄산음료

4) 향신료(Spice)의 종류

넛맥(Nutmeg)★	• 육두구 나무 열매를 말린 가루 향신료 • 달걀 등의 재료를 사용할 때 비린내를 없애기 위해 사용
계피(Cinnamon)	• 녹나무과의 나무껍질을 벗겨서 말린 향신료 • 주로 뜨거운 칵테일에 향을 내기 위해 사용
민트(Mint)	• 민트 잎을 말려 가루로 만든 박하향 향신료 • 민트 잎은 재료나 가니쉬로 사용
클로브(Clove)	• 정향의 꽃봉오리에서 추출되는 향신료 • 온기를 더하면 달콤한 향이 나기 때문에 주로 핫 드링크(Hot Drink)에 사용
타바스코 소스(Tabasco Sauce)	주로 토마토 주스와 함께 칵테일에 들어가는 매운맛의 향신료
우스터소스(Worcester Sauce)	주로 토마토 주스와 함께 칵테일에 들어가는 서양식 간장
소금(Salt)	테킬라를 스트레이트로 마시거나 소금 리밍 할 때 사용

★ 넛맥(Nutmeg)
'사향 향기가 나는 호두'라는 뜻으로 육두구와 나무 열매를 말려 가루로 만든 것으로 음식의 맛과 향을 돋우거나 비린내와 누린내를 잡아주는 효능이 있어 도넛, 푸딩, 육류, 달걀흰자가 들어간 칵테일 등에 사용한다.

기적의 TIP

앙고스투라 비터 (Angostura Bitters)
비터(Bitters)는 쓴맛이 강한 혼성주로 칵테일에는 소량 첨가하는 향료 또는 고미제로 사용한다. 그중 앙고스투라 비터는 주로 맨해튼, 올드 패션드 칵테일에 쓰이며, 향료로 뛰어난 풍미와 향기가 있는 고미제이다.

개념 체크

1 다음 시럽 종류 중에서 제품의 성격이 다른 것은?
① Simple syrup
② Sugar syrup
③ Plain syrup
④ Grenadine syrup

1 ④

04 가니쉬(Garnish)

1) 가니쉬의 정의

칵테일의 제조가 마무리 단계에서 장식되는 각종 과일과 허브향이 나는 잎이나 줄기를 말한다. 가니쉬(Garnish)는 칵테일의 맛에 영향을 크게 주지 않으나, 칵테일의 미관 요소에 중요한 역할을 한다.

2) 가니쉬의 종류

- 레몬(Lemon) : 생레몬을 사용하며 단단하고 껍질이 탄력이 있어야 한다.
- 오렌지(Orange) : 트로피컬 드링크(Tropical Drink)나 논 알코올 드링크(Non Alcohol Drink)에 많이 사용한다.
- 라임(Lime) : 생라임을 사용하며, 밝은 녹색에 탱자 정도의 크기이며 맛은 레몬보다 더 시큼하다.
- 올리브(Olive) : 칵테일에서는 절인 올리브를 사용하며, 식욕 촉진제로 마시는 칵테일에 잘 어울리기 때문에 드라이한 칵테일에 사용한다.
- 어니언(Onion) : 깁슨(Gibson)★ 칵테일에 사용하며, 식초에 절인 양파이다.
- 체리(Red Cherry) : 체리만 장식할 때는 맨해튼(Manhattan) 칵테일에 사용하며, 레몬이나 파인애플과 함께 장식하기도 한다.
- 파인애플(Pineapple) : 파인애플 주스를 이용한 칵테일에 잘 어울리며, 웨지(Wedge) 형태로 잘라 체리와 함께 사용한다.
- 사과(Apple) : 애플 마티니(Apple Martini), 풋사랑(Puppy Love) 칵테일에 사용하며, 슬라이스 형태로 잘라서 사용한다.
- 셀러리(Celery) : 블러디 메리(Bloody Mary) 칵테일에 사용하며, 쓴맛이 나는 것이 특징이다.

★ **깁슨(Gibson)**

깁슨(Gibson) 칵테일은 진(Gin)과 베르무스(Vermouth)를 주재료로 사용한 칵테일로, 일반적인 칵테일과 다르게 절인 양파로 장식을 하는데 펄 어니언(Pearl Onion), 칵테일 양파를 사용한다.
식초에 절인 양파는 시큼하고 짭짤한 풍미를 내기 때문에 이는 칵테일의 감칠맛을 더해준다.

3) 가니쉬의 손질 방법

- 휠(Wheel) : 과일을 가로로 1~2cm 두께로 잘라서 사용한다.
- 웨지(Wedge) : 과일을 세로로 자른 후, $\frac{1}{3}$만큼 반달 모양으로 만들어 사용한다.
- 슬라이스(Slice) : 휠(Wheel) 만든 상태에 $\frac{1}{2}$로 잘라서 사용한다.
- 필(Peel) : 트위스트(Twist)라고도 하며, 과육을 제거하고 과일의 껍질만 비틀어 사용한다.

휠(Wheel)	웨지(Wedge)	슬라이스(Slice)	필(Peel)

4) 리밍(Rimming)

- 글라스의 림 주변에 레몬즙을 묻혀 설탕이나 소금 등 가루를 묻혀주는 장식
- 스노우 스타일(Snow Style) 또는 프로스팅(Frosting)이라고도 부른다.
- 소금을 묻힌 마가리타(Margarita), 설탕을 묻힌 키스 오브 파이어(Kiss of Fire)

SECTION 02 칵테일 표준 레시피

출제빈도 상 중 하
반복학습 1 2 3

빈출 태그 ▶ 레시피, 전통주

📌 기적의 TIP

표준 레시피를 설정하는 이유
- 품질과 맛의 지속적인 유지
- 표준 조주법을 이용하여 노무비 절감에 기여
- 원가 계산을 위한 기초 제공

📌 기적의 TIP

칵테일 레시피로 알 수 있는 것
- 색깔
- 분량
- 성분

🎯 개념 체크

1 다음 레시피의 칵테일 명으로 올바른 것은?

> Bourbon Whiskey $1+\frac{1}{2}$ oz
> Sweet Vermouth $\frac{3}{4}$ oz
> Angostura Bitters 1dash

① Gimlet Cocktail
② Stinger Cocktail
③ Dry Gin
④ Manhattan

1 ④

01 칵테일 표준 레시피(Standard Recipes)

번호	칵테일	조주법	글라스	가니쉬	재료
1	Pousse Cafe 푸스카페	Float	Stemmed Liqueur Glass	없음	Grenadine Syrup $\frac{1}{3}$ part Crème de Menthe(Green) $\frac{1}{3}$ part Brandy $\frac{1}{3}$ part
2	Manhattan 맨해튼	Stir	Cocktail Glass	Cherry	Bourbon Whiskey $1+\frac{1}{2}$ oz Sweet Vermouth $\frac{3}{4}$ oz Angostura Bitters 1dash
3	Dry Martini 드라이 마티니	Stir	Cocktail Glass	Green Olive	Dry Gin 2oz Dry Vermouth $\frac{1}{3}$ oz
4	Old Fashioned 올드 패션드	Build	Old-Fashioned Glass	A Slice of Orange & Cherry	Bourbon Whiskey $1+\frac{1}{2}$ oz Powdered Sugar 1tsp Angostura Bitters 1dash Soda Water $\frac{1}{2}$ oz
5	Brandy Alexander 브랜디 알렉산더	Shake	Cocktail Glass	Nutmeg Powder	Brandy $\frac{3}{4}$ oz Crème de Cacao(Brown) $\frac{3}{4}$ oz Light Milk $\frac{3}{4}$ oz
6	Singapore Sling 싱가폴 슬링	Shake/Build	Footed Pilsner Glass	A Slice of Orange & Cherry	Dry Gin $1+\frac{1}{2}$ oz Lemon Juice $\frac{1}{2}$ oz Powdered Sugar 1tsp Fill with Soda Water On Top with Cherry flavored Brandy $\frac{1}{2}$ oz
7	Black Russian 블랙 러시안	Build	Old-Fashioned Glass	없음	Vodka 1oz Coffee Liqueur $\frac{1}{2}$ oz
8	Margarita 마가리타	Shake	Cocktail Glass	Rimming with Salt	Tequila $1+\frac{1}{2}$ oz Cointreau or Triple Sec $\frac{1}{2}$ oz Lime Juice $\frac{1}{2}$ oz

9	Rusty Nail 러스티네일	Build	Old-Fashioned Glass	없음	Scotch Whisky 1oz Drambuie $\frac{1}{2}$oz
10	Whiskey Sour 위스키 사워	Shake/ Build	Sour Glass	A Slice of Lemon & Cherry	Bourbon Whiskey $1+\frac{1}{2}$oz Lemon Juice $\frac{1}{2}$oz Powdered Sugar 1tsp On Top with Soda Water 1oz
11	New York 뉴욕	Shake	Cocktail Glass	Twist of Lemon Peel	Bourbon Whiskey $1+\frac{1}{2}$oz Lime Juice $\frac{1}{2}$oz Powdered Sugar 1tsp Grenadine Syrup $\frac{1}{2}$tsp
12	Daiquiri 다이키리	Shake	Cocktail Glass	없음	Light Rum $1+\frac{3}{4}$oz Lime Juice $\frac{3}{4}$oz Powdered Sugar 1tsp
13	B-52	Float	Sherry Glass (2oz)	없음	Coffee Liqueur $\frac{1}{3}$ part Bailey's Irish Cream Liqueur $\frac{1}{3}$ part Grand Marnier $\frac{1}{3}$ part
14	June Bug 준벅	Shake	Collins Glass	A Wedge of fresh Pineapple & Cherry	Midori(Melon Liqueur) 1oz Coconut flavored Rum $\frac{1}{2}$oz Banana Liqueur $\frac{1}{2}$oz Pineapple Juice 2oz Sweet&Sour mix 2oz
15	Bacardi Cocktail 바카디	Shake	Cocktail Glass	없음	Bacardi Rum White $1+\frac{3}{4}$oz Lime Juice $\frac{3}{4}$oz Grenadine Syrup 1tsp
16	Cuba Libre 쿠바리브레	Build	Highball Glass	A Wedge of Lemon	Light Rum $1+\frac{1}{2}$oz Lime Juice $\frac{1}{2}$oz Fill with Cola
17	Grasshopper 그래스호퍼	Shake	Champagne Glass(Saucer형)	없음	Crème de Menthe(Green) 1oz Crème de Cacao(White) 1oz Light Milk 1oz
18	Seabreeze 시브리즈	Build	Highball Glass	A Wedge of Lime or Lemon	Vodka $1+\frac{1}{2}$oz Cranberry Juice 3oz Grapefruit Juice $\frac{1}{2}$oz
19	Apple Martini 애플 마티니	Shake	Cocktail Glass	A Slice of Apple	Vodka 1oz Apple Pucker(Sour Apple Liqueur) 1oz Lime Juice $\frac{1}{2}$oz

20	Negroni 네그로니	Build	Old-Fashioned Glass	Twist of Lemon Peel	Dry Gin $\frac{3}{4}$ oz Sweet Vermouth $\frac{3}{4}$ oz Campari $\frac{3}{4}$ oz
21	Long Island Iced Tea 롱 아일랜드 아이스 티	Build	Collins Glass	A Wedge of Lime or Lemon	Dry Gin $\frac{1}{2}$ oz Vodka $\frac{1}{2}$ oz Light Rum $\frac{1}{2}$ oz Tequila $\frac{1}{2}$ oz Triple Sec $\frac{1}{2}$ oz Sweet & Sour mix $1+\frac{1}{2}$ oz On Top with Cola
22	Side Car 사이드카	Shake	Cocktail Glass	없음	Brandy 1oz Triple Sec 1oz Lemon Juice $\frac{1}{4}$ oz
23	Mai Tai 마이타이	Blend	Footed Pilsner Glass	A Wedge of fresh Pineapple (Orange) & Cherry	Light Rum $1+\frac{1}{4}$ oz Triple Sec $\frac{3}{4}$ oz Lime Juice 1oz Pineapple Juice 1oz Orange Juice 1oz Grenadine Syrup $\frac{1}{4}$ oz
24	Pina Colada 피나콜라다	Blend	Footed Pilsner Glass	A Wedge of fresh Pineapple & Cherry	Light Rum $1+\frac{1}{4}$ oz Pina Colada Mix 2oz Pineapple Juice 2oz
25	Cosmopolitan Cocktail 코스모폴리탄	Shake	Cocktail Glass	Twist of Lime or Lemon Peel	Vodka 1oz Triple Sec $\frac{1}{2}$ oz Lime Juice $\frac{1}{2}$ oz Cranberry Juice $\frac{1}{2}$ oz
26	Moscow Mule 모스코 뮬	Build	Highball Glass	A Slice of Lime or Lemon	Vodka $1+\frac{1}{2}$ oz Lime Juice $\frac{1}{2}$ oz Fill with Ginger Ale
27	Apricot Cocktail 애프리콧 칵테일	Shake	Cocktail Glass	없음	Apricot flavored Brandy $1+\frac{1}{2}$ oz Dry Gin 1tsp Lemon Juice $\frac{1}{2}$ oz Orange Juice $\frac{1}{2}$ oz

28	Honeymoon Cocktail 허니문 칵테일	Shake	Cocktail Glass	없음	Apple Brandy $\frac{3}{4}$oz Benedictine D.O.M $\frac{3}{4}$oz Triple Sec $\frac{1}{4}$oz Lemon Juice $\frac{1}{2}$oz
29	Blue Hawaiian 블루 하와이안	Blend	Footed Pilsner Glass	A Wedge of fresh Pineapple & Cherry	Light Rum 1oz Blue Curacao 1oz Coconut flavored Rum 1oz Pineapple Juice 2+$\frac{1}{2}$oz
30	Kir 키르	Build	White Wine Glass	Twist of Lemon Peel	White Wine 3oz Crème de Cassis $\frac{1}{2}$oz
31	Tequila Sunrise 테킬라 선라이즈	Build/Float	Footed Pilsner Glass	없음	Tequila 1+$\frac{1}{2}$oz Fill with Orange Juice Grenadine Syrup $\frac{1}{2}$oz
32	Gin Fizz 진 피즈	Shake/Build	Highball Glass	A Slice of Lemon	Dry Gin 1+$\frac{1}{2}$oz Lemon Juice $\frac{1}{2}$oz Powdered Sugar 1tsp Fill with Soda Water
33	Fresh Lemon Squash 프레쉬 레몬 스쿼시	Build	Highball Glass	A Slice of Lemon	Fresh squeezed Lemon $\frac{1}{2}$ea Powdered Sugar 2tsp Fill with Soda Water
34	Virgin Fruit Punch 버진 프루트 펀치	Blend	Footed Pilsner Glass	A Wedge of fresh Pineapple & Cherry	Orange Juice 1oz Pineapple Juice 1oz Cranberry Juice 1oz Grapefruit Juice 1oz Lemon Juice $\frac{1}{2}$oz Grenadine Syrup $\frac{1}{2}$oz
35	Boulevardier 불바디에	Stir	Old-Fashioned Glass	Twist of Orange Peel	Bourbon Whiskey 1oz Sweet Vermouth 1oz Campari 1oz

02 전통주 칵테일 표준 레시피

번호	칵테일	조주법	글라스	가니쉬	재료
1	Healing 힐링	Shake	Cocktail Glass	Twist of Lemon Peel	Gam Hong Ro(감홍로/40도) $1+\frac{1}{2}$oz Benedictine D.O.M $\frac{1}{3}$oz Crème de Cassis $\frac{1}{3}$oz Sweet & Sour mix 1oz
2	Jindo 진도	Shake	Cocktail Glass	없음	Jindo Hong Ju(진도 홍주/40도) 1oz Crème de Menthe(White) $\frac{1}{2}$oz White Grape Juice(청포도 주스) $\frac{3}{4}$oz Raspberry Syrup $\frac{1}{2}$oz
3	Puppy Love 풋사랑	Shake	Cocktail Glass	A Slice of Apple	Andong Soju(안동소주/35도) 1oz Triple Sec $\frac{1}{3}$oz Apple Pucker(Sour Apple Liqueur) 1oz Lime Juice $\frac{1}{3}$oz
4	Geumsan 금산	Shake	Cocktail Glass	없음	Geumsan Insamju(금산 인삼주/43도) $1+\frac{1}{2}$oz Coffee Liqueur(Kahlúa) $\frac{1}{2}$oz Apple Pucker(Sour Apple Liqueur) $\frac{1}{2}$oz Lime Juice 1tsp
5	Gochang 고창	Stir	Flute Champagne Glass	없음	Sunwoonsan Bokbunja(선운산 복분자주) 2oz Triple Sec $\frac{1}{2}$oz Sprite 2oz

 개념 체크

1 다음 레시피의 칵테일 명으로 올바른 것은?

> Andong Soju 1oz
> Triple Sec $\frac{1}{3}$oz
> Apple Pucker 1oz
> Lime Juice $\frac{1}{3}$oz

① Healing
② Puppy Love
③ Gochang
④ Jindo

1 ②

03 기타 칵테일 조주기법/베이스/글라스별 분류

번호	칵테일	조주법	베이스	글라스
1	Spritzer 스피릿저	Build	Wine	Highball Glass
2	Mimosa 미모사	Build	Champagne	Flute Champagne Glass
3	Bloody Mary 블러디 메리	Build	Vodka	Highball Glass
4	Gibson 깁슨	Stir	Gin	Cocktail Glass
5	Flamingo 플라밍고	Shake	Gin	Collins Glass
6	Gimlet 김렛	Shake	Gin	Cocktail Glass
7	Rob Roy 로브로이	Stir	Scotch Whisky	Cocktail Glass
8	Harvey Wallbanger 하비월뱅어	Build/Float	Vodka	Collins Glass
9	Kiss of Fire 키스 오브 파이어	Shake	Vodka	Cocktail Glass
10	Zoom 줌	Shake	Brandy	Cocktail Glass
11	Stinger 스팅어	Shake	Brandy	Cocktail Glass
12	Zombie 좀비	Shake	Rum	Collins Glass
13	Angel's Kiss 엔젤스 키스	Float	Liqueur	Stemmed Liqueur Glass
14	B&B	Stir	Brandy	Cocktail Glass
15	Screwdriver 스크류드라이버	Build	Vodka	Highball Glass
16	Sloe Gin Fizz 슬로우 진 피즈	Shake/Build	Gin	Highball Glass

> **기적의 TIP**
>
> 실기 시험에 나오는 칵테일은 아니지만 주로 필기시험에서 보기 문항, 정답 문항으로 자주 나오는 칵테일이니 별도로 외워두자.

04 조주기법별 칵테일 분류

조주법	칵테일
Build 직접넣기	• Moscow Mule(모스코 뮬) • Kir(키르) • Long Island Iced Tea(롱 아일랜드 아이스 티) • Seabreeze(시브리즈) • Cuba Libre(쿠바리브레) • Negroni(네그로니) • Old Fashioned(올드 패션드) • Rusty Nail(러스티네일) • Black Russian(블랙 러시안) • Fresh Lemon Squash(프레쉬 레몬 스쿼시) • Spritzer(스피릿저) • Mimosa(미모사) • Bloody Mary(블러디 메리) • Screwdriver(스크류드라이버)
Stir 휘젓기	• Manhattan(맨해튼) • Dry Martini(드라이 마티니) • Gochang(고창) • Boulevardier(불바디에) • B&B • Gibson(깁슨) • Rob Roy(로브 로이)
Shake 흔들기	• Brandy Alexander(브랜디 알렉산더) • Grasshopper(그래스호퍼) • Apple Martini(애플 마티니) • June Bug(준벅) • Daiquiri(다이키리) • Bacardi Cocktail(바카디) • Apricot Cocktail(애프리콧 칵테일) • Cosmopolitan Cocktail(코스모폴리탄) • Side Car(사이드카) • New York(뉴욕) • Margarita(마가리타) • Honeymoon Cocktail(허니문 칵테일) • Healing(힐링) • Jindo(진도) • Puppy Love(풋사랑) • Geumsan(금산) • Flamingo(플라밍고) • Gimlet(김렛) • Kiss of Fire(키스 오브 파이어) • Zoom(줌) • Stinger(스팅어) • Zombie(좀비)
Float 띄우기	• B-52 • Pousse Cafe(푸스카페) • Angel's Kiss(엔젤스 키스)
Blend 갈아넣기	• Mai Tai(마이타이) • Pina Colada(피나콜라다) • Blue Hawaiian(블루 하와이안) • Virgin Fruit Punch(버진 프루트 펀치)

개념 체크

1 다음 중 나머지 셋과 칵테일 만드는 기법이 다른 것은?
① Martini
② Stinger
③ New York
④ Zoom Cocktail

1 ①

Shake/Build 흔들기/직접넣기	• Singapore Sling(싱가폴 슬링) • Whiskey Sour(위스키 사워) • Gin Fizz(진 피즈) • Sloe Gin Fizz(슬로우 진 피즈)
Build/Float 직접넣기/띄우기	• Tequila Sunrise(테킬라 선라이즈) • Harvey Wallbanger(하비월뱅어)

05 베이스별 칵테일 분류

베이스	칵테일
Rum 럼	• Cuba Libre(쿠바리브레) • Mai Tai(마이타이) • Pina Colada(피나콜라다) • Blue Hawaiian(블루 하와이안) • Daiquiri(다이키리) • Bacardi Cocktail(바카디) • Zombie(좀비) • Mojito(모히토)
Gin 진	• Long Island Iced Tea(롱 아일랜드 아이스 티) • Dry Martini(드라이 마티니) • Negroni(네그로니) • Singapore Sling(싱가폴 슬링) • Gin Fizz(진 피즈) • Sloe Gin Fizz(슬로우 진 피즈) • Gibson(깁슨) • Flamingo(플라밍고) • Gimlet(김렛) • Million Dollar(밀리언 달러) • Gin Rickey(진 리키)
Vodka 보드카	• Moscow Mule(모스코 뮬) • Seabreeze(시브리즈) • Apple Martini(애플 마티니) • Cosmopolitan Cocktail(코스모폴리탄) • Black Russian(블랙 러시안) • Bloody Mary(블러디 메리) • Kiss of Fire(키스 오브 파이어) • Screwdriver(스크류드라이버) • Harvey Wallbanger(하비월뱅어) • Chi-Chi(치치)
Tequila 테킬라	• Tequila Sunrise(테킬라 선라이즈) • Margarita(마가리타)
Whisky 위스키	• Manhattan(맨해튼) • Whiskey Sour(위스키 사워) • New York(뉴욕) • Old Fashioned(올드 패션드) • Rusty Nail(러스티네일) • Boulevardier(불바디에) • Rob Roy(로브 로이)

개념 체크

1 다음 중 Rum 베이스 칵테일이 아닌 것은?
① Mai Tai
② Cuba Libre
③ Stinger
④ Daiquiri

1 ③

분류	칵테일
Brandy 브랜디	• Brandy Alexander(브랜디 알렉산더) • Side Car(사이드카) • Honeymoon Cocktail(허니문 칵테일) • Zoom(줌) • Stinger(스팅어) • B&B
Liqueur 혼성주	• Grasshopper(그래스호퍼) • June Bug(준벅) • Apricot Cocktail(애프리콧 칵테일) • Pousse Cafe(푸스카페) • B-52 • Angel's Kiss(엔젤스 키스)
Wine 와인	• Kir(키르) • Spritzer(스피릿저) • Mimosa(미모사)
전통주	• Healing(힐링) • Jindo(진도) • Puppy Love(풋사랑) • Geumsan(금산) • Gochang(고창)
Non-Alcoholic 논-알코올	• Fresh Lemon Squash(프레쉬 레몬 스쿼시) • Virgin Fruit Punch(버진 프루트 펀치)

06 글라스별 칵테일 분류

글라스	칵테일
Cocktail Glass 칵테일 글라스	• Brandy Alexander(브랜디 알렉산더) • Manhattan(맨해튼) • Dry Martini(드라이 마티니) • Apple Martini(애플 마티니) • Daiquiri(다이키리) • Bacardi Cocktail(바카디) • Apricot Cocktail(애프리콧 칵테일) • Cosmopolitan Cocktail(코스모폴리탄) • Side Car(사이드카) • New York(뉴욕) • Honeymoon Cocktail(허니문 칵테일) • Margarita(마가리타) • Healing(힐링) • Jindo(진도) • Puppy Love(풋사랑) • Geumsan(금산) • Gibson(깁슨) • Gimlet(김렛) • Kiss of Fire(키스 오브 파이어) • Zoom(줌) • B&B • Stinger(스팅어) • Rob Roy(로브로이)

Highball Glass 하이볼 글라스	• Moscow Mule(모스코 뮬) • Seabreeze(시브리즈) • Cuba Libre(쿠바리브레) • Gin Fizz(진 피즈) • Fresh Lemon Squash(프레쉬 레몬 스쿼시) • Spritzer(스피릿저) • Bloody Mary(블러디 메리) • Screwdriver(스크류드라이버) • Sloe Gin Fizz(슬로우 진 피즈)
Footed Pilsner Glass 풋 필스너 글라스	• Tequila Sunrise(테킬라 선라이즈) • Mai Tai(마이타이) • Pina Colada(피나콜라다) • Blue Hawaiian(블루 하와이안) • Singapore Sling(싱가폴 슬링) • Virgin Fruit Punch(버진 프루트 펀치)
Old-Fashioned Glass 올드 패션드 글라스	• Negroni(네그로니) • Old Fashioned(올드 패션드) • Rusty Nail(러스티네일) • Black Russian(블랙 러시안) • Boulevardier(불바디에)
Collins Glass 콜린스 글라스	• Long Island Iced Tea(롱 아일랜드 아이스 티) • June Bug(준벅) • Zombie(좀비) • Flamingo(플라밍고) • Harvey Wallbanger(하비월뱅어)
Champagne Glass(Saucer) 샴페인 글라스(소서형)	Grasshopper(그래스호퍼)
Champagne Glass(Flute) 샴페인 글라스(플루트형)	• Gochang(고창) • Mimosa(미모사)
Sherry Glass 셰리 글라스	B-52
Sour Glass 사워 글라스	Whiskey Sour(위스키 사워)
Stemmed Liqueur Glass 스템 리큐어 글라스	• Pousse Cafe(푸스카페) • Angel's Kiss(엔젤스 키스)
White Wine Glass 화이트 와인 글라스	Kir(키르)

합격을 다지는 예상문제

01 다음 중 식전주(Aperitif)로 알맞지 <u>않은</u> 것은?
① 드라이 마티니
② 맨해튼
③ 캄파리
④ 깔루아

깔루아는 증류주에 멕시코산 커피를 주원료로 하여 코코아, 바닐라 향을 첨가하여 만든 리큐어로 식후주에 포함된다.

오답 피하기
드라이 마티니, 맨해튼, 캄파리 등은 식전주에 포함된다.

02 조주의 방법 중 스터링(Stirring)이란?
① 칵테일을 차게 만들기 위해 믹싱 글라스에 얼음을 넣고 바 스푼으로 휘저어 만드는 방법
② 셰이킹으로는 얻을 수 없는 차가운 맛의 칵테일을 만드는 방법
③ 재료 간의 비중 차이를 이용해서 섞이지 않도록 띄우거나 쌓는 방법
④ 글라스에 직접 재료를 넣어 만드는 칵테일 방법

스터링(Stirring)은 믹싱 글라스에 얼음과 재료를 넣고 바 스푼으로 휘저어 혼합과 냉각을 시키는 기법이다.

오답 피하기
② 셰이킹(Shaking)/흔들기
③ 플로팅(Floating)/띄우기
④ 빌딩(Building)/직접 넣기

03 칵테일 글라스(Cocktail Glass)의 명칭이 <u>아닌</u> 것은?
① 베이스(Base)
② 스템(Stem)
③ 보울(Bowl)
④ 캡(Cap)

캡(Cap)은 셰이커(Shaker)의 명칭이다.

오답 피하기
칵테일 글라스(Cocktail Glass)의 4대 명칭은 스템(Stem), 베이스(Base), 보울(Bowl), 림(Rim) 이다.

04 다음 중 Tumbler Glass는 어느 것인가?
① Champagne Glass
② Cocktail Glass
③ Highball Glass
④ Brandy Snifter

텀블러 글라스(Tumbler Glass)는 논 알코올 칵테일(Non Alcohol Cocktail)이나 롱 드링크(Long Drink)에 사용하며, 일반적으로 8oz(240mL) 용량의 원통형 모양의 컵을 텀블러(Tumbler) 형이라고 부른다. 스템(Stem)이 없는 글라스이다.

오답 피하기
①②④ 스템 글라스(Stemmed Glass) 형에 속한다.

정답 01 ④ 02 ① 03 ④ 04 ③

05 칵테일은 차게 해서 마실 때 손의 체온이 전해지지 않도록 사용되는 글라스는?

① 올드 패션드 글라스(Old-Fashioned Glass)
② 스템 글라스(Stemmed Glass)
③ 믹싱 글라스(Mixing Glass)
④ 하이볼 글라스(Highball Glass)

스템 글라스(Stemmed Glass)는 만들어진 칵테일에 손의 체온이 전달되지 않도록 하기 위해 글라스 하단에 기둥 손잡이가 있는 글라스이다.

오답 피하기
① 텀블러 글라스(Tumbler Glass) 형에 속한다.
③ 글라스 종류가 아닌 칵테일 제조의 기물이다.
④ 텀블러 글라스(Tumbler Glass) 형에 속한다.

06 바 스푼(Bar Spoon)의 설명으로 틀린 것은?

① 믹싱 스푼이라고도 한다.
② 재료를 섞을 때 사용한다.
③ 소량의 술을 띄울 때 사용한다.
④ 병마개 딸 때도 사용한다.

병마개를 딸 때 사용하는 도구는 코르크 스크류(Cork Screw)이다.

오답 피하기
바 스푼(Bar Spoon)은 재료를 혼합하거나 소량으로 계량할 때 사용하는 가늘고 중간 부분이 나선형으로 되어있는 긴 스푼이다.

07 칵테일 조주 시 레몬이나 오렌지 등으로 즙으로 짤 때 사용하는 기구는?

① 스퀴저(Squeezer)
② 머들러(Muddler)
③ 셰이커(Shaker)
④ 스트레이너(Strainer)

스퀴저(Squeezer)는 오렌지나 레몬, 라임 등 감귤류의 과일의 생즙을 짤 때 사용하는 도구이다.

오답 피하기
② 술과 음료를 혼합하기 전에 과일이나 허브 같은 가니쉬 재료를 미리 으깨서 향을 낼 때 사용하는 도구이다.
③ 혼합하기 어려운 재료를 얼음과 함께 섞으면서 냉각시키는 도구이다.
④ 믹싱 글라스(Mixing Glass)에서 혼합한 칵테일을 글라스에 따를 때 사용한다.

08 코스터(Coaster)의 용도는?

① 잔 닦는 용
② 잔 받침대 용
③ 남은 술 보관용
④ 병마개 따는 용

코스터(Coaster)는 글라스의 받침대로 냉각된 글라스의 물기가 흘러내리는 것을 방지하기 위해 사용하는 것을 말한다.

09 조주 기구 중 3단으로 구성되어 있는 셰이커(Shaker)의 구성으로 틀린 것은?

① 스퀴저(Squeezer)
② 바디(Body)
③ 캡(Cap)
④ 스트레이너(Strainer)

스퀴저(Squeezer)는 오렌지나 레몬, 라임 등 감귤류의 과일의 생즙을 짤 때 사용하는 도구이다.

오답 피하기
셰이커(Shaker)의 구성으로 캡(Cap), 스트레이너(Strainer), 바디(Body) 나뉘어진다.

10 레몬이나 과일 등의 가니쉬를 으깰 때 쓰는 목재로 된 기구는?

① 칵테일 픽(Cocktail Pick)
② 푸어러(Pourer)
③ 아이스 페일(Ice Pail)
④ 우드 머들러(Wood Muddler)

레몬이나 과일 등의 가니쉬를 으깰 때 쓰는 목재로 된 기구는 우드 머들러(Wood Muddler)라고 부른다.

오답 피하기
① 칵테일의 장식인 가니쉬를 꽂을 때 사용하는 도구이다.
② 병의 입구에 끼워 글라스나 지거(Jigger)에 따를 때 음료가 흘러내리는 것을 방지하고 양 조절을 해주는 도구이다.
③ 얼음을 담아두는 용기인 얼음 통이다.

정답 05 ② 06 ④ 07 ① 08 ② 09 ① 10 ④

11 다음 중 Mixing Glass의 설명으로 옳은 것은?

① 칵테일 조주 시에 사용되는 글라스의 총칭이다.
② Stir 기법에 사용하는 기물이다.
③ 과일 등 혼합하기 어려운 재료를 얼음과 함께 섞을 때 사용하는 도구를 말한다.
④ 칵테일 혼합되는 과일을 으깰 때 사용한다.

믹싱 글라스(Mixing Glass)는 비교적 혼합하기 쉬운 재료를 바 스푼으로 저어주는 스터(Stir) 기법에 사용되는 도구이다.

오답 피하기
① 칵테일 글라스(Cocktail Glass)에 대한 설명이다.
③ 블렌더(Blender)에 대한 설명이다.
④ 머들러(Muddler)에 대한 설명이다.

12 각 얼음(Cubed Ice)의 취급상 주의사항으로 잘못된 것은?

① 아이스 텅(Ice Tong)이나 아이스 스쿱(Ice Scoop)을 사용한다.
② 스쿱이 없을 때는 글라스(Glass)로 스쿱을 대신한다.
③ 아이스 빈(Ice Bin) 위에는 어떤 것이든 차게 하기 위하여 놓아서는 안 된다.
④ 각 얼음은 재사용을 절대 금한다.

글라스(Glass)가 아닌 아이스 텅(Ice Tong)을 사용한다.

13 칵테일 제조에 사용되는 얼음(Ice) 종류의 설명이 틀린 것은?

① 셰이브드 아이스(Shaved Ice) : 곱게 빻은 가루 얼음
② 크랙트 아이스(Cracked Ice) : 큰 얼음을 아이스 픽(Ice Pick)으로 깨어서 만든 각얼음
③ 큐브드 아이스(Cubed Ice) : 정육면체의 조각 얼음 또는 육각형 얼음
④ 럼프 오브 아이스(Lump of Ice) : 각얼음을 분쇄하여 만든 작은 콩알얼음

럼프 오브 아이스(Lump of Ice)는 올드 패션드 글라스(Old-Fashioned Glass)에 들어가는 크기의 주먹만 한 작은 덩어리 얼음을 말한다.

14 다음 칵테일 중 Floating 기법으로 만들지 않는 것은?

① B&B
② Pousse Cafe
③ B-52
④ Black Russian

블랙 러시안(Black Russian)은 빌드(Build) 기법이다.

정답 11 ② 12 ② 13 ④ 14 ④

15 비터류(Bitters)가 사용되지 <u>않는</u> 칵테일은?

① Manhattan
② Cosmopolitan Cocktail
③ Old Fashioned
④ Negroni

코스모폴리탄(Cosmopolitan Cocktail) : Vodka, Triple Sec, Lime Juice, Cranberry Juice

오답 피하기

비터류(Bitters)류에 속하는 혼성주에는 캄파리(Campari), 아메르 피콘(Amer Picon), 앙고스투라 비터(Angostura Bitters)가 있다.
① 맨해튼(Manhattan) : Bourbon Whiskey, Sweet Vermouth, Angostura Bitters
③ 올드 패션드(Old Fashioned) : Bourbon Whiskey, Powdered Sugar, Angostura Bitters, Soda Water
④ 네그로니(Negroni) : Dry Gin, Sweet Vermouth, Campari

16 Cocktail Shaker에 넣어 조주하는 것이 <u>부적합</u>한 재료는?

① 럼(Rum)
② 소다수(Soda Water)
③ 우유(Milk)
④ 달걀 흰자

셰이킹(Shaking)은 달걀, 시럽, 크림, 설탕 등 잘 섞이지 않는 재료를 넣고 흔들어서 만드는 기법이며, 소다수(Soda Water)는 탄산음료로 셰이커에 넣으면 안 된다.

17 다음 중 Gin Base에 속하는 칵테일은?

① Stinger
② Old Fashioned
③ Martini
④ Sidecar

마티니(Martini)는 진(Gin)을 베이스로 제조한다.

오답 피하기
① 브랜디(Brandy)를 베이스로 제조한다.
② 버번 위스키(Bourbon Whiskey)를 베이스로 제조한다.
④ 브랜디(Brandy)를 베이스로 제조한다.

18 Saucer형 샴페인 글라스에 제공되며 Crème de Menthe(Green) 1oz, Crème de Cacao(White) 1oz, Light Milk(우유) 1oz를 셰이킹 하여 만드는 칵테일은?

① Gin Fizz
② Gimlet
③ Grasshopper
④ Gibson

그래스호퍼(Grasshopper) : Crème de Menthe(Green), Crème de Cacao(White), Light Milk

19 다음 중 장식이 필요 <u>없는</u> 칵테일은?

① 바카디(Bacardi Cocktail)
② 시브리즈(Seabreeze)
③ 올드 패션드(Old Fashioned)
④ 싱가폴 슬링(Singapore Sling)

바카디(Bacardi Cocktail) 칵테일에는 가니쉬 장식이 없다.

오답 피하기
② A Wedge of Lime or Lemon 가니쉬 장식을 한다.
③ A Slice of Orange & Cherry 가니쉬 장식을 한다.
④ A Slice of Orange & Cherry 가니쉬 장식을 한다.

20 칵테일 용어 중 트위스트(Twist)란 무엇인가?

① 칵테일 내용물이 춤을 추듯 움직임
② 과육을 제거하고 껍데기만 비틀어 넣음
③ 주류 용량을 잴 때 사용하는 기물
④ 칵테일에서 2온스를 의미하는 말

트위스트(Twist)는 필(Peel)라고도 하며, 과육을 제거하고 과일의 껍질만 비틀어 사용하는 것을 말한다.

PART 03

주장관리

파트 소개

고객에게 위생적인 음료를 제공하기 위해 영업장의 관리, 운영, 마케팅 등 고객에 대한 서비스를 수행하는 능력을 배우는 파트입니다.

CHAPTER 01

주장(Bar)

학습 방향

영업장인 주장(Bar)의 종류와 기능, 관리법, 주장에서의 서비스에 대해서 학습하는 단원입니다.

출제빈도

SECTION 01	상	10%
SECTION 02	상	40%
SECTION 03	상	50%

SECTION 01 주장(Bar)의 개념

빈출 태그 ▶ 개념, 분류

01 주장(Bar)의 개념 및 특징

1) 주장의 정의
① 주장의 어원
- 프랑스어 'Barriere' : '막대기' 또는 '장벽'이라는 의미에서 유래
- 고객(손님)과 바텐더(Bartender) 사이에 가로질러 연결해 주는 널빤지를 'Bar'라고 부름

② 주장의 정의 : 술을 판매하는 식당을 총칭하는 의미

2) 주장의 특징(기능)
① 영리를 목적으로 하는 사회적 영업장
② 일정한 장소로서 시설을 갖춘 공간
③ 주문과 서브가 이루어지는 고객들의 이용 공간
④ 주류를 중심으로 음료 판매가 가능
⑤ 인적, 물적 서비스를 상품으로 판매

02 주장(Bar)의 분류

1) 바(Bar)

클래식 바(Classic Bar)	조용한 음악을 느낄 수 있는 조용한 분위기의 바(Bar)
모던 바(Modern Bar)	호텔 내부에 있는 바(Bar)
살롱(Saloon)	넓은 홀로 2층 건물에 있어 시야가 확 트여 있는 바(Bar)
라운지 바(Lounge Bar)	편하게 쉴 수 있는 바(Bar)
칵테일 바(Cocktail Bar)	칵테일을 판매하는 바(Bar)
멤버스 클럽 바(Members Club Bar)	멤버십 회원 전용인 바(Bar)
펍 바(Pub Bar)	생맥주를 중심으로 각종 식음료를 비교적 저렴하게 판매하는 영국식 선술집
재즈 바(Jazz Bar)	재즈 음악을 즐길 수 있는 바(Bar)
웨스턴 바(Western Bar)	고객에게 화려한 바텐딩 기술을 선보이는 바(Bar)
와인 바(Wine Bar)	와인을 판매하는 바(Bar)
캐시 바(Cash Bar)	행사장에 임시로 설치해 간단한 주류와 음료를 판매하는 바(Bar)
연회 바(Banquet Bar)	연회(Banquet) 석상에서 고객들이 마신만큼 계산을 별도로 하는 바(Bar)
레스토랑 바(Restaurant Bar)	주로 식료(Food) 위주로서 시설비와 인건비에 비해 순이익이 높은 바(Bar)

2) 레스토랑(Restaurant)

그릴(Grill)	주로 일품요리를 제공하여 매출을 증대시키고, 고객의 기호와 편의를 도모하기 위해 그날의 특별 요리를 제공하는 레스토랑
다이닝 룸(Dining Room)	점심 또는 저녁 식사를 예약 후 정식(코스) 메뉴를 식사하는 레스토랑
카페테리아(Cafeteria)	진열되어 있는 음식을 직접 담아 요금 지불 후 먹는 셀프서비스 레스토랑
델리카트슨(Delicatessen)	제과, 제빵, 가공식품 등을 판매하는 레스토랑

> **기적의 TIP**
>
> **클래식 바(Classic Bar)의 특징**
> - '정중함'과 '편안함'을 서비스의 중점으로 둔다.
> - 소규모 라이브 음악을 제공한다.
> - 칵테일 조주 시 정확한 용량과 방법으로 제공한다.
>
> **기타사항**
> 일반적으로 활기차고 즐거우며 조금은 어둡지만 따뜻하고 조용한 분위기를 가진 바(Bar)의 종류로는 클래식 바(Classic Bar), 모던 바(Modern Bar), 룸 바(Room Bar)가 있다.

주장관리

빈출 태그 ▶ 개념, 조직도, 직무

01 주장관리의 개념 및 특징

1) 주장관리의 의의
음료(Beverage) 재고관리 및 원가관리를 우선시하고 매상 관리를 추구하는 데 목적이 있다.

2) 주장관리의 원칙
청결유지, 분위기 연출, 완벽한 영업 준비

3) 주장관리 업무
① 연령, 소득 등에 따라 목표 고객을 분석
② 가장 바쁜 시간의 영업량을 예측
③ 동일 상권에 있어 경쟁 업체를 지속적으로 파악

02 주장의 조직과 직무

1) 주장(Bar)의 조직 구성
① 주장 전체 관리 : 바 매니저(Bar Manager)
② 바 카운터(Bar Counter) : 헤드 바텐더(Head Bartender), 바텐더(Bartender), 바 헬퍼(Bar Helper)
③ 바 홀(Bar Hall) : 주장 캡틴(Bar Captain), 주장 종사원(Waiter, Waitress), 보조 웨이터(Assistant Bar Manager), 소믈리에(Sommelier), 서비스 보조원(Bus Boy)

2) 바 매니저(Bar Manager)/주장 지배인
- 개념 : 영업장의 책임을 지는 총책임자
- 주장 내 영업 및 서비스 지휘/감독(고객서비스 지휘 및 모든 식음료/기물 점검)
- 고객 관리
- 직원 관리(근태 관리 및 교육 훈련, 술병 조사 및 빈 병 파기 지시)
- 재고 조사(물품 청구서 작성, 월말 재고조사 시행)
- 예산 관리(운영 예산 편성)

기적의 TIP

영업을 위한 준비작업
- 바 시설 및 기물 작동 점검
- 영업개시 전에 일일 보급 수령
- 고명 장식 준비
- 모든 청소는 영업개시 전에 완료
- 영업 종료 후에 부패성이 있는 쓰레기를 즉시 청소

개념 체크

1 다음에서 주장관리 원칙과 가장 거리가 먼 것은?
① 매출의 극대화
② 청결유지
③ 분위기 연출
④ 완벽한 영업준비

1 ①

3) 바 카운터(Bar Counter)의 조직과 직무

① **헤드 바텐더(Head Bartender)** : 바 매니저를 보좌하며, 바 매니저의 부재 시 대신 업무를 수행하는 사람. 바(Bar) 내 영업 및 서비스 지휘/감독(청결 관리)

② **바텐더(Bartender)/조주원** : 바(Bar) 내부에서 음료를 조주 하는 사람
- 칵테일 조주(표준 레시피에 준하는 신속 정확한 칵테일 조주)
- 음료 관리(유통기한, 음료에 지식 숙지)
- 직원 관리[바 헬퍼(Bar Helper)의 업무 분담 및 지시]
- 재고 관리[필요 물품 재고 파악, 영업 전/후 재고조사표 작성, 파 스톡(Par Stock)에 준하는 보급수령]
- 바(Bar) 내 환경 관리(바 기물 및 바 카운터 청결 유지)
- 기타 업무 : 호텔 내/외에서 파티가 거행 시 업무 보조

③ **바 헬퍼(Bar Helper)/조주 보조원** : 칵테일 재료의 준비와 청소 담당 및 업장 보조를 하는 사람
- 전반적인 바텐더(Bartender)의 작업 보조
- 바(Bar) 내 영업 준비(필요한 주류 및 보급품의 준비, 글라스 정리)
- 칵테일 재료 준비(장식에 필요한 과일류를 슬라이스 작업)

4) 바 홀(Bar Hall)의 조직과 직무

① **주장 캡틴(Bar Captain)/헤드 웨이터(Head Waiter)/슈퍼바이저(Supervisor)** : 바 매니저를 보좌하며 업장 내 관리 업무를 수행하는 접객 서비스의 책임자
- 바(Bar) 내 업장 관리
- 고객 주문 관리
- 직원 관리(주장 종사원의 업무 관리 및 지시, 구성 인원 점검)

② **주장 종사원(Waiter, Waitress)/접객원** : 고객으로부터 주문을 받고 주문받은 음료를 제공하는 사람
- 고객 주문 관리(음료 주문 및 서비스 담당)
- 바텐더(Bartender)에게 주문 전달
- 바 홀(Bar Hall) 내 영업 준비(테이블 정돈 및 청결 유지)

③ **보조 웨이터(Assistant Bar Manager)** : 주장 캡틴(Captain)과 주장 종사원(Waiter)의 지시에 따르며, 주장 지배인의 부재 시 업무를 대행하는 사람
- 행정 및 고객 관리의 업무(주장 지배인의 부재 시)
- 바 홀(Bar Hall) 내 기물의 철거 및 교체, 테이블 정돈

④ **소믈리에(Sommelier)** : 와인을 관리하고 추천하는 직업이나 그 일을 하는 사람(와인 판매 및 와인 관리)

⑤ **서비스 보조원(Bus Boy)** : 바(Bar) 내에서 각종 기물과 얼음, 비알코올성 음료를 준비하는 사람

개념 체크

1 바 웨이터의 역할과 거리가 먼 것은?

① 음료의 주문 그리고 서비스를 담당한다.
② 영업시간 전에 필요한 사항을 준비한다.
③ 고객을 위해서 테이블을 재정비한다.
④ 칵테일을 직접 조주한다.

1 ④

SECTION 03 주장 서비스

빈출 태그 ▶ 서비스, 자세, 용어

01 주장 서비스의 개념 및 특징

1) 주장 서비스의 기본사항
① 주문된 음료를 신속, 정확하게 서비스(음료에 맞는 글라스 사용)
② 바 카운터는 항상 정리, 정돈하여 청결을 유지
③ 주문받는 기본자세
  - 주문은 시계 방향으로 여성부터
  - 알코올 도수가 높은 술의 경우 안주도 함께 묻기
  - 시간이 걸리더라도 구체적이고 명확하게 주문 서브
  - 2명 이상의 외국인 고객의 경우, 반드시 영수증을 하나로 할지, 개인별로 따로 할지 확인
  - 손님과의 대화 중에 다른 손님의 주문이 있을 때, 대화 중인 손님의 양해를 구한 후 다른 손님의 주문 서브

2) 주장 서비스의 부정 요소
① 개인용 음료 판매
② 거짓된 칵테일의 표준량
③ 무료 서브의 남용

3) 주장 서비스의 4대 특성
① 형체의 무형성
② 품질의 이질성
③ 상품의 소멸성
④ 생산과 소비의 동시성

4) 조주 시행의 목적
① 술과 술을 섞어서 두 가지 향의 배합으로 색다른 맛 제공
② 술과 소프트 드링크 혼합으로 좀 더 부드러운 맛 제공
③ 술과 기타 부재료를 가미하여 좀 더 독특한 맛과 향을 창출

5) 표준 레시피(Standard Recipes) 설정의 목적
① 품질과 맛의 계속적인 유지
② 표준 조주법 이용으로 노무비 절감에 기여
③ 원가 계산을 위한 기초 제공

02 업무별 주장 서비스 자세

1) 바텐더(Bartender)

① 고객 주문 서비스 시
- 공평한 자세로 고객의 주문 관리
- 정중한 자세로 환대
- 고객의 취향에 맞춘 립 서비스(Lip Service) 제공
- 신속 정확한 조주 제공
- 조주할 때, 재료의 상표는 고객을 향하게

② 고객 응대 서비스 시
- 취객을 응대할 경우, 참을성과 융통성 발휘
- 고객과 원활한 대화를 위해 교양, 시사 상식 필요(뉴스, 신문)
- 업무 중에는 금주, 금연 필수
- 업장에 고객이 없을 시에도 바른 서비스 자세 유지

2) 주장 종사원(Waiter, Waitress)

① 고객 주문 서비스 시
- 예의 바르고 분명한 언어와 태도로 응대
- 복창(Repeat)하여 주문 내용을 재확인
- 지나친 주문 요구 자제

② 고객 응대 서비스 시
- 음료를 제공하기 전, 코스터(Coaster)를 먼저 식탁 위에 비치
- 한 잔의 주문이라도 트레이(Tray)를 사용하여 제공

3) 소믈리에(Sommelier)

① 고객 응대 서비스 시
- 고객의 취향과 예산 파악 필요
- 음식과의 조화에 따라 와인 추천
- 주문을 받고 정중하게 서브
- 와인 서브 시, 고객에게 와인의 라벨 설명 및 와인의 상표를 보여주며 확인
- 코르크 마개를 열고 주빈(호스트)에게 코르크 마개를 보여주면서 코르크의 냄새와 상태를 확인
- 와인 시음 후, 여성부터 차례로 와인을 따르고 마지막에 그날의 호스트에게 와인을 따름

② 와인 관리 시
- 와인에 대한 풍부한 지식 필요(와인의 보관, 저장 및 서비스 관련)
- 와인 서비스에 필요한 기물이나 장비의 능숙하게 사용해야 함

★ 쉐프드랑 시스템
(Chef de Rang System)
- 장점
  - 종사원의 근무조건에 대해 대체로 만족할 수 있다.
  - 휴식시간이 충분하다.
  - 고객에 대하여 정중한 서비스를 제공한다.
- 단점
  - 많은 인력이 필요하여 인건비의 지출이 많다.
  - 휴무일이 많은 식당에는 적용하기 힘들다.

03 주장 서비스의 용어

용어	설명
쉐프드랑 시스템 (Chef de Rang System) ★	• 지배인, 캡틴, 웨이터까지 하나의 팀워크로 이루어져 멀티로 가능한 시스템 • 주로 최상의 서비스를 제공하는 고급 식당의 시스템
콜키지 차지(Corkage Charge)	• 고객이 다른 곳에서 구입한 주류를 바에 가져와서 마실 때 부과하는 요금 • 보통 판매가의 20~30% 정도를 부과하며, 디캔팅 서비스를 제공하여 봉사료를 청구하기도 함 • 음료의 종류에 맞게 Corkage Charge 리스트를 만들어 바(Bar)에 비치
고객 내용 카드(Guest History Card)	바(Bar)에서 사용하는 대고객 서비스 용도
무료 서비스 (Complimentary Service)	호텔 홍보, 판매촉진 등 특별한 접대 목적으로 일부를 무료로 제공하는 것
컴플레인(Complaint)	호텔에서 제공한 서비스에 대한 불만족스러운 사항(고객의 불평)
해피 아워(Happy Hour)	• 가격할인 판매시간 • 하루 중 고객이 붐비지 않는 시간을 정해서 가격을 낮춰 영업하는 시간 • 음료나 스낵을 제공하는 서비스를 시행
이벤트 오더(Event Order)	중요한 연회 시 그 행사에 관한 모든 내용이나 협조 사항을 호텔 각 부서에 알리는 행사지시서
약어(Abbreviation)	원활한 서비스를 위해 사용하는 직원 간에 미리 약속된 메뉴의 약어

CHAPTER

02

음료 영업장 관리

학습 방향

음료 영업장인 바(Bar)의 시설 관리 방법과 위생 관리 방법을 식품 위생 관련 법규를 참고하여 학습합니다. 음료의 영업, 구매, 매출, 재고 등에 대해서도 학습합니다.

출제빈도

SECTION 01	상	40%
SECTION 02	상	50%
SECTION 03	중	10%

SECTION 01 음료 영업장 시설 관리

빈출 태그 ▶ 영업장 관리

> **기적의 TIP**
>
> **바(Bar) 디자인의 중요 점검 사항**
> - 주장의 형태와 크기
> - 시간의 영업량, 콘셉트의 크기
> - 음료 종류, 서비스 형태
> - 목표 고객

01 음료 영업장 시설 관리

1) 주장 설비 조건
- 조명과 음악의 조화
- 바텐더의 활동 공간 필요
- 업장에 알맞은 분위기와 시설 구조

2) 바(Bar)의 구성

프론트 바(Front Bar)	백 바(Back Bar)	언더 바(Under Bar)
바텐더와 고객이 마주하여 서브하고 서빙하는 바	칵테일용으로 쓰이는 술의 저장 및 전시를 위한 공간이며, 주력 상품을 배치하여 홍보 효과가 가능한 공간	바텐더가 칵테일을 제조하는 공간이며, 고객들의 눈에 잘 보이는 공간으로 깔끔한 정리 정돈 필요
폭 40cm × 높이 120cm	높이 80~100cm	높이 80~90cm

- 프론트 바(Front Bar)/바 카운터(Bar Counter)의 설치 요건
  - 표준 사이즈 : 폭 40cm × 높이 120cm (카운터의 높이는 1~1.5m 정도가 적당하며 너무 높아서는 안 됨)
  - 작업대(Working Board)★는 카운터 뒤에 수평으로 부착
  - 잘 닦이는 재료(소재)의 카운터 표면으로 설치

> ★ **작업대(Working Board)**
> 바텐더가 정면에 시설을 설치하고, 술을 붓는 것을 고객이 볼 수 있는 높이여야 한다.

3) 바(Bar) 시설물(기물) 설치 방법
① 칵테일 얼음 : 바 작업대(Working Board) 옆에 보관
② 수도시설 : 믹싱 스테이션(Mixing Station)의 후면에 설치
③ 얼음 제빙기, 냉각기(Cooling Cabinet) : 바(Bar) 내에 설치
④ 배수구 : 바텐더의 바로 앞에 고객이 작업을 볼 수 있는 높이로 설치

4) 바 바닥(Bar Floor) 시설 설치 시 고려 사항
① 편안함과 안전을 우선시하며, 위생적인 상태를 확인
② 미끄러지지 않는 타일이나 아스팔트 타일이 적합

02 음료 영업장 기구 관리

조주 기구	음료 제공 시 사용하는 기구	테이블에 사용하는 기구
스핀들 믹서(Spindle Mixer)	코스터(Coaster)	몰톤(Molton) ★
과일 칼(Paring Knife)	머들러(Muddler)	언더 클로스(Under Cloth) ★
얼음 통(Ice Pail)	칵테일 냅킨(Cocktail Napkin)	센터 피스(Center Piece) ★
레몬 스퀴저(Lemon Squeezer)	서빙 트레이(Serving Tray)	
셰이커(Shaker)	서비스 타월(Service Towel) ★	
지거(Jigger)		
바 스푼(Bar Spoon)		

★ **서비스 타월(Service Towel)**
서비스 종사원이 사용하는 타월, 다른 말로 암 타월(Arm Towel) 혹은 핸드 타월(Hand Towel)

★ **몰톤(Molton)**
테이블에 까는 깔개

★ **언더 클로스(Under Cloth)**
식탁 위의 소음을 줄이기 위해 까는 깔개

★ **센터 피스(Center Piece)**
테이블의 분위기를 돋보이게 하거나 고객의 편의를 위해 중앙에 놓는 장식물

SECTION 02 음료 영업장 위생 관리

빈출 태그 ▶ 글라스, 얼음, 취급/관리법, 위생법

01 기구, 기주의 취급/관리

1) 유리잔(Glass)

① 주문 서브 시
- 가장 먼저 글라스의 가장자리 파손 여부 확인
- 한 번에 많은 양의 글라스를 운반할 시 글라스 락(Glass Rack)을 사용
- 스템(Stem)이 없는 글라스의 경우, 트레이(Tray)를 사용하여 운반
- 칵테일 글라스(Cocktail Glass) : 목 부분(Stem)의 하단을 잡고 서브
- 브랜디 글라스(Brandy Glass) : 잔의 받침(Foot)과 볼(Bowl) 사이에 손가락을 넣어 감싸 잡으면서 서브

② 글라스 플로팅(Frosting) 시
- 냄새가 없는 냉장고에서 관리
- 얼음으로 플로팅(Frosting) 시 냄새가 없는 얼음으로 확인 후 진행
- 사전에 냉장고에서 차게 해둔 글라스는 사용 전 반드시 파손과 청결 상태를 확인

③ 세척 관리
- 알맞은 락(Rack)에 담아서 세척기를 이용하여 세척
- 글라스 세척용 중성세제를 사용하여 두 번 이상 헹궈서 세척
- 글라스의 잡냄새 제거가 필요할 때 : 물에 레몬 슬라이스나 에스프레소 1잔 넣기
- 크리스탈 글라스(Crystal Glass)는 가능한 손으로 세척

④ 세척 후 보관 관리
- 닦기 전에 금이 가거나 깨진 것이 없는지 먼저 확인
- 금이 간 접시나 글라스는 규정에 따라 폐기
- 타월로 글라스를 닦을 시 타월을 펴서 글라스 밑 부분을 감싸 쥐고, 글라스의 윗 부분을 닦으면서 사용
- 식기는 같은 종류별로 보관(너무 많이 쌓아두지 않기)
- 바 스테이션에 화이트 천(White Cloth)을 깔고 모든 글라스를 종류별로 세팅
- 불쾌한 냄새나 연기, 먼지, 기름기가 없고 환기가 잘되는 곳에 보관

> **기적의 TIP**
>
> **유리잔(Glass)의 세척 순서**
> 중성세제 → 더운물 → 찬물

2) 칵테일 기구

① 셰이커(Shaker)
- 셰이커는 캡, 스트레이너, 바디로 구성되어 있으며, 특히 스트레이너는 다른 부분보다 세심한 관리가 필요
- 세제나 락스가 남지 않도록 깨끗한 물로 세척

② 바 스푼(Bar Spoon)
- 영업 중에는 몸통이 긴 글라스 등에 깨끗한 물 또는 소다수를 넣어서 사용
- 자주 사용하면 여러 음료들이 물에 섞이게 되므로 자주 물을 갈아서 오염을 방지

③ 스트레이너(Strainer)
- 스프링이 있는 스트레이너는 스프링을 제거한 후 수세미로 세척
- 고운 망으로 된 스트레이너는 물에 담가 이물질을 불려서 제거한 뒤 세척

④ 스퀴저(Squeezer)
과즙을 짜고 남은 과일의 찌꺼기와 오일이 묻어 있는 경우가 많아 중성세제를 이용하여 수세미로 세척

⑤ 블렌더(Blender)
- 블렌더의 날에 과일 재료들이 남아 있는 경우에는 물과 수세미로 세척
- 육안으로 보이지 않은 날의 뒤편의 경우에는 투명 플라스틱 몸체와 날 부분을 고정하고 있는 나사를 풀어 분리한 뒤 세척

⑥ 아이스 스쿱(Ice Scoop)
- 영업 중에는 흐르는 물에 담가서 사용하거나, 물을 담은 통에 담아서 사용
- 통에 담아서 사용할 경우, 물은 30분~1시간 간격으로 자주 교체
- 영업 후에는 소독액을 담아서 보관 후 영업 시작 전에 소독액을 깨끗하게 제거한 후 사용
- 아이스 스쿱을 제빙기 안에 넣으면서 사용하면 안 됨

⑦ 머들러(Muddler)
머들러의 막대 끝부분 돌기에 이물질은 수세미로 세척한 뒤 보관

⑧ 아이스 픽(Ice Pick)
보관 시에는 고무 재질 튜브 등을 이용하여 뾰족한 부분에 꽂아서 안전하게 보관

⑨ 푸어러(Pourer)
영업 후에는 병에서 분리한 뒤 세제 물 또는 깨끗한 물로 남아 있는 음료 등을 제거한 후 다시 병에 끼우고 뚜껑을 닫아 먼지가 들어가지 않도록 보관

3) 얼음(Ice)과 주류

① 얼음(Ice)
- 아이스 텅(Ice Tong)이나 아이스 스쿱(Ice Scoop)을 사용
- 아이스 빈(Ice Bin) 위에는 재료 및 기물 등은 모두 비치 금지
- 재사용 금지

② 주류
- 사용한 주류는 항상 뚜껑을 닫기
- 창고에 보관할 때는 빈 카드(Bin Card)를 작성
- 먼지가 많은 양주는 깨끗이 닦아 세팅하기
- 병맥주는 깨끗이 닦아서 냉장고에 보관

02 주장 시설 및 기물 취급/관리

1) 주장의 시설

① 제빙기
- 칵테일 바의 경우, 얼음의 사용량이 많으므로 바텐더의 동선에 가까운 곳에 비치
- 기계 작동 시 모터의 소음이 크고 열이 발생하여, 바의 정면이 아닌 한쪽 구석이나 뒤쪽에 비치
- 사용 시 얼음은 아이스 스쿱(Ice Scoop)을 이용하여 사용
- 미사용 시 제빙기 위 혹은 옆에 아이스 스쿱(Ice Scoop)을 비치

② 비어 쿨러
- 바 안쪽 혹은 뒤쪽 등 바텐더의 동선에 가까운 곳에 비치
- 쿨러의 온도는 3.5~5℃로 유지
- 항상 냉장고 온도를 체크 하면서 성에를 제거하고 적절한 온도를 유지
- 맥주를 저장할 경우 냉장고 안에 있는 맥주를 모두 꺼내고 새로 들어온 맥주를 먼저 넣은 다음 기존에 있던 맥주를 앞쪽으로 비치하여 사용(선입선출, FIFO)

2) 주방 기기 및 조주 기물

① 냉장/냉동고
- 주 1회 이상 청소
- 주기적으로 온도를 측정 기록
- 교차 오염을 예방하기 위해 식품을 분리 보관
- 내부 용적을 70% 이하로 식품 보관
- 조명은 라벨을 읽을 수 있도록 110럭스(Lux) 이상을 유지

② 식기세척기
- 음료 영업장 바닥에서 최소 15cm 이상 위에 설치
- 온도, 수압을 알리는 계기판은 잘 보이는 장소나 기계 가까이 부착

③ 칼/도마/행주
- 칼은 사용 후 세척하여 자외선 살균기에 넣어서 보관
- 도마는 사용 재료에 따라 색을 구분하여 사용(교차 오염을 예방)
- 도마, 조리대 등 작업대 옆에는 소독 세제와 소독 비누를 비치
- 목제 기구는 세균이 잔존할 가능성이 높아 충분히 건조하여 사용
- 마른 행주와 젖은 행주를 구분하여 사용
- 행주는 사용 후 반드시 열탕 소독(5분 이상) 또는 염소 소독한 뒤 건조하여 사용

개념 체크

1 글라스의 위생인 취급방법으로 옳지 않은 것은?

① 글라스는 불쾌한 냄새나 기름기가 없고 환기가 잘 되는 곳에 보관해야 한다.
② 글라스는 비눗물에 닦고 뜨거운 물과 맑은 물에 헹궈 그대로 사용하면 된다.
③ 글라스를 차갑게 할 때는 냄새가 전혀 없는 냉장고에서 아이싱시킨다.
④ 얼음으로 아이싱시킬 때는 냄새가 없는 얼음인지를 반드시 확인해야 한다.

1 ②

03 식품 위생 및 관련 법규

1) 식품위생법상의 식품접객업 시행령
① **휴게음식점 영업** : 주로 빵과 떡 그리고 과자와 아이스크림류 등 과자점 영업 포함
② **일반음식점 영업** : 음식을 조리, 판매하는 영업으로서 식사와 함께 음주 행위가 허용되는 영업
③ **단란주점 영업** : 유흥종사자는 둘 수 없으나 모든 주류의 판매 허용과 손님이 노래를 부르는 행위가 허용되는 영업
④ **유흥주점 영업** : 유흥종사자를 두거나 손님이 노래를 부르거나 춤을 추는 행위가 허용되는 영업

2) 주류판매 관련 법규
① **식품위생법** : 주장의 영업 허가의 근거 법률
   HACCP(Hazard Analysis and Critical Control Point) : 위해요소 중점관리기준이라 불리는 위생관리시스템
② **보건증**
- 식약처/질병청 법령에 따라 식품 · 유흥업 종사자의 경우 건강진단을 실시
- 보건소 등에서 건강진단 실시 후 '건강진단결과서(보건증)' 발급

③ **영업 법규상의 주장(Bar) 핵심 점검 사항**
- 소방 및 방화사항
- 면허 및 허가사항
- 위생 점검 필요사항

3) 주세법상 용어

주류	• 알코올분 1% 이상의 음료 • 단, 약사법에 따른 의약품으로써 알코올분이 6% 미만인 것은 제외
알코올분	원용량의 포함되어 있는 에틸알코올(섭씨 15도에서 0.7947의 비중을 가진 것)
알코올분의 도수	섭씨 15도에서 원용량 100분 중에 포함되어 있는 알코올분의 용량
불휘발분의 도수	섭씨 15도에서 원용량 100cm³ 에 포함되어 있는 불휘발분의 그램 수
주조연도	매년 1월 1일부터 12월 31일까지의 기간
밑술	효모를 배양, 증식한 것으로서 당분이 포함되어 있는 물질을 알코올 발효시킬 수 있는 재료
국	전분 물질에 곰팡이를 번식시킨 것

개념 체크

1 주장의 영업 허가가 되는 근거 법률은?

① 외식업법
② 음식업법
③ 식품위생법
④ 주세법

1 ③

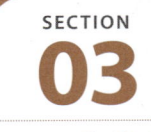

SECTION 03 주장 음료 관리

빈출 태그 ▶ 원가관리, 매출관리, 재고관리, 구매관리

01 매출관리

1) 판매전략
① 유명도가 떨어지는 상품을 권할 시, 고객에게 시음하도록 하여 반응 확인
② 원가가 저렴한 제품은 칵테일 베이스로 사용
③ 고객들과 원활한 대화를 위해 종업원들에게 음료 관련 지식을 교육 진행

2) 바(Bar)의 매출증대 방안
① 고정 고객 확보(고객의 만족도 높이기)
② 고객으로부터 자연스러운 추가 주문 유도
③ 주문 선택의 폭을 넓히기 위해 다양한 세트 메뉴를 개발
④ 고객 관리카드를 작성하여 고객의 생일이나 기념일 또는 특별한 날에 DM 발송
⑤ 불특정 다수에서 선전하는 방법 : 신문광고(Newspaper, Ad), 사인 보드(Sign Board), 빌 보드(Bill Board)

3) 키 박스(Key Box)나 보틀 멤버(Bottle Member) 제도의 장점
① 음료의 판매 회전성 촉진
② 고정 고객 확보로 안정적인 고정수입
③ 선불 제도로 정확한 자금 회수와 원활한 자금 운영
④ 멤버십 한정 특별가 보틀 판매 및 청량음료의 무료 제공 혜택 서비스로 회원 확보 가능

개념 체크

1 다음 중 바의 매출증대 방안에 대한 설명 중 가장 거리가 먼 것은?
① 고객 만족을 통해 고정 고객을 증가시키고, 방문 빈도를 높인다.
② 고객으로 하여금 자연스러운 추가 주문을 증가시키고, 다양한 세트 메뉴를 개발하여 주문 선택의 폭을 넓혀 준다.
③ 메뉴 가격 인상을 통한 매출 증대에만 의존한다.
④ 고객 관리카드를 작성하여 고객의 생일이나 기념일 또는 특별한 날에 DM을 발송한다.

1 ③

02 음료 관리

1) 원가관리 측면에서의 음료
① 비교적 긴 저장 기간
② 비교적 용이한 재고 조사
③ 한정적인 공급자

2) 음료 관리 방법(음료 통제제도, 주류 저장 관리제도)
① 주문 시, 서면 구매 청구서 사용
② 검수 시, 송장과 구매 청구서 대조, 체크
③ 영속적인 재고조사 시스템 사용
④ 검수계에서 주류 납품의 검수 진행
⑤ 입고 후 필요량만 현장에 보급
⑥ 연회용 재료는 상비용 재고와 구분하여 불출
⑦ 저장 창고에는 권한이 부여된 사람만 출입 허용
⑧ 각 바에는 표준 적정 재고량을 설정
⑨ 일일 재고조사(Daily Inventory)와 월별 재고조사 제도 시행
⑩ 기계적 관리 체제 : 사전에 결정된 잔 규격에 의해 각 병의 잔 수를 만들어 미터기로 측정하는 방법

3) 음료 메뉴(Beverage List) 설정 방법
① 경영 정책을 음료 메뉴에 포함하여 설정
② 계절감에 따른 메뉴 설정
③ 이미지 개선을 위해 특별한 칵테일을 고안하여 판매

4) 보틀 코드 넘버 시스템(Bottle Code Number System)의 장점
① 음료 관리 양식 및 절차를 대폭 표준화
② 음료 저장실 물자 배치를 표준화
③ 신속하고 용이한 재고 파악
④ 용이한 음료 청구
⑤ 품목별, 등급별 물자 소비 분석

03 원가관리

1) 원가관리의 목적
식자재 구입, 조리, 판매의 과정에서 최대의 이윤을 얻는 것

2) 주장 경영 원가의 3요소
재료비, 인건비(노무비), 주장경비(기타 경비)

3) 원가의 분류

① 제품의 추적 가능성에 따른 분류
- 직접원가 : 직접재료비+직접노무비+직접경비
- 간접원가 : 간접재료비+간접노무비+간접경비
- 판매원가 : 제조원가+판매비+관리비

② 제조 활동에 따른 분류
- 제조원가 : 직접비(직접재료비+직접노무비)+간접비
- 비제조원가 : 판매비+관리비

③ 조업도에 따른 분류

구분	내용	예시
고정비	원가 총액에 일정하게 발생되는 원가	공장 건물에 대한 보험료, 임대료 등
변동비	조업도의 증감에 따라 비례적으로 변동하는 원가	직접재료비, 직접노무비, 판매수수료, 인건비 등

④ 프라임 코스트(Prime Cost) : 식음료 재료비와 인건비

4) 원가의 계산법

① 인건비율(%) : 인건비 ÷ 매출액 × 100
② 식재료 원가율 계산법 : (식재료 원가 ÷ 총매출액) × 100
③ 예상 목표 이익(매출액) : (예상목표 매출액 × 예상 매출 총이익률) − 부대비용 예상액
④ 객단가 = 매출액 ÷ 고객수
⑤ 평균 재고액 : (월초재고 + 월말재고) ÷ 2
⑥ 월 재고회전율 : 총 매출원가 ÷ 평균 재고액

5) 바(Bar) 수익 관련 용어

비용(Expense)	상품 등을 생산하는데 필요한 여러 생산 요소에 지불되는 대가
총수익(Gross Profit)	전체 음료의 판매 수익에서 판매된 음료에 소요된 비용을 제한 것
수익(Revenue)	기업의 총수익, 다른 말로 '매출'
수입(Income)	총수익 또는 소득(순이익 = Net Income)
감가상각비(Depreciation)	시간의 흐름에 자산의 가치 감소를 회계에 반영한 것
일드 테스트(Yield Test)	산출량 실험 (예를 들어 위스키 1병으로 몇 잔의 칵테일을 만들 수 있는지에 대한 테스트)
표준산출(Standard Yields)	생산고(생산액, 생산량) 관리 목적에 기여한 설정
포스(POS)	판매시점에 매출을 등록, 집계하여 경영자에게 필요한 영업 및 경영정보를 제공하는 시스템

04 구매관리

1) 구매의 정의
구매는 음료와 식료에 대한 원가관리의 기초가 되는 것으로서 단순히 필요한 물품만 구입하는 업무만을 의미하는 것이 아니라, 바 경영을 계획, 통제, 관리하는 경영활동의 중요한 부분이다.

2) 구매 업무
① 구매부서의 기능 : 검수, 저장, 불출
② 구매관리의 업무 : 시장조사, 우량 납품업체 선정, 납기관리

3) 구매관리 원칙
① 최대 저장량 : 2개월
② 저장창고의 크기, 호텔의 재무상태, 음료의 회전을 고려하여 구매 진행
③ 정확한 재고조사를 기준으로 적정 재고량을 확보
   (재고조사 시 적정 Loss 비율 : 3~5%)
④ 먼저 반입된 저장품부터 소비
⑤ 필요한 물품 반입은 휴점 시간을 활용
⑥ 다량의 주류저장은 도난 위험이 있으므로 유의
⑦ 재고로 발생 된 비용은 자금 회전율을 늦추게 되므로 유의

4) 저장관리 원칙
① 저장 위치 표시
② 품질 보존의 원칙
③ 적정 온도 유지의 원칙
④ 품목별 분류 저장의 원칙
⑤ 선입선출의 원칙
⑥ 재고순환의 원칙
⑦ 공간 활용의 원칙

5) 구매관리 관련 용어

용어	설명
송장(Invoice)	매매계약 조건을 정당하게 이행하였음을 밝히는 것으로 판매자가 구매자에게 보내는 서류
크레디트 메모 (Credit Memorandum)	물품을 검수 시 주문 내용과 차이를 발견할 때 반품하기 위해 작성하는 서류
데일리 이슈(Daily Issue)	업장 주류 보급(Issue) 원칙, 매일 수령하는 일일 보급(Daily Issue)의 원칙
구매명세서 (Purchase Specification)	제품의 요구되는 품질 요건, 품목의 규격, 무게 또는 수량 등을 작성
전수 검수법 (Complete Inspection)	식재료가 소량이면서 고가인 경우나 희귀한 아이템의 경우 검수하는 방법

> **개념 체크**
>
> **1** 물품검수 시 주문내용과 차이가 발견 될 때 반품하기 위하여 작성하는 서류는?
> ① 송장(Invoice)
> ② 크레디트 메모(Credit Memorandum)
> ③ 견적서(Price Quotation Sheet)
> ④ 검수보고서(Receiving Sheet)
>
> 1 ②

05 재고관리

1) 재고관리 관련 용어

선입선출(FIFO)	• 먼저 입고된 물품 먼저 출고시키는 것 • 부패에 의한 손실을 최소화하기 위한 방안
빈 카드(Bin Card)	품목별 불출 재고 기록
파 스톡(Par Stock)	• 기준 재고량(일일적정 재고량) • 일정기간 동안 어떤 물품에 대한 정상적인 수요를 충족시키는 데 필요한 재고량 • 업무 시작 전에 바(Bar)에서 판매 가능한 양만큼 준비해 두는 재료 • 재고 통제를 위한 적정 재고량
인벤토리(Inventory)	일반적으로 남은 재료의 파악하는 재고 조사표
재고관리 (Inventory Management)	영업을 폐점하고 남은 물량을 품목별로 재고 조사하는 것

> **기적의 TIP**
>
> 주류의 Inventory Sheet 표기사항
> • 상품명
> • 전기 이월량
> • 규격(또는 용량)

2) 적정재고가 초과할 경우 발생되는 사항

① 필요 이상의 유지 관리비
② 기회 이익 상실
③ 식재료의 손실 초래
④ 과다한 자본이 재고에 묶이게 되는 현상 발생

CHAPTER

03

주류 서비스&보관

학습 방향

와인과 기타 주류(맥주, 위스키, 브랜디)를 가장 최상의 상태로 서비스하는 방법에 대해 학습합니다.

출제빈도

SECTION 01 상 80%
SECTION 02 중 20%

SECTION 01 와인 서비스&보관

빈출 태그 ▶ 와인 서비스, 보관방법

01 와인 서비스(Wine Service)

1) 와인별 서브 적정 온도, 적정량

구분	레드 와인	화이트 와인	로제 와인
적정 온도	15~19℃(실온)	8~12℃(칠링)	8~12℃(칠링)
적정량	150mL	120mL	-

> **기적의 TIP**
>
> 와인 서비스 과정에서 필요한 기물
> - 와인 쿨러(Wine Cooler)
> - 와인 스탠드(Wine Stand)
> - 코르크 스크류 (Cork Screw)
> - 디캔터(Decanter)

2) 와인(Wine)의 서비스 방법

① 와인을 운반하거나 따를 때에는 병 내의 와인이 흔들리지 않도록 주의하기
② 서비스 적정온도를 유지하고, 상표를 고객에게 확인시키기
③ 와인 병을 개봉했을 때, 첫 잔은 주문자 혹은 주빈이 시음을 할 수 있도록 하기
④ 코르크의 냄새를 맡아 이상 유무를 확인 후 손님에게 확인하도록 접시 위에 얹어서 보여주기
⑤ 와인은 손님의 오른쪽에서 와인 병이 와인 잔에 닿지 않도록 따르기
⑥ 와인을 따를 시 테이블 클로스(Table Cloth)에 와인 방울이 떨어지지 않도록 주의하기
⑦ 와인을 따른 후 병 입구에 맺힌 와인이 흘러내리지 않도록 병목을 돌려서 자연스럽게 들어올리기
⑧ 와인 병 입구를 종이 냅킨이나 크로스 냅킨을 이용하여 닦기
⑨ 와인 서비스가 끝날 때까지 고객의 글라스에 항상 같은 양을 유지하기

3) 발포성 와인(Sparkling Wine)의 서비스 방법

① 오픈 전에 흔들지 않기
② 와인 쿨러(Wine Cooler)에 물과 얼음을 넣은 뒤 병을 넣어 차갑게 칠링(Chilling)한 다음 서브하기
③ 6~8℃로 냉각시켜 서빙하기
④ 서브 후 서비스 냅킨으로 병목을 닦아 술이 테이블 위로 떨어지는 방지하기
⑤ 소리 나지 않도록 코르크를 손으로 누른 후 45도 눕혀서 병을 천천히 돌리면서 코르크를 빼기
⑥ 오랫동안 거품을 간직할 수 있는 플루트(Flute)형 잔에 따르기
⑦ 거품이 너무 나오지 않게 잔의 내벽으로 흘리면서 잔을 채우기
⑧ 샴페인 글라스에 서브할 때 $\frac{1}{3}$가량 따른 후 거품 가라앉으면 $\frac{2}{3}$를 2번에 나눠서 따르기
⑨ 샴페인은 글라스의 최대 절반 정도까지만 따르기
⑩ 샴페인의 기포를 눈으로 충분히 즐길 수 있게 따르기

02 와인의 보관요령

1) 빛
햇볕에 노출되면 와인이 변질될 수 있기 때문에 직사광선이 없는 어두운 곳에 보관

2) 온도
8~15℃의 범위에서 일정한 온도유지

3) 습도
- 70~75% 정도의 서늘한 곳
- 습도가 너무 높으면 코르크에 곰팡이가 생기고, 너무 낮으면 코르크가 수축해 공기유입으로 와인의 산화 현상 발생

4) 진동
와인 속의 찌꺼기가 떠오르는 것을 방지하기 위해 진동이 거의 없는 곳에 보관

5) 재보관
- 한 번 개봉한 와인은 공기 중의 산소와 접촉하기 때문에 되도록 재보관하지 않음
- 만약에 재보관을 해야 할 경우
    - 코르크로 병의 입구를 막아 즉시 냉장고에 보관
    - 병 속에 불활성 기체를 넣어 산소의 침입을 방어
    - 진공 펌프로 병 속에 공기를 배출

6) 기타 보관사항
통풍이 잘 되는 곳에 눕혀서 보관

> **기적의 TIP**
>
> **와인을 눕혀서 보관하는 이유**
> - 코르크의 틈으로 향이 배출되는 것을 방지하기 위해
> - 와인이 공기와 접촉하여 산화가 되는 것을 방지하기 위해
> - 와인의 코르크가 건조해지는 것을 방지하기 위해
> - 색과 향이 변질되는 것을 방지하기 위해

03 와인과 요리의 조화

- 단맛이 나는 요리 : 탄닌 성분이 많은 와인
- 기름진 요리이거나 육류 요리 : 레드 와인
- 담백한 요리이거나 해산물 요리 : 화이트 와인

SECTION 02 기타 주류 서비스&보관

빈출 태그 ▶ 맥주, 위스키, 브랜디 서비스

01 맥주 서비스(Beer Service)

구분	맥주	생맥주
일반 보관	4~10℃(냉장보관)	2~3℃ (미살균 상태이므로 낮은 온도 유지)
글라스에 서브 시	3.5~4℃	3~4℃
글라스에 따를 시	7℃	7℃ 이하 (7℃ 이상일 경우 맥주의 맛이 시어진다.)
적정 압력	-	12~14 Pound(파운드)
재고 순환	선입선출(FIFO, First-In-First-Out)	

1) 맥주의 보관 요령
① 직사광선을 피해 그늘지고 어두운 곳에 보관
② 통풍이 잘되고 건조한 장소에 보관
③ 온도 변화가 심하지 않은 곳에 보관(너무 차거나 얼지 않도록 하기)
④ 병을 굴리거나 뒤집지 않으며, 심한 진동이 가해지지 않도록 유의
⑤ 살균된 맥주의 경우, 출고 후 약 3개월 정도는 실온에서 저장 가능

2) 맥주의 서비스
① 맥주병이 글라스에 닿지 않도록 1~2cm 정도 띄워서 따르기
② 맥주를 따를 시 글라스를 기울이지 않도록 주의하기
③ 맥주가 넘치지 않게 글라스 7부 정도 채우고 나머지 3부 정도를 거품이 솟아오르도록 하기
④ 글라스에 채우고 남은 병은 상표가 고객 앞으로 향하도록 맥주 글라스 위쪽에 놓기

> **기적의 TIP**
>
> 맥주의 거품이 글라스 윗부분에 생기도록(Nicehead of Foam) 하는 이유
> - 모양도 좋고 시원한 느낌을 준다.
> - 탄산가스의 증발을 억제하여 맥주의 맛을 증진시킨다.
> - 거품 없이 따른 맥주보다 맛이 좋다.

> **개념 체크**
>
> 1 맥주의 보관·유통 시 주의할 사항이 아닌 것은?
> ① 심한 진동을 가하지 않는다.
> ② 너무 차게 하지 않는다.
> ③ 햇볕에 노출시키지 않는다.
> ④ 장기 보관 시 맥주와 공기가 접촉되게 한다.
>
> 1 ④

02 위스키 서비스(Whiskey Service)

① 고객의 기호와 회사(업장)의 이익을 고려하여 위스키를 선택
② 관리인이나 지배인의 인기 있는 상표를 선택
③ 상표가 다른 위스키를 섞어서 사용하는 것을 금지

03 브랜디 서비스(Brandy Service)

① 주로 식후주로 서브
② 브랜디를 즐기기 위해서 스니프터 글라스(Snifter Glass)를 사용하는 것을 추천

CHAPTER
04

술과 건강

학습 방향
건강한 음주법과 취객 상대방법 등에 대해 학습합니다.

출제빈도
SECTION 01　하 100%

SECTION 01 술과 건강

빈출 태그 ▶ 건강, 음주법, 대처방법

01 술과 건강

1) 마신 알코올양 계산법
- 알코올양(mL) : 술의 농도(%) × 마시는 양(mL) ÷ 100
- 알코올 농도(%) 측정 : 음주량(mL) × 알코올 도수(%) ÷ 833 × 체중(kg)

2) 음주를 자제해야 하는 경우
- 만 19세 미만 미성년자
- 임산부
- 가족 중 알코올 중독자가 있는 경우
- 간 또는 췌장 질환이 있는 경우

3) 주류의 칼로리
주류의 알코올은 기본적으로 1g당 7kcal를 가지고 있음

02 건강한 음주법
- 간을 보호하는 음주법은 도수가 낮은 술에서 높은 술 순으로 마신다.
- 음주 전에 공복이 아닌 식사 후 술을 마신다.
- 술과 담배는 같이 하지 않는다.

03 취객 대처방법
- 상반신을 높게 하고 의복과 넥타이를 느슨하게 한다.
- 구토의 경향이 있을 경우, 얼굴을 옆으로 해서 쉬게 한다.
- 취기가 조금씩 떨어지면 뜨거운 커피나 홍차 등을 서브하여 취기를 빨리 가라앉게 한다.

합격을 다지는 예상문제

01 주장(Bar)에 대한 설명으로 **틀린** 것은?
① 음료를 중심으로 판매 가능한 시설을 갖춘 장소이다.
② Bartender에 의해 고객에게 음료를 판매하거나 제공하는 장소이다.
③ 인적. 물적 서비스를 상품으로 판매한다.
④ BAR는 영국의 'Bartender'라는 단어에서 유래되었다.

주장(Bar)이라는 단어는 프랑스어 'Barriere', '막대기' 또는 '장벽'이라는 의미에서 유래되었다.

02 프론트 바(Front Bar)에 대한 설명으로 옳은 것은?
① 주문과 서브가 이루어지는 고객들의 이용 장소로서 일반적으로 폭 40cm, 높이 120cm가 표준이다.
② 술과 잔을 전시하는 기능을 갖고 있다.
③ 술을 저장하는 창고이다.
④ 주문과 서브가 이루어지는 고객들의 이용 장소로서 일반적으로 폭 80cm, 높이 150cm가 표준이다.

프론트 바(Front Bar)는 바텐더와 고객이 마주하여 서브하고 서빙하는 바를 말하며, 폭 40cm×높이 120cm가 표준이다.

03 주장의 부정요소와 관계가 **먼** 것은?
① 개인용 음료판매 가능
② 칵테일 표준량의 속임
③ 무료서브의 남용
④ 요금계산의 정확성

오답 피하기
주장 서비스의 부정 요소에는 개인용 음료 판매 금지, 거짓된 칵테일 양으로 제조, 무료로 서브의 남용이 포함된다.

04 아래의 자료에 의한 예상 목표 매출액은?

- 예상 목표 이익 : 2,000만 원
- 예상 매출 총 이익률 : 20%
- 부대비용 예상액 : 1,000단 원

① 3,000만 원
② 3,600만 원
③ 1억
④ 1억 5,000만 원

예상 목표 이익(매출액) : (예상목표 매출액 × 예상 매출 총 이익률) − 부대비용 예상액
2,000만 원 = (x × 20%) − 1,000만 원
2,000만 원 + 1,000만 원 = $x \times \dfrac{20}{100}$ − 1,000만 원 + 1,000만 원
3,000만 원 × 5 = $x \times \dfrac{1}{5} \times 5$
1억 5,000만 원 = x

05 원가의 분류에 따른 구성으로 틀린 것은?

① 제조원가 : 직접비+간접비
② 비제조원가 : 판매비+관리비
③ 간접비 : 제조간접비+임금
④ 직접비 : 직접재료비+직접노무비

간접비 : 간접재료비+간접노무비+간접경비

06 바 매니저(Bar Manager)의 주 임무가 아닌 것은?

① 바(Bar) 접객원의 업무감독 및 지휘
② 모든 주류 및 칵테일의 조주봉사
③ 술병 조사와 빈병 파기에 대한 지시
④ 모든 술 종류의 청구 및 보충저장 지시

모든 주류 및 칵테일의 조주봉사 업무는 '바텐더(Bartender)'의 역할이다.

오답 피하기
바 매니저(Bar Manager)는 영업장의 책임을 지는 총책임자를 말하며, 바 매니저(Bar Manager)의 역할에는 바(Bar) 접객원의 업무감독 및 지휘, 술병조사와 빈병 파기에 대한 지시, 모든 술 종류의 청구 및 보충저장 지시 등이 있다.

07 헤드 바텐더(Head Bartender)의 가장 주된 임무는?

① 각 바(Bar)를 청결하고 정상적인 상태로 영업할 수 있도록 업무를 지시, 감독한다.
② 모든 주류 및 칵테일을 조주 봉사한다.
③ 조주에 필요한 가니쉬(Garnish)를 준비한다.
④ 보급품, 소모품 등을 창고로부터 보급한다.

헤드 바텐더(Head Bartender)는 바 매니저를 보좌하며, 바 매니저의 부재 시 대신 업무를 수행하는 사람이다.

오답 피하기
② 바텐더(Bartender)의 주 업무이다.
③ 바 헬퍼(Bar Helper)의 주 업무이다.
④ 바 헬퍼(Bar Helper)의 주 업무이다.

08 바람직한 바텐더(Bartender) 직무가 아닌 것은?

① 바(Bar) 내에 필요한 물품 재고를 항상 파악한다.
② 일일 판매할 주류가 적당한지 확인한다.
③ 바(Bar)의 환경 및 기물 등의 청결을 유지, 관리한다.
④ 칵테일 조주 시 지거(Jigger)를 사용하지 않는다.

바텐더(Bartender)는 바(Bar) 내부에서 음료를 조주 하는 사람을 말하며, 칵테일 조주 지거(Jigger)를 사용하여 정확한 제조를 해야 한다.

오답 피하기
①②③ 바텐더(Bartender)의 업무를 말한다.

정답 05 ③ 06 ② 07 ① 08 ④

09 다음 중 조주 보조원(Bar Helper)의 주 임무는?

① 고객에게 주문을 받고 음료를 조제 제공한다.
② 얼음 기계, 냉장고 등 모든 기물들의 고장 상태를 점검한다.
③ 주장(Bar)에서 필요한 주류 및 보급품의 준비와 영업에 필요한 준비를 한다.
④ 주장에 오는 고객을 영송한다.

조주 보조원(Bar Helper)은 칵테일 재료의 준비와 청결유지를 위한 청소 담당 및 업장 보조를 하는 사람을 말한다.

오답 피하기
① 바텐더(Bartender)의 업무이다.
② 바 매니저(Bar Manager)의 업무이다.
④ 주장 종사원(Waiter, Waitress)의 업무이다.

10 바 웨이터(Bar Waiter)의 역할이 아닌 것은?

① 칵테일(Cocktail)을 직접 조주 한다.
② 영업시간 전에 필요한 사항을 준비한다.
③ 고객을 위해서 테이블을 재정비한다.
④ 음료의 주문 그리고 서비스를 담당한다.

바 웨이터(Bar Waiter)는 고객으로부터 주문을 받고 주문받은 음료를 제공하는 사람을 말한다. 칵테일(Cocktail)을 직접 조주 하는 업무는 바텐더(Bartender)의 역할이다.

오답 피하기
②③④ 바 웨이터(Bar Waiter)의 업무이다.

11 소믈리에(Sommelier)에게 필요한 자질과 거리가 먼 것은?

① 와인의 보관과 저장, 서비스에 대한 지식을 알고 있어야 한다.
② 고객의 취향을 파악할 수 있어야 한다.
③ 와인 서비스에 필요한 기물이나 장비를 사용할 수 있어야 한다.
④ 고객으로부터 직접 주문을 받고 서비스 등을 지시한다.

소믈리에(Sommelier)는 와인을 관리하고 추천하는 직업이나 그 일을 하는 사람을 말한다. 고객으로부터 직접 주문을 받고 서비스 등을 지시하는 업무는 주장 캡틴(Bar Captain)의 역할이다.

오답 피하기
①②③ 소믈리에(Sommelier)의 업무이다.

12 효과적인 음료 통제 제도로 적당하지 않은 것은?

① 주문 시에는 서면구대 청구서를 사용한다.
② 바의 간이 창고에는 1개월 분의 재료를 저장한다.
③ 영속적인 재고조사 시스템을 둔다.
④ 검수 시에는 송장과 구매 청구서를 대조, 체크한다.

음료 통제 제도는 주류 저장관리 제도를 말하며, 구매 관리 원칙상 최대 적정량은 2개월 분이 적당하다.

오답 피하기
①③④ 음료 통제 제도(주류 저장관리 제도)에 해당된다.

13 일반적으로 남은 재료를 파악함으로써 구매 수준에 영향을 미치는 것을 무엇이라 하는가?

① Inventory
② FIFO
③ Invoice
④ Event Order

인벤토리(Inventory)는 일반적으로 남은 재료를 파악하는 재고조사표를 말한다.

오답 피하기
② FIFO : 선입선출을 말한다.
③ Invoice : 매매계약 조건을 정당하게 이행하였음을 밝히는 것으로 판매자가 구매자에게 보내는 서를 말한다.
④ Event Order : 중요한 연회 시 그 행사에 관한 모든 내용이나 협조사항을 호텔 각 부서에 알리는 행사지시서를 말한다.

14 다음은 무엇에 대한 설명인가?

> 일정 기간 동안 어떤 물품에 대한 정상적인 수요를 충족시키는 데 필요한 재고량

① 기준 재고량(Par Stock)
② 일일 재고량
③ 월말 재고량
④ 주 단위 재고량

기준 재고량(Par Stock)은 일정 기간 동안 어떤 물품에 대한 정상적인 수요를 충족시키는 데 필요한 재고량을 말한다.

15 바(Bar)에서 사용한 글라스(Glass) 세척에 대한 설명이 아닌 것은?

① 글라스 세척용 중성세제를 사용한다.
② 두 번 이상 헹군다.
③ 세척한 글라스는 잔의 테두리를 잡고 운반한다.
④ 세척한 글라스는 종류별로 보관한다.

세척한 글라스는 잔의 테두리가 아닌 스템(Stem)의 하단을 잡고 운반한다.

16 글라스 세척 시 알맞은 세제와 세척순서로 짝지어진 것은?

① 산성세제 → 더운물 → 찬물
② 중성세제 → 찬물 → 더운물
③ 산성세제 → 찬물 → 더운물
④ 중성세제 → 더운물 → 찬물

글라스는 중성세제 → 더운물 → 찬물 순으로 세척한다.

17 포도주(Wine) 저장 관리방법 중 잘못된 설명은?

① 적당한 온도와 습기가 많이 있는 장소여야 한다.
② 직사광선을 피해 저장한다.
③ 진동이 심한 장소는 피한다.
④ 와인병을 눕혀서 코르크 마개는 항상 젖어 있도록 보관한다.

오답 피하기
와인의 보관은 직사광선이 없는 어두운 곳에 보관하고, 온도는 8~15℃ 유지하고, 습도는 70~75% 정도 서늘한 곳에 보관해야 한다. 진동이 거의 없는 곳에 보관하고 와인병은 코르크 마개가 항상 젖어 있도록 눕혀서 보관한다.

18 Wine Serving 방법으로 가장 거리가 먼 것은?

① 코르크의 냄새를 맡아 이상 유무를 확인 후 손님에게 확인하도록 접시 위에 얹어서 보여준다.
② 은은한 향을 음미하도록 와인을 따른 후 한두 방울이 테이블에 떨어지도록 한다.
③ 서비스 적정온도를 유지하고, 상표를 고객에게 확인시킨다.
④ 와인을 따른 후 병 입구에 맺힌 와인이 흘러내리지 않도록 병목을 돌려서 자연스럽게 들어 올린다.

와인을 따를 때 테이블 클로스(Table Cloth)에 와인 방울이 떨어지지 않도록 한다.

19 생맥주(Draft Beer) 취급요령 중 옳지 않은 것은?

① 2~3℃의 온도를 유지할 수 있는 저장시설을 갖추어야 한다.
② 술통 속의 압력은 12~14pound로 일정하게 유지해야 한다.
③ 신선도 유지를 위해 재고순환을 철저히 실행해야 한다.
④ 향취를 높여 황금기의 맛을 즐길 수 있도록 7℃정도의 온도로 글라스에 따라서 제공한다.

생맥주는 글라스에 서비스 시 3~4℃로 7℃ 이하로 따라야 한다. 7℃ 이상일 경우 맥주 맛이 시어진다.

20 알코올분의 도수의 정의는?

① 섭씨 4℃에서 원용량 100분 중에 포함되어 있는 알코올분의 용량
② 섭씨 15℃에서 원용량 100분 중에 포함되어 있는 알코올분의 용량
③ 섭씨 4℃에서 원용량 100분 중에 포함되어 있는 알코올분의 질량
④ 섭씨 20℃에서 원용량 100분 중에 포함되어 있는 알코올분의 용량

알코올분은 원용량의 포함되어 있는 에틸알코올(섭씨 15℃에서 0.7947의 비중을 가진 것)을 말한다.

PART 04

외국어 사용 표현

파트 소개

기초 외국어, 음료 영업장 전문용어를 숙지하고 사용하는 방법을 배우는 파트입니다.

CHAPTER
01

바텐더 외국어 사용

학습 방향

외국인 손님을 대할 때 사용하는 기본 영어와 음료 서비스와 관련된 영어에 대하여 학습합니다.

출제빈도

SECTION 01　중　50%
SECTION 02　중　40%
SECTION 03　하　10%

SECTION 01 접객 서비스 외국어

빈출 태그 ▶ 접객 서비스

01 주문하기

1) 고객

- I'd like a beer.
  맥주 한 잔 주세요.
- Bring us another round of beer.
  맥주 한 잔 주세요.
- Bring us another glass of beer, please.
  맥주 한 잔 주세요.
- I'd like a stinger please, make it very cold, but not too strong, please.
  스팅어 한 잔 주세요. 아주 차갑게 해주시되, 너무 강하지 않게 주세요.
- Scotch on the rocks, please.
  스카치 온 더 락으로 주세요.
- Make that two, please.
  두 잔 주세요.
- May I have some coffee, please?
  커피 한 잔 주시겠어요?
- I'll stick to my usual.
  평소대로 할게요.
- I'll have this one.
  이것으로 주세요. (이것으로 할게요.)
- I'd like to have another drink.
  한 잔 더 주세요.

2) 직원

- The same again, sir?
  같은 걸 다시 드릴까요?
- Would you like some more drinks? / Would you care for some more drinks?
  술을 한 잔 더 드릴까요?
- One for the road?
  마지막으로 한 잔 더 드릴까요?
- May I bring you a cocktail before dinner?
  저녁 식사 전에 칵테일 한 잔 드릴까요?
- Would you like another cocktail while you are waiting?
  기다리는 동안 칵테일 한 잔 더 드릴까요?
- What will you have to drink?
  술은 무엇으로 하시겠어요?
- May I take your order?
  주문하시겠어요?

02 제안하기/추천하기

1) 고객

- What kind of Whisky have you got?
  어떤 종류의 위스키를 가지고 있습니까?

2) 직원

- Which one do you like better Whisky or Brandy?
  위스키와 브랜디 중 무엇을 좋아하시나요?
- How about a Black Russian?
  블랙 러시안은 어떠세요?
- Here you are, sir. This week is the promotion week of Beaujolais Nouveau.
  여기 있습니다. 이번 주는 보졸레 누보 프로모션 주간이에요.
- A bottle of Burgundy would go very well with your steak, sir.
  스테이크에 부르고뉴 한 병이 아주 잘 어울릴 거예요.
- Ice wine goes well with dessert.
  아이스 와인은 디저트와 잘 어울립니다.
- What brand do you want?
  어떤 브랜드를 원하시나요?
- I'm sorry, but Ch. Margaux is not on the wine list.
  죄송하지만, Ch. Margaux는 와인 리스트에 없습니다.

03 계산하기

1) 고객

- It's my treat this time.
  이번엔 제가 살게요.
- I'll pick up the tab.
  제가 계산할게요.
- It's on me.
  제가 낼게요.
- Do you have change for a dollar?
  1달러 잔돈이 있나요?
- Keep the change.
  잔돈은 가지세요.
- I need some change for the bus.
  버스에 사용할 잔돈이 필요해요.
- Let me pay, please. This is on me tonight.
  오늘 저녁은 제가 낼게요.

2) 직원

- Do you want separate checks?
  계산서를 따로 드릴까요?
- Will you pay in cash or with a credit card?
  현금으로 결제하시겠습니까, 아니면 신용카드로 결제하시겠습니까?

04 응대하기/문의하기

1) 고객

- I'll be right back. / Immediately. 금방 돌아올게요.

2) 직원

- Please, come this way. 이쪽으로 와주세요.
- Do you mind sitting with this lady? We don't have any empty tables.
  이 여성분과 같이 앉아 주시겠어요? 저희가 빈 테이블이 없어요.
- I'm sorry to have kept you waiting.
  기다리게 해서 죄송해요.
- I'll bring it soon. / I'll get you it. 금방 가져올게요.
- Please be seated. 어서 앉으세요.
- Are you through, sir? 식사는 충분히 즐기셨나요?

개념 체크

1 다음 중 의미가 다른 것은?
① It's my treat this time.
② It's on me.
③ Let's go Dutch.
④ I'll pick up the tab.

1 ③

05 예약하기/약속하기

1) 고객

- How about a drink with me this evening?
  오늘 저녁에 저와 한 잔 하실래요?
- Are you free this evening?
  오늘 밤에 시간 있으세요?
- Anytime would be fine with me on that day.
  그날은 언제든지 괜찮아요.
- He has got appointment all day on Monday.
  그는 월요일 하루 종일 약속이 있어요.
- I'll come to pick you up this evening.
  오늘 저녁에 당신을 데리러 갈게요.
- You don't have to go so early. / You need not go so early.
  그렇게 일찍 가지 않아도 돼.
- Let's promise.
  그렇게 약속해요.
- I hope to see you again.
  다음에 또 뵙고 싶어요.

2) 직원

- All tables are booked tonight. / There aren't any available tables tonight.
  오늘 밤은 모든 좌석이 예약되었어요.
- You must make a reservation in advance.
  미리 예약을 해야 해요.
- We are fully booked on May 5th.
  5월 5일에는 이미 예약이 다 되었어요.
- We don't have to wait any longer.
  더 이상 기다릴 필요가 없어요.

06 횟수(기간)를 말할 때

① 빈도수

- Every day   매일
- About three times a month   1달에 3번 정도
- Once a week   일주일에 1번
- Quite often   꽤 자주

② 기간
- Since 1982   1982년부터
- Over the last 7 years   지난 7년 동안
- For 5 years   5년 동안

07 업무 소개할 때

- I'm a bartender.   저는 바텐더입니다.
- I work for a wine bar now.   저는 지금 와인 바에서 일하고 있습니다.

08 사과 표현

- I'm sorry to have disturbed you.
  방해해서 죄송해요.
- I'm sorry to have troubled you.
  심려 끼쳐드려 죄송해요.
- I hope I didn't disturb you.
  제가 방해되지 않았기를 빌어요.
- I am sorry to have kept you waiting.
  기다리게 해서 죄송해요.
- I beg your pardon. (=Excuse me?)
  – (격식) 죄송해요. (본인의 말이나 행동에 대해 사과를 표함)
  – 죄송하지만, 다시 한번 말씀해 주세요. (상대방의 말을 잘 알아듣지 못했을 때 사용)

09 기타 표현

- It doesn't matter. / It doesn't make any difference. / It is not important.
  상관없어요.
- What's the occasion?
  무슨 일이야?
- It is up to you. / You must decide.
  당신에게 달려있어요. / 결정해야 해요.

개념 체크

1 "How often do you drink?"의 대답으로 적합하지 않은 것은?

① Every day.
② About three time a month.
③ Once a week.
④ After work.

1 ④

음료 서비스 외국어

빈출 태그 ▶ 음료 서비스

01 음료 및 음식 관련 표현

1) 위스키 관련 예시

- Let's see. Scotch on the rocks, a double.
  (메뉴를 보면서) 어디 보자. 스카치 온 더 락을 더블로 마실게요.
- I'll have a Scotch on the rocks and a Bloody Mary for my wife.
  저는 스카치는 온 더 락으로 주세요. 그리고 제 아내는 블러디 메리로 주세요.

2) 와인 관련 예시

① 와인 서빙의 기본 지침 사항
- Serving the red wine with room temperature.
  레드 와인은 실온에서 서빙하기
- Serving the white wine with condition of 8~12℃.
  화이트 와인은 8~12℃의 조건으로 서빙하기
- Showing the guest the label of wine before service.
  서빙하기 전에 고객에게 와인 라벨을 보여주기

② 와인 개봉 시
- Remove the wire muzzle with one hand while holding the bottle in the other.
  한 손으로 병을 잡고 다른 손으로 와이어 마개를 제거합니다.
- The cork should be eased out gently, tilting the bottle slightly.
  병을 살짝 기울이면서 코르크를 부드럽게 빼내어 줍니다.

③ 샴페인
- Champagne should be drunk cold.
  샴페인은 차갑게 마셔야 합니다.
- The ideal way to cool it is by placing the bottle in a champagne bucket filled with water and ice.
  샴페인을 식히는 가장 이상적인 방법은 물과 얼음을 채운 샴페인 통에 병을 넣는 것입니다.

④ 기타 문장
- As a rule, the dry wine is served before dinner.
  보통 드라이 와인은 저녁 식사 전에 제공합니다.
- As a rule, the sweet wine is served after dinner.
  보통 달콤한 와인은 저녁 식사 후에 제공합니다.
- I am afraid you might lose your appetite, if you drink too much aperitif wine.
  식전 와인을 너무 많이 마시면 식욕을 잃을 수 있습니다.
- If the guest wants white wine with his steak, let him have it.
  만약 손님이 스테이크와 함께 화이트 와인을 원하면 마셔도 됩니다.
- Present a bottle of wine for the host's approval.
  호스트의 승인을 받기 위해 와인 한 병을 제시합니다.
- All white, roses, and sparkling wines are chilled.
  모든 화이트, 로제, 스파클링 와인은 차갑게 서빙합니다.

⑤ 예문

> Jenny comes back with a magnum and glasses carried by a barman. She sets the glasses while the barman opens the bottle. There is a loud 'pop' and the cork hits Kate who jumps up with a cry. The champagne spills all over the carpet.
> 제니는 바텐더가 들고 온 매그넘 와인병과 잔을 가지고 돌아왔다. 그녀가 잔을 세팅하는 동안 바텐더는 병을 열었다. '펑' 하는 소리와 함께 코르크 마개가 튀어나와 케이트를 때렸고, 케이트는 비명을 지르며 벌떡 일어났다. 샴페인은 카펫 위로 쏟아졌다.

3) 맥주 관련 예시
- This beer is flat. I don't like warm beer.
  이 맥주는 김이 빠졌어요. 저는 따뜻한 맥주를 좋아하지 않아요.

4) 비알코올성 음료 관련 예시
- Please help yourself to the coffee before it gets cold.
  커피가 식기 전에 드세요.
- I can't hurry. This coffee is too hot for me to drink.
  서두를 수 없어요. 이 커피는 마시기에 너무 뜨거워요.
- You should drink your milk while it's hot.
  우유는 뜨거울 때 마셔야 해요.

5) 디저트 관련 예시

- I don't care for any dessert.
  저는 디저트를 별로 좋아하지 않아요.

인물	대화
W	Would you like a dessert? 디저트 드시겠어요?
G	Yes, please. Could you tell us what you have on the top. 네, 부탁드려요. 위에 뭐가 있는지 말씀해 주시겠어요?
W	Certainly. On the top we have fruit salad, chocolate gateau, and lemon pie. 물론입니다. 위에 과일 샐러드, 초콜릿 가토, 레몬 파이가 있어요.
G	The gateau looks nice but what is underneath? 가토는 좋은데 아래에는 뭐가 있나요?
W	Underneath there is fresh fruit, cheese cake, and profiteroles. 아래에는 신선한 과일, 치즈 케이크, 프로피트롤이 있어요.
G	I think I'll have them please, with chocolate sauce. 그럼, 그것들과 초콜릿 소스와 함께 먹을게요.

02 장소 관련 표현

1) 바, 레스토랑 관련 예시

- The bar opens at seven o'clock everyday.
  바는 매일 7시에 문을 엽니다.
- This bar is cleaned by a bar helper every morning.
  이 바는 매일 아침에 바 헬퍼가 청소합니다.
- A bartender should be familiar with the English names of all stores of Liqueurs and mixed drinks.
  바텐더는 모든 주류 및 혼합 음료 매장의 영어 이름을 알고 있어야 합니다.
- A bartender must supervise his helpers, waiters and waitresses, he must also handle various kinds of records, such as stock control, inventory, daily sales report, purchasing report and so on.
  바텐더는 도우미, 웨이터, 웨이트리스를 감독해야 하며, 재고관리, 재고, 일일판매 보고서, 구매보고서 등 다양한 종류의 기록도 처리해야 합니다.
- It is also a part of your job to make polite and friendly small talk with customers to make them feel at home.
  고객과 정중하고 친절하게 담소를 나누며 집처럼 편안하게 느끼게 하는 것도 귀하의 업무 일부입니다.

개념 체크

1 다음 밑줄 친 단어의 의미는?

A : This beer is <u>flat</u>. I don't like warm beer.
B : I'll have them replace it with a cold one.

① 시원함
② 맛이 좋은
③ 김이 빠진
④ 너무 독한

1 ③

2) 호텔 관련 예시

① 고객
- I have a reservation for tonight.
  저는 오늘 밤 머무르는 것을 미리 예약했어요.
- I'd like to check out today.
  오늘 체크아웃 하고 싶어요.
- Can you hold my luggage until 4 p.m?
  오후 4시까지 짐을 보관해 주실 수 있나요?
- When is your check-out time?
  호텔의 퇴실 시간이 언제에요?
- Can you charge what I've just had to my room number 310?
  제 방 310호로 방금 마신 것의 비용을 달아놓아 주시겠어요?

② 호텔직원
- Are you leaving our hotel?
  퇴실하시나요?
- Our shuttle bus leaves here 10 times a day.
  저희의 셔틀버스는 하루에 10번 운행해요.
- The post office is close to the hotel.
  우체국은 호텔에서 가까워요.
- Our hotel's bar has a happy hour from 6 to 9 in every Monday.
  저희 호텔 바에서는 매주 월요일 오후 6시~오후 9시까지 해피 아워를 제공합니다.

인물	대화
G	Is there a swimming pool in this hotel? 호텔에 수영장이 있나요?
R	Yes, there is, it is on the 4th floor. 네, 4층에 있어요.
G	What time does it open in the morning? 아침에는 몇 시에 여나요?
R	It opens every Morning at 6 a.m. 매일 아침 6시에 수영장을 열어요.

SECTION 03 기타 외국어

빈출 태그 ▶ 기타 표현

01 기타 표현

- Cheers! / Bottoms up! / Here's to us!
  건배!
- After you!
  먼저 하세요!
- I feel like throwing up.
  토할 거 같아요.
- I guess I could.
  그런 것 같네요.
- Thank you for inviting me.
  초대해주셔서 감사해요.
- We have a new blender.
  우리에게 새로운 블렌더가 생겼어요.
- I don't like Liqueur.
  저는 술이 싫어요.
- I don't like gin with tonic.
  저는 진 토닉이 싫어요.
- What would you like to buy?
  무엇을 구매하시겠습니까?
- We'd like to have another round, please.
  같은 걸로 한 잔씩 더 주세요.
- Are you interested in making cocktail?
  칵테일은 만드는 데 관심이 있나요?
- If you ask him, he will help you.
  물어보면 그가 도와줄 거예요.
- Are you in a hurry?
  바쁘시나요?
- What are you looking for?
  무엇을 찾고 있나요?
- Why don't you come out of yourself?
  속마음을 꺼내보는 것이 어때?

- Let's go for a drink after work, will you?
  퇴근 후에 한 잔 하러 갈까요?
- I don't feel like a drink today.
  오늘은 술을 마시고 싶지 않아요.
- You should be kind to guest.
  손님에게 친절해야 한다.
- As you treat me, so will you I treat you.
  당신이 나에게 대하는 것처럼, 저도 당신을 대하는 것입니다.
- Not all food is good to eat.
  모든 음식이 먹기 좋은 것은 아니다.
- Brunch is a late morning meal between breakfast and lunch.
  브런치는 아침과 점심 사이의 늦은 아침 식사를 말합니다.
- How long have you been in Korea?
  한국에 오신지 얼마나 되나요?
- What is the most famous in Seoul?
  서울에서 가장 유명한 것은 무엇이에요?
- This is our first visit to Korea and before we have our dinner, we want to try some domestic drinks here.
  한국을 처음 방문해서 저녁을 먹기 전에 국내의 음료를 마시고 싶어요.
- I have been to Seoul before.
  저는 이전에 서울을 가본 적이 있어요.
- I am afraid you have the wrong number.
  전화 잘못 거셨습니다.
- First come first served.
  선착순
- Walk-in guest = A guest with no reservation
  예약 없이 온 손님

개념 체크

1. 다음 중 의미가 다른 하나는?
   ① Cheers!
   ② Give up!
   ③ Bottoms up!
   ④ Here's to us!

1 ②

CHAPTER 02

음료 영업장 전문용어

학습 방향

음료 영업장과 관련된 영어를 학습합니다.

출제빈도

SECTION 01　중　100%

음료(주류)의 외국어

빈출 태그 ▶ 주류 관련 표현

01 알코올성 음료

1) Fermented Liqueur

① Fermentation

Fermentation is the chemical interaction of grape sugar and yeast cells to produce alcohol, carbon dioxide and heat.
발효는 포도당과 효모 세포의 화학적 상호 작용을 통해 알코올, 이산화탄소 및 열을 생성하는 것이다.

② Yeast

Yeast itself does not cause fermentation. But it serves as a catalyst to release certain enzymes which make possible the chemical reactions of fermentation.
효모 자체는 발효를 일으키지 않는다. 하지만 효모는 발효의 화학반응을 가능하게 하는 특정 효소를 방출하는 촉매제 역할을 한다.

③ Table wine

- It is a wine term which is used in two different meanings in different countries to signify a wine style and as a quality level within wine classification.
  와인 스타일을 나타내는 데 사용되는 와인 용어이며, 와인 분류 내의 품질 수준을 나타내는 것을 의미한다.
- In the United States, it is primarily used as a designation of a wine style, and refers to "ordinary wine", which is neither fortified nor sparkling.
  미국에서는 주로 와인의 스타일을 나타내는 데 사용되며, 강화 와인도 스파클링 와인도 아닌 '보통 와인'을 말한다.
- It is fairly cheap wine that is drunk with meals.
  식사와 함께 마시는 비교적 저렴한 와인이다.

④ A glossary of basic wine term

- Nose : The total odor of wine composed of aroma, bouquet, and other factors.
  향기 : 아로마, 부케 및 기타 요소로 구성된 와인의 전체 냄새
- Body : The weight or fullness of wine on palate.
  바디감 : 입안에서 느껴지는 와인의 무게 또는 충만함

- Dry : A tasting term to denote the absence of sweetness in wine.
  드라이 : 와인에 단맛이 없음을 나타내는 시음 용어
- Balance : Wine in which the concentration of fruit, tannins, and acidity are in complete harmony.
  밸런스 : 과일, 타닌, 산도의 농도가 완벽하게 조화를 이루는 와인
- Sherry : A fortified yellow or brown wine of Spanish origin with a distinctive nutty flavor.
  셰리 : 특유의 견과류 향이 나는 스페인산 강화 노란색 또는 갈색 와인
- AOC : Denomination that controls the grape quality, cultivation, unit, density, crop, production.
  AOC : 포도 품질, 재배, 단위, 밀도, 작물, 생산량을 제어하는 명칭
- INAO : Guarantees that all AOC products will hold to a rigorous set of clearly defined standards.
  INAO : 모든 AOC 제품이 명확하게 정의된 엄격한 기준을 준수할 것을 보장한다.

2) Distilled Liqueur

① Distillation

If you carry the process of fermentation one step further and separate the alcohol from the fermented liquid, you create what is essence or the spirit of the liquid. The process of separation is called distillation.
발효 과정을 한 단계 더 진행하여 알코올을 발효된 액체에서 분리하면 본질이 생성된다. 이러한 분리 과정을 증류라고 한다.

② Whisky

- For spirits the alcohol content is expressed in terms of proof, which is twice the percentage figure. Thus a 100-proof Whisky is 50 percent alcohol by volume.
  증류주의 경우 알코올 함량은 백분율 수치의 2배인 프루프로 표시된다. 따라서 100 프루프 위스키는 알코올 함량이 50%이다.
- Single malt Whisky is a Whisky which is distilled and produced at just one particular distillery.
  싱글몰트 위스키는 단 하나의 증류소에서만 증류 및 생산되는 위스키이다.
- Single malts are made entirely from one type of malted grain, traditionally barley, which is cultivated in the region of the distillery.
  싱글몰트는 증류소 지역에서 재배되는 한 종류의 맥아 곡물로만 만들어진다.
- Straight Bourbon Whiskey : produced in the USA, distilled at less than 160 proof(80% ABV).
  스트레이트 버번 위스키 : 미국에서 생산되며, 160 프루프(80% ABV) 미만으로 증류된다.

③ Tequila

Tequila is distilled from the fermented juice or sap of a type of agave plant.

테킬라는 아가베 식물의 발효된 주스 또는 수액에서 증류한 것이다.

④ Rum

Rum is distilled spirits from the fermented juice of sugarcane or other sugarcane by-products.

럼은 사탕수수 또는 다른 사탕수수 부산물의 발효된 주스에서 증류한 것이다.

⑤ Gin

- It was invented in the 1600s by a dutch professor of medicine known as Dr. Franciscus Sylvius, who made an aquavit from grain flavored with juniper berries.

  1600년대에 네덜란드의 의학 교수인 실비우스 박사가 주니퍼 베리로 향을 낸 곡물로 아쿠아비트를 만들어 발명했다.

- Gin must have juniper berry flavor and can be made either by distillation or re-distillation.

  진은 주니퍼 베리 맛이 나야 하며, 증류 또는 재증류를 통해 만들 수 있다.

⑥ Vodka

Vodka is mostly made from grain or potatoes but can also be produced using a wide variety of ingredients including beetroot, carrots or even chocolate.

보드카는 주로 곡물이나 감자로 만들지만, 비트 뿌리, 당근, 초콜릿 등 다양한 재료를 사용하여 만들 수도 있다.

⑦ Brandy

- Brandy is distilled from fermented fruit, sometimes aged in oak casks, and usually bottled at 80 proof.

  브랜디는 발효된 과일을 증류하여 오크통에서 숙성시키기도 하며, 보통 80 프루프로 병에 담는다.

- Brandy is a spirits made by distilling wines or fermented mash of fruit.

  브랜디는 와인이나 발효된 과일 으깬 것을 증류하여 만든 주류이다.

3) Compounded Liqueur

- Chartreuse : This is called the queen of liqueur. This is one of the French traditional liqueur and is made from several years aging arger distilling of various herbs added to spirit.

  샤르트뢰즈 : 리큐어의 여왕이라고 부른다. 프랑스 전통 리큐어 중 하나로, 다양한 허브를 증류주에 첨가하여 수년간 숙성시켜 스피릿에 첨가한다.

- Underberg : This is produced in Germany and Switzerland alcohol degree 44% also is effective for hangover and digest.

언더버그 : 독일과 스위스에서 생산되며, 알코올 도수는 44도로 숙취와 소화에 효과적이다.

- Absinthe : An anise-flavored, high-proof liqueur now banned due to the alleged toxic effects of wormwood, which reputedly turned the brains of heavy users to mush.
  압생트 : 아니스 향이 나는 높은 도수의 리큐어로, 쑥의 독성 효과로 인해 현재 금지되어 있다. 과용자의 뇌를 멍하게 만든다고 한다.
- Malibu : This is a Caribbean coconut-flavored rum originally from Barbados.
  말리부 : 바베이도스에서 유래한 카리브해의 코코넛 향의 럼이다.
- Amaretto : This is a generic cordial invented in Italy and made from apricot pits and herbs, yielding a pleasant almond flavor. (=This is produced in Italy and made with apricot and almond.)
  아마레토 : 이탈리아에서 발명된 일반적인 혼성주로 살구씨와 허브로 만들어지며, 기분 좋은 아몬드 풍미를 낸다. (이탈리아에서 생산되며 살구와 아몬드로 만들어진다.)
- Parfait Amour : The elixir of "Perfect Love" is a sweet, perfumed liqueur with hints of flowers, spices, and fruit, and a mauve color that apparently had great appeal to women in the nineteenth century.
  파르페 아무르 : "완벽한 사랑"의 비약으로 꽃, 향신료, 과일의 힌트와 19세기 여성들에게 큰 매력을 주었던 연보라색의 달콤하고 향기로운 리큐어이다.
- Curacao : A liqueur made by orange peel originated from Venezuela.
  큐라소 : 베네수엘라산 오렌지 껍질로 만든 리큐어이다.
- Drambuie : The great proprietary liqueur of Scotland made of Scotch and heather honey.
  드람부이 : 스카치 꿀과 헤더 꿀로 만든 스코틀랜드산 리큐어이다.
- Jagermeister : This complex, aromatic concoction containing some 56 herbs, roots, and fruits has been popular in Germany since its introduction in 1878.
  예거마이스터 : 약 56가지 허브, 뿌리, 과일을 넣은 이 복잡하고 향기로운 혼합물은 1878년에 출시된 이래 독일에서 인기를 끌고 있다.
- Midori : A honeydew melon flavored liqueur from the Japanese house of Suntory.
  미도리 : 일본 산토리 가문의 허니듀 멜론 맛 리큐어이다.
- Sloe Gin : This is not a gin at all but a liqueur.
  슬로우 진 : 슬로우 진은 진이 아니라 리큐어이다.
- Grenadine Syrup : Which is the syrup made by pomegranate.
  그레나딘 시럽 : 석류로 만든 시럽이다.
- Angostura Bitters : This is made from a Trinidadian sector recipe.
  앙고스투라 비터 : 트리니다드 지역의 조리법으로 만들어졌다.

개념 체크

1 다음에서 설명하는 것은?

A honeydew melon flavored liqueur from the Japanese house of Suntory.

① Midori
② Absinthe
③ Amaretto
④ Drambuie

1 ①

② 비알코올성 음료

- Preference Drinks : Refers to beverages such as coffee or tea.
  기호음료 : 커피, 차 등의 음료를 말한다.
- Roasting : The heating process that releases all the potential flavors locked in green beans.
  로스팅 : 생두에 잠재된 모든 풍미를 방출하는 가열 과정이다.
- Crema : Which looks like fine sea spray, is the holy grail of espresso, the beautifully tangible sign that everything has gone right. Crema is a golden foam made up of oil and colloids, which floats atop the surface of a perfectly brewed cup of espresso.
  크레마 : 미세한 바닷물 스프레이처럼 보이는데, 에스프레소의 성배이자 모든 것이 제대로 되었다는 아름답고도 확실한 신호이다. 크레마는 오일과 콜로이드로 구성된 황금빛 거품으로, 완벽하게 추출된 에스프레소 한 잔의 표면 위에 떠있다.
- Soft Drink : The cold, sweet, non-alcoholic drink which is often charged with gas.
  소프트 드링크 : 차갑고 달콤한 무알코올 음료로 가스가 충전되어 있는 경우가 많다.
- Ginger Ale : Ginger and Sugar
  진저에일 : 진저와 설탕

③ 바텐더 시설물, 기구에 대한 표현

- Par Stock : The preparing of daily products.
  파 스톡 : 일일 재고를 준비하는 것이다.
- Pantry : A small space or room in some restaurants where food items or food-related equipments are kept.
  팬트리 : 일부 식당에서 식품이나 식품 관련 장비를 보관하는 작은 공간이나 방이다.
- Bill Trays : What is used to present the check, return the change or the credit card, and remind the customer to leave the tip
  빌 트레이 : 수표를 제시하고, 거스름 돈이나 신용카드를 반환하며, 고객에게 팁을 남겨주세요 등을 알리는 데 사용되는 것이다.
- Muddler : Looks like a wooden pestle, the flat end of which is used to crush and combine ingredients in a serving glass or mixing glass.
  머들러 : 나무 막대기처럼 생겼으며, 끝이 납작하여 서빙 글라스나 믹싱 글라스에 있는 재료를 으깨거나 섞는 데 사용된다.
- Stein : A drinking mug. Usually made of earthenware used for serving beer.
  스타인 : 마시는 머그잔. 일반적으로 맥주를 제공하는데 사용되는 토기로 만들어진다.

04 칵테일

① Cocktail
- Base : When making a cocktail. This is the main ingredient into which other things are added.
  베이스 : 칵테일을 만들 때 이것은 다른 재료를 첨가하는 주요 재료이다.
- The peel : Generally refers to the skin or covering of a fruit.
  껍질 : 일반적으로 과일의 껍질이나 덮개를 말한다.
- Ice
  - Put all ingredients with half a cup of crushed ice into a blender.
  - 모든 재료와 잘게 부순 얼음 반 컵을 블렌더에 넣는다.
  - Put a piece of ice in the glass.
  - 글라스에 얼음 조각을 넣는다.
  - Most highballs, old-fashioned, and on the rocks drinks call for cubed ice.
  - 대부분의 하이볼, 올드 패션드, 온 더 락 음료에는 각진 얼음이 필요하다.

② Gin Base
- Martini : Dry Gin, Dry Vermouth
  마티니 : 드라이 진, 드라이베르무스
- Bronx : Dry Gin, Dry Vermouth, Orange Juice
  브롱크스 : 드라이 진, 드라이베르무스, 오렌지 주스
- Dry Martini : A dry martini served with an olive
  드라이 마티니 : 올리브와 함께 제공되는 드라이 마티니
- The Others, Alexander, Million Dollar
  그 외, 알렉산더, 밀리언 달러

③ Rum Base
- Daiquiri
  - First, take the cocktail shaker and half fill it with broken ice, then add one ounce of lime juice.
    먼저, 칵테일 셰이커에 깨진 얼음을 반쯤 채운 다음 라임 주스 1온스를 넣는다.
  - After that put in one and a half ounce of rum and one tea spoon of powdered sugar.
    그런 다음, 럼 1.5온스와 설탕 가루 1티스푼을 넣는다.
  - Then shake it well and pass it through a strainer into a cocktail glass.
    그런 다음, 잘 흔들어서 스트레이너에 걸러 칵테일 잔에 따른다.

④ Vodka Base
- Black Russian : Which one is made with vodka and coffee liqueur.
  블랙 러시안 : 보드카와 커피 리큐어로 만든 칵테일
- Cosmopolitan Cocktail : Which one is made with vodka, lime juice, triple sec and cranberry juice.
  코스모폴리탄 : 보드카, 라임 주스, 트리플 섹, 크렌베리 주스로 만든 칵테일
- Screwdriver : Pour vodka and orange juice into a chilled highball glass with several ice cubes, and stir.
  스크류드라이버 : 얼음이 여러 개 있는 차가운 하이볼 잔에 보드카와 오렌지 주스를 붓는다.
- The Others, Kiss of Fire, Bloody Mary
  그 외, 키스 오브 파이어, 블러디 메리

⑤ Wine Base
   Sangria
   상그리아

⑥ Liqueur Base
- Grand Marnier : Orange Flavored Cognac Liqueur
  그랑 마니에 : 오렌지 향의 코냑 혼성주
- Bailey's : Irish Whiskey and Irish Cream
  베일리스 : 아이리시 위스키와 아이리시 크림
- Dubonnet : The Classical French Liqueur of Aperitifs
  듀보네 : 프랑스의 고전 식전주
- Drambuie : Scotch Whisky, Honey, Herb
  드람부이 : 스카치 위스키, 꿀, 허브
- Collins : Liqueur + Lemon Juice + Sugar + Soda Water
  콜린스 : 혼성주 + 레몬 주스 + 설탕 + 소다수

합격을 다지는 예상문제

01 What are used to measure out Liqueur for Cocktails, Highballs and other mixed drinks?

① Jigger(지거)
② Mixing Glass(믹싱 글라스)
③ Bar Spoon(바 스푼)
④ Pourer(푸어러)

칵테일, 하이볼 및 기타 혼합 음료의 주류를 측정할 때 하는 것이 무엇인지 묻는 문제로 Jigger(지거)는 음료와 술의 양을 측정하는 표준 계량컵을 말한다.

오답 피하기
② 비교적 혼합하기 쉬운 재료를 바 스푼으로 저어주는 스터(Stir) 기법에 사용되는 도구이다.
③ 재료를 혼합하거나 소량으로 계량할 때 사용하는 가늘고 긴 스푼이다.
④ 병의 입구에 끼워 글라스나 지거(Jigger)에 따를 때 음료가 흘러내리는 것을 방지하고 양 조절을 해주는 도구이다.

02 Which terminology of the following is not related to Cocktail-making?

① Straining
② Beating
③ Stirring
④ Shaking

칵테일 제조와 관련이 없는 용어는 무엇인지 묻는 문제로 두드리기(Beating)는 칵테일 제조와 관련이 없는 용어이다.

오답 피하기
① 믹싱 글라스(Mixing Glass)에서 혼합한 칵테일을 스트레이너(Strainer)를 사용하여 얼음을 걸러 글라스에 따르는 기법이다.
③ 믹싱 글라스(Mixing Glass)에 얼음과 재료를 넣어 바 스푼으로 휘저어 혼합과 냉각을 시키는 기법이다.
④ 달걀, 시럽, 크림, 설탕 등 잘 섞이지 않는 재료를 넣고 흔들어서 만드는 기법이다.

03 Which one is made with Vodka, Lime Juice, Triple Sec and Cranberry Juice?

① B-52
② Grasshopper
③ Seabreeze
④ Cosmopolitan Cocktail

보드카, 라임 주스, 트리플 섹, 크렌베리 주스로 만든 칵테일이 무엇인지 묻는 문제이다.
코스모폴리탄(Cosmopolitan Cocktail) : Vodka + Lime Juice + Triple Sec + Cranberry Juice

오답 피하기
① Coffee Liqueur + Bailey's Irish Cream Liqueur + Grand Marnier
② Crème de Menthe(Green) + Crème de Cacao(White) + Light Milk
③ Vodka + Cranberry Juice + Grapefruit Juice

04 Which is the best answer for the blank?

A dry martini served with an (　　　).

① Red Cherry
② Pearl Onion
③ Lemon Slice
④ Olive

드라이 마티니와 같이 제공하는 것은 올리브이다.

05 Which is the best answer for the blank?

> Most highballs, old fashioned and on the rocks drinks call for (   ).

① Shaved ice
② Crushed ice
③ Cubed ice
④ Lumped of ice

대부분 하이볼, 올드 패션드, 온 더 락에 들어가는 것은 큐브드 얼음(Cubed ice)이다.

오답 피하기
① 세이브드 아이스(Shaved ice) : 곱게 간 얼음이다.
② 크러쉬드 아이스(Crushed ice) : 잘게 갈아낸 알갱이 모양의 얼음이다.
④ 럼프 오브 아이스(Lumped of ice) : 올드 패션드 글라스(Old-Fashioned Glass)에 들어가는 크기의 주먹만 한 작은 덩어리 얼음

06 What is the meaning of Port Wine?

① Port Wine is Italian Red Wine
② Port Wine is Portugal Wine
③ Port Wine is Chile Wine
④ None of the above

포트 와인이 무엇을 의미하는지 묻는 문제로 포트 와인(Port Wine)은 포르투갈의 도루(Douro) 와인이다.

오답 피하기
① 이탈리아의 레드와인이다.
③ 칠레산 와인이다.
④ 위 항목에 해당하지 않음

07 다음은 어떤 술에 대한 설명인가?

> It was created over 300 years ago by a Dutch chemist named Dr. Franciscus Sylvius.

① Gin
② Rum
③ Vodka
④ Tequila

300년 전에 네덜란드의 화학자 프란시스쿠스 실비우스 박사에 의해 만들어진 것은 진(Gin)이다.

08 What is the difference between Cognac and Brandy?

① Material
② Region
③ Manufacturing Company
④ Nation

코냑과 브랜디의 차이는 지역(Region)이다.

오답 피하기
① 소재
③ 제조회사
④ 국가

09 다음 (   ) 안에 들어갈 단어로 알맞은 것은?

> (   ) is a spirits made by distilling wines or fermented mash of fruit.

① Liqueur
② Bitter
③ Brandy
④ Champagne

브랜디(Brandy)는 와인이나 과일을 발효시켜 증류하여 만든다.

정답 05 ③ 06 ② 07 ① 08 ② 09 ③

10 다음에서 설명하는 혼성주로 옳은 것은?

> The elixir of "Perfect Love" is a sweet perfumed liqueur with hints of flowers, spices and fruit, and it's in a mauve color that apparently had great appeal to women in the 19th century.

① Triple Sec
② Peter Heering
③ Parfait Amour
④ Southern Comfort

"완벽한 사랑"의 비약으로 꽃과 향신료, 과일의 힌트로 달콤한 향이 나는 연보라색이며, 19세기 여성들에게 인기 있는 리큐어는 파르페 아무르(Parfait Amour)이다.

오답 피하기
① 트리플 섹 : 오렌지 껍질을 주원료로 하여 3회 증류하여 만든 오렌지 리큐어이다.
② 피터 히링 : 덴마크의 피터 히링(Peter Heering) 회사의 리큐어이다.
④ 서던 컴포트 : 버번 위스키에 복숭아를 향미 낸 대표적인 미국산 리큐어이다.

11 다음 (   ) 안에 들어갈 단어로 알맞은 것은?

> (   ) is a generic cordial invented in Italy and made from apricot pits and herbs, yielding a pleasant almond flavor.

① Anisette
② Amaretto
③ Advocaat
④ Amontillado

이탈리아에서 발명된 혼성주로 살구씨와 허브로 만들었으며, 아몬드 풍미를 내는 것은 아마레토(Amaretto)이다.

오답 피하기
① 아니제트 : 증류주에 아니스 열매, 레몬 껍질, 코리앤더 등의 향미를 첨가하고 시럽으로 단맛을 낸 리큐어이다.
③ 아드보카트 : 브랜디(Brandy)를 베이스로 하여 달걀 노른자와 설탕 등을 혼합하여 만든 네덜란드산 리큐어이다.
④ 아몬틸라도 : 피노(Fino)를 일정기간 숙성시킨 것으로 미디엄 스위트의 셰리 와인이다.

12 다음은 커피와 관련한 어떤 과정을 설명한 것인가?

> The heating process that releases all the potential flavors locked in green bean.

① Cupping
② Roasting
③ Grinding
④ Brewing

가열 과정을 통해 생두에 잠재된 풍미를 방출시키는 방법은 로스팅(Roasting)이다.

13 다음 (   ) 안에 들어갈 내용으로 가장 적합한 것은?

> W : Good evening, Mr. Carr.
>   How are you this evening?
> G : Fine, and you. Mr. Kim?
> W : Very well, thank you.
>   What would you like to try tonight?
> G : (   ).
> W : A whisky. No ice, no water. And I correct?
> G : Fantastic!

① Just one for my health, please.
② One for the road.
③ I'll stick to my usual.
④ Another one Please.

'오늘 밤에 무엇을 드시고 싶으신가요?'의 질문에 올바른 대답은 '평소대로 할게요.'이다.

오답 피하기
① 건강을 위해 한 잔만 주세요.
② 길을 떠나기 전에 마지막으로 마시는 술.
④ 또 한 잔 주세요.

14 다음 ( ) 안에 들어갈 알맞은 말은?

> I am afraid you have the ( ) number.

① correct
② wrong
③ missed
④ busy

전화 잘못 거셨습니다.

오답 피하기
① 맞다.
③ 놓쳤다.
④ 바쁘다.

15 아래 문장의 의미는?

> The line is busy, so I can't put you through.

① 통화 중이므로 바꿔 드릴 수 없습니다.
② 고장이므로 바꿔 드릴 수 없습니다.
③ 외출 중이므로 바꿔 드릴 수 없습니다.
④ 응답이 없으므로 바꿔 드릴 수 없습니다.

해당 문장은 "통화 중이므로 바꿔 드릴 수 없습니다."라는 의미이다.

16 약속과 관련된 표현과 거리가 먼 것은?

① He has got appointment all day on Monday.
② We made up.
③ Anytime would be fine with me on that day.
④ Let's promise.

"We made up."은 "우리는 화해했어요."라는 의미로 약속과 관련이 없는 문장이다.

오답 피하기
① 월요일에 온종일 약속이 있어요.
③ 그날은 언제든 괜찮아요.
④ 약속해요.

17 Choose the best answer for the blank.

> What is the 'sommelier' mean?
> ( )

① Head Waiter
② Head Bartender
③ Wine Waiter
④ Chef

'소믈리에'는 무엇을 의미하는지에 대한 문제이다.
소믈리에(Sommelier)는 와인을 추천하고 판매하는 와인 웨이터(Wine Waiter)를 말한다.

18 아래에서 설명하는 용어는?

> A wine selected by manager and served unless the customer specifies a different one.

① Wine List
② House Wine
③ Vintage
④ White Wine

하우스 와인(House Wine)은 고객이 다른 와인을 지정하지 않는 한, 매니저가 선택하여 제공하는 와인이다.

정답 14 ② 15 ① 16 ② 17 ③ 18 ②

19 다음에서 설명하는 것은?

> What is used to present the check, return the change or the credit card, and remind the customer to leave the tip.

① Serving tray
② Bill tray
③ Cork Screw
④ Can opener

빌 트레이(Bill tray)는 수표를 제시하고 거스름돈이나 신용카드를 반환하며, 고객에게 팁을 남기도록 상기시키는 데 사용된다.

오답 피하기
① 서빙 트레이
③ 코르크 마개
④ 캔 오프너

20 다음 ( ) 안에 가장 알맞은 것은?

> Our hotel's bar has a ( ) from 6th 9 in every Monday.

① Bargain Sales
② Expensive Price
③ Happy Hour
④ Business Time

[문장 해석]
호텔 바에서는 매주 월요일 6시부터 9시 까지 해피 아워(Happy Hour)를 운영합니다.

오답 피하기
해피 아워(Happy Hour)는 하루 중 고객이 붐비지 않는 시간을 정해서 가격을 낮춰 영업하는 시간을 말한다.
① 할인 판매
② 비싼 가격
④ 영업시간

MEMO

PART 05

해설과 함께 보는 최신 기출문제

◀ 접속

CBT 온라인 문제집
① QR 코드 찍기(PC는 홈페이지 접속)
② 랜덤 모의고사 무료 응시
③ 풀이 후 자동 채점
④ 해설 즉시 확인 가능

해설과 함께 보는 최신 기출문제 01회

조주기능사	소요 시간	문항 수	수험번호 : _____
	총 60분	총 60문항	성 명 : _____

01 다음 광천수 중 탄산수가 아닌 것은?

① 셀처 워터(Seltzer Water)
② 에비앙 워터(Evian Water)
③ 초정약수
④ 페리에 워터(Perrier Water)

에비앙 워터(Evian Water)는 프랑스의 광천수이다.

오답 피하기
① 셀처 워터(Seltzer Water)는 독일의 탄산수이다.
③ 초정약수는 한국의 탄산수이다.
④ 페리에 워터(Perrier Water)는 프랑스의 탄산수이다.

02 다음 중 보르도(Bordeaux) 지역에서 재배되는 레드 와인용 품종이 아닌 것은?

① 메를로(Merlot)
② 뮈스카델(Muscadelle)
③ 카베르네 소비뇽(Cabernet Sauvignon)
④ 카베르네 프랑(Cabernet Franc)

뮈스카델(Muscadelle)은 프랑스 보르도 지역의 화이트 와인용 품종이다.

03 다음 중 주세법상 발효주류에 해당하지 않는 것은?

① 소주
② 탁주
③ 약주
④ 맥주

소주는 증류주에 포함된다.

04 와인의 빈티지(Vintage)가 의미하는 것은?

① 포도주의 판매 연도
② 포도의 수확 연도
③ 포도의 품종
④ 포도주의 도수

와인의 빈티지(Vintage)는 해당 와인을 제조하는 데 사용된 포도의 수확된 연도를 병의 라벨에 표기하는 것을 의미한다.

05 다음 중 와인의 품질을 결정하는 요소가 아닌 것은?

① 환경요소
② 양조기술
③ 포도품종
④ 제조국의 소득 수준

와인의 품질을 결정하는 요소는 포도품종(Grape), 양조기술(Skill), 환경요소(Terroir)이다.

06 다음 중 이탈리아 와인 등급 표시로 옳은 것은?

① A.O.C.
② D.O.
③ D.O.C.G.
④ QbA

이탈리아 와인 등급 : DOCG, DOC, IGT, VDT(Vino da Tavola)

오답 피하기
① A.O.C. : 프랑스 와인의 최상급 등급이다.
② D.O. : 스페인 와인의 우수 등급이다.
④ QbA : 독일 와인의 우수 등급이다.

정답 01 ② 02 ② 03 ① 04 ② 05 ④ 06 ③

07 다음 음료 중 냉장 보관이 필요 없는 것은?

① White Wine
② Dry Sherry
③ Beer
④ Brandy

브랜디(Brandy)는 40도 내외의 고도수의 증류주로 실온 보관한다.

08 다음 중 국가와 대표적인 와인 산지가 올바르게 연결된 것은?

① 프랑스 – 키안티
② 이탈리아 – 나파 밸리
③ 뉴질랜드 – 말보로
④ 미국 – 루아르

말보로는 뉴질랜드 남섬에 위치한 대표 와인 산지다.

오답 피하기
① 프랑스 – 루아르(Loire Valley)
② 이탈리아 – 키안티(Chianti)
④ 미국 – 나파 밸리(Napa Valley)

09 다음 중 프랑스의 와인 등급에 해당하지 않는 것은?

① DOCG
② VDQS
③ Vin de pays
④ Vin de table

DOCG는 이탈리아 와인의 최상급 등급이다.

오답 피하기
프랑스 와인 등급 : Vin de Table, Vin de Pays, VDQS, AOC

10 다음 중 라거 맥주의 적정 서빙(제공) 온도로 가장 알맞은 것은?

① 0℃ 이하
② 2~4℃
③ 10~15℃
④ 20℃ 이상

라거 계열 맥주는 시원하게 마시는 것이 특징이며, 탄산감과 청량감을 잘 느낄 수 있는 온도이다.

오답 피하기
① 너무 낮다. 온도가 낮으면 풍미가 저하된다.
③ 에일 계열 맥주에 적합한 온도이다.
④ 탄산이 쉽게 빠져나간다.

11 다음 중 하면발효 맥주가 아닌 것은?

① Pilsner
② Munchener
③ Hoegaarden
④ Lager

호가든(Hoegaarden)은 상면발효 맥주이다.

오답 피하기
하면발효 맥주에는 라거(Lager), 복(Bock), 필스너(Pilsner), 뮌헨(Munchener), 버드와이저(Budweiser), 아사히(Asah), 도르트문트(Dortmunder), 포스터스(Foster's) 등이 있다.

12 다음 중 상면발효 맥주를 고르면?

① Bock
② Budweiser
③ Porter
④ Asahi

상면발효 맥주에는 에일(Ale), 스타우트(Stout), 포터(Porter), 호가든(Hoegaarden), 쾰시(Kolsch) 등이 있다.

13 효모의 생육조건이 아닌 것은?

① 적정 영양소
② 적정 온도
③ 적정 pH
④ 적정 알코올

적정 알코올은 효모의 생성 결과물이며, 생육에 필요한 조건이 아니다.

오답 피하기
효모의 생육조건은 적정 영양소, 적정 온도, 적정 pH이다.

14 다음 중 Bourbon Whiskey를 고르면?

① Jim Beam
② Ballantine's
③ Bushmills
④ Bombay

짐빔(Jim Beam)은 버번 위스키이다.

오답 피하기
② 발렌타인(Ballantine's)은 블렌디드 위스키이다.
③ 부시밀(Bushmills)은 아이리시 위스키이다.
④ 봄베이(Bombay)는 위스키가 아닌 진이다.

15 다음 중 용어의 설명으로 옳지 않은 것은?

① Clos : 최상급의 원산지 관리 증명 와인
② Vintage : 원료 포도의 수확 연도
③ Fortified Wine : 브랜디를 첨가하여 알코올 농도를 강화한 와인
④ Riserva : 최저 숙성기간을 초과한 이탈리아 와인

• 끌로(Clos)는 프랑스어로 담장으로 둘러싸인 포도밭을 의미한다.
• 최상급의 원산지 관리 증명 와인은 A.O.C.에 대한 설명이다.

오답 피하기
② 와인의 빈티지(Vintage)는 해당 와인을 제조하는 데 사용된 포도의 수확 연도를 병의 라벨에 표기하는 것을 의미한다.
③ 주정 강화 와인(Fortified Wine)은 와인의 변질을 방지하기 위해 일반 와인에 주정이나 브랜디를 넣어 알코올 도수를 높인 와인을 의미한다.
④ 리제르바(Riserva)는 최저 숙성기간을 초과하여 알코올 함량이 1.5% 높은 와인을 의미한다.

16 다음 중 위스키의 원료에 따른 분류가 아닌 것은?

① 몰트 위스키
② 그레인 위스키
③ 포트 스틸 위스키
④ 블렌디드 위스키

포트 스틸 위스키(Pot Still Whisky)는 증류 방식에 따른 분류이다.

17 다음 중 감자를 주원료로 해서 만드는 북유럽의 스칸디나비아 술로 유명한 것은?

① 아쿠아비트(Aquavit)
② 칼바도스(Calvados)
③ 스타인헤거(Steinhager)
④ 그라파(Grappa)

아쿠아비트(Aquavit)는 북유럽 스칸디나비아 지방에서 감자 또는 곡물로 만든 증류주이다.

18 칵테일 녹색 마주(Green Monster)라고 불리며, 알코올 도수가 매우 높고, 과거 금지되었던 리큐어는 무엇인가?

① 블루 큐라소
② 압생트
③ 피치 리큐어
④ 애프리콧

• 녹색 마주(Green Monster) 칵테일 재료 : Creme de Menthe, Absinthe, Heavy Cream
• 압생트(Absinthe)는 향쑥, 살구씨, 아니스 등의 원료로 침출한 다음 증류한 프랑스산 리큐어이다. 독특한 감초향과 녹색을 띠는 것이 특징이다.

오답 피하기
① 블루 큐라소(Blue Curacao)는 시트러스 향의 파란색 리큐어이다.
③ 피치 리큐어(Peach Liqueur)는 복숭아 향의 투명한 리큐어이다.
④ 애프리콧(Apricot)은 살구 향의 리큐어이다.

19 두송자(Juniper Berry)를 주요 원료로 사용하는 증류주는 무엇인가?

① 럼(Rum)
② 테킬라(Tequila)
③ 진(Gin)
④ 보드카(Vodka)

진(Gin)은 알코올에 두송자(Juniper Berry), 고수풀, 당귀 뿌리 등의 향료식물로 착향 시킨 술이다.

오답 피하기
① 럼(Rum) : 사탕수수
② 테킬라(Tequila) : 아가베
④ 보드카(Vodka) : 감자

20 Malt Whisky 제조 순서를 올바르게 나열한 것은?

ㄱ. 보리(2조 보리)
ㄴ. 침맥
ㄷ. 건조(피트)
ㄹ. 분쇄
ㅁ. 당화
ㅂ. 발효
ㅅ. 증류(단식증류)
ㅇ. 숙성
ㅈ. 병입

① ㄱ-ㄴ-ㄷ-ㄹ-ㅁ-ㅂ-ㅅ-ㅇ-ㅈ
② ㄱ-ㄷ-ㄴ-ㄹ-ㅁ-ㅂ-ㅅ-ㅇ-ㅈ
③ ㄱ-ㄷ-ㄴ-ㄹ-ㅂ-ㅁ-ㅅ-ㅇ-ㅈ
④ ㄱ-ㄴ-ㄷ-ㄹ-ㅂ-ㅁ-ㅅ-ㅇ-ㅈ

몰트 위스키(Malt Whisky) 제조 순서는 '보리 → 침맥 → 건조(피트) → 분쇄 → 당화 → 발효 → 증류(단식증류) → 숙성 → 병입'이다.

21 이탈리아 밀라노 지방에서 생산되는 것으로 오렌지와 바닐라 향이 강하며 독특하고 길쭉한 병에 담긴 리큐어는?

① 갈리아노(Galliano)
② 쿰멜(Kummel)
③ 깔루아(Kahlua)
④ 드람부이(Drambuie)

갈리아노(Galliano)는 이탈리아 밀라노 지방에서 오렌지와 아니스 등 40여종의 약초로 만든 강한 바닐라 향의 리큐어이다.

오답 피하기
② 쿰멜(Kummel) : 회향초로 사용하여 만든 리큐어
③ 깔루아(Kahlua) : 증류주에 멕시코산 커피를 주원료로 하여 코코아, 바닐라 향을 첨가하여 만든 리큐어
④ 드람부이(Drambuie) : 스카치 위스키에 히스 꽃에서 딴 헤더 꿀과 허브 등을 첨가하여 만든 감미 짙은 스코틀랜드산 리큐어

22 혼성주의 제조방법 중 가장 많이 시간이 소요되는 방법은?

① 증류법(Distillation Process)
② 침출법(Infusion Process)
③ 추출법(Percolation Process)
④ 배합법(Essence Process)

침출법은 증류하면 변질될 수 있는 과일이나 약초, 향료 등을 증류주에 담가 맛과 향을 우려내며 가장 많이 사용하는 방법이며, 우러나게 하는 방식이므로 가장 오랜 시간이 소요된다.

오답 피하기
① 증류법 : 증류주에 원료를 배합한 뒤 단식 증류법으로 증류하고 설탕과 향료를 넣어 단맛과 향미를 내는 방식이다.
③ 추출법 : 알코올을 계속 흘려보내며 추출하는 방식이다.
④ 배합법 : 향료와 알코올, 당 등을 혼합만 하면 되는 매우 간단하면서 빠른 제조 방식이다.

23 다음 중 식전주로 알맞지 않은 것은?

① 셰리 와인
② 샴페인
③ 캄파리
④ 깔루아

깔루아(Kahlua) : 증류주에 멕시코산 커피를 주원료로 하여 코코아, 바닐라 향을 첨가하여 만든 리큐어로 식후주에 포함된다.

오답 피하기
① 셰리 와인 : 입맛을 돋우는 산미와 깔끔한 맛으로 전통적인 식전주이다.
② 샴페인 : 가벼운 탄산과 산도가 있어 식전주에 포함된다.
③ 캄파리 : 허브 향과 쓴맛이 입맛을 자극해 식전주에 포함된다.

24 Scotch Whisky에 꿀(Honey)을 넣어 만든 혼성주는?

① Cherry Heering
② Cointreau
③ Galliano
④ Draimbuie

드람부이(Drambuie) : 스카치 위스키에 히스 꽃에서 딴 헤더 꿀과 허브 등을 첨가하여 만든 감미 짙은 스코틀랜드산 리큐어이다.

오답 피하기
① 체리 히링(Cherry Heering) : 진홍색 사워 체리 리큐어
② 쿠앵트로(Cointreau) : 오렌지 껍질을 원료로 만든 리큐어
③ 갈리아노(Galliano) : 이탈리아 밀라노 지방에서 오렌지와 아니스 등 40여 종의 약초로 만든 강한 바닐라 향의 리큐어

25 다음 중 전통주에 대한 설명으로 옳지 않은 것은?

① 탁주는 발효 후 체로 거른 불투명한 술이다.
② 약주는 맑은 상등액만을 분리한 술이다.
③ 소주는 증류 과정을 거쳐 만든 전통 증류주이다.
④ 청주는 누룩을 쌀 대비 2% 이내로 사용해야 한다.

주세법상 청주는 누룩 사용량에 특정 비율 제한이 없다.

26 다음 중 무색, 무미, 무취의 탄산음료는?

① 콜린스 믹스(Collins Mix)
② 콜라(Cola)
③ 소다수(Soda Water)
④ 에비앙(Evian Water)

소다수(Soda Water)는 물에 이산화탄소로만 구성된 무색, 무미, 무취의 탄산음료이다.

오답 피하기
① 콜린스 믹스(Collins Mix)는 레몬과 설탕을 주원료로 액상과당, 구연산, 향료 등을 함유한 탄산음료이다.
② 콜라(Cola)는 커피의 2~3배의 카페인이 함유된 비알코올성 탄산음료이다.
④ 에비앙 워터(Evian Water)는 프랑스의 광천수이다.

27 다음 중 국가지정 중요무형문화재로 지정받은 전통주가 아닌 것은?

① 충남 면천 두견주
② 진도 홍주
③ 서울 문배주
④ 경주 교동법주

진도 홍주는 고려 초부터 전승되어 온 술로 쌀과 보리, 지초 등으로 빚어낸 증류식 소주이다.

오답 피하기
① 중요무형문화재 제86-2호
③ 중요무형문화재 제86-1호
④ 중요무형문화재 제86-3호

28 다음 중 커피의 제조방법이 아닌 것은?

① 드립식(Drip filter)
② 퍼컬레이터식(Percolator)
③ 에스프레소식(Espresso)
④ 디캔터식(Decanter)

디캔터(Decanter)는 레드 와인의 침전물을 분리하기 위해 사용하는 용기이다.

정답 23 ④ 24 ④ 25 ④ 26 ③ 27 ② 28 ④

29 다음 중 세계 3대 홍차에 해당하지 않는 것은?

① 아삼(Assam)
② 우바(Uva)
③ 기문(Keemun)
④ 다즐링(Darjeeling)

아삼(Assam)은 인도 북동부 지역에서 생산되는 홍차이지만, 3대 홍차에는 포함되지 않는다.

오답 피하기
세계 3대 홍차는 다즐링(Darjeeling), 우바(Uva), 기문(Keemun)이다.

30 영국인에 의해 개발된 보건 음료로서 퀴닌(Quinine) 성분이 첨가된 것은?

① Soda Water
② Tonic Water
③ Collins
④ Ginger Ale

토닉 워터(Tonic Water)는 영국에서 발명된 무색 투명의 착향 탄산음료로, 소다수에 레몬, 키니네(Quinine) 껍질, 라임, 오렌지 등의 향료식물과 당분을 첨가한 음료이다.

31 휘젓기(Stirring) 기법에서 재료를 섞거나 차게 할 때 사용되는 기구는?

① 스트레이너(Strainer)
② 믹싱 글라스(Mixing Glass)
③ 스퀴저(Squeezer)
④ 바 스푼(Bar Spoon)

휘젓기(Stirring) 기법은 믹싱 글라스에 얼음과 재료를 넣어 바 스푼으로 휘저어 혼합과 냉각을 시키는 기법으로, 바 스푼(Bar Spoon)은 부드럽고 조용하게 섞거나 차게 만들기 위해 사용하는 긴 손잡이 숟가락이다.

오답 피하기
① 스트레이너(Strainer) : 섞는 것이 아니라 걸러내는 역할
② 믹싱 글라스(Mixing Glass) : 바 스푼으로 저을 때 사용하는 용기
③ 스퀴저(Squeezer) : 레몬, 라임 등 과일즙을 짜는 기구

32 음료의 용량을 측정하기 위한 기구는?

① Jigger
② Mixing Glass
③ Straw
④ Decanter

지거(Jigger)는 음료와 술의 양을 측정하는 표준 계량컵이다.

오답 피하기
② 믹싱 글라스(Mixing Glass) : 비교적 혼합하기 쉬운 재료를 바 스푼으로 저을 때 사용하는 용기
③ 스트로우(Straw) : 음료를 마시기 위한 빨대
④ 디캔터(Decanter) : 침전물을 분리하기 위해 사용하는 작업. 보통 레드 와인에 사용된다.

33 다음 중 칵테일 부재료 중 Spice류에 해당하지 않는 것은?

① Grenadine Syrup
② Mint
③ Nutmeg
④ Cinnamon

그레나딘 시럽(Grenadine Syrup)은 석류 향을 넣어 만든 붉은색의 풍미를 가한 달콤한 시럽이다.

오답 피하기
② 민트(Mint) : 민트 잎을 말려 가루로 만든 박하향 향신료
③ 넛맥(Nutmeg) : 육두구 나무 열매를 말린 가루 향신료
④ 시나몬(Cinnamon) : 녹나무과의 나무껍질을 벗겨서 말린 향신료

34 칵테일은 차게 조주해야 한다. 만들어진 칵테일이 손에서 체온이 전달되지 않도록 사용하는 적절한 글라스(Glass)는?

① Stemmed Glass
② Tumbler
③ Highball Glass
④ Collins

스템 글라스(Stemmed Glass)는 손의 체온이 전달되지 않도록 하기 위해 글라스 하단에 기둥 손잡이가 있는 글라스이다.

오답 피하기
②③④ 텀블러 글라스(Tumbler Glass)에 해당하며, 스템(Stem)이 없는 글라스이다.

35 칵테일을 컵에 따를 때 얼음이 들어가지 않도록 걸러 주는 기구는?

① Shaker
② Strainer
③ Stopper
④ Blender

스트레이너(Strainer)는 믹싱 글라스에서 혼합한 칵테일을 글라스에 따를 때 사용한다.

오답 피하기
① 셰이커(Shaker) : 혼합하기 어려운 재료를 얼음과 함께 섞으면서 냉각시키는 도구
③ 스토퍼(Stopper) : 탄산이 들어간 술이나 음료를 사용 후 남았을 경우 보관하는 도구
④ 블렌더(Blender) : 과일 등 혼합하기 어려운 재료를 얼음과 함께 섞을 때 사용하는 도구

36 바에서 사용하는 하우스 브랜드(House Brand)의 의미는?

① 널리 알려진 술 종류
② 지정 주문이 아닐 때 쓰는 술 종류
③ 상품(上品)에 해당하는 술 종류
④ 조리용으로 사용하는 술 종류

하우스 브랜드(House Brand) : 손님이 특정 브랜드를 지정하지 않고 바에서 기본으로 사용하는 술을 의미한다. 비교적 저렴하고 무난한 품질의 브랜드로 지정되며, 원가 절감과 재고 관리가 쉬운 술 위주로 사용된다.

37 다음 중 흔들기(Shaking)에 대한 설명으로 옳지 않은 것은?

① 잘 섞이지 않고 비중이 다른 음료를 조주할 때 적합하다.
② 롱 드링크(Long Drink)를 만들 때 주로 사용한다.
③ 칵테일류를 조주할 때 많이 이용된다.
④ 셰이커를 이용한다.

셰이킹(Shaking)은 주로 쇼트 드링크(Short Drink) 만들 때 사용되며, 롱 드링크(Long Drink)는 빌드(Build)기법이나 스터링(Stirring)기법에 사용된다.

오답 피하기
셰이킹(Shaking) : 달걀, 시럽, 크림, 설탕 등 잘 섞이지 않는 재료를 넣고 흔들어 만드는 기법으로 칵테일류 조주할 때 많이 이용한다.

38 위스키 사워(Whiskey Sour)를 만들 때 필요한 기물은?

① 스트레이너
② 믹싱 글라스
③ 블렌더
④ 셰이커

위스키 사워(Whiskey Sour) : Shake + Build 기법으로 만드는 칵테일이다.

오답 피하기
① 스트레이너(Strainer) : Stirring 기법에 사용
② 믹싱 글라스(Mixing Glass) : Stirring 기법에 사용
③ 블렌더(Blender) : Blend 기법에 사용

39 위생적인 관점에서 가장 알맞은 얼음 처리방법은?

① 얼음을 글라스에 넣을 때 손으로 집는다.
② 사용했던 얼음은 씻어서 다시 사용할 수 있다.
③ 얼음을 냅킨으로 싸서 집는다.
④ 얼음을 아이스 텅(Ice Tong)으로 집는다.

아이스 텅(Ice Tong)은 얼음 집게를 말한다.

오답 피하기
① 손으로 집으면 세균, 바이러스가 발생할 수 있으므로 얼음과 직접 접촉하면 안 된다.
② 사용했던 얼음은 이미 음료나 외부 환경과 접촉한 상태이므로 재사용해서는 안 된다.
③ 냅킨은 물에 젖거나 섬유질이 얼음에 묻을 수 있으니 냅킨을 이용하면 안 된다.

40 다음 중 샴페인의 서비스에 관련된 설명으로 옳지 않은 것은?

① 얼음을 채운 바스켓에 칠링(Chilling)한다.
② 호스트(Host)에게 상표를 확인한다.
③ "펑" 소리를 크게 하며 거품을 최대한 많이 내야 한다.
④ 서브는 여자 손님부터 시계방향으로 한다.

'펑' 소리가 나면 와인이 공기와 접촉하여 맛과 향이 변질될 수 있어, 소리가 나지 않도록 조심스럽게 개봉해야 한다.

41 다음 중 바(Bar) 영업을 하기 위한 Bartender의 역할이 아닌 것은?

① 음료에 대한 충분한 지식을 숙지하여야 한다.
② 칵테일에 필요한 Garnish를 준비한다.
③ Bar counter 내의 청결을 수시로 관리한다.
④ 영업장의 책임자로서 모든 영업에 책임을 진다.

영업장의 책임자는 지배인(Manager), 바 매니저(Bar Manager)이다.

42 바의 매출액 구성요소 산정 방법으로 옳은 것은?

① 매출액 = 고객 수 ÷ 객단가
② 고객 수 = 고정고객 × 일반 고객
③ 객단가 = 매출액 ÷ 고객 수
④ 판매가 = 기준단가 × (재료비 ÷ 100)

오답 피하기
① 매출액 = 고객 수 × 객단가
② 고객 수 = 고정 고객 ÷ 일반 고객
④ 판매가 = 원가 ÷ 원가율

43 음료를 풀고 할 때 선입선출(FIFO: First In, First Out)의 원칙을 지켜야 하는 이유에 대하여 올바르게 표현한 것은?

① 부패에 의한 손실을 최소화하기 위함이다.
② 정확한 재고조사를 하기 위함이다.
③ 적정 재고량(Par Stock)을 저장하기 위함이다.
④ 유효기간을 파악하기 위함이다.

음료는 선입선출의 원칙을 지켜 입고된 제품 먼저 사용함으로써 부패에 의한 손실을 최소화시킬 수 있다.

44 다음 중 실제 원가가 표준원가를 초과하게 되는 원인이 아닌 것은?

① 재료의 과도한 변질 발생
② 도난 발생
③ 계획대비 소량생산
④ 잔여분의 식자재 활용 미숙

소량 생산은 과잉 생산에 따른 원재료 낭비를 줄이는 방식이다. 오히려 원가를 절감하는 전략이 될 수 있다.

오답 피하기
① 재료가 변질되면 폐기해야 하므로, 구매 비용 대비 손실이 발생해 원가가 상승한다.
② 재고가 도난되면 매출 없이 원가만 발생하므로 원가가 상승한다.
④ 재료를 효율적으로 활용하지 못하면 폐기율이 높아져 원가가 상승한다.

45 다음 중 식음료 부분의 직무에 관한 내용으로 옳지 않은 것은?

① Assistant Bar Manager는 지배인의 부재 시 업무를 대행하여 행정 및 고객관리의 업무를 수행한다.
② Bar Captain은 접객 서비스의 책임자로서 Head Waiter 또는 Supervisor라고 불리기도 한다.
③ Bus Boy는 각종 기물과 얼음, 비알코올성 음료를 준비하는 책임이 있다.
④ Banquet Manager는 접객원으로부터 그 날의 영업실적을 보고 받고 고객의 식음료비 계산서를 받아 수납 정리한다.

• 연회 지배인(Banquet manager)은 연회장 운영 총괄 및 이벤트의 준비, 직원 배치, 고객 응대, 서비스 품질 관리 등을 담당한다.
• 고객의 식음료비 계산서를 받아 수납 정리하는 일은 캐셔(Cashier)의 업무이다.

정답 41 ④ 42 ③ 43 ① 44 ③ 45 ④

46 다음 중 영업장 내 설치물에 대한 고려 사항으로 옳지 않은 것은?

① 근무자의 안전 확보
② 효율적인 작업 동선 확보
③ 청소 및 정리보다는 미적 요소 우선
④ 위생적인 작업 환경 유지

영업장 내 설치물은 미적 요소보다 위생과 청결, 정돈이 우선이다.

47 다음 중 음료가 든 잔을 서비스할 때의 행동으로 옳지 않은 것은?

① Tray를 사용한다.
② Stem을 잡는다.
③ Rim을 잡는다.
④ Coaster를 잡는다.

가장자리(Rim) 부분은 제일 얇고, 입에 닿는 부분이므로 가장자리(Rim)를 잡고 글라스를 서비스하면 안 된다.

48 다음 중 용량의 단위로 다른 것은?

① 1pony
② 1oz
③ 1shot
④ 1pint

1pint = 1파인트는 16oz, 480mL이다.

49 다음 중 잔의 물기를 흡수하고, 테이블 손상이나 잔의 미끄러짐, 깨짐을 방지하기 위해 사용하는 기물은 무엇인가?

① 스트레이너
② 코스터
③ 지거
④ 머들러

코스터(Coaster)는 글라스의 표면에 맺힌 물방울이 바 카운터나 테이블에 적시지 않도록 사용하는 글라스 받침대이다.

오답 피하기
① 스트레이너(Strainer) : 믹싱 글라스에서 혼합한 칵테일을 글라스에 따를 때 사용하는 도구
③ 지거(Jigger) : 음료와 술의 양을 측정하는 표준 계량컵
④ 머들러(Muddler) : 술과 음료를 혼합하기 전에 과일이나 허브 같은 가니쉬 재료를 미리 으깨서 향을 낼 때 사용하는 도구

50 Standard Recipe란?

① 표준 판매가
② 표준 제조법
③ 표준 조직표
④ 표준 구매가

Standard Recipe는 표준 제조법(표준 레시피)을 말한다.

51 "초청해주셔서 감사합니다."의 가장 올바른 영어 표현은?

① Thank you for inviting me.
② Thank you for invitation me.
③ It was thanks that you call me.
④ Thank you that you invited me.

오답 피하기
② invitation은 명사이므로, 뒤에 목적어(me) 사용 불가능하다.
③ thanks는 단독 사용하므로 문법 오류이다.
④ that 대신 for ~ing를 사용한다.

정답 46 ③ 47 ③ 48 ④ 49 ② 50 ② 51 ①

52 괄호 안에 들어갈 내용으로 알맞은 것은?

> A : May I take you order?
> B : Yes, please.
> A : (   )
> B : I'd like to have Bulgogi.

① Do you have a table for three?
② Pass me the salt, please.
③ How do you like your steak?
④ What would you like to have?

음식 주문을 받는 상황이며, 고객의 구체적인 주문을 유도하는 질문이다. 그러므로 "What would you like to have?"가 가장 적절하다.

오답 피하기
① 식당에 들어올 때 자리를 요청하는 표현
② 식사 중 요청하는 표현
③ 스테이크 익힘 정도를 물을 때 사용하는 질문

53 아래의 대화에서 (   )안에 알맞은 단어로 짝 지어진 것은?

> A : Let's go (   ) a drink after work, will you?
> B : I don't (   ) like a drink today.

① for, feel
② to, have
③ in, know
④ of, give

• go for a drink : 한잔하러 가다.
• feel like ~ : ~하고 싶다, ~할 기분이다.
[문장 해석]
A : 퇴근하고 한잔하러 가자, 어때?
B : 오늘은 한잔하고 싶은 기분이 아니야.

54 Select the cocktail based Vodka in the following.

① Zombie
② Bloody Mary
③ Gimlet
④ Rob Roy

Bloody Mary(블러디 메리) : Vodka 베이스

오답 피하기
① Zombie(좀비) : Rum 베이스
③ Gimlet(김렛) : Gin 베이스
④ Rob Roy(로브 로이) : Whisky 베이스

55 다음 문장의 내용으로 보아 (   ) 안에 동사형을 바르게 변형시킨 항은?

> We found (fall) leaves here and there.

① fall
② fell
③ fallen
④ falling

• 현재: fall
• 과거: fell
• 과거분사: fallen
• 현재분사/동명사: falling
[문장 해석]
우리는 여기저기에서 (떨어지는) 나뭇잎을 발견했다.

56 Which one is made with Ginger and Sugar?

① Tonic water
② Ginger ale
③ Sprite
④ Collins mix

진저에일(Ginger Ale)은 진저(Ginger)와 설탕(Sugar)으로 만든 음료이다.

정답 52 ④ 53 ① 54 ② 55 ④ 56 ②

57 "나는 전에 서울에 가본 적이 있다."를 바르게 영작한 것은?

① I have been Seoul before.
② I have go to Seoul before.
③ I had to go to Seoul before.
④ I have been to Seoul before.

I have been to Seoul before. = 나는 전에 서울에 가본 적이 있다.

오답 피하기
① 전치사 to가 빠져있다.
② go → gone 또는 been이어야 한다.
③ had to go는 "가야만 했다."라는 의미이다.

58 다음 ( ) 안에 알맞은 것은?

Present a bottle of wine for the host's ( ).

① approve
② to approve
③ approval
④ see

'host's + 명사'이므로 approval(승인, 수락)이 알맞은 표현이다.
[문장 해석]
호스트의 승인을 받기 위해 와인 한 병을 제공하라.

59 Which of the following wines should be served not chilled but at room-temperature?

① Red Wine
② White Wine
③ Champagne
④ Rose Wine

레드 와인(Red Wine)은 실온에서 서빙하는 것이 풍미를 가장 잘 느낄 수 있다.
[문장 해석]
다음 와인 중 차게 하지 않고 실온에서 제공해야 하는 것은?

60 What is distilled water with potatoes as the main ingredient?

① Whisky
② Tequila
③ Gin
④ Akvavit

[문장 해석]
감자를 주원료로 한 증류주는 무엇인가?

오답 피하기
① Whisky는 곡물(Grain)이 주원료이다.
② Tequila는 아가베(Agave)가 주원료이다.
③ Gin은 주니퍼베리(Juniper Berry)가 주원료이다.

해설과 함께 보는 최신 기출문제 02회

조주기능사	소요 시간	문항 수
	총 60분	총 60문항

수험번호 : _____
성   명 : _____

01 Agave의 수액을 발효한 후 증류하여 만든 술은?

① Tequila
② Aquavit
③ Grappa
④ Rum

테킬라(Tequila)는 백합과인 용설란(Agave)을 발효시킨 풀케(Pulque)를 증류시켜 만든다.

오답 피하기
② 북유럽 스칸디나비아 지방에서 감자를 주원료로 만드는 증류주이다.
③ 와인을 제조하고 남은 포도의 찌꺼기로 만든 이탈리의 브랜디이다.
④ 서인도제도가 원산지로 사탕수수 혹은 당밀로 만든다.

02 우리나라 주세법상 탁주와 약주의 알코올도수 표기 시 허용 오차는?

① ± 0.1%
② ± 0.5%
③ ± 1.0%
④ ± 1.5%

주세법 시행령 제1조에 의하면 주류에 대해서는 최종제품의 알코올분 표시도수의 0.5도까지 증감을 허용하고, 살균하지 아니한 탁주 및 약주의 경우에는 추가로 0.5도의 증가를 허용한다.

03 세계 3대 홍차에 해당되지 않는 것은?

① 아삼(Assam)
② 우바(Uva)
③ 기문(Keemun)
④ 다즐링(Darjeeling)

세계 3대 홍차는 다즐링(Darjeeling), 우바(Uva), 기문(Keemun)이다.

04 다음 중 프랑스의 주요 와인 산지가 아닌 곳은?

① 보르도(Bordeaux)
② 토스카나(Toscana)
③ 루아르(Loire)
④ 론(Rhone)

토스카나(Toscana)는 이탈리아의 주요 와인 산지이다.

05 오렌지를 주원료로 만든 술이 아닌 것은?

① Triple Sec
② Tequila
③ Cointreau
④ Grand Marnier

오렌지를 주원료로 만든 술은 트리플 섹(Triple Sec), 쿠앵트로(Cointreau), 그랑 마니에(Grand Marnier)이다.

정답 01 ① 02 ③ 03 ① 04 ② 05 ②

06 동일 회사에서 생산된 코냑(Cognac) 중 숙성 연도가 가장 오래된 것은?

① VSOP
② Napoleon
③ Extra Old
④ 3 Star

브랜디의 숙성표시는 제조사별로 차이가 있으나, 보통 숙성 연도는 VO < VSO < VSOP < XO < EXTRA 로 표시한다.

07 음료에 대한 설명으로 옳지 않은 것은?

① 칼린스 믹스(Collins Mix)는 레몬 주스와 설탕을 주원료로 만든 착향 탄산음료이다.
② 토닉 워터(Tonic Water)는 키니네(Quinine)를 함유하고 있다.
③ 코코아(Cocoa)는 코코넛(Coconut) 열매를 가공하여 가루로 만든 것이다.
④ 콜라(Cola)는 콜라닌과 카페인을 함유하고 있다.

코코아는 카카오나무의 열매를 분쇄하여 만든 것이다.

08 네덜란드 맥주가 아닌 것은?

① 그롤쉬
② 하이네켄
③ 암스텔
④ 디벨스

디벨스(Diebels)는 독일 맥주이다.

09 스카치 위스키(Scotch Whisky)가 아닌 것은?

① 시바스 리갈(Chivas Regal)
② 글렌피딕(Glenfiddich)
③ 존 제임슨(John Jameson)
④ 커티 삭(Cutty Sark)

존 제임슨(John Jameson)은 대표적인 아이리시 위스키(Irish Whiskey)이다.

10 모카(Mocha)와 관련한 설명으로 옳지 않은 것은?

① 예멘의 항구 이름
② 에티오피아와 예멘에서 생산되는 커피
③ 초콜릿이 들어간 음료에 붙이는 이름
④ 자메이카산 블루마운틴 커피

모카(Mocha)는 옛날 예멘과 에티오피아 산의 질 좋은 커피를 모카 항구로 수출했는데, 이렇게 모카항으로 수출된 커피를 모카 커피라 불렀다. 또한, 미국에서 '모카'하면 초콜릿이나 코코아를 의미한다. 그리하여, 커피 메뉴 중 모카는 초콜릿이 들어간 커피 메뉴로 연상된다.

11 4월 20일(곡우) 이전에 수확하여 제조한 차로, 찻잎이 작으며 연하고 맛이 부드러우며 감칠맛과 향이 뛰어난 한국의 녹차는?

① 작설차
② 우전차
③ 곡우차
④ 입하차

우전차는 곡우 이전에 수확하여 제조한 차이며, 찻잎이 작고 연하며 맛이 부드러운 것이 특징이다.

오답 피하기
① 곡우에서 입하 사이에 차나무의 새싹을 따 만든 녹차이다.
③ 곡우를 전후하여 제조한 차로 맛이 부드럽고 잎의 크기가 작다.
④ 입하 전후로 따 만든 차로 비타민 C와 엽록소, 카테킨류, 무기성분 등이 풍부하게 함유되어 있다.

정답 06 ③ 07 ③ 08 ④ 09 ③ 10 ④ 11 ②

12 다음 중 양조주가 아닌 것은?

① 맥주(Beer)
② 와인(Wine)
③ 브랜디(Brandy)
④ 풀케(Pulque)

브랜디는 럼, 진, 보드카, 테킬라, 위스키와 동일한 증류주 중 하나이다.

13 Scotch Whisky에 꿀(Honey)을 넣어 만든 혼성주는?

① Cherry Heering
② Cointreau
③ Galliano
④ Drambuie

드람부이(Drambuie)는 '사람을 만족시키는 음료'라는 뜻이며, 스카치 위스키과 꿀, 허브 등을 첨가해서 만든 스코틀랜드산 혼성주이다.

14 발포성 포도주와 관계가 없는 것은?

① 뱅 무스(Vin Mousseux)
② 베르무스(Vermouth)
③ 돔 페리뇽(Dom Perignon)
④ 샴페인(Champagne)

베르무스(Vermouth)는 주정 강화 와인이며, 식전주로 사용하거나 칵테일 재료로 많이 사용된다.

15 맥주용 보리의 조건이 아닌 것은?

① 껍질이 얇아야 한다.
② 담황색을 띠고 윤택이 있어야 한다.
③ 전분 함유량이 적어야 한다.
④ 수분 함유량 13% 이하로 잘 건조되어야 한다.

전분 함유량이 많고 단백질이 적어야 한다.

16 버번위스키 1Pint의 용량으로 맨해튼 칵테일 몇 잔을 만들어 낼 수 있는가?

① 약 5잔
② 약 10잔
③ 약 15잔
④ 약 20잔

1Pint = 16oz(480mL)이며, 맨해튼의 버번 위스키는 $1+\frac{1}{2}$oz(1.5oz) 로 약 10잔 만들 수 있다.

17 Still Wine을 바르게 설명한 것은?

① 발포성 와인
② 식사 전 와인
③ 비발포성 와인
④ 식사 후 와인

와인은 탄산가스 유무에 따라 발포성 와인(스파클링 와인)과 비발포성 와인(스틸 와인)으로 나눌 수 있다.

18 발효방법에 따른 차의 분류가 잘못 연결된 것은?

① 비발효차 - 녹차
② 반발효차 - 우롱차
③ 발효차 - 말차
④ 후발효차 - 흑차

말차는 잎차를 가공 중에 갈아 가루의 형태를 유지하고 있는 녹차이며, 녹차는 비발효차에 속한다.

정답 12 ③ 13 ④ 14 ② 15 ③ 16 ② 17 ③ 18 ③

19 전통주에 관한 설명으로 옳지 않은 것은?

① 모주 – 막걸리에 한약재를 넣고 끓인 술
② 감주 – 누룩으로 빚은 술의 일종으로 술과 식혜의 중간
③ 죽력고 – 청죽을 쪼개어 불에 구워 스며 나오는 진액인 죽력과 물을 소주에 넣고 중탕한 술
④ 합주 – 물 대신 좋은 술로 빚어 감미를 더한 주도가 낮은 술

합주는 찹쌀로 빚어서 여름에 마시는 막걸리이며, 꿀이나 설탕을 타서 마신다.

20 다음 중 Cognac 지방의 Brandy가 아닌 것은?

① Remy Martin
② Hennessy
③ Chabot
④ Hine

샤보(Chabot)는 코냑 지방이 아닌 아르마냑 지방의 브랜디이다.

21 독일 와인에 대한 설명으로 옳지 않은 것은?

① 아이스바인(Eiswein)은 대표적인 레드 와인이다.
② Prädikatswein 등급은 포도의 수확상태에 따라서 여섯 등급으로 나눈다.
③ 레드 와인보다 화이트 와인의 제조가 월등히 많다.
④ 아우스레제(Auslese)는 완전히 익은 포도를 선별해서 만든다.

아이스바인(Eiswein)은 한 겨울까지 포도를 수확하지 않고 두었다가 포도가 얼면 수확해 바로 압착해서 만든 디저트용 와인이다.

22 양조주에 대한 설명으로 옳은 것은?

① 단식증류기를 사용한다.
② 알코올 함량이 높고 저장기간이 길다.
③ 전분이나 과당을 발효시켜 제조한다.
④ 주정에 초근목피를 첨가하여 만든다.

양조주는 발효주라고 하며, 효모의 발효 작용에 의해 만들어진 술로서 알코올 함량이 낮다. 당질을 원료로 만들어지는 단발효주와 전분질을 원료로 해서 만든다.

23 다음 중 지역명과 대표적인 포도 품종의 연결이 맞는 것은?

① 샴페인 – 세미용
② 부르고뉴(White) – 쇼비뇽 블랑
③ 보르도(Red) – 피노 누아
④ 샤또 네프 뒤 빠쁘 – 그르나슈

그르나슈(Grenache)는 프랑스 남부 론(Rhone)지방에서 재배되는 포도 품종으로 '교황의 와인'이라 부르며, 샤또 네프 뒤 빠쁘(Châteauneuf-du-Pape)를 만드는 데 사용한다.

오답 피하기
① 샴페인 – 샤르도네
② 부르고뉴 – 피노 누아
③ 보르도 – 카베르네 쇼비뇽

24 혼성주 특유의 향과 맛을 이루는 주재료로 가장 거리가 먼 것은?

① 과일
② 꽃
③ 천연 향료
④ 곡물

혼성주는 증류주(주정)에 초근목피, 꽃 등 색, 향, 맛을 내는 재료와 당분을 더한 술이다.

정답 19 ④ 20 ③ 21 ① 22 ③ 23 ④ 24 ④

25 오렌지 껍질을 주원료로 만든 혼성주는?

① Anisette
② Campari
③ Triple Sec
④ Underberg

오렌지를 주원료로 만든 술에는 트리플 섹(Triple Sec), 쿠앵트로(Cointreau), 그랑 마니에(Grand Marnier)이 있다.

26 술 자체의 맛을 의미하는 것으로 '단맛'이라는 의미의 프랑스어는?

① Trocken
② Blanc
③ Cru
④ Doux

'Doux'는 단맛이라는 의미의 프랑스어이다.

오답 피하기
① 독일어 : Dry
② 프랑스어 : White
③ 프랑스어 : 포도원, 포도주

27 증류주에 대한 설명으로 옳은 것은?

① 과실이나 곡류 등을 발효시킨 후 열을 가하여 알코올을 분리해서 만든다.
② 과실의 향료를 혼합하여 향기와 감미를 첨가한다.
③ 종류로는 맥주, 와인, 약주 등이 있다.
④ 탄산성 음료를 의미한다.

증류주는 양조주를 증류한 술이다.

28 다음 중 발명자가 알려져 있는 것은?

① Vodka
② Calvados
③ Gin
④ Irish Whiskey

진은 네덜란드 라이덴(Leiden) 대학의 의학교수 프란시스쿠스 실비우스(Franciscus Sylvius)에 의해 약용으로 만들어졌다.

29 프랑스 수도원에서 약초로 만든 리큐어로 '리큐어의 여왕'이라 불리는 것은?

① 압생트(Absinthe)
② 베네딕틴 디오엠(Benedictine D.O.M)
③ 두보네(Dubonnet)
④ 샤르트뢰즈(Chartreuse)

샤르트뢰즈(Chartreuse)는 프랑스어로 수도사란 뜻으로 '리큐어의 여왕'이라고 부른다.

30 문배주에 대한 설명으로 틀린 것은?

① 술의 향기가 문배나무의 과실에서 풍기는 향기와 같다 하여 붙여진 이름이다.
② 원료는 밀, 좁쌀, 수수를 이용하여 만든 발효주이다.
③ 평안도 지방에서 전수되었다.
④ 누룩의 주원료는 밀이다.

문배주는 평안도 지방에서 전승되어 오는 증류식 소주이며, 술의 향기가 문배나무의 과실에서 풍기는 향기와 같아 붙여진 이름이다. 원료는 밀, 좁쌀, 수수이며, 누룩의 원료는 밀이다.

31 다음 중 비터(Bitters)에 대한 설명으로 옳은 것은?

① 쓴맛이 강한 혼성주로 칵테일에는 소량을 첨가하여 향료 또는 고미제로 사용
② 야생체리로 착색한 무색의 투명한 술
③ 박하냄새가 나는 녹색의 색소
④ 초콜릿 맛이 나는 시럽

비터(Bitters)는 쓴맛이 강한 혼성주로 칵테일에는 소량을 첨가하여 향료 또는 고미제로 사용한다. 대표적으로 앙고스투라 비터(Angostura Bitters)가 있다.

32 고객이 바에서 진 베이스의 칵테일을 주문할 경우 Call Brand의 의미는?

① 고객이 직접 요청하는 특정 브랜드
② 바텐더가 추천하는 특정 브랜드
③ 업장에서 가장 인기 있는 특정 브랜드
④ 해당 칵테일에 가장 많이 사용되는 특정 브랜드

Call Brand는 고객이 직접 요청하는 특정 브랜드의 술을 말한다.

33 칵테일글라스의 부위 명칭으로 틀린 것은?

① (ㄱ) Rim
② (ㄴ) Face
③ (ㄷ) Body
④ (ㄹ) Bottom

(ㄷ)은 바디(Body)가 아닌 스템(Stem)이다.

34 Key Box나 Bottle Member 제도에 대한 설명으로 옳은 것은?

① 음료의 판매회전이 촉진된다.
② 고정고객을 확보하기는 어렵다.
③ 후불이기 때문에 회수가 불분명하여 자금운영이 원활하지 못하다.
④ 주문시간이 많이 걸린다.

Key Box나 Bottle Member는 음료의 판매 회전이 촉진된다는 장점이 있다.

오답 피하기
② 고정고객을 확보할 수 있어 고정 수입이 확보된다.
③ 선불이기 때문에 자금 회수가 정확하며 자금 운영이 원활하다.
④ 주문 시간이 오래 걸리지 않는다.

35 주로 생맥주를 제공할 때 사용하며 손잡이가 달린 글라스는?

① Mug Glass
② Highball Glass
③ Collins Glass
④ Goblet

머그잔(Mug Glass)은 손잡이가 있는 큰 잔이다.

36 다음 중 브랜디를 베이스로 한 칵테일은?

① Honeymoon
② New York
③ Old Fashioned
④ Rusty Nail

브랜디를 베이스로 한 칵테일은 허니문 칵테일(Honeymoon Cocktail)이다.

오답 피하기
②③④ 위스키를 베이스로 한 칵테일이다.

37 Mise en Place의 의미는?

① 영업제반의 준비사항
② 주류의 수량관리
③ 적정 재고량
④ 대기 자세

미즈 앙 플라스(Mise en Pleace)는 프랑스어로 영업 시작 전 음식의 준비 작업을 마무리 짓는 것을 말한다.

38 Under Cloth에 대한 설명으로 옳은 것은?

① 흰색을 사용하는 것이 원칙이다.
② 식탁의 마지막 장식이라 할 수 있다.
③ 식탁 위의 소음을 줄여준다.
④ 서비스 플레이트나 식탁 위에 놓는다.

언더 클로스(Under Cloth)는 그릇 놓는 소리를 막기 위해 까는 용도이며, 사일런스 클로스(Silence Cloth) 또는 테이블 패드(Table Pads)라고 부른다.

39 업장에서 장기간 보관 시 세워서 보관하지 않고 뉘어서 보관해야 하는 것은?

① 포트와인
② 브랜디
③ 그라파
④ 아이스와인

알코올 도수가 높은 포트 와인, 브랜디, 그라파는 세워 보관하지만 아이스와인은 알코올 도수가 낮아 코르크의 건조를 막기 위해 뉘어서 보관한다.

40 소금을 Cocktail Glass 가장자리에 찍어서(Rimming) 만드는 칵테일은?

① Singapore Sling
② Side Car
③ Margarita
④ Snowball

글라스 가장자리(Rim)에 레몬즙 등을 사용하여 소금이나 설탕 등을 묻히는 것을 리밍(Rimming) 또는 프로스팅(Frosting)이라고 하며, 대표적인 칵테일로는 소금은 마가리타(Margarita), 설탕은 키스 오브 파이어(Kiss of Fire) 등이 있다.

41 보드카가 기주로 쓰이지 않는 칵테일은?

① 맨해튼
② 스크류드라이브
③ 키스 오브 파이어
④ 치치

맨해튼(Manhattan)의 베이스는 버번 위스키(Bourbon Whiskey)이다.

42 Gin Fizz를 서브할 때 사용하는 글라스로 적합한 것은?

① Cocktail Glass
② Champagne Glass
③ Liqueur Glass
④ Highball Glass

진 피즈(Gin Fizz)는 하이볼 글라스에 서브한다.

43 칵테일의 부재료 중 씨 부분을 사용하는 것은?

① Cinnamon
② Nutmeg
③ Celery
④ Mint

넛맥(Netmeg)은 사향 향기가 나는 호두라는 뜻으로 육두구 나무 열매의 씨를 말려 가루로 만들었으며, 달걀 등 비린내를 없애기 위해 사용한다.

44 다음 중 기구에 대한 설명이 잘못된 것은?

① 스토퍼(Stopper) : 남은 음료를 보관하기 위한 병마개
② 코르크 스크류(Cork Screw) : 와인 병마개를 딸 때 사용
③ 아이스 텅(Ice Tong) : 톱니 모양으로 얼음 집는 데 사용
④ 머들러(Muddler) : 얼음을 깨는 송곳

머들러(Muddler)는 과일 등을 으깰 때 사용하는 막대이다.

45 얼음을 거르는 기구는?

① Jigger
② Cork Screw
③ Pourer
④ Strainer

얼음을 거르는 기구는 스트레이너(Strainer)이다.

오답 피하기
① 계량 할 때 사용하는 기구이다.
② 와인 오프너이다.
③ 병에 꽂아서 주류를 따를 때 흘리지 않도록 하는 기구이다.

46 Pilsner Glass에 대한 설명으로 옳은 것은?

① 브랜디를 마실 때 사용한다.
② 맥주를 따르면 기포가 올라와 거품이 유지된다.
③ 와인의 향을 즐기는데 가장 적합하다.
④ 옆면이 둥글게 되어 있어 발레리나를 연상하게 하는 모양이다.

필스너 글라스(Pilsner Glass)는 체코의 '필슨'이라는 회사에서 만든 맥주잔이다.

정답 41 ① 42 ④ 43 ② 44 ④ 45 ④ 46 ②

47 마신 알코올 양(mL)을 나타내는 공식은?

① 알코올 양(mL) × 0.8
② 술의 농도(%) × 마시는 양(mL) ÷ 100
③ 술의 농도(%) − 마시는 양(mL)
④ 술의 농도(%) ÷ 마시는 양(mL)

마신 알코올양=술의 농도(%) × 마시는 양(mL) ÷ 100

48 프라페(Frappe)를 만들기 위해 준비하는 얼음은?

① Cube Ice
② Big Ice
③ Cracked Ice
④ Crushed Ice

프라페를 만들 때 사용하는 얼음은 크러쉬드 아이스(Crushed Ice)이다.

49 고객이 호텔의 음료상품을 이용하지 않고 음료를 가지고 오는 경우, 서비스하고 여기에 필요한 글라스, 얼음, 레몬 등을 제공하여 받는 대가를 무엇이라 하는가?

① Rental Charge
② V.A.T(Value Added Tax)
③ Corkage Charge
④ Service Charge

콜키지 차지(Corkage Charge)는 외부로부터 반입된 음료를 서브하고, 그에 대한 서비스 대가로 받는 요금을 말한다.

50 다음 중 칵테일 계량단위 범주에 해당되지 않는 것은?

① oz
② tsp
③ jigger
④ ton

칵테일 계량 단위 종류에는 oz, tsp, Jigger가 있다.

51 What is the meaning of a walk-in guest?

① A guest with no reservation
② Guest on charged instead of reservation guest
③ By walk-in guest
④ Guest that checks in through the front desk

워크 인 게스트(walk-in guest)는 사전에 예약을 하지 않고 당일에 직접 호텔에 와서 투숙하는 고객을 말한다.

52 다음은 레스토랑에서 종업원과 고객과의 대화이다. (　　) 안에 가장 알맞은 것은?

G : Waitress, may I have our check, please?
W : (　　　　　　　)
G : No, I want it as one bill.

① Do you want separate checks?
② Don't mention it.
③ You are wanted on the phone.
④ Yes, I can.

G : 계산서 부탁합니다.
W : (따로 나눠 드릴까요?)
G : 아니요, 한 장으로 주세요.

정답 47 ② 48 ④ 49 ③ 50 ④ 51 ① 52 ①

53 Which is the best wine with a beefsteak course at dinner?

① Red Wine
② Dry Sherry
③ Blush Wine
④ White Wine

비프 스테이크와 잘 어울리는 와인은 레드 와인(Red Wine)이다.

54 Which one is the cocktail containing beer and tomato juice?

① Red Boy
② Bloody Mary
③ Red Eye
④ Tom Collins

맥주와 토마토 주스로 만든 칵테일은 레드 아이(Red Eye)이다.

55 Which of the following represents drinks like coffee and tea?

① Nutrition Drinks
② Refreshing Drinks
③ Preference Drinks
④ Non-Carbonated Drinks

커피와 차는 대표적인 기호음료(Preference Drinks)이다.

오답 피하기
① 영양 음료(Nutrition Drinks)
② 청량 음료(Refreshing Drinks)
④ 비탄산 음료(Non-Carbonated Drinks)

56 Which one does not belong to aperitif?

① Sherry
② Campari
③ Kir
④ Brandy

브랜디는 식전주가 아닌 식후주이다.

57 호텔에서 Check-In 또는 Check-Out 시 Customer가 할 수 있는 말로 적합하지 않은 것은?

① Would you fill out this registration form?
② I have a reservation for tonight.
③ I'd like to check out today.
④ Can you hold my luggage until 4 pm?

등록 카드에 기입해 주시겠습니까?

오답 피하기
② 오늘밤 예약이 되어 있습니다.
③ 오늘 체크아웃하고 싶습니다.
④ 오후 4시까지 짐을 보관해 주시겠어요?

58 Which one is the cocktail name containing Dry Gin, Dry Vermouth and Orange Juice?

① Gimlet
② Golden Cadillac
③ Bronx
④ Bacardi Cocktail

드라이 진, 드라이 베르무스, 오렌지 주스로 만든 칵테일은 브롱크스(Bronx)이다.

정답 53 ① 54 ③ 55 ③ 56 ④ 57 ① 58 ③

59 다음 (   ) 안에 들어갈 단어로 가장 적합한 것은?

> Please (   ) yourself to the coffee before it gets cold.

① drink
② help
③ like
④ does

[문장 해석]
커피가 식기 전에 드세요.

60 What is the name of this cocktail?

> 「Vodka 30mL & Orange Juice 90mL, build」 pour Vodka and Orange Juice into a chilled highball glass with several ice cubes, and stir.

① Blue Hawaiian
② Bloody Mary
③ Screwdriver
④ Manhattan

보드카, 오렌지 주스로 만든 칵테일은 스크류드라이버(Screwdriver)이다.

해설과 함께 보는 최신 기출문제 03회

조주기능사	소요 시간	문항 수
	총 60분	총 60문항

수험번호 : _____
성   명 : _____

---

01 매년 보졸레 누보의 출시일은?

① 11월 첫째 주 목요일
② 11월 셋째 주 목요일
③ 11월 첫째 주 금요일
④ 11월 셋째 주 금요일

보졸레 누보(Beaujolais Nouveau)는 프랑스 보졸레 지역에서 가메(Gamey) 품종으로 만든 햇와인을 말하며, 매년 9월에 생산된 와인을 4~6주 숙성시킨 후 11월 셋째 주 목요일에 출시된다.

02 위스키의 제조과정을 순서대로 나열한 것으로 가장 적합한 것은?

① 맥아-당화-발효-증류-숙성
② 맥아-당화-증류-저장-후숙
③ 맥아-발효-증류-당화-블렌딩
④ 맥아-증류-저장-숙성-발효

위스키(Whisky) 제조과정은 '맥아(Malting) → 당화(Mashing) → 발효(Fermentation) → 증류(Distillation) → 숙성(Aging) → 병입(Bottling)'이다.

03 샴페인의 발명자는?

① Bordeaux
② Champagne
③ St. Emilion
④ Dom Perignon

샴페인(Champagne)은 17세기 말경 돔 페리뇽(Dom Perignon)이라는 베네딕트 수도원의 수도승에 의해 만들어졌다.

04 프랑스의 와인제조에 대한 설명 중 틀린 것은?

① 프로방스에서는 주로 로제 와인을 많이 생산한다.
② 포도당이 에틸알코올과 탄산가스로 변한다.
③ 포도 발효 상태에서 브랜디를 첨가한다.
④ 포도 껍질에 있는 천연 효모의 작용으로 발효가 된다.

포도 발효 상태에서 브랜디를 첨가하여 만드는 와인은 포트 와인이다. 포트 와인은 포르투갈의 주정 강화 와인이다.

05 각 나라별 발포성 와인(Sparkling Wine)의 명칭이 잘못 연결된 것은?

① 프랑스-Cremant
② 스페인-Vin Mousseux
③ 독일-Sekt
④ 이탈리아 - Spumante

스페인의 스파클링 와인은 카바(Cava)라고 하며, 뱅 무세(Vin Mousseux)는 프랑스의 스파클링 와인이다.

정답 01 ② 02 ① 03 ④ 04 ③ 05 ②

06 혼성주(Compounded Liquor)에 대한 설명 중 틀린 것은?

① 칵테일 제조나 식후주로 사용된다.
② 발효주에 초근목피의 침출물을 혼합하여 만든다.
③ 색채, 향기, 감미, 알코올의 조화가 잘 된 술이다.
④ 혼성주는 고대 그리스 시대에 약용으로 사용되었다.

혼성주는 증류주를 원료로 하여 당분을 더하고 과일이나 향료, 약초 등 초근목피의 침출물로 향미를 더하여 만든 술이다.

07 주류의 주정 도수가 높은 것부터 낮은 순서대로 나열된 것으로 옳은 것은?

① Vermouth > Brandy > Fortified Wine > Kahlua
② Fortified Wine > Vermouth > Brandy > Beer
③ Fortified Wine > Brandy > Beer > Kahlua
④ Brandy > Sloe Gin > Fortified Wine > Beer

각 주정의 도수들은 아래와 같다.
• 브랜디(Brandy) : 40도
• 슬로우 진(Sloe Gin) : 30~35도
• 주정 강화 와인(Fortified Wine) : 18~20도
• 맥주(Beer) : 4도

08 포도주에 아티초크를 배합한 리큐어로 약간 진한 커피색을 띠는 것은?

① Chartreuse
② Cynar
③ Dubonnet
④ Campari

시나(Cynar)는 와인에 국화과의 아티초크(Artichoke)와 약초를 배합한 진한 커피색의 리큐어이다.

오답 피하기
① 130가지 정도의 허브(약초)를 포도주에 침출하고 증류한 리큐어이다.
③ 레드 와인에 키니네를 원료로 첨가하여 만든 옅은 갈색을 띠는 프랑스산의 고전 식전주 리큐어이다.
④ 오렌지 과피, 뿌리, 씨, 회향초 등 70여 가지의 재료로 만든 붉은색의 리큐어이다.

09 살균방법에 의한 우유의 분류가 아닌 것은?

① 초저온살균 우유
② 저온살균 우유
③ 고온살균 우유
④ 초고온살균 우유

우유의 살균법은 저온살균법(Ltlt), 고온단시간살균법(Htst), 고온장시간살균법(Htlt), 초고온순간살균법(Uht)으로 살균 처리한다.

10 에스프레소에 우유거품을 올린 것으로 다양한 모양의 디자인이 가능해 인기를 끌고 있는 커피는?

① 카푸치노
② 카페라테
③ 콘파냐
④ 카페모카

카푸치노(Cappuccino)는 '에스프레소+우유 거품+시나몬 파우더'로 만들어진다.

정답 06 ② 07 ④ 08 ② 09 ① 10 ①

11 곡물로 만들어 농번기에 주로 먹었던 막걸리는 어느 분류에 속하는가?

① 혼성주
② 증류주
③ 양조주
④ 화주

막걸리는 조상들이 곡물로 만들어 농번기에 주로 마신 술로 누룩과 혼합하여 고두밥을 넣어 발효시킨 다음, 맑은술을 뜨지 않고 그대로 걸러서 만든 양조주이다.

12 다음 중 혼성주에 속하는 것은?

① 글렌피딕
② 코냑
③ 버드와이저
④ 캄파리

캄파리(Campari)는 오렌지 과피, 뿌리, 씨, 회향초 등 70여 가지의 재료로 만든 붉은색의 리큐어이다.

> **오답 피하기**
> ① 증류주에 속한다.
> ② 증류주에 속한다.
> ③ 양조주에 속한다.

13 코냑(Cognac) 생산 회사가 아닌 것은?

① 마르텔
② 헤네시
③ 까뮤
④ 화이트 홀스

화이트 홀스(White Horse)는 블렌디드 위스키이다.

14 맥주 제조에 필요한 중요한 원료가 아닌 것은?

① 맥아
② 포도당
③ 물
④ 효모

맥주의 원료는 보리, 물, 홉, 효모이다.

15 상면발효 맥주가 아닌 것은?

① 에일 맥주(Ale Beer)
② 포터 맥주(Porter Beer)
③ 스타우트 맥주(Stout Beer)
④ 필스너 맥주(Pilsner Beer)

필스너 맥주(Pilsner Beer)는 하면발효 맥주이다.

16 차의 분류가 옳게 연결된 것은?

① 발효차 – 얼그레이
② 불발효차 – 보이차
③ 반발효차 – 녹차
④ 후발효차 – 자스민

얼그레이는 발효차이다.

> **오답 피하기**
> ② 불발효차 – 녹차
> ③ 반발효차 – 자스민차
> ④ 후발효차 – 보이차

정답 11 ③ 12 ④ 13 ④ 14 ② 15 ④ 16 ①

17 와인의 등급제도가 없는 나라는?

① 스위스
② 영국
③ 헝가리
④ 남아프리카공화국

와인의 등급제도가 없는 나라로는 남아프리카 공화국이 있다.

18 보드카(Vodka)에 대한 설명 중 틀린 것은?

① 슬라브 민족의 국민주라고 할 수 있을 정도로 애음되는 술이다.
② 사탕수수를 주원료로 사용한다.
③ 무색(Colorless), 무미(Tasteless), 무취(Odorless)이다.
④ 자작나무의 활성탄과 모래를 통과시켜 여과한 술이다.

사탕수수를 주원료로 만든 술은 럼(Rum)이다.

19 독일 와인 라벨 용어는?

① 로사토
② 트로켄
③ 로쏘
④ 비노

트로켄은 독일어로 드라이(Dry)를 의미한다.

오답 피하기
① 이탈리아어로 분홍색을 의미한다.
③ 이탈리아어로 붉은색을 의미한다.
④ 이탈리아어로 와인을 의미한다.

20 다음의 설명에 해당하는 혼성주를 바르게 연결한 것은?

> ㉠ 멕시코산 커피를 주원료로 하여 Cocoa, Vanilla 향을 첨가해서 만든 혼성주이다.
> ㉡ 야생 오얏을 진에 첨가해서 만든 빨간색의 혼성주이다.
> ㉢ 이탈리아의 국민주로 제조법은 각종 식물의 뿌리, 씨, 향초, 껍질 등 70여 가지의 재료로 만들어지며 제조 기간은 45일이 걸린다.

① ㉠ 샤르트뢰즈(Chartreuse)
  ㉡ 시나(Cynar)
  ㉢ 캄파리(Campari)
② ㉠ 파샤(Pasha)
  ㉡ 슬로우 진(Sloe Gin)
  ㉢ 캄파리(Campari)
③ ㉠ 깔루아(Kahlua)
  ㉡ 시나(Cynar)
  ㉢ 캄파리(Campari)
④ ㉠ 깔루아(Kahlua)
  ㉡ 슬로우 진(Sloe Gin)
  ㉢ 캄파리(Campari)

㉠ 깔루아(Kahlua)에 대한 설명이다.
㉡ 슬로우 진(Sloe Gin)에 대한 설명이다.
㉢ 캄파리(Campari)에 대한 설명이다.

오답 피하기
• 샤르트뢰즈(Chartreuse)는 130가지 정도의 허브(약초)를 포도주에 침출하고 증류한 리큐어이다.
• 시나(Cynar)는 와인에 국화과의 가티초크(Artichoke)와 약초를 배합한 진한 커피색의 리큐어이다.
• 파샤(Pasha)는 터키산 커피 리큐어이다.

21 다음 중 증류주가 아닌 것은?

① Light Rum
② Malt Whisky
③ Brandy
④ Bitters

비터(Bitters)는 혼성주이다.

정답 17 ④ 18 ② 19 ② 20 ④ 21 ④

22 다음 중 양조주에 해당하는 것은?

① 청주(淸酒)
② 럼주(Rum)
③ 소주(Soju)
④ 리큐어(Liqueur)

청주(淸酒)는 양조주에 속한다.

오답 피하기
② 증류주에 속한다.
③ 증류주에 속한다.
④ 혼성주에 속한다.

23 커피의 3대 원종이 아닌 것은?

① 피베리
② 아라비카
③ 리베리카
④ 로부스타

커피의 3대 원종은 아라비카(Arabica), 로부스타(Robusta), 리베리카(Liberica)이다.

24 비알콜성 음료(Non-Alcoholic Beverage)의 설명으로 옳은 것은?

① 양조주, 증류주, 혼성주로 구분된다.
② 맥주, 위스키, 리큐어(Liqueur)로 구분된다.
③ 소프트 드링크, 맥주, 브랜디로 구분한다.
④ 청량음료, 영양음료, 기호음료로 구분한다.

음료는 알코올성 음료와 비알코올성 음료로 구분되며, 알코올성 음료는 양조주, 증류주, 혼성주로 구분되고 비알코올성 음료는 청량음료, 영양음료, 기호음료로 구분된다.

25 스코틀랜드의 위스키 생산지 중에서 가장 많은 증류소가 있는 지역은?

① 하이랜드(Highland)
② 스페이사이드(Speyside)
③ 로우랜드(Lowland)
④ 아일라(Islay)

스카치 위스키는 스페이사이드(Speyside), 하이랜드(Highland), 로우랜드(Lowland), 캠벨타운(Campbeltown), 아일라(Islay) 5개 지역에서 생산되며, 스페이사이드(Speyside)는 스코틀랜드 위스키 생산지 중 제일 많이 증류소가 있는 지역이며, 싱글몰트 스카치 위스키의 60% 이상이 이 지역에서 생산된다.

26 곡류를 발효 증류 시킨 후 주니퍼 베리, 고수풀, 안젤리카 등의 향료식물을 넣어 만든 증류주는?

① VODKA
② RUM
③ GIN
④ TEQUILA

진(Gin)은 알코올에 두송자(Juniper Berry), 고수풀, 당귀 뿌리 등의 향료 식물로 착향 시킨 술이다.

27 증류주에 대한 설명으로 가장 거리가 먼 것은?

① 대부분 알코올 도수가 20도 이상이다.
② 알코올 도수가 높아 잘 부패되지 않는다.
③ 장기 보관 시 변질되므로 대부분 유통기간이 있다.
④ 갈색의 증류주는 대부분 오크통에서 숙성시킨다.

장기 보관 시 변질되어 대부분 유통기간이 있는 술은 맥주(Beer)에 대한 내용으로, 맥주(Beer)는 양조주에 속한다.

정답 22 ① 23 ① 24 ④ 25 ② 26 ③ 27 ③

28 다음 중 소주에 대한 설명으로 틀린 것은?

① 제조법에 따라 증류식 소주, 희석식 소주로 나뉜다.
② 우리나라에 소주가 들어온 연대는 조선시대이다.
③ 주원료로는 쌀, 찹쌀, 보리 등이다.
④ 삼해주는 조선 중엽 소주의 대명사로 알려질 만큼 성행했던 소주이다.

우리나라 소주는 고려시대 때 몽고에 의해 증류주 제조기술이 전파되었다.

29 영국에서 발명한 무색투명한 음료로서 키니네가 함유된 청량음료는?

① Cider
② Cola
③ Tonic Water
④ Soda Water

토닉 워터(Tonic Water)는 영국에서 발명된 뒷맛이 쌉싸름한 무색투명의 착향 탄산음료를 말한다.

30 다음 중 식전주로 알맞지 않은 것은?

① 셰리 와인
② 샴페인
③ 캄파리
④ 깔루아

식전주는 식욕증진을 위해 식전에 마시는 칵테일로 깔루아(Kahlua)는 식후주에 속한다.

31 다음 중 Tumbler Glass는 어느 것인가?

① Champagne Glass
② Cocktail Glass
③ Highball Glass
④ Brandy Glass

텀블러 글라스(Tumbler Glass)는 논알코올 칵테일(Non-Alcohol Cocktail)이나 롱 드링크(Long Drink)에 사용하며, 일반적으로 8oz(240mL) 용량의 원통형 모양의 컵을 말하며, 하이볼 글라스(Highball Glass), 콜린스 글라스(Collins Glass) 등이 있다.

32 다음 와인 종류 중 냉각하여 제공하지 않는 것은?

① 클라렛(Claret)
② 호크(Hock)
③ 샴페인(Champagne)
④ 로제(Rose)

클라렛(Claret)은 프랑스 보드로 지방의 레드 와인으로 '포도주의 여왕'을 의미하며, 레드 와인은 냉각하지 않고 실온에서 서브한다.

33 칵테일을 만들 때, 흔들거나 섞지 않고 글라스에 직접 얼음과 재료를 넣어 바 스푼이나 머들러로 휘저어 만드는 칵테일은?

① 스크류드라이버(Screw Driver)
② 스팅어(Stinger)
③ 마가리타(Magarita)
④ 싱가폴 슬링(Singapore Sling)

글라스에 직접 얼음과 재료를 넣어 바 스푼이나 머들러로 휘저어 만드는 방법은 빌드(Build) 기법으로, 스크류드라이버(Screw Driver)는 빌드(Build) 기법이다.

오답 피하기
② 셰이크(Shake) 기법의 칵테일이다.
③ 셰이크(Shake) 기법의 칵테일이다.
④ 셰이크/빌드(Shake/Build) 기법의 칵테일이다.

34 Wine Master의 의미로 가장 적합한 것은?

① 와인의 제조 및 저장관리를 책임지는 사람
② 포도나무를 가꾸고 재배하는 사람
③ 와인을 판매 및 관리하는 사람
④ 와인을 구매하는 사람

와인 마스터(Wine Master)는 와인의 제조 및 저장관리를 책임지는 사람이다.

35 칵테일에 사용하는 얼음으로 적합하지 않은 것은?

① 컬러 얼음(Color Ice)
② 가루 얼음(Shaved Ice)
③ 기계 얼음(Cube Ice)
④ 작은 얼음(Cracked Ice)

컬러 얼음(Color Ice)을 사용 시 칵테일 본연의 색과 질감을 방해하기 때문에 컬러 얼음은 사용하지 않는다.

36 조주용 기물 종류 중 푸어러(Pourer)의 설명으로 옳은 것은?

① 쓰고 남은 청량음료를 밀폐시키는 병마개
② 칵테일을 마시기 쉽게 하기 위한 빨대
③ 술병 입구에 끼워 쏟아지는 양을 일정하게 만드는 기구
④ 물을 담아놓고 쓰는 손잡이가 달린 물병

푸어러(Pourer)는 술병 입구에 끼워 쏟아지는 양을 일정하게 만드는 기구이다.

오답 피하기
① 스토퍼(Stopper)에 대한 설명이다.
② 빨대(Straw)에 대한 설명이다.
④ 피처(Pitcher)에 대한 설명이다.

37 다음 중 가장 많은 재료를 넣어 만드는 칵테일은?

① Manhattan
② Apple Martini
③ Gibson
④ Long Island Iced Tea

롱 아일랜드 아이스 티(Long Island Iced Tea) 칵테일 재료는 Dry Gin, Vodka, Light Rum, Tequila, Triple Sec, Sweet&Sour mix, Cola로 총 7가지이다.

오답 피하기
① Bourbon Whiskey, Sweet Vermouth, Angostura Bitters로 총 3가지의 재료가 들어간다.
② Vodka, Apple Pucker, Lime Juice로 총 3가지의 재료가 들어간다.
③ Dry Gin, Dry Vermouth로 총 2가지의 재료가 들어간다.

38 다음 중 Gin Base에 속하는 칵테일은?

① Stinger
② Old-Fashioned
③ Dry Martini
④ Sidecar

드라이 마티니(Dry Martini) 칵테일 제조에는 Dry Gin, Dry Vermouth가 사용된다.

오답 피하기
① 브랜디(Brandy) 베이스의 칵테일이다.
② 버번 위스키(Bourbon Whiskey) 베이스의 칵테일이다.
④ 브랜디(Brandy) 베이스의 칵테일이다.

39 와인의 Tasting 방법으로 가장 옳은 것은?

① 와인을 오픈한 후 공기와 접촉되는 시간을 최소화하여 바로 따른 후 마신다.
② 와인에 얼음을 넣어 냉각시킨 후 마신다.
③ 와인 잔을 흔든 뒤 아로마나 부케의 향을 맡는다.
④ 검은 종이를 테이블에 깔아 투명도 및 색을 확인한다.

와인의 테이스팅 시 호스트는 초대한 사람 또는 와인을 주문한 사람이 와인을 시음하여 와인의 상태와 이상 여부를 확인하고, 고객은 와인 잔을 흔들며 아로마(Aroma) 또는 부케(Bouquet)의 향을 확인한다.

40 맥주 보관 방법 중 가장 적합한 것은?

① 냉장고에 5~10℃ 정도에 보관한다.
② 맥주 냉장 보관 시 0℃ 이하로 보관한다.
③ 장시간 보관하여도 무방하다.
④ 맥주는 햇볕이 있는 곳에 보관해도 좋다.

맥주는 직사광선을 피해 그늘지고 어두운 곳에 보관하거나 4~10℃ 냉장보관을 한다. 그리고 맥주는 유통기한이 있으므로 장시간 보관이 아닌 선입선출 해야 된다.

41 주장(Bar) 관리의 의의로 가장 적합한 것은?

① 칵테일을 연구, 발전시키는 일이다.
② 음료(Beverage)를 많이 판매하는 데 목적이 있다.
③ 음료(Beverage) 재고조사 및 원가 관리의 우선함과 영업 이익을 추구하는 데 목적이 있다.
④ 주장 내에서 Bottles 서비스만 한다.

주장관리는 음료(Beverage) 재고관리 및 원가관리를 우선시하고 매상 관리를 추구하는 데 목적이 있다.

42 Old Fashioned Glass를 가장 잘 설명한 것은?

① 옛날부터 사용한 Cocktail Glass이다.
② 일명 On The Rock Glass라고도 하고 스템(Stem)이 없는 Glass이다.
③ Juice를 Cocktail하여 마시는 Long Neck Glass이다.
④ 일명 Cognac Glass라고 하고 튤립형의 스템(Stem)이 있는 Glass이다.

올드 패션드 글라스(Old-Fashioned Glass)는 증류주를 얼음과 함께 차갑게 마실 때 사용하는 글라스로 온 더 락 글라스(On The Rock Glass)라고도 부른다.

43 와인의 적정온도 유지의 원칙으로 옳지 않은 것은?

① 보관 장소는 햇빛이 들지 않고 서늘하며, 습기가 없는 곳이 좋다.
② 연중 급격한 변화가 없는 곳이어야 한다.
③ 와인에 전해지는 충격이나 진동이 없는 곳이 좋다.
④ 코르크가 젖어 있도록 병을 눕혀서 보관해야 한다.

와인 보관 시, 습도는 70~75% 정도의 서늘한 곳에 보관해야 한다.

44 연회(Banquet) 석상에서 고객들이 마신(소비한)만큼 계산을 별도로 하는 바(Bar)를 무엇이라고 하는가?

① Banquet Bar
② Host Bar
③ No-Host Bar
④ Paid Bar

연회 바(Banquet Bar)는 연회(Banquet) 석상에서 고객들이 마신만큼 계산을 별도로 하는 바(Bar)를 말한다.

정답 39 ③ 40 ① 41 ③ 42 ② 43 ④ 44 ①

45 Saucer형 샴페인 글라스에 제공되며 Menthe(Green) 1oz, Cacao(White) 1oz, Light Milk(우유) 1oz를 셰이킹 하여 만드는 칵테일은?

① Gin Fizz
② Gimlet
③ Grasshopper
④ Gibson

그래스호퍼(Grasshopper)는 'Crème de Menthe(Green) 1oz + Crème de Cacao(White) 1oz + Light Milk 1oz'를 혼합하여 제조한다.

오답 피하기
① 'Dry Gin + Lemon Juice + Powdered Sugar + Soda Water'를 혼합하여 제조한 칵테일이다.
② 'Dry Gin + Lime Juice + Powdered Sugar'를 혼합하여 제조한 칵테일이다.
④ 'Dry Gin + Dry Vermouth'를 혼합하여 제조한 칵테일이다.

46 바 스푼(Bar Spoon)의 용도가 아닌 것은?

① 칵테일 조주 시 글라스 내용물을 섞을 때 사용한다.
② 얼음을 잘게 부술 때 사용한다.
③ 프로팅 칵테일(Floating Cocktail)을 만들 때 사용한다.
④ 믹싱 글라스를 이용하여 칵테일을 만들 때 휘젓는 용도로 사용한다.

얼음을 잘게 부술 때 사용하는 도구는 아이스 픽(Ice Pick)에 대한 설명이다.

47 다음은 무엇에 대한 설명인가?

> 음료와 식료에 대한 원가 관리의 기초가 되는 것으로 단순히 필요한 물품만을 구입하는 업무만을 의미하는 것이 아니라, 바 경영을 계획, 통제, 관리하는 경영활동의 중요한 부분이다.

① 검수
② 구매
③ 저장
④ 출고

구매에 대한 설명이다.

48 플레인 시럽과 관련이 있는 것은?

① Lemon
② Butter
③ Cinnamon
④ Sugar

플레인 시럽(Plain Syrup)은 심플 시럽(Simple Syrup) 또는 슈가 시럽(Sugar Syrup)이라고도 부른다.

49 볶은 커피의 보관 시 알맞은 습도는?

① 3.5% 이하
② 5~7%
③ 10~12%
④ 13% 이상

로스팅한 커피는 습기를 잘 흡수하기 때문에 낮은 습도에서 보관해야 한다. 만약 습도가 높을 경우 산패가 빨라진다.

50 조주기법(Cocktail Technique)에 관한 사항에 해당하지 않는 것은?

① Stirring
② Distilling
③ Straining
④ Chilling

증류(Distilling)는 술을 제조과정 중 하나이다.

51 다음 질문의 대답으로 적합한 것은?

> Are the same kinds of glasses used for all wines?

① Yes, they are.
② No, they don't.
③ Yes, they do.
④ No, they are not.

"모든 와인에 같은 종류의 글라스가 사용되나요?"라는 질문으로 "No, they are not."라는 말이 적합한 대답이다.

52 Which drink is prepared with Gin?

① Tom Collins
② Rob Roy
③ B&B
④ Black Russian

진(Gin)으로 만든 음료를 고르는 문제로, 톰 콜린스(Tom Collins)는 'Dry Gin + Lemon Juice + Powdered Sugar + Soda Water'를 혼합하여 만든 칵테일이다.

오답 피하기
② 스카치 위스키(Scotch Whisky) 베이스의 칵테일이다.
③ 브랜디(Brandy) 베이스의 칵테일이다.
④ 보드카(Vodka) 베이스의 칵테일이다.

53 다음 밑줄에 들어갈 말로 알맞은 것은?

> This is _____ by a bar helper every morning.

① cleans
② cleaned
③ cleaning
④ be cleaned

[문장 해석]
이 바는 매일 아침 바 도우미가 청소합니다.

54 다음 대화 중 밑줄 친 부분에 들어갈 B의 질문으로 적합하지 않은 것은?

> G1 : I'll have a Sunset Strip.
>   What about you, Sally?
> G2 : I don't drink at all.
>   Do you serve soft drinks?
> B : Certainly, Madam.
>   _____?
> G2 : It sounds exciting. I'll have that.

① How about a Virgin Colada?
② What about a Shirley Temple?
③ How about a Black Russian?
④ What about a Lemonade?

G2가 술 주문 중에 비알코올성 음료도 가능한지 문의하였으니 보드카가 들어간 블랙 러시안(Black Russian)을 권하는 것은 맞지 않는 상황이다.

55 What is the Liqueur on apricot pits base?

① Benedictine
② Chartreuse
③ Kahlua
④ Amaretto

아마레토(Amaretto)는 이탈리아산 리큐어로 살구씨를 주원료로 물과 함께 증류한 뒤, 향초 성분과 시럽을 첨가하여 만든 아몬드 향 리큐어이다.

56 다음의 밑줄에 들어간 단어로 알맞은 것은?

> Which one do you like better whisky _____ brandy?

① as
② but
③ and
④ or

[문장 해석]
위스키 혹은 브랜디 중 무엇을 더 좋아하시나요?

정답 51 ④ 52 ① 53 ② 54 ③ 55 ④ 56 ④

57 Which of the following is not compounded Liquor?

① Cutty Sark
② Curacao
③ Advocaat
④ Amaretto

혼성주가 아닌 것을 고르는 문제로 커티 삭(Cutty Sark)은 블렌디드 위스키이다.

오답 피하기
② 베네수엘라산 오렌지 껍질을 원료로 만든 리큐어이다.
③ 브랜디(Brandy)를 베이스로 하여 달걀 노른자와 설탕 등을 혼합하여 만든 네덜란드산 리큐어이다.
④ 살구씨를 주원료로 물과 함께 증류한 뒤, 향초 성분과 시럽을 첨가하여 만든 아몬드 향 리큐어이다.

58 다음 중 brand가 의미하는 것은?

What brand do you want?

① 브랜디
② 상표
③ 칵테일의 일종
④ 심심한 맛

[문장 해석]
어떤 브랜드(상표)를 원하십니까?

59 Which one is wine that can be served before meal?

① Table wine
② Dessert wine
③ Aperitif wine
④ Port wine

식사 전에 마실 수 있는 와인을 고르는 문제로 식전주(Aperitif)에 대한 설명이다.

60 다음에서 설명하는 혼성주는?

The great proprietary liqueur of Scotland made of scotch and heather honey.

① Anisette
② Sambuca
③ Drambuie
④ Peter Heering

드람부이(Drambuie)에 대한 설명이다.
[문장 해석]
스카치와 헤더 꿀로 만든 스코틀랜드의 대표적인 리큐어입니다.

정답 57 ① 58 ② 59 ③ 60 ③

해설과 함께 보는 최신 기출문제 04회

조주기능사	소요 시간	문항 수
	총 60분	총 60문항

수험번호 : _____
성　　명 : _____

01 음료에 대한 설명 중 틀린 것은?

① 소다수는 물에 이산화탄소를 가미한 것이다.
② 콜린스 믹스는 소다수에 생강향을 혼합한 것이다.
③ 사이다는 소다수에 구연산, 주석산, 레몬즙 등을 혼합한 것이다.
④ 토닉워터는 소다수에 레몬, 키니네 껍질 등의 농축액을 혼합한 것이다.

콜린스 믹스(Collins Mix)는 레몬, 설탕을 주원료로 액상과당, 탄산가스, 구연산, 향료 등이 첨가되는 착향 탄산음료이다.

02 우유가 사용되지 않는 커피는?

① 카푸치노(Cappuccino)
② 에스프레소(Espresso)
③ 카페 마키아토(Cafe Macchiato)
④ 카페 라떼(Cafe Latte)

에스프레소(Espresso)는 고압의 수증기로 추출한 커피를 말한다.

오답 피하기
① '에스프레소 + 우유 거품 + 시나몬 파우더'를 혼합한 커피를 말한다.
③ '에스프레소 + 우유 거품'을 혼합한 커피를 말한다.
④ '에스프레소 + 우유'를 혼합한 커피를 말한다.

03 아티초크를 원료로 사용한 혼성주는?

① 언더버그(Underberg)
② 시나(Cynar)
③ 아메르 피콘(Amer Picon)
④ 사브라(Sabra)

시나(Cynar)는 와인에 국화과의 아티초크(Artichoke)와 약초를 배합한 진한 커피색의 리큐어이다.

오답 피하기
① 독일산 허브와 향신료로 만든 식후주 리큐어이다.
③ 오렌지 껍질을 가미한 프랑스의 식전주 리큐어이다.
④ 이스라엘산의 초콜릿 맛이 나는 오렌지 리큐어이다.

04 위스키(Whisky)를 만드는 과정이 바르게 나열된 것은?

① Mashing – Fermentation – Distillation – Aging
② Fermentation – Mashing – Distillation – Aging
③ Aging – Fermentation – Distillation – Mashing
④ Distillation – Fermentation – Mashing – Aging

위스키(Whisky) 제조과정은 '맥아(Malting) → 당화(Mashing) → 발효(Fermentation) → 증류(Distillation) → 숙성(Aging) → 병입(Bottling)'이다.

05 럼(Rum)의 분류 중 틀린 것은?

① Light Rum
② Soft Rum
③ Heavy Rum
④ Medium Rum

럼(Rum)은 맛과 향에 따라 라이트 럼(Light Rum), 미디엄 럼(Medium Rum), 헤비 럼(Heavy Rum)으로 분류된다.

06 Dry Wine의 당분이 거의 남아 있지 않은 상태가 되는 주된 이유는?

① 발효 중에 생성되는 호박산, 젖산 등의 산 성분 때문이다.
② 포도 속의 천연 포도당을 거의 완전히 발효시키기 때문이다.
③ 페놀릭 성분의 함량이 많기 때문이다.
④ 설탕을 넣는 가당 공정을 거치지 않기 때문이다.

드라이 와인(Dry Wine)의 당분이 거의 남아 있지 않은 상태가 되는 주된 이유는 미생물이 포도 속의 천연 포도당을 거의 완전히 발효시키기 때문이다.

07 다음 중 양조주가 아닌 것은?

① 그라파
② 샴페인
③ 막걸리
④ 하이네켄

그라파(Grappa)는 포도주를 만들고 남은 포도 찌꺼기에 약초 등 배합하여 발효하고 증류한 브랜디이다.

08 다음 중 Gin Rickey에 포함되는 재료는?

① 소다수(Soda Water)
② 진저에일(Ginger Ale)
③ 콜라(Cola)
④ 사이다(Cider)

진 리키(Gin Rickey)는 'Dry Gin + Lime Juice + Soda Water'를 혼합하여 제조한다.

09 당밀에 풍미를 가한 석류 시럽(Syrup)은?

① Raspberry Syrup
② Grenadine Syrup
③ Blackberry Syrup
④ Maple Syrup

그레나딘 시럽(Grenadine Syrup)은 석류 향을 넣어 만든 붉은색의 풍미를 가한 달콤한 시럽이다.

10 Grain Whisky에 대한 설명으로 옳은 것은?

① Silent Spirit라고도 불린다.
② 발아시킨 보리를 원료로 해서 만든다.
③ 향이 강하다.
④ Andrew Usher에 의해 개발되었다.

그레인 위스키(Grain Whisky)는 풍미가 순하고 온화한 맛 때문에 '사일런트 스피릿(Silent Spirit)' 이라고도 부르며, 블렌드(Blend)용 위스키로 거의 사용한다.

11 비알코올성 음료에 대한 설명으로 틀린 것은?

① Decaffeinated Coffee는 Caffeine을 제거한 커피이다.
② 아라비카종은 에티오피아가 원산지인 향미가 우수한 커피이다.
③ 에스프레소 커피는 고압의 수증기로 추출한 커피이다.
④ Cocoa는 카카오 열매의 과육을 말려 가공한 것이다.

코코아(Cocoa)는 코코넛 열매의 가공품이 아닌 카카오 콩의 지방을 제거하고 분쇄하여 만든 것으로 물에 잘 녹는다.

12 소주에 관한 설명으로 가장 거리가 먼 것은?

① 양조주로 분류된다.
② 증류식과 희석식이 있다.
③ 고려시대에 중국으로부터 전래되었다.
④ 원료로는 백미, 잡곡류, 당밀, 사탕수수, 고구마, 파티오카 등이 쓰인다.

소주는 양조주가 아닌 증류주이다.

13 로제와인(Rose Wine)에 대한 설명으로 틀린 것은?

① 대체로 붉은 포도로 만든다.
② 제조 시 포도껍질은 같이 넣고 발효시킨다.
③ 오래 숙성시키지 않고 마시는 것이 좋다.
④ 일반적으로 상온(17~18℃) 정도로 해서 마신다.

로제 와인(Rose Wine)은 컬러는 레드 와인(Red Wine)에 가깝지만, 성질은 화이트 와인(White Wine)에 가깝기 때문에 차게 보관하고 마신다.

14 Red Bordeaux Wine의 Service 온도로 가장 적합한 것은?

① 3~5℃
② 6~7℃
③ 7~11℃
④ 16~18℃

레드 보르도 와인(Red Bordeaux Wine)은 탄닌과 알코올 함량이 높아 서비스 온도가 너무 높으면 알코올의 맛이 강해지고, 너무 낮으면 탄닌의 맛이 강해져서 와인의 균형이 깨질 수 있어 16~18℃가 적합한 서비스 온도다.

15 Gin에 대한 설명으로 틀린 것은?

① 진의 원료는 대맥, 호밀, 옥수수 등 곡물을 주원료로 한다.
② 무색·투명한 증류주이다.
③ 활성탄 여과법으로 맛을 낸다.
④ Juniper Berry를 사용하여 착향 시킨다.

활성탄 여과법으로 맛을 내는 방법은 보드카(Vodka)이며, 진(Gin)은 보리, 호밀, 옥수수 등 곡물(Grain)을 주원료로 알코올에 두송자(Juniper Berry), 고수풀, 당귀 뿌리 등의 향료 식물로 착향 시킨 무색투명한 증류주이다.

16 다음 중 주재료가 나머지 셋과 다른 것은?

① Grand Marnier
② Drambuie
③ Triple Sec
④ Cointreau

드람부이(Drambuie)는 스카치 위스키에 히스 꽃에서 딴 헤더 꿀과 허브 등을 첨가하여 만든 감미 짙은 암갈색의 스코틀랜드산 리큐어이다.

오답 피하기
①③④ 모두 오렌지 리큐어이다.

정답 11④ 12① 13④ 14④ 15③ 16②

17 곡류를 원료로 만드는 술의 제조 시 당화과정에 필요한 것은?

① Alcohol
② CO2
③ Yeast
④ Diastase

곡류에 있는 전분을 당으로 만들기 위해 디아스타아제(Diastase)로 당화 시키고 효모(Yeast)와 작용하여 알코올과 이산화탄소를 만든다.

18 와인의 품질을 결정하는 요소가 아닌 것은?

① 환경요소(Terroir)
② 양조기술(Skill)
③ 포도품종(Grape)
④ 제조국의 소득 수준

와인의 품질을 결정하는 요소는 포도품종(Grape), 양조기술(Skill), 환경요소(Terroir)이다.

19 까브(Cave)의 의미는?

① 화이트
② 지하 저장고
③ 포도원
④ 오래된 포도나무

까브(Cave)는 지하에 있는 와인 저장고를 의미한다.

20 다음 중 버번 위스키가 아닌 것은?

① Jim Beam
② Jack Daniel
③ Wild Turkey
④ John Jameson

존 제임슨(John Jameson)은 아이리시 위스키(Irish Whiskey)이다.

21 쌀, 보리, 조, 수수, 콩 등 5가지 곡식을 물에 불린 후 시루에 쪄 고두밥을 만들고, 누룩을 섞고 발효시켜 전술을 빚는 것은?

① 백세주
② 과하주
③ 안동소주
④ 연엽주

경상북도무형문화재 제2호로서 안동지방의 명가에서 전승되어 온 안동소주에 대한 설명이다.

오답 피하기
① 찹쌀과 구기자, 고유약초 등의 원료로 만들어지는 우리나라 고유의 술이다.
② 쌀을 원료로 약주에 소주를 섞어 빚어 마시는 술이다.
④ 차보다 얼큰하고 짙게 우러난 호박색에 부드러운 연잎 냄새의 깊은 감칠맛이 특징인 술이다.

22 위스키의 종류 중 증류 방법에 의한 분류는?

① Malt Whisky
② Grain Whisky
③ Blended Whisky
④ Patent Whisky

증류 방법에 따른 위스키에는 Pot Still Whisky(단식 증류 위스키), Patent Whisky(연속식 증류 위스키)가 있다.

오답 피하기
①②③ 원료와 제조방법에 따른 분류이다.

정답 17 ④ 18 ④ 19 ② 20 ④ 21 ③ 22 ④

23 우리나라 민속주에 대한 설명으로 틀린 것은?

① 탁주류, 약주류, 소주류 등 다양한 민속주가 생산된다.
② 쌀 등 곡물을 주원료로 사용하는 민속주가 많다.
③ 삼국시대부터 증류주가 제조되었다.
④ 발효제로는 누룩만을 사용하여 제조하고 있다.

우리나라의 민속주는 고려시대부터 증류주가 제조되었다.

24 나라별 와인을 지칭하는 용어가 바르게 연결된 것은?

① 독일 – Wine
② 미국 – Vin
③ 이탈리아 – Vino
④ 프랑스 – Wein

이탈리아 – 비노(Vino)

오답 피하기
① 독일 – 바인(Wein)
② 미국 – 와인(Wine)
④ 프랑스 – 뱅(Vin)

25 차에 들어있는 성분 중 타닌(Tannic Acid)의 4대 약리작용이 아닌 것은?

① 해독작용
② 살균작용
③ 이뇨작용
④ 소염작용

차의 성분 중 타닌의 약리작용에는 해독작용, 살균작용, 소염작용, 지혈작용이 있다.

26 음료류의 식품유형에 대한 설명으로 틀린 것은?

① 무향탄산음료 : 먹는 물에 식품 또는 식품첨가물(착향료 제외)등을 가한 후 탄산가스를 주입한 것을 말한다.
② 착향탄산음료 : 탄산음료에 식품첨가물(착향료)을 주입한 것을 말한다.
③ 과실음료 : 농축과실즙(또는 과실분), 과실주스 등을 원료로 하여 가공한 것(과실즙 10% 이상)을 말한다.
④ 유산균음료 : 유가공품 또는 식물성 원료를 효모로 발효시켜 가공(살균을 포함)한 것을 말한다.

유산균음료는 유가공품 또는 식물성 원료를 유산균으로 발효시켜 가공한 것을 말한다. 유가공품 또는 식물성 원료를 효모로 발효시켜 가공한 것은 효모음료에 대한 설명이다.

27 일반적으로 Dessert Wine으로 적합하지 않은 것은?

① Beerenauslese
② Barolo
③ Sauternes
④ Ice Wine

바롤로(Barolo)는 이탈리아 피에몬테(Piemonte) 지역의 드라이 와인(Dry Wine)이다.

오답 피하기
① 독일의 달콤한 와인이다.
③ 프랑스의 귀부 포도 와인이다.
④ 캐나다의 와인으로 당분이 높다.

28 다음의 제조 방법에 해당하는 것은?

> 삼각형, 받침대 모양의 틀에 와인을 꽂고 약 4개월 동안 침전물을 병 입구로 모은 후, 순간 냉동으로 병목을 얼려서 코르크 마개를 열면 순간적으로 자체 압력에 의해 응고 되었던 침전물이 병 밖으로 빠져나온다. 침전물의 방출로 인한 양적 손실은 도사지(Dosage)로 채워진다.

① 레드 와인(Red Wine)
② 로제 와인(Rose Wine)
③ 샴페인(Champagne)
④ 화이트 와인(White Wine)

샴페인(Champagne) 제조과정 중 데고르주망(Degorgement)에 대한 설명이다.

29 혼성주에 대한 설명으로 틀린 것은?

① 중세의 연금술사들이 증류주를 만드는 기법을 터득하는 과정에서 우연히 탄생되었다.
② 증류주에 당분과 과즙, 꽃, 약초 등 초근목피의 침출물로 향미를 더했다.
③ 프랑스에서는 알코올 30% 이상, 당분 30% 이상을 함유하고 향신료가 첨가된 술을 리큐르라 정의한다.
④ 코디얼(Cordial)이라고도 부른다.

프랑스에서는 알코올 15% 이상, 당분 20% 이상을 함유하고 향신료가 첨가된 술을 리큐어라 정의한다.

30 다음 중 보르도(Bordeaux) 지역에 속하며, 고급 와인이 많이 생산되는 곳은?

① 콜마르(Colmar)
② 샤블리(Chablis)
③ 보졸레(Beaujolais)
④ 포므롤(Pomerol)

포므롤(Pomerol)은 고급 와인이 많이 생산되는 곳으로 세계적인 최고의 와인으로 유명한 페트뤼스(Petrus)의 생산지로 잘 알려져 있다.

오답 피하기
① 알자스(Alsace) 지역이다.
② 부르고뉴(Bourgogne) 지역이다.
③ 부르고뉴(Bourgogne) 지역이다.

31 싱가폴 슬링(Singapore Sling) 칵테일의 재료로 가장 거리가 먼 것은?

① 드라이 진(Dry Gin)
② 체리 브랜디(Cherry Flavored Brandy)
③ 레몬 주스(Lemon Juice)
④ 토닉워터(Tonic Water)

싱가폴 슬링(Singapore Sling)은 'Dry Gin + Lemon Juice + Powdered Sugar + Soda Water + Cherry flavored Brandy'를 혼합하여 제조한다.

32 다음 중 Highball Glass를 사용하는 칵테일은?

① 마가리타(Margarita)
② 키르 로열(Kir Royal)
③ 시브리즈(Sea Breeze)
④ 블루 하와이안(Blue Hawaiian)

시브리즈(Seabreeze)는 Highball Glass를 사용한다.

오답 피하기
① Cocktail Glass를 사용한다.
② Champagne Glass를 사용한다.
④ Footed Pilsner Glass를 사용한다.

정답 28 ③ 29 ③ 30 ④ 31 ④ 32 ③

33 Bartender가 영업 전 반드시 해야 할 준비사항이 아닌 것은?

① 칵테일용 과일 장식 준비
② 냉장고 온도 체크
③ 모객 영업
④ 얼음 준비

바텐더(Bartender)가 영업 전 해야 할 준비사항은 고객에게 제공할 음료를 만들기 위해 칵테일용 과일 장식 준비, 냉장고 온도 체크, 얼음 준비 등 해야 한다.
모객 영업은 영업 전 준비사항이 아니며, 마케팅 업무이다.

34 Key Box나 Bottle Member 제도에 대한 설명으로 옳은 것은?

① 음료의 판매회전이 촉진된다.
② 고정고객을 확보하기는 어렵다.
③ 후불이기 때문에 회수가 불분명하여 자금운영이 원활하지 못하다.
④ 주문시간이 많이 걸린다.

키 박스(Key Box)나 보틀 멤버(Bottle Member) 제도의 장점은 아래와 같다.
• 음료의 판매 회전성 촉진한다.
• 고정고객 확보로 안정적인 고정수입이 가능하다.
• 선불 제도로 정확한 자금 회수와 원활한 자금 운영이 가능하다.
• 멤버십 한정 특별가 보틀 판매 및 청량음료의 무료 제공 혜택 서비스로 회원 확보 가능하다.

35 잔 주위에 설탕이나 소금 등을 묻혀서 만드는 방법은?

① Shaking
② Building
③ Floating
④ Frosting

리밍(Rimming) 기법은 글라스 가장자리에 레몬즙 등을 이용해서 소금이나 설탕 등을 묻히는 방법으로, 프로스팅(Frosting)이라고도 부른다.

오답 피하기
① 달걀, 시럽, 크림, 설탕 등 잘 섞이지 않는 재료를 넣고 흔들어서 만드는 기법이다.
② 가벼운 비중의 재료를 글라스에 직접 붓는 기법이다.
③ 재료 간의 비중 차이를 이용해서 섞이지 않도록 띄우거나 쌓는 기법이다.

36 Angostura Bitter가 1Dash정도로 혼합되는 것은?

① Daiquiri
② Grasshopper
③ Pink Lady
④ Manhattan

맨해튼(Manhattan)은 'Bourbon Whiskey 1+$\frac{1}{2}$ oz + Sweet Vermouth $\frac{3}{4}$ oz + Angostura Bitters 1dash'를 혼합하여 만든 뒤 Cherry로 장식한다.

오답 피하기
① 'Light Rum + Lime Juice + Powdered Sugar'를 혼합하여 제조한 칵테일이다.
② 'Crème de Menthe(Green) + Crème de Cacao(White) + Light Milk'를 혼합하여 제조한 칵테일이다.
③ 'Dry Gin + Grenadine Syrup + Light Milk + Egg'를 혼합하여 제조한 칵테일이다.

37 재고 관리상 쓰이는 용어인 F.I.F.O의 뜻은?

① 정기 구입
② 선입 선출
③ 임의 불출
④ 후입 선출

FIFO은 'First in, First out' 선입선출이라는 의미이다.

38 서브 시 칵테일글라스를 잡는 부위로 가장 적합한 것은?

① Rim
② Stem
③ Body
④ Bottom

스템(Stem)이 있는 경우 스템을 잡고, 없을 경우 글라스 밑 부분을 잡아 서브한다.

39 와인의 보관방법으로 적합하지 않은 것은?

① 진동이 없는 곳에 보관한다.
② 직사광선을 피하여 보관한다.
③ 와인을 눕혀서 보관한다.
④ 습기가 없는 곳에 보관한다.

> 와인은 직사광선과 진동이 없는 어두운 곳에 눕혀서 보관하며, 습기가 없는 곳에 보관 시에는 코르크 마개가 마르고 수축되기 때문에 습도는 75% 내외가 좋다.

40 레몬의 껍질을 가늘고 길게 나선형으로 장식하는 것과 관계있는 것은?

① Slice
② Wedge
③ Horse's Neck
④ Peel

> 홀스 넥(Horse's Neck)은 'Brandy + Ginger Ale'를 혼합하여 레몬 껍질을 길게 벗겨 나선 형태로 장식한다.

41 다음 중 고객에게 서브되는 온도가 18℃ 정도 되는 것이 가장 적정한 것은?

① Whiskey
② White Wine
③ Red Wine
④ Champagne

> 레드 와인(Red Wine)은 15~19℃로 서브한다.

42 와인 서빙에 필요치 않은 것은?

① Decanter
② Cork Screw
③ Stir Road
④ Pincers

> 스터 로드(Stir Road)는 음료나 칵테일을 저을 때 사용하는 도구이며, 스터러(Stirrer)라고도 부른다.

43 Corkage Charge의 의미는?

① 적극적인 고객 유치를 위한 판촉비용
② 고객이 Bottle 주문 시 따라 나오는 Soft Drink의 요금
③ 고객이 다른 곳에서 구입한 주류를 바(Bar)에 가져와서 마실 때 부과되는 요금
④ 고객이 술을 보관할 때 지불하는 보관 요금

> 콜키지 차지(Corkage Charge)는 고객이 다른 곳에서 구입한 주류를 바에 가져와서 마실 때 부과하는 요금을 말하며, 보통 판매가의 20~30% 정도를 부과하고, 디캔팅 서비스를 제공하여 봉사료를 청구하기도 한다. 또한, 음료의 종류에 맞게 Corkage Charge 리스트를 만들어 바(Bar)에 비치해 둔다.

44 칵테일 기법 중 믹싱 글라스에 얼음과 술을 넣고 바 스푼으로 잘 저어서 잔에 따르는 방법은?

① 직접 넣기(Building)
② 휘젓기(Stirring)
③ 흔들기(Shaking)
④ 띄우기(Float&Layer)

> 휘젓기(Stirring)은 믹싱 글라스에 얼음과 재료를 넣고, 바 스푼으로 휘저어 혼합과 냉각을 시키는 기법이다.
>
> **오답 피하기**
> ① 가벼운 비중의 재료를 글라스에 직접 붓는 기법이다.
> ③ 달걀, 시럽, 크림, 설탕 등 잘 섞이지 않는 재료를 넣고 흔들어서 만드는 기법이다.
> ④ 재료 간의 비중 차이를 이용해서 섞이지 않도록 띄우거나 쌓는 기법이다.

정답 39 ④ 40 ③ 41 ③ 42 ③ 43 ③ 44 ②

45 다음 중 칵테일 장식용(Garnish)으로 보통 사용되지 않는 것은?

① Olive
② Onion
③ Raspberry Syrup
④ Cherry

가니쉬는 칵테일의 제조가 마무리 단계에서 장식되는 각종 과일과 허브향이 나는 잎이나 줄기를 말한다. 가니쉬로는 레몬, 오렌지, 라임, 올리브, 어니언, 체리, 파인애플, 사과, 샐러리 등으로 사용한다.

46 칵테일의 기본 5대 요소와 가장 거리가 먼 것은?

① Decoration(장식)
② Method(방법)
③ Glass(잔)
④ Flavor(향)

칵테일의 5대 기본 요소는 색, 향, 맛, 장식, 잔이다.

47 다음 중 소믈리에(Sommelier)의 역할로 틀린 것은?

① 손님의 취향과 음식과의 조화, 예산 등에 따라 와인을 추천한다.
② 주문한 와인은 먼저 여성에게 우선적으로 와인 병의 상표를 보여주며 주문한 와인임을 확인시켜 준다.
③ 시음 후 여성부터 차례로 와인을 따르고 마지막에 그날의 호스트에게 와인을 따라준다.
④ 코르크 마개를 열고 주빈에게 코르크 마개를 보여주면서 시큼하고 이상한 냄새가 나지 않는지, 코르크가 잘 젖어 있는지를 확인시킨다.

와인 서브 시, 고객에게 와인의 라벨 설명 및 와인의 상표를 보여주며 확인하고, 코르크 마개를 열고 주빈(호스트)에게 코르크 마개를 보여주면서 코르크의 냄새와 상태를 확인시키고, 와인 시음 후, 여성부터 차례로 와인을 따르고 마지막에 그날의 호스트에게 와인을 따라준다.

48 다음 중 그레나딘(Grenadine)이 필요한 칵테일은?

① 위스키 사워(Whiskey Sour)
② 바카디(Bacardi)
③ 카루소(Caruso)
④ 마가리타(Margarita)

바카디(Bacardi Cocktail)는 'Bacardi Rum White + Lime Juice + Grenadine Syrup'을 혼합하여 제조한다.

오답 피하기
① 'Bourbon Whiskey + Lemon Juice + Powdered Sugar + Soda Water'를 혼합하여 만든 칵테일이다.
③ 'Dry Gin + Dry Vermouth + Crème de Menthe(Green)'를 혼합하여 만든 칵테일이다.
④ 'Tequila + Triple Sec + Lime Juice'를 혼합하여 만든 칵테일이다.

49 맥주를 취급, 관리, 보관하는 방법으로 틀린 것은?

① 장기간 보관하여 숙성시킨다.
② 심한 온도 변화를 주지 않는다.
③ 그늘진 곳에 보관한다.
④ 맥주가 얼지 않도록 한다.

맥주는 직사광선을 피해 그늘지고 0~두운 곳에 보관하거나 4~10℃ 냉장보관을 한다. 그리고 맥주는 유통기한이 있으므로 장시간 보관이 아닌 선입선출 해야 한다.

정답 45 ③ 46 ② 47 ② 48 ② 49 ①

50 칵테일 제조에 사용되는 얼음(Ice) 종류의 설명이 틀린 것은?

① 셰이브드 아이스(Shaved Ice) : 곱게 빻은 가루 얼음
② 크랙트 아이스(Cracked Ice) : 큰 얼음을 아이스 픽(Ice Pick)으로 깨서 만든 각얼음
③ 큐브드 아이스(Cubed Ice) : 정육면체의 조각 얼음 또는 육각형 얼음
④ 럼프 아이스(Lump Ice) : 각얼음을 분쇄하여 만든 작은 콩알얼음

럼프 오브 아이스(Lump of Ice)는 올드 패션드 글라스(Old-Fashioned Glass)에 들어가는 크기의 주먹만한 작은 덩어리 얼음을 말한다.

51 "먼저 하세요."라고 양보할 때 쓰는 영어 표현은?

① Before you, please.
② Follow me, please.
③ After you!
④ Let's go.

"After You!"는 "먼저 하세요."라는 의미이다.

52 아래의 설명에 해당하는 것은?

> This complex, aromatic concoction containing some 56 herbs, roots, and fruits has been popular in Germany since its introduction in 1878.

① Kummel
② Sloe Gin
③ Maraschino
④ Jagermeister

[문장 해석]
1878년에 출시된 독일산 리큐어로 약 56가지의 허브와 뿌리, 과일이 함유된 복잡하고 향기로운 리큐어는 예거마이스터(Jagermeister)이다.

53 Which is not scotch whisky?

① Bourbon
② Ballantine
③ Cutty Sark
④ V.A.T.69

Bourbon은 스카치 위스키(Scotch Whisky)가 아닌 아메리칸 위스키(American Whiskey)이다.

54 다음 (   ) 안에 들어갈 말로 적당한 것은?

> I'll have a Scotch (㉠) the rocks and a Bloody Mary (㉡) my wife.

① ㉠ on, ㉡ for
② ㉠ in, ㉡ to
③ ㉠ for, ㉡ at
④ ㉠ of, ㉡ in

[문장 해석]
저는 스카치 온 더 락, 아내는 블러디 메리를 마실게요.

55 다음 중 밑줄 친 change가 나머지 셋과 다른 의미로 쓰인 것은?

① Do you have change for a dollar?
② Keep the change.
③ I need some change for the bus.
④ Let's try a new restaurant for a change.

①, ②, ③의 Change는 거스름돈의 의미이며, ④의 Change 변화를 의미한다.

정답 50 ④ 51 ③ 52 ④ 53 ① 54 ① 55 ④

56 Which one is made with vodka, lime juice, triple sec and cranberry juice?

① Kamikaze
② Godmother
③ Seabreeze
④ Cosmopolitan

보드카, 라임 주스, 트리플 섹, 크렌베리 주스로 만든 칵테일은 코스모폴리탄(Cosmopolitan Cocktail)이다.

오답 피하기
① 'Vodka + Triple Sec + Lime Juice'를 혼합하여 만든 칵테일이다.
② 'Vodka + Amaretto'를 혼합하여 만든 칵테일이다.
③ 'Vodka + Cranberry Juice + Grapefruit Juice'를 혼합하여 만든 칵테일이다.

57 다음에서 설명하는 것은?

> A kind of drink made of gin, brandy and so on sweetened with fruit juices, especially lime.

① Ade
② Squash
③ Sling
④ Julep

[문장 해석]
진, 브랜디 등 과즙 특히 라임으로 단맛을 낸 음료이다.

오답 피하기
① 과일즙에 설탕 시럽과 물을 혼합하여 만든 칵테일이다.
② 에이드(Ade)와 비슷하나 레몬, 오렌지 등의 과일즙에 설탕과 소다수를 넣어 만든 칵테일이다.
④ 민트 줄기를 넣어 만든 칵테일이다.

58 "이것으로 주세요." 또는 "이것으로 할게요."라는 의미의 표현으로 가장 적합한 것은?

① I'll have this one.
② Give me one more.
③ I would like to drink something.
④ I already had one.

"I'll have this one."은 "이것으로 할게요."라는 의미이다.

59 다음의 ( )에 들어갈 알맞은 말은?

> I am afraid you have the ( ) number.
> (전화 잘못 거셨습니다.)

① correct
② wrong
③ missed
④ busy

wrong = 잘못된

오답 피하기
① 올바른
③ 놓친, 누락된
④ 통화 중

60 다음 중 Ice bucket에 해당하는 것은?

① Ice Pail
② Ice Tong
③ Ice Pick
④ Ice Pack

아이스 페일(Ice Pail)은 얼음을 담아두는 용기인 얼음 통이다.

오답 피하기
② 셰이커, 믹싱 글라스, 글라스에 얼음을 담을 때 사용하는 얼음 집게이다.
③ 규모가 큰 얼음 덩어리를 잘게 부술 때 사용하는 도구이다.
④ 얼음주머니이다.

정답 56 ④ 57 ③ 58 ① 59 ② 60 ①

해설과 함께 보는 최신 기출문제 05회

조주기능사	소요 시간	문항 수
	총 60분	총 60문항

수험번호 : _____
성   명 : _____

---

01 멕시코에서 처음 생산된 증류주는?
① 럼(Rum)
② 진(Gin)
③ 아쿠아비트(Aquavit)
④ 테킬라(Tequila)

테킬라(Tequila)는 멕시코 화산지대인 할리스코(Jalisco) 주에 위치한 테킬라 지역의 이름을 딴 술로, 테킬라 지역의 중심으로 지정된 5개 지역에서만 생산하며, 백합과 인 용설란(Agave)을 발효하여 만든 풀케(Pulque)를 증류시킨 증류주이다.

02 맨해튼(Manhattan), 올드 패션드(Old Fashion) 칵테일에 쓰이며 뛰어난 풍미와 향기가 있는 고미제로서 널리 사용되는 것은?
① 클로버(Clove)
② 시나몬(Cinnamon)
③ 앙코스투라 비터(Angostura Bitter)
④ 오렌지 비터(Orange Bitter)

앙고스투라 비터(Angostura Bitters) : 베네수엘라에서 만들어진 비터(Bitters)로 풍미와 향기가 있는 고미제와 약초들을 배합한 리큐어이며, 맨해튼, 올드 패션드 칵테일에 사용된다.

03 제조방법상 발효 방법이 다른 차(Tea)는?
① 한국의 작설차
② 인도의 다즐링
③ 중국의 기문차
④ 스리랑카의 우바

작설차는 곡우(4월 20일)에서 입하(5월 5,6일) 사이에 차나무의 새싹을 따서 만든 녹차를 말한다.

오답 피하기
②③④ 세계 3대 홍차이다.

04 다음 중 셰리를 숙성하기에 가장 적합한 곳은?
① 솔레라(Solera)
② 보데가(Bodega)
③ 꺄브(Cave)
④ 플로르(Flor)

보데가(Bodega) : 스페인의 와인 저장 창고를 말하며, 셰리 와인의 숙성에 가장 적합한 장소이다.

오답 피하기
① 오래된 와인과 새로운 와인을 섞어 균일한 맛을 유지하기 위한 블렌딩 방식이다.
③ 지하 저장고이다.
④ 셰리 와인을 70~80%만 채우고 보관 시, 표면에 얇은 막이 생기는 현상이다.

정답 01 ④ 02 ③ 03 ① 04 ②

05 레드와인용 품종이 아닌 것은?

① 시라(Syrah)
② 네비올로(Nebbiolo)
③ 그르나슈(Grenache)
④ 세미용(Semillion)

세미용(Semillion)은 프랑스 보르도 지역의 화이트 와인용 품종으로 분류된다.

오답 피하기
① 프랑스 론 지역의 레드 와인 품종이다.
② 이탈리아 레드 와인 품종이다.
③ 프랑스 론 지역의 레드 와인 품종이다.

06 스카치 위스키의 법적 정의로서 틀린 것은?

① 위스키의 숙성기간은 최소 3년 이상이어야 한다.
② 물 이외에 색을 내기 위한 어떤 물질도 첨가할 수 없다.
③ 병입 후 알코올 도수가 최소 40도 이상이어야 한다.
④ 증류된 원액을 숙성시켜야 하는 오크통은 700리터가 넘지 않아야 한다.

스카치 위스키의 규정은 아래와 같다.
• 위스키의 숙성기간은 최소 3년 이상이어야 한다.
• 병입 후 알코올 도수가 최소 40도 이상이어야 한다.
• 증류된 원액을 숙성시켜야 하는 오크통은 700L가 넘지 않아야 한다.
• 첨가물은 물과 색소만 허용된다.

07 샴페인 제조 시 블렌딩 방법이 아닌 것은?

① 여러 포도 품종
② 다른 포도밭 포도
③ 다른 수확 연도의 와인
④ 10% 이내의 샴페인 외 다른 지역 포도

샴페인은 프랑스 샹파뉴(Champagne) 지역에서 생산되는 스파클링 와인만 샴페인으로 부르며, 다른 지역의 와인과 블렌딩 하면 안 된다.

08 재배하기가 무척 까다롭지만 궁합이 맞는 토양을 만나면 훌륭한 와인을 만들어 내기도 하며 Romanee-Conti를 만드는 데 사용된 프랑스 부르고뉴 지방의 대표적인 품종으로 옳은 것은?

① Cabernet Sauvignon
② Pinot Noir
③ Sangiovese
④ Syrah

프랑스 부르고뉴 지역의 피노 누아(Pinot Noir)에 대한 설명이다.

오답 피하기
① 프랑스 보르도 지역의 품종이다.
③ 이탈리아의 품종이다.
④ 프랑스 론 지역의 품종이다.

09 소주의 원료로 틀린 것은?

① 쌀
② 보리
③ 밀
④ 맥아

맥아는 맥주와 몰트 위스키의 주원료로 보리에 싹을 틔워 건조한 것으로 엿기름이라고도 한다.

10 보드카(Vodka) 생산 회사가 아닌 것은?

① 스톨리치나야(Stolichnaya)
② 비피터(Beefeater)
③ 핀란디아(Finlandia)
④ 스미노프(Smirnoff)

Beefeater(비피터)는 진(Gin)을 생산하는 회사이며, 진(Gin)의 유명 브랜드이다.

11 다음 중 무색, 무미, 무취의 탄산음료는?

① 칼린스 믹스(Collins Mix)
② 콜라(Cola)
③ 소다수(Soda Water)
④ 에비앙(Evian Water)

소다수는 물과 이산화탄소로만 구성된 무색, 무미, 무취의 탄산음료이다.

> **오답 피하기**
> ① 레몬, 설탕을 주원료로 액상과당, 탄산가스, 구연산, 향료 등이 첨가되는 착향 탄산음료이다.
> ② 서아프리카의 원산지로 콜라나무 종자 열매에서 추출한 원액을 가공한 뒤 탄산수를 주입하여 제조한 음료이다.
> ④ 광천수를 이용하여 세계 최초로 물을 상품화한 프랑스 브랜드이다.

12 Bourbon Whiskey "80 Proof"는 우리나라의 알코올 도수로 몇 도인가?

① 20도
② 30도
③ 40도
④ 50도

아메리칸 도수 계산법=Proof÷2

13 두송자를 첨가하여 풍미를 나게 하는 술은?

① Gin
② Rum
③ Vodka
④ Tequila

진(Gin)은 알코올에 두송자(Juniper Berry), 고수풀, 당귀 뿌리 등의 향료 식물로 착향 시킨 술이다.

14 클라렛(Claret)이란?

① 독일산의 유명한 백포도주(White Wine)
② 프랑스 보르도 지방의 적포도주(Red Wine)
③ 스페인 헤레스 지방의 포트와인(Pot Wine)
④ 이탈리아산 스위트 베르무스(Sweet Vermouth)

클라렛(Claret)은 프랑스 보르도 지방의 레드 와인으로 '포도주의 여왕'을 의미한다.

15 제조 시 향초류(Herb)가 사용되지 않는 술은?

① Absinthe
② Crème de Cacao
③ Benedictine D.O.M
④ Chartreuse

크렘 드 카카오(Crème de Cacao)는 종자류의 혼성주이다.

> **오답 피하기**
> ①③④ 약초, 향초류의 리큐어이다.

16 우리나라의 증류식 소주에 해당되지 않는 것은?

① 안동 소주
② 제주 한주
③ 경기 문배주
④ 금산 삼송주

금산 삼송주는 충청남도의 전통주에 속한다.

정답 11 ③ 12 ③ 13 ① 14 ② 15 ② 16 ④

17 적포도를 착즙해 주스만 발효시켜 만드는 와인은?

① Blanc de Blanc
② Blush Wine
③ Port Wine
④ Red Vermouth

블러시 와인(Blush Wine)은 적포도를 착즙해 주스만 발효시키는 로즈 와인이다.

18 커피의 맛과 향을 결정하는 중요 가공 요소가 아닌 것은?

① Roasting
② Blending
③ Grinding
④ Weathering

커피의 맛과 향을 결정하는 가공 요소에는 Roasting(볶는 과정), Blending(원두를 선별하여 섞는 과정), Grinding(분쇄 과정)이 있다.

19 다음 중 After Drink로 가장 거리가 먼 것은?

① Rusty Nail
② Cream Sherry
③ Campari
④ Alexander

캄파리(Campari)는 이탈리아의 식전주로 붉은색 리큐어이다.

20 다음 중 비알콜성 음료의 분류가 아닌 것은?

① 기호음료
② 청량음료
③ 영양음료
④ 유성음료

음료는 알코올성 음료와 비알코올성 음료로 구분되며, 알코올성 음료는 양조주, 증류주, 혼성주로 구분되고 비알코올성 음료는 청량음료, 영양음료, 기호음료로 구분된다.

21 스카치 위스키를 기주로 하여 만들어진 리큐르는?

① 샤르트뢰즈
② 드람부이
③ 쿠앵트로
④ 베네딕틴

스카치 위스키에 히스 꽃에서 딴 헤더 꿀과 허브 등을 첨가하여 만든 감미 짙은 암갈색의 스코틀랜드산 리큐어이다.

오답 피하기
① 130가지 정도의 허브(약초)를 포도주에 침출하고 증류한 리큐어이다.
③ 오렌지 껍질을 원료로 만든 프랑스산 고급 리큐어이다.
④ 안젤리카, 박하, 주니퍼 베리, 시나몬 등 약 27종의 약초를 사용한 리큐어이다.

22 다음 중 영양음료는?

① 토마토 주스
② 카푸치노
③ 녹차
④ 광천수

영양음료에는 우유와 주스류가 포함되며 토마토 주스는 주스류에 속한다.

정답 17② 18④ 19③ 20④ 21② 22①

23 다음 리큐르(Liqueur) 중 그 용도가 다른 하나는?

① 드람부이(Drambuie)
② 갈리아노(Galliano)
③ 시나(Cynar)
④ 쿠앵트로(Cointreau)

시나(Cynar)는 와인에 국화과의 아티초크(Artichoke)와 약초를 배합한 진한 커피색의 리큐어이며, 주로 식전주로 마신다.

오답 피하기
①③④ 모두 식후주에 속한다.

24 나라별 와인산지가 바르게 연결된 것은?

① 미국 – 루아르
② 프랑스 – 모젤
③ 이탈리아 – 키안티
④ 독일 – 나파밸리

이탈리아 – 키안티

오답 피하기
① 미국 – 나파 밸리
② 프랑스 – 루아르
④ 독일 – 모젤

25 스카치 위스키(Scotch Whisky)와 가장 거리가 먼 것은?

① Malt
② Peat
③ Used Sherry Cask
④ Used Limousin Oak Cask

리무진 오크통(Limousin Oak Cask)은 브랜디를 제조 할 때 사용하여 저장한다.

26 다음에서 설명되는 약용주는?

> 충남 서북부 해안지방의 전통 민속주로 고려 개국 공신 복지겸이 백양이 무효인 병을 앓고 있을 때 백일기도 끝에 터득한 비법에 따라 찹쌀, 아미산의 진달래, 안샘 물로 빚은 술을 마심으로 질병을 고쳤다는 신비의 전설과 함께 전해져 내려온다.

① 두견주
② 송순주
③ 문배주
④ 백세주

충남 면천 두견주에 대한 설명이다.

오답 피하기
② 곡주를 빚는 과정에서 송순과 소주를 넣어 발효시킨 술이다.
③ 술의 향기가 문배나무의 과실에서 풍기는 향기와 같다 하여 붙여진 이름의 술이다.
④ 불로장생한다 하여 불로장수 주로 유명한 술이다.

27 커피(Coffee)의 제조방법 중 틀린 것은?

① 드립식(Drip Filter)
② 퍼콜레이터식(Percolator)
③ 에스프레소식(Espresso)
④ 디캔더식(Decanter)

디캔더(Decanter)는 침전물을 분리하기 위해 사용하는 작업이다. 보통 레드와인에 사용된다.

28 감미 와인(Sweet Wine)을 만드는 방법이 아닌 것은?

① 귀부포도(Noble Rot Grape)를 사용하는 방법
② 발효 도중 알코올을 강화하는 방법
③ 발효 시 설탕을 첨가하는 방법
④ 햇빛에 말린 포도를 사용하는 방법

발효 시 설탕을 첨가하는 것은 와인의 알코올 함량을 높이기 위함이지, 감미 와인을 만들기 위한 방법이 아니다.

정답 23 ③ 24 ③ 25 ④ 26 ① 27 ④ 28 ③

29 맥주를 따를 때 글라스 위쪽에 생성된 거품의 작용과 가장 거리가 먼 것은?

① 탄산가스의 발산을 막아준다.
② 산화작용을 억제시킨다.
③ 맥주의 신선도를 유지시킨다.
④ 맥주 용량을 줄일 수 있다.

맥주의 거품은 탄산가스의 발산을 막고, 산화작용을 억제시키며, 맥주의 신선도를 유지시켜 준다.

30 독일 맥주가 아닌 것은?

① 뢰벤브로이
② 벡스
③ 밀러
④ 크롬바허

밀러는 미국 맥주이다.

31 다음 중 바 기물과 가장 거리가 먼 것은?

① Ice Cube Maker
② Muddler
③ Beer Cooler
④ Deep Freezer

초저온 냉동고(Deep Freezer)는 급속 냉동을 위한 제품이다.

32 프로스팅(Frosting) 기법을 사용하지 않는 칵테일은?

① Margarita
② Kiss of Fire
③ Harvey Wallbanger
④ Irish Coffee

하비 월뱅어(Harvey Wallbanger)는 빌드(Build) 기법의 칵테일이다.

오답 피하기
① 소금을 잔에 묻혀서 장식한다.
② 설탕을 잔에 묻혀서 장식한다.
④ 설탕을 잔에 묻혀서 장식한다.

33 다음의 설명에 해당하는 바의 유형으로 가장 적합한 것은?

- 국내에서는 위스키 바라고 부른다. 맥주보다는 위스키나 코냑과 같은 하드 리큐어 판매를 위주로 하기 때문이다.
- 칵테일도 마티니, 맨해튼, 올드 패션드 등 전통적인 레시피에 좀 더 무게를 두고 있다.
- 우리나라에서는 피아노 한 대를 라이브 음악으로 연주하는 형태를 선호한다.

① 재즈 바
② 클래식 바
③ 시가 바
④ 비어 바

클래식 바(Classic Bar)에 대한 설명이다.

오답 피하기
① 재즈 음악을 즐길 수 있는 바(Bar)이다.
③ 시가(Cigar)를 느껴볼 수 있는 바(Bar)이다.
④ 수입 맥주 마실 수 있는 바(Bar)이다.

정답 29 ④ 30 ③ 31 ④ 32 ③ 33 ②

34 다음 중 셰이커(Shaker)를 사용하여야 하는 칵테일은?

① 브랜디 알렉산더(Brandy Alexander)
② 드라이 마티니(Dry Martini)
③ 올드 패션드(Old Fashioned)
④ 크렘 드 망뜨 프라페(Creme de Menthe Frappe)

브랜디 알렉산더(Brandy Alexander)는 'Brandy + Crème de Cacao (Brown) + Light Milk'를 혼합하여 제조한 흔들기(Shake) 기법의 칵테일이다.

오답 피하기
② Stir 기법의 칵테일이다.
③ Build 기법의 칵테일이다.
④ Blend 기법의 칵테일이다.

35 다음 칵테일 중 Mixing Glass를 사용하지 않는 것은?

① Martini
② Gin Fizz
③ Manhattan
④ Rob Roy

진 피즈(Gin Fizz)는 Shake/Build 기법이므로 믹싱 글라스(Mixing Glass)를 사용하지 않는다. 믹싱 글라스(Mixing Glass)는 Stir 기법에 사용되는 도구이다.

36 조주보조원이라 일컬으며 칵테일 재료의 준비와 청결유지를 위한 청소담당 및 업장 보조를 하는 사람을 의미하는 것은?

① 바 헬퍼(Bar Helper)
② 바텐더(Bartender)
③ 헤드 바텐더(Head Bartender)
④ 바 매니저(Bar Manager)

바 헬퍼(Bar Helper)에 대한 설명이다.

37 테이블의 분위기를 돋보이게 하거나 고객의 편의를 위해 중앙에 놓는 집기들의 배열을 무엇이라 하는가?

① Service Wagon
② Show Plate
③ B&B Plate
④ Center Piece

센터 피스(Center Piece)에 대한 설명이다.

38 Whisky나 Vermouth 등을 On The Rocks로 제공할 때 준비하는 글라스는?

① Highball Glass
② Old Fashioned Glass
③ Cocktail Glass
④ Liqueur Glass

올드 패션드 글라스(Old-Fashioned Glass)는 증류주를 얼음과 함께 차갑게 마실 때 사용하는 글라스이다.

39 Moscow Mule 칵테일을 만드는 데 필요한 재료가 아닌 것은?

① Rum
② Vodka
③ Lime Juice
④ Ginger Ale

모스코 뮬(Moscow Mule)은 'Vodka + Lime Juice + Ginger Ale'를 혼합하여 레몬 슬라이스로 장식한다.

40 다음 중 Sugar Frost로 만드는 칵테일은?

① Rob Roy
② Kiss of Fire
③ Margarita
④ Angel's Tip

키스 오브 파이어(Kiss of Fire)는 Sugar Rimming으로 장식한다.

오답 피하기
① Stir
③ Salt Rimming
④ Shake

41 칵테일 기구인 지거(Jigger)를 잘못 설명한 것은?

① 일명 Measure Cup이라고 한다.
② 지거는 크고 작은 두 개의 삼각형 컵이 양쪽으로 붙어 있다.
③ 작은 쪽 컵은 1oz이다.
④ 큰 쪽의 컵은 대부분 2oz이다.

지거(Jigger)는 대체적으로 큰 쪽이 1.5oz(45mL)이다.

42 Sidecar 칵테일을 만들 때 재료로 적당하지 않은 것은?

① 테킬라
② 브랜디
③ 트리플섹
④ 레몬주스

사이드카(Sidecar)는 'Brandy + Triple Sec + Lemon Juice'를 혼합하여 제조한다.

43 주장에서 사용하는 기물이 아닌 것은?

① Champagne Cooler
② Soup Spoon
③ Lemon Squeezer
④ Decanter

수프 스푼(Soup Spoon)은 수프를 먹을 때 사용하는 도구이며, 레스토랑에서 주로 사용된다.

44 레스토랑에서 사용하는 용어인 'Abbreviation'의 의미는?

① 헤드웨이터가 몇 명의 웨이터들에게 담당구역을 배정하여 고객에 대한 서비스를 제공하는 제도
② 주방에서 음식을 미리 접시에 담아 제공하는 서비스
③ 레스토랑에서 고객이 찾고자 하는 고객을 대신 찾아주는 서비스
④ 원활한 서비스를 위해 사용하는 직원 간에 미리 약속된 메뉴의 약어

'약어' 또는 '줄임말'의 뜻으로 원활한 서비스를 위해 사용하는 직원 간에 미리 약속된 메뉴의 약어를 말한다.

45 얼음의 명칭 중 단위랑 부피가 가장 큰 것은?

① Cracked Ice
② Cubed Ice
③ Lumped Ice
④ Crushed Ice

얼음의 크기는 Crushed Ice < Cubed Ice < Cracked Ice < Lumped Ice 순으로 크다.

정답 40 ② 41 ④ 42 ① 43 ② 44 ④ 45 ③

46 믹싱 글라스(Mixing Glass)의 설명 중 옳은 것은?

① 칵테일 조주 시 음료 혼합물을 섞을 수 있는 기물이다.
② 셰이커의 또 다른 명칭이다.
③ 칵테일에 혼합되는 과일이나 약초를 머들링(Muddling) 하기 위한 기물이다.
④ 보스턴 셰이커를 구성하는 기물로서 주로 안전한 플라스틱 재질을 사용한다.

믹싱 글라스(Mixing Glass)는 비교적 혼합하기 쉬운 재료를 바 스푼으로 저어 주는 스터(Stir) 기법에 사용되는 도구이다.

47 조주 서비스에서 Chaser의 의미는?

① 음료를 체온보다 높여 약 62~67℃로 해서 서빙하는 것
② 따로 조주 하지 않고 생으로 마시는
③ 서로 다른 두 가지 술을 반씩 따라 담는 것
④ 독한 술이나 칵테일을 내놓을 때 다른 글라스에 물 등을 담아 내놓는 것

체이서(Chaser)는 도수가 높은 술이나 칵테일을 내놓을 때, 다른 글라스에 물이나 음료수 등을 담아 내놓는 것을 말한다.

48 Standard Recipes란?

① 표준 판매가
② 표준 제조표
③ 표준 조직표
④ 표준 구매가

Standard Recipes는 표준 제조법(제조표)를 말한다.

49 Liqueur Glass의 다른 명칭은?

① Shot Glass
② Cordial Glass
③ Sour Glass
④ Goblet

리큐어 글라스(Liqueur Glass)는 코디얼 글라스(Cordial Glass)라고도 부른다.

50 블러디 메리(Bloody Mary)에 주로 사용되는 주스는?

① 토마토 주스
② 오렌지 주스
③ 파인애플 주스
④ 라임 주스

블러디 메리(Bloody Mary)는 토마토 주스를 사용한 칵테일이다.

51 다음 내용 중 옳은 것은?

① Cognac is produced only in the Cognac region of France.
② All brandy is Cognac.
③ Not all Cognac is brandy.
④ All French brandy is Cognac.

"Cognac is produced only in the Cognac region of France."는 "코냑은 프랑스 코냑지역에서만 생산된다."는 의미로 옳은 내용이다.

오답 피하기
② 모든 브랜디는 코냑이다.
③ 코냑만 브랜디가 아니다.
④ 모든 프랑스 브랜디는 코냑이다.

정답 46 ① 47 ④ 48 ② 49 ② 50 ① 51 ①

52 다음 ( ) 안에 공통적으로 들어갈 단어는?

( ), which looks like fine sea spray, is the Holy Grail of espresso, the beautifully tangible sign that everything has gone right. ( ) is a golden made up of oil and colloids, which floats atop the surface of a perfectly brewed cup of espresso.

① Crema
② Cupping
③ Cappuccino
④ Cafe Latte

[문장 해석]
크레마는 미세한 바닷물 스프레이처럼 보이는데, 에스프레소의 성배이자 모든 것이 제대로 되었다는 아름답고도 확실한 신호이다. 크레마는 오일과 콜로이드로 구성된 황금빛 거품으로, 완벽하게 추출된 에스프레소 한 잔의 표면 위에 떠 있다.

53 Please, select the cocktail based on Gin in the following.

① Sidecar
② Zoom cocktail
③ Between the sheets
④ Million Dollar

진 베이스의 칵테일을 묻는 질문으로 밀리언 달러(Million Dollar)는 'Dry Gin + Sweet Vermouth + Grenadine Syrup + Pineapple Juice + Egg White' 를 혼합하여 제조한다.

오답 피하기
①②③ 브랜디 베이스의 칵테일이다.

54 다음 ( ) 안에 들어갈 적합한 단어는?

( ) whisky is a whisky which is distilled and produced at just one particular distillery. ( )s are made entirely from one type of malted grain, traditionally barley, which is cultivated in the region of the distillery.

① Grain
② Blended
③ Single Malt
④ Bourbon

[문장 해석]
싱글몰트 위스키는 단 하나의 증류소에서만 증류 및 생산되는 위스키이다. 싱글몰트는 증류소 지역에서 재배되는 한 종류의 맥아 곡물로만 만들어진다.

55 다음의 문장에서 밑줄 친 postponed와 가장 가까운 뜻은?

The meeting was <u>postponed</u> until tomorrow morning.

① cancelled
② finished
③ put off
④ taken off

[문장 해석]
회의는 내일 오전으로 연기되었다.
'postponed'는 '연기되었다'의 의미로, 비슷한 표현으로는 'put off'의 '미뤄졌다'가 있다.

오답 피하기
① 취소되었다.
② 종료되었다.
④ 취소되었다.

56 ( ) 안에 알맞은 리큐르는?

> ( ) is called the queen of liqueur. This is one of the French traditional liqueur and is made from several years aging after distilling of various herbs added to spirit.

① Chartreuse
② Benedictine
③ Kummel
④ Cointreau

[문장 해석]
샤르트뢰즈(Chartreuse)는 '리큐어의 여왕'이라 부르는 프랑스 리큐어 중 하나로, 증류주에 다양한 허브를 첨가하여 수년간 숙성시킨 술이다.

57 다음에서 설명하는 것은?

> What is used to present the check, return the change or the credit card and remind the customer to leave the tip.

① Serving trays
② Bill trays
③ Corkscrews
④ Can openers

[문장 해석]
계산서를 제공하고 거스름돈이나 신용카드를 돌려주며 고객에게 팁을 남기도록 상기시키는 데 사용하는 쟁반을 말한다.

58 What does 'black coffee' mean?

① Rich in coffee
② Strong coffee
③ Coffee without cream and sugar
④ Clear strong coffee

블랙 커피(Black Coffee)는 크림과 설탕이 들어가지 않은 커피를 말한다.

59 "I feel like throwing up."의 의미는?

① 토할 것 같다.
② 기분이 너무 좋다.
③ 공을 던지고 싶다.
④ 술을 더 마시고 싶다.

"I feel like throwing up."은 "토할 것 같다."라는 표현의 문장이다.

60 손님에게 사용할 때 가장 공손한 표현이 되도록 다음 _____ 안에 들어갈 알맞은 표현은?

> _____ to have a drink?

① Would you like
② Won't you like
③ Will you like
④ Do you like

'Would you like~'는 공손한 제안의 표현이며, 상대방의 의사를 존중하면서 제안할 때 사용하는 표현이다.

오답 피하기
② 부정적인 뉘앙스를 갖고 있어 적절하지 않다.
③ 미래의 가능성에 대해 묻는 것으로 적절하지 않다.
④ 현재의 취향을 묻는 것으로 적절하지 않다.

정답 56 ① 57 ② 58 ③ 59 ① 60 ①

해설과 함께 보는 최신 기출문제 06회

조주기능사	소요 시간	문항 수
	총 60분	총 60문항

수험번호 : _____
성　명 : _____

01 커피의 3대 원종이 아닌 것은?
① 로부스타종
② 아라비카종
③ 인디카종
④ 리베리카종

커피의 3대 원종은 아라비카(Arabica), 로부스타(Robusta), 리베리카(Liberica)이다.

02 이탈리아가 자랑하는 3대 리큐어(Liqueur) 중 하나로 살구씨를 기본으로 여러 가지 재료를 넣어 만든 아몬드 향의 리큐어로 옳은 것은?
① 아드보카트(Advocaat)
② 베네딕틴(Benedictine)
③ 아마레토(Amaretto)
④ 그랑 마니에(Grand Marnier)

아마레토(Amaretto)는 살구씨를 주원료로 물과 함께 증류한 뒤, 향초 성분과 시럽을 첨가하여 만든 아몬드 향의 이탈리아산 리큐어이다.

오답 피하기
① 브랜디에 달걀 노른자, 설탕, 바닐라향을 착향시킨 네덜란드산 리큐어이다.
② 브랜디 베이스로 안젤리카, 쑥 등 약 27종의 약초, 향초를 첨가한 프랑스산 리큐어이다.
④ 코냑에 오렌지 껍질 추출물을 넣은 프랑스산 오렌지 큐라소이다.

03 Malt Whisky를 바르게 설명한 것은?
① 대량의 양조주를 연속식으로 증류해서 만든 위스키
② 단식 증류기를 사용하여 2회의 증류과정을 거쳐 만든 위스키
③ 피트탄(Peat, 석탄)으로 건조한 맥아의 당액을 발효해서 증류한 피트향과 통의 향이 배인 독특한 맛의 위스키
④ 옥수수를 원료로 대맥의 맥아를 사용하여 당화 시켜 개량솥으로 증류한 고농도 알코올의 위스키

몰트 위스키는 100% 맥아로 만을 증류한 위스키이다.

04 Ginger Ale에 대한 설명 중 틀린 것은?
① 생강의 향을 함유한 소다수이다.
② 알코올 성분이 포함된 영양음료이다.
③ 식욕증진이나 소화제로 효과가 있다.
④ Gin이나 Brandy와 조주하여 마시기도 한다.

진저에일(Ginger Ale)은 생강향이 포함된 탄산음료이다.

정답 01 ③　02 ③　03 ③　04 ②

05 우유의 살균방법에 대한 설명으로 가장 거리가 먼 것은?

① 저온 살균법 : 50℃에서 30분 살균
② 고온 단시간 살균법 : 72℃에서 15초 살균
③ 초고온 살균법 : 135~150℃에서 0.5~5초 살균
④ 멸균법 : 150℃에서 2.5~3초 동안 가열처리

저온 살균법(LTLT)은 62~65℃, 30분 살균하는 방법이다.

06 다음 중에서 이탈리아 와인 키안티 클라시코(Chianti Classico)와 가장 거리가 먼 것은?

① Gallo Nero
② Piasco
③ Raffia
④ Barbaresco

바르바레스코(Barbaresco)는 이탈리아 피에몬테 지방의 와인이다.

07 옥수수를 51% 이상 사용하고 연속식 증류기로 알코올 농도 40% 이상 80% 미만으로 증류하는 위스키는?

① Scotch Whisky
② Bourbon Whiskey
③ Irish Whiskey
④ Canadian Whisky

버번 위스키(Bourbon Whiskey)는 옥수수를 51%이상 사용하고 연속식 증류기로 알코올 농도 40% 이상 80% 미만으로 증류하는 위스키를 말한다.

08 사과로 만들어진 양조주는?

① Camus Napoleon
② Cider
③ Kirschwasser
④ Anisette

영어로 사이다(Cider), 프랑스어로 시드르(Cidre)라고 하며 사과로 만들어진 양조주를 말한다.

09 스트레이트 업(Straight Up)의 의미로 가장 적합한 것은?

① 술이나 재료의 비중을 이용하여 섞이지 않게 마시는 것
② 얼음을 넣지 않은 상태로 마시는 것
③ 얼음만 넣고 그 위에 술을 따른 상태로 마시는 것
④ 글라스 위에 장식하여 마시는 것

스트레이트 업(Straight Up)은 얼음을 넣지 않은 상태로 마시는 것을 의미한다.

10 약초, 향초류의 혼성주는?

① 트리플 섹
② 크렘 드 카시스
③ 깔루아
④ 쿰멜

쿰멜(Kummel)은 회향초로 만든 무색투명한 향초 리큐어로 소화불량에 효과가 있다.

오답 피하기
① 과실류의 혼성주이다.
② 과실류의 혼성주이다.
③ 종자류의 혼성주이다.

정답 05① 06④ 07② 08② 09② 10④

11 헤네시의 등급 규격으로 틀린 것은?

① Extra : 15~25년
② V.O : 15년
③ X.O : 45년 이상
④ V.S.O.P : 20~30년

Extra는 70년 이상을 말한다.

12 다음은 어떤 포도품종에 관하여 설명한 것인가?

> 작은 포도알, 깊은 적갈색, 두꺼운 껍질, 많은 씨앗이 특징이며 씨앗은 타닌 함량을 풍부하게 하고, 두꺼운 껍질은 색깔을 깊이 있게 나타낸다. 블랙커런트, 체리, 자두 향을 지니고 있으며, 대표적인 생산지역은 프랑스 보르도 지방이다.

① 메를로(Merlot)
② 피노 누와(Pinot Noir)
③ 카베르네 쇼비뇽(Cabernet Sauvignon)
④ 샤르도네(Chardonnay)

프랑스 보르도 지방의 대표적인 포도 품종인 카베르네 쇼비뇽(Cabernet Sauvignon)에 대한 설명이다.

13 담색 또는 무색으로 칵테일의 기본주로 사용되는 Rum은?

① Heavy Rum
② Medium Rum
③ Light Rum
④ Jamaica Rum

담색 또는 무색으로 칵테일의 기본주로 사용되는 럼은 라이트 럼(Light Rum)이다.

14 전통 민속주의 양조기구 및 기물이 아닌 것은?

① 오크통
② 누룩고리
③ 채반
④ 술자루

오크통은 유럽 지역에서 정통적으로 술을 담아 숙성시키는 데 사용된다.

15 세계의 유명한 광천수 중 프랑스 지역의 제품이 아닌 것은?

① 비시 생수(Vichy Water)
② 에비앙 생수(Evian Water)
③ 셀처 생수(Seltzer Water)
④ 페리에 생수(Perrier Water)

셀처 워터(Seltzer Water)는 독일의 마을 Nieder Selters의 천연 광천수이다.

16 Irish Whiskey에 대한 설명으로 틀린 것은?

① 깊고 진한 맛과 향을 지닌 몰트 위스키도 포함된다.
② 피트훈연을 하지 않아 향이 깨끗하고 맛이 부드럽다.
③ 스카치 위스키와 제조과정이 동일하다.
④ John Jameson, Old Bushmills가 대표적이다.

아이리시 위스키는 맥아를 건조시킬 때 바닥에 넣어서 건조시키며, 스카치 위스키는 피트를 태운 연기에 건조시키기 때문에 제조과정이 다르다고 볼 수 있다.

17 세계 4대 위스키(Whisky)가 아닌 것은?

① 스카치(Scotch)
② 아이리시(Irish)
③ 아메리칸(American)
④ 스패니쉬(Spanish)

세계 4대 위스키는 아이리시 위스키, 스카치 위스키, 아메리칸 위스키, 캐나디안 위스키이다.

18 다음 중 연속식 증류주에 해당하는 것은?

① Pot Still Whisky
② Malt Whisky
③ Cognac
④ Patent Still Whisky

연속식 증류기(Patent Still Whisky)는 단시간에 대량으로 증류하여 원가가 저렴하기 때문에 아메리칸 위스키 등 대중적인 위스키 제조하는 데 사용한다.

19 Benedictine의 설명 중 틀린 것은?

① B-52 칵테일을 조주 할 때 사용한다.
② 병에 적힌 D.O.M은 '최선 최대의 신에게'라는 뜻이다.
③ 프랑스 수도원 제품이며 품질이 우수하다.
④ 허니문(Honeymoon) 칵테일을 조주 할 때 사용한다.

B-52 칵테일의 재료는 깔루아(Khalua), 베일리스 아이리쉬 크림(Bailey's Irish Cream), 그랑 마니에(Grand Marnier) 3가지이다.

20 다음 중 이탈리아 와인 등급 표시로 맞는 것은?

① A.O.P.
② D.O.
③ D.O.C.G
④ QbA

이탈리아의 와인 등급표시는 DOCG, DOC, IGT, VDT로 나뉘어진다.

오답 피하기
① 프랑스 와인의 원산지 통제 증명법이다.
② 스페인 와인 등급이다.
④ 독일 와인 등급이다.

21 소주가 한반도에 전해진 시기는 언제인가?

① 통일신라
② 고려
③ 조선초기
④ 조선중기

소주는 고려시대 때 몽골에 의해 전래되었다.

22 프랑스와인의 원산지 통제 증명법으로 가장 엄격한 기준은?

① D.O.C
② A.O.C
③ V.D.Q.S
④ Q.M.P

프랑스는 1935년 AOC 규정을 만들었고, 1949년 Vdqs에 관한 규정을 추가했으며, 1979년 Vin de Pays와 Vin de Table에 관한 규정을 신설하여 와인의 등급을 관리하고 있다.

정답 17 ④ 18 ④ 19 ① 20 ③ 21 ② 22 ②

23 솔레라 시스템을 사용하여 만드는 스페인의 대표적인 주정강화 와인은?

① 포트 와인
② 세리 와인
③ 보졸레 와인
④ 보르도 와인

세리 와인은 솔레라 시스템을 사용하여 만든 대표적인 스페인의 주정 강화 와인이다.

24 리큐어(Liqueur) 중 베일리스가 생산되는 곳은?

① 스코틀랜드
② 아일랜드
③ 잉글랜드
④ 뉴질랜드

베일리스(Bailey's)는 아일랜드에서 생산되는 리큐어이다.

25 다음 중 스타일이 다른 맛의 와인이 만들어지는 것은?

① Late Harvest
② Noble Rot
③ Ice Wine
④ Vin Mousseux

뱅 무세(Vin Mousseux)는 프랑스어로 스파클링 와인을 말한다.

오답 피하기
① 원래 수확일보다 늦게 수확하여 포도의 당분을 높이는 방법이다.
② 포도의 껍질에 곰팡이 균이 발생하는 병으로 포도의 수분을 증발시켜 당도를 높인 와인이다.
③ 한 겨울에 수확하여 포도의 수분을 얼린 후 당분만 분리한 독일의 와인이다.

26 스파클링 와인에 해당되지 않는 것은?

① Champagne
② Cremant
③ Vin Doux Naturel
④ Spumante

뱅 두 내추럴(Vin doux Naturel)은 프랑스의 주정강화 와인을 말한다.

27 주류와 그에 대한 설명으로 옳은 것은?

① Absinthe – 노르망디 지방의 프랑스산 사과 브랜디
② Campari – 주정에 향쑥을 넣어 만드는 프랑스산 리큐어
③ Calvados – 이탈리아 밀라노에서 생산되는 와인
④ Chartreuse – 승원(수도원)이라는 뜻을 가진 리큐어

샤트르뢰즈(Chartreuse) 승원(수도원)이라는 뜻을 가진 리큐어로 프랑스 수도원에서 130가지 정도의 허브를 포도주에 침출하고 증류한 리큐어이다.

오답 피하기
① 주정에 향쑥을 넣어 만드는 프랑스산 리큐어이다.
② 이탈리아 밀라노에서 생산되는 와인이다.
③ 노르망디 지방의 프랑스산 사과 브랜디이다.

28 브랜디의 제조공정에서 증류한 브랜디를 열탕 소독한 White Oak Barrel에 담기 전에 무엇을 채워 유해한 색소나 이물질을 제거하는가?

① Beer
② Gin
③ Red Wine
④ White Wine

브랜디 제조과정에서 증류한 브랜디를 오크통에 담기 전에 화이트 와인을 먼저 넣어 유해한 색소나 이물질을 제거하는 과정을 거치게 된다.

29 양조주의 제조방법 중 포도주, 사과주 등 주로 과실주를 만드는 방법으로 만들어진 것은?

① 복발효주
② 단발효주
③ 연속발효주
④ 병행발효주

양조주 중 과실의 당질을 원료로 해서 만들어지는 것을 단발효주라고 한다.

30 다음 중 알코올성 커피는?

① 카페 로얄(Cafe Royal)
② 비엔나 커피(Vienna Coffee)
③ 데미타세 커피(Demi-Tasse Coffee)
④ 카페오레(Cafe Au Lait)

카페 로얄(Cafe Royal)은 브랜디 베이스 칵테일이다.

31 영업 형태에 따라 분류한 Bar의 종류 중 일반적으로 활기차고 즐거우며 조금은 어둡지만 따뜻하고 조용한 분위기와 가장 거리가 먼 것은?

① Western Bar
② Classic Bar
③ Modern Bar
④ Room Bar

웨스턴 바(Western Bar)는 고객에게 화려한 바텐딩 기술을 선보이는 바(Bar)이다.

32 우리나라에서 개별소비세가 부과되지 않는 영업장은?

① 단란주점
② 요정
③ 카바레
④ 나이트클럽

단란주점은 주로 주류를 조리, 판매하는 영업으로 개별소비세 과세대상에 해당하지 않는다.

오답 피하기

개별소비세는 특정한 물품의 구매, 특정한 장소의 유흥음식행위 및 특정한 장소의 영업행위에 부과하는 세금으로 유흥주점업장에 부과되며, 요정, 카바레, 나이트클럽 등은 유흥주점에 속한다.

33 소프트 드링크 디캔터(Soft Drink Decanter)의 올바른 사용법은?

① 각종 청량음료(Soft Drink)를 별도로 담아 나간다.
② 술과 같이 혼합하여 나간다.
③ 얼음과 같이 넣어 나간다.
④ 술과 얼음을 같이 넣어 나간다.

소프트 드링크 디캔더(Soft Drink Decanter)는 위스키 등을 주문했을 때 탄산음료나 물을 제공하는 용기이다.

34 칵테일글라스의 3대 명칭이 아닌 것은?

① Bowl
② Cap
③ Stem
④ Base

Cap은 셰이커의 3대 명칭이다.

정답 29 ② 30 ① 31 ① 32 ① 33 ① 34 ②

35 칵테일 서비스 진행 절차로 가장 적합한 것은?

① 아이스 페일을 이용해서 고객의 요구대로 글라스에 얼음을 넣는다.
② 먼저 커팅보드 위에 장식물과 함께 글라스를 놓는다.
③ 칵테일용 냅킨을 고객의 글라스 오른쪽에 놓고 젓는 막대를 그 위에 놓는다.
④ 병술을 사용할 때는 스토퍼를 이용해서 조심스럽게 따른다.

칵테일 서비스 시 칵테일용 냅킨을 고객의 글라스 오른쪽에 놓고, 젓는 막대를 그 위에 놓아야 한다.

36 오크통에서 증류주를 보관할 때의 설명으로 틀린 것은?

① 원액의 개성을 결정해 준다.
② 천사의 몫(Angel's Share) 현상이 나타난다.
③ 색상이 호박색으로 변한다.
④ 변화 없이 증류한 상태 그대로 보관된다.

오크통에서 화학적 변화를 통해 복잡한 향과 맛이 만들어지는 것을 부케(Bouquet)라고 한다.

37 Blending 기법에 사용하는 얼음으로 가장 적당한 것은?

① Lumped Ice
② Crushed Ice
③ Cubed Ice
④ Shaved Ice

블렌딩(Blending) 기법에서는 혼합하기 어려운 재료를 혼합하기 위하여 블렌더 같은 전동 기구를 사용하는데, 이때 블렌더의 날이 상하지 않기 위해서는 크러쉬드 아이스(Crushed Ice)를 사용한다.

38 비터류(Bitters)가 사용되지 않는 칵테일은?

① Manhattan
② Cosmopolitan
③ Old Fashioned
④ Negroni

코스모폴리탄(Cosmopolitan Cocktail) 칵테일 제조에는 보드카, 트리플 섹, 라임 주스, 크렌베리 주스가 사용된다.

39 Bock Beer에 대한 설명으로 옳은 것은?

① 알코올 도수가 높은 흑맥주
② 알코올 도수가 낮은 담색 맥주
③ 이탈리아산 고급 흑맥주
④ 제조 12시간 이내의 생맥주

복 비어(Bock Beer)는 짙은 색의 맥주로 향미가 짙고 단맛을 띤 알코올 도수가 높은 맥주이다.

40 탄산음료나 샴페인을 사용하고 남은 일부를 보관할 때 사용하는 기구로 가장 적합한 것은?

① 코스터
② 스토퍼
③ 풀러
④ 코르크

스토퍼(Stopper)는 보조 병마개로서 탄산음료나 샴페인 등을 사용하고 남은 일부를 보관할 때 사용하는 기구이다.

정답 35 ③ 36 ④ 37 ② 38 ② 39 ① 40 ②

41 맥주의 보관에 대한 내용으로 옳지 않은 것은?

① 장기 보관할수록 맛이 좋아진다.
② 맥주가 얼지 않도록 보관한다.
③ 직사광선을 피한다.
④ 적정온도(4~10℃)에 보관한다.

맥주는 유통기한이 있어 장기 보관이 어렵다.

42 칼바도스(Calvados)는 보관온도상 다음 품목 중 어떤 것과 같이 두어도 좋은가?

① 백포도주
② 샴페인
③ 생맥주
④ 코냑

칼바도스(Calvados)는 사과 브랜디로 코냑과 같이 실온 보관한다.

43 칵테일 Kir Royal의 레시피(Receipe)로 옳은 것은?

① Champagne + Cacao
② Champagne + Kahlua
③ Wine + Cointreau
④ Champagne + Crème de Cassis

키르 로얄(Kir Royal)은 샴페인과 크렘 드 카시스로 만든다.

44 바텐더가 Bar에서 Glass를 사용할 때 가장 먼저 체크하여야 할 사항은?

① Glass의 가장자리 파손 여부
② Glass의 청결 여부
③ Glass의 재고 여부
④ Glass의 온도 여부

바에서 글라스를 사용할 때에는 글라스의 파손 여부를 가장 먼저 체크해야 한다.

45 Red Cherry가 사용되지 않는 칵테일은?

① Manhattan
② Old Fashioned
③ Mai-Tai
④ Moscow Mule

모스코 뮬(Moscow Mule)의 가니쉬(Garnish)는 라임 또는 레몬 슬라이스이다.

46 고객이 위스키 스트레이트를 주문하고, 얼음과 함께 콜라나 소다수, 물 등을 원하는 경우 이를 제공하는 글라스는?

① Wine Decanter
② Cocktail Decanter
③ Collins Glass
④ Cocktail Glass

Cocktail Decanter(칵테일 디캔터)는 고객이 위스키 스트레이트를 주문하고 얼음과 함께 콜라나 소다수, 물 등을 원하는 경우 제공하는 글라스를 말한다.

정답 41① 42④ 43④ 44① 45④ 46②

47 스카치 750mL 1병의 원가가 100,000원이고 평균원가율을 20%로 책정했다면 스카치 1잔의 판매가격은?

① 10,000원
② 15,000원
③ 20,000원
④ 25,000원

원가=판매가격×원가율

문제풀이
위스키 1잔은 1oz(30mL) : 750mL÷30mL=25잔
1잔의 원가 : 100,000원(1병)÷25잔=4,000원
4,000원=판매가격×20%($\frac{20}{100}$)
판매가격=20,000원

48 일반적인 칵테일의 특징으로 가장 거리가 먼 것은?

① 부드러운 맛
② 분위기의 증진
③ 색, 맛, 향의 조화
④ 항산화, 소화증진 효소 함유

칵테일의 특징은 부드러운 맛, 분위기의 증진, 색 맛 향의 조화이다.

49 휘젓기(Stirring) 기법을 할 때 사용하는 칵테일 기구로 가장 적합한 것은?

① Hand Shaker
② Mixing Glass
③ Squeezer
④ Jigger

스터링(Stirring) 기법에는 믹싱 글라스와 스트레이너를 사용한다.

50 용량 표시가 옳은 것은?

① 1Tea Spoon = 1/32oz
② 1Pony = 1/2oz
③ 1Pint = 1/2Quart
④ 1Table Spoon = 1/32oz

1Pint = $\frac{1}{2}$ Quart = 16oz

51 "당신은 손님들에게 친절해야 한다."의 영어 표현으로 가장 적합한 것은?

① You should be kind to guest.
② You should kind guest.
③ You'll should be to kind to guest.
④ You should do kind guest.

"You should be kind to guest." 문장이 맞는 표현이다.

52 Three factors govern the appreciation of wine. Which of the following does not belong to them?

① Color
② Aroma
③ Taste
④ Touch

와인 테이스팅의 3가지 요소는 색, 향, 맛이다.

53 "한잔 더 주세요."의 가장 정확한 영어 표현은?

① I'd like other drink.
② I'd like to have another drink.
③ I want one more wine.
④ I'd like to have the other drink.

"I'd like to have another drink." 문장이 맞는 표현이다.

54 Which of the following is the right beverage in the blank?

> B : Here you are. Drink it While it's hot.
> G : Um... nice. What pretty drink are you mixing there?
> B : Well, it's for the lady in that corner. It is a "(   )", and it is made from several liqueurs.
> G : Looks like a rainbow. How do you do that?
> B : Well, you pour it in carefully. Each liquid has a different weight, so they sit on the top of each other without mixing.

① Pousse Cafe
② Cassis Frappe
③ June Bug
④ Rum Shrub

혼성주를 사용하여 무지개 색을 내는 칵테일이 무엇이지 묻는 문제로, 액체의 비중차를 이용하여 조심스럽게 붓는 플로팅 기법을 사용한 무지개 색의 칵테일은 푸스카페(Pousse Cafe)이다.

55 바텐더가 손님에게 처음 주문을 받을 때 사용할 수 있는 표현으로 가장 적합한 것은?

① What do you recommend?
② Would you care for a drink?
③ What would you like with that?
④ Do you have a reservation?

"Would you care for a drink?" 문장은 "술 한잔 드시겠습니까?"라는 뜻으로 주로 주문을 받을 시 주류를 권할 때 사용한다.

[오답 피하기]
① 추천은 무엇입니까?
③ 무엇을 원하시나요?
④ 예약하셨나요?

56 Which one is the right answer in the blank?

> B : Good evening, sir. What Would you like?
> G : What kind of (   ) have you got?
> B : We've got our own brand, sir. Or I can give you an rye, a bourbon or a malt.
> G : I'll have a malt. A double, please.
> B : Certainly, sir. Would you like any water or ice with it?
> G : No water, thank you, That spoils it. I'll have just one lump of ice.
> B : One lump, sir. Certainly.

① Wine
② Gin
③ Whiskey
④ Rum

[문장 해석]
어떤 종류의 위스키를 가지고 있습니까?

정답 53 ② 54 ① 55 ② 56 ③

57 "Are you free this evening?"의 의미로 가장 적합한 것은?

① 이것은 무료입니까?
② 오늘밤에 시간 있으십니까?
③ 오늘밤에 만나시겠습니까?
④ 오늘밤에 개점합니까?

"Are you free this evening?" 문장은 "오늘 밤에 시간 있으세요?"라는 뜻으로 서로의 시간을 조율하는 상황에서 사용하는 표현이다.

58 ( ) 안에 들어갈 알맞은 것은?

> I don't know what happened at the meeting because I wasn't able to ( ).

① decline
② apply
③ depart
④ attend

[문장 해석]
내가 그 미팅에 참석할 수 없었기 때문에 무슨 일이 있었는지 모른다.

59 Which one is not made from grapes?

① Cognac
② Calvados
③ Armagnac
④ Grappa

원료가 포도가 아닌 것이 무엇인지 묻는 질문으로 칼바도스(Calvados)는 사과 브랜디이다.

60 다음 ( ) 안에 알맞은 것은?

> ( ) must have juniper berry flavor and can be made either by distillation or re-distillation.

① Whisky
② Rum
③ Tequila
④ Gin

진의 원료는 주니퍼 베리(Juniper Berry)이다.

정답 57② 58④ 59② 60④

해설과 함께 보는 최신 기출문제 07회

조주기능사	소요 시간	문항 수
	총 60분	총 60문항

수험번호 : _____
성   명 : _____

01 혼성주에 해당하는 것은?

① Armagnac
② Corn Whiskey
③ Cointreau
④ Jamaican Rum

쿠앵트로(Cointreau)는 오렌지 껍질을 원료로 만든 프랑스산 고급 리큐어이다.

오답 피하기
① 아르마냑(Armagnac)은 브랜디이므로 증류주에 속한다.
② 콘 위스키(Corn Whiskey)는 옥수수로 만든 위스키이므로 증류주에 속한다.
④ 자메이칸 럼(Jamaican Rum)은 증류주에 속한다.

02 각 국가별 부르는 적포도주로 틀린 것은?

① 프랑스 – Vin Rouge
② 이탈리아 – Vino Rosso
③ 스페인 – Vino Rosado
④ 독일 – Rotwein

Vino Rosado은 로제 와인(Rose Wine)을 의미한다.

03 Sparkling Wine이 아닌 것은?

① Asti Spumante
② Sekt
③ Vin mousseux
④ Trocken

Troken : 독일어로 '드라이' 의미를 의미한다.

오답 피하기
① 이탈리아의 스파클링 와인
② 독일의 스파클링 와인
③ 프랑스의 스파클링 와인

04 포도 품종의 그린 수확(Green Harvest)에 대한 설명으로 옳은 것은?

① 수확량을 제한하기 위한 수확
② 청포도 품종 수확
③ 완숙한 최고의 포도 수확
④ 포도원의 잡초제거

그린 하비스트(Green Harvest)는 수확량을 제한하기 위한 작업을 말한다.

정답 01 ③ 02 ③ 03 ④ 04 ①

05 보르도 지역의 와인이 아닌 것은?

① 샤블리
② 메독
③ 마고
④ 그라브

샤블리는 프랑스 부르고뉴 지역의 와인이다.

오답 피하기
②③④ 프랑스 보르도 지역의 와인이다.

06 프랑스에서 생산되는 칼바도스(Calvados)는 어느 종류에 속하는가?

① Brandy
② Gin
③ Wine
④ Whisky

브랜디는 프랑스 노르망디(Normandy) 지방에서 AOC법(AC법)에 준하여 생산되는 사과 브랜디이다.

07 원료인 포도주에 브랜디나 당분을 섞고 향료나 약초를 넣어 향미를 내어 만들며 이탈리아산이 유명한 것은?

① Manzanilla
② Vermouth
③ Stout
④ Hock

베르무스(Vermouth)는 이탈리아산 원료인 와인에 브랜디나 당분을 섞고 향료나 약초를 넣어 향미를 낸 리큐어이다.

오답 피하기
① 스페인의 와인이다.
③ 상면발효 맥주이다.
④ 독일의 와인이다.

08 다음 중 Aperitif Wine으로 가장 적합한 것은?

① Dry Sherry Wine
② White Wine
③ Red Wine
④ Port Wine

아페리티프 와인(Aperitif Wine)에는 스페인의 드라이 셰리(Dry Sherry Wine), 이탈리아의 베르무스(Vermou:h)가 있다.

오답 피하기
② 테이블 와인(Table Wine)이다.
③ 테이블 와인(Table Wine)이다.
④ 디저트 와인(Dessert Wine)이다.

09 혼성주의 종류에 대한 설명이 틀린 것은?

① 아드보카트(Advocaat)는 브랜디에 계란노른자와 설탕을 혼합하여 만들었다.
② 드람부이(Drambuie)는 '사람을 만족시키는 음료'라는 뜻을 가지고 있다.
③ 아르마냑(Armagnac)은 체리향을 혼합하여 만든 술이다.
④ 깔루아(Kahlua)는 증류주에 커피를 혼합하여 만든 술이다.

아르마냑(Armagnac)은 브랜디이다.

10 혼성주 제조방법인 침출법에 대한 설명으로 틀린 것은?

① 맛과 향이 알코올에 쉽게 용해되는 원료일 때 사용한다.
② 과실 및 향료를 기주에 담가 맛과 향이 우러나게 하는 방법이다.
③ 원료를 넣고 밀봉한 후 수개월에서 수년간 장기 숙성시킨다.
④ 맛과 향이 추출되면 여과한 후 블렌딩하여 병입한다.

침출법(Infusion Process)은 가장 많이 쓰이는 방법이며, 다른 말로 콜드 방식 (Cold Method)이라고도 부른다. 증류하면 변질될 수 있는 과일이나 약초, 향료 등을 증류주에 담가 맛과 향을 우려내는 방법이며, 수개월에서 수년간 장기 숙성시키기 때문에 가장 시간이 많이 소요된다. 맛과 향이 추출되면 여과한 후 블렌딩하여 병입한다.

11 보졸레 누보 양조과정의 특징이 아닌 것은?

① 기계수확을 한다.
② 열매를 분리하지 않고 송이채 밀폐된 탱크에 집어넣는다.
③ 발효 중 CO2의 영향을 받아 산도가 낮은 와인이 만들어진다.
④ 오랜 숙성 기간 없이 출하한다.

보졸레 누보(Beaujolais Nouveau)는 아래의 양조과정을 거친다.
㉠ 손으로 수확한다.
㉡ 열매를 분리하지 않고, 포도 송이채 밀폐된 탱크에 넣는다.
㉢ 발효 중 CO2의 영향을 받아 산도가 낮은 와인을 생산한다.
㉣ 오랜 숙성 없이 출하한다.

12 맥주의 원료로 알맞지 않은 것은?

① 물
② 피트
③ 보리
④ 홉

피트는 위스키의 원료이다.

13 원산지가 프랑스인 술은?

① Absinthe
② Curacao
③ Kahlua
④ Drambuie

압생트(Absente, Absinthe)는 프랑스산 리큐어이다.

오답 피하기
② 베네수엘라산 리큐어이다.
③ 멕시코산 리큐어이다.
④ 스코틀랜드산 리큐어이다.

14 상면발효 맥주로 옳은 것은?

① Bock Beer
② Budweiser Beer
③ Porter Beer
④ Asahi Beer

상면발효 맥주에는 에일(Ale), 스타우트(Stout), 포터(Porter), 호가든(Hoegaarden), 쾰시(Kolsch) 등이 있다.

오답 피하기
①②④ 모두 하면발효 맥주이다.

15 Hop에 대한 설명 중 틀린 것은?

① 자웅이주의 숙근 식물로서 수정이 안 된 암꽃을 사용한다.
② 맥주의 쓴 맛과 향을 부여한다.
③ 거품의 지속성과 항균성을 부여한다.
④ 맥아즙 속의 당분을 분해하여 알코올과 탄산가스를 만드는 작용을 한다.

당분을 분해하여 알코올과 탄산가스를 만드는 것은 효모(Yeast)이다.

16 다음에서 설명하는 것은?

> • 북유럽 스칸디나비아 지방의 특산주로 어원은 생명의 물이라는 라틴어에서 온 말이다.
> • 제조과정은 먼저 감자를 익혀서 으깬 감자와 맥아를 당화, 발효시켜 증류시킨다.
> • 연속 증류기로 95%의 고농도 알코올을 얻은 다음 물로 희석하고 회향초 씨나 박하, 오렌지 껍질 등 여러 가지 종류의 허브로 향기를 착향 시킨 술이다.

① Vodka
② Rum
③ Aquavit
④ Brandy

아쿠아비트(Aquavit)에 대한 설명이다.

17 프랑스에서 사과를 원료로 만든 증류주인 Apple Brandy는?

① Cognac
② Calvados
③ Armagnac
④ Camus

칼바도스(Calvados)는 프랑스 노르망디(Normandy) 지방에서 AOC법(AC법)에 준하여 생산되는 사과 브랜디이다.

오답 피하기
① 브랜디의 원산지이다.
③ 브랜디의 원산지이다.
④ 코냑의 브랜드이다.

18 다음 중 과실음료가 아닌 것은?

① 토마토 주스
② 천연 과즙 주스
③ 희석 과즙 음료
④ 과립 과즙 음료

토마토 주스는 야채주스이다.

19 우리나라 전통주 중에서 약주가 아닌 것은?

① 견주
② 한산 소곡주
③ 칠선주
④ 문배주

서울 문배주는 증류식 소주로 증류주이다.

20 다음 중 스카치 위스키(Scotch Whisky)가 아닌 것은?

① Crown Royal
② White Horse
③ Johnnie Walker
④ Chivas Regal

크라운 로얄(Crown Royal)은 캐나디안 위스키(Canadian Whisky)이다.

오답 피하기
②③④ 블렌디드 위스키(Blended Whisky)이다.

21 차를 만드는 방법에 따른 분류와 대표적인 차의 연결이 틀린 것은?

① 불발효차 - 보성녹차
② 반발효차 - 오룡차
③ 발효차 - 다즐링차
④ 후발효차 - 자스민차

자스민 차는 반발효차에 속하며, 후발효차에는 보이차, 흑차가 있다.

정답 16 ③ 17 ② 18 ① 19 ④ 20 ① 21 ④

22 소다수에 대한 설명으로 틀린 것은?

① 인공적으로 이산화탄소를 첨가한다.
② 약간의 신맛과 단맛이 나며 청량감이 있다.
③ 식욕을 돋우는 효과가 있다.
④ 성분은 수분과 이산화탄소로 칼로리는 없다.

소다수(Soda Water)는 물에 이산화탄소로만 구성된 무색, 무미, 무취의 탄산음료이므로 신맛과 단맛이 없다.

23 다음에서 설명되는 우리나라 고유의 술은?

> 엄격한 법도에 의해 술을 담는다는 전통주로 신라시대부터 전해오는 유상곡수(流觴曲水)라 하여 주로 상류계급에서 즐기던 것으로 중국 남방술인 사오싱주보다 빛깔은 조금 희고 그 순수한 맛이 가히 일품이다.

① 두견주
② 인삼주
③ 감홍로
④ 경주 교동법주

경주 교동법주에 대한 설명이다.

24 레몬주스, 슈가 시럽, 소다수를 혼합한 것으로 대용할 수 있는 것은?

① 진저에일
② 토닉워터
③ 콜린스 믹스
④ 사이다

콜린스 믹스(Collins Mix)는 레몬 $\frac{1}{2}$ oz, 슈가시럽 1tsp, 소다수를 혼합하여 대체 가능하다.

25 다음 중 테킬라(Tequila)가 아닌 것은?

① Cuervo
② El Toro
③ Sambuca
④ Sauza

Sambuca(삼부카)는 이탈리아의 리큐어이다.

26 다음 중 아메리칸 위스키(American Whiskey)가 아닌 것은?

① Jim Beam
② Wild Turkey
③ John Jameson
④ Jack Daniel

존 제임슨(John Jameson)은 아이리시 위스키(Irish Whiskey) 이다.

27 다음 중 그 종류가 다른 하나는?

① Vienna Coffee
② Cappuccino Coffee
③ Espresso Coffee
④ Irish Coffee

아이리시 커피(Irish Coffee)는 커피에 위스키를 넣어 따뜻하게 마시는 칵테일이다.

정답 22 ② 23 ④ 24 ③ 25 ③ 26 ③ 27 ④

28 스카치 위스키의 5가지 법적 분류에 해당하지 않는 것은?

① 싱글몰트 스카치 위스키
② 블렌디드 스카치 위스키
③ 블렌디드 그레인 스카치 위스키
④ 라이 위스키

스카치 위스키는 법적으로 아래와 같이 5가지로 분류된다.
- 싱글몰트 스카치 위스키
- 싱글 그레인 스카치 위스키
- 블렌디드 몰트 스카치 위스키
- 블렌디드 그레인 스카치 위스키
- 블렌디드 스카치 위스키

29 다음 중 증류주에 속하는 것은?

① Vermouth
② Champagne
③ Sherry Wine
④ Light Rum

라이트 럼(Light Rum)은 사탕수수와 당밀로 만든 증류주이다.

오답 피하기
① 혼성주이다.
② 양조주이다.
③ 양조주이다.

30 음료의 역사에 대한 설명으로 틀린 것은?

① 기원전 6000년경 바빌로니아 사람들은 레몬 과즙을 마셨다.
② 스페인 발렌시아 부근의 동굴에서는 탄산가스를 발견해 마시는 벽화가 있었다.
③ 바빌로니아 사람들은 밀빵이 물에 젖어 발효된 맥주를 발견해 음료로 즐겼다.
④ 중앙아시아 지역에서는 야생의 포도가 쌓여 자연 발효된 포도주를 음료로 즐겼다.

1919년 발견된 스페인의 발렌시아(Valencia) 부근 동굴 속에서 약 1만년 전의 것으로 추측되는 암벽의 조각에 한손에 바구니를 들고 봉밀을 채취하는 사람의 그림이 그려져 있어 봉밀 그 자체를 마셨거나 물에 타서 마셨다는 기록을 찾아볼 수 있다.

31 주장(Bar)에서 주문받는 방법으로 가장 거리가 먼 것은?

① 손님의 연령이나 성별을 고려한 음료를 추천하는 것은 좋은 방법이다.
② 추가 주문은 고객이 한잔을 다 마시고 나면 최대한 빠른 시간에 여쭤본다.
③ 위스키와 같은 알코올 도수가 높은 술을 주문받을 때에는 안주류도 함께 여쭤본다.
④ 2명 이상의 외국인 고객의 경우 반드시 영수증을 하나로 할지, 개인별로 따로 할지 여쭤본다.

추가 주문은 고객이 잔을 비우기 전에 여쭤본다.

32 샴페인 1병을 주문한 고객에게 샴페인을 따라주는 방법으로 옳지 않은 것은?

① 샴페인은 글라스에 서브할 때 2번에 나눠서 따른다.
② 샴페인의 기포를 눈으로 충분히 즐길 수 있게 따른다.
③ 샴페인은 글라스의 최대 절반정도까지만 따른다.
④ 샴페인을 따를 때에는 최대한 거품이 나지 않게 조심해서 따른다.

샴페인 서비스 시, 오랫동안 거품을 간직할 수 있는 플루트(Flute)형 잔에 따르며, 샴페인의 기포를 눈으로 충분히 즐길 수 있도록 따른다.

정답 28 ④ 29 ④ 30 ② 31 ② 32 ④

33 에스프레소 추출 시 너무 진한 크레마(Dark Crema)가 추출되었을 때 그 원인이 아닌 것은?

① 물의 온도가 95℃보다 높은 경우
② 펌프압력이 기준 압력보다 낮은 경우
③ 포터필터의 구멍이 너무 큰 경우
④ 물 공급이 제대로 안 되는 경우

포터 필터의 구멍이 큰 경우 크레마 추출이 약하고 연한 에스프레소가 추출된다.

34 칵테일을 만드는 데 필요한 기물이 아닌 것은?

① Cork Screw
② Mixing Glass
③ Shaker
④ Bar Spoon

코르크 스크류(Cork Screw)는 와인의 병마개를 뽑을 때 사용하는 도구이다.

35 다음 중 주장 종사원(Waiter/Waitness)의 주요 임무는?

① 고객이 사용한 기물과 빈 잔을 세척한다.
② 칵테일의 부재료를 준비한다.
③ 창고에서 주장(Bar)에서 필요한 물품을 보급한다.
④ 고객에게 주문을 받고 주문 받은 음료를 제공한다.

주장 종사원의 주 업무는 고객의 주문을 받고 주문 받은 음료를 제공하는 것이다.

오답 피하기

①②③ 바 헬퍼(Bar Helper)의 업무이다.

36 바람직한 바텐더(Bartender) 직무가 아닌 것은?

① 바(Bar) 내에 필요한 물품 재고를 항상 파악한다.
② 일일 판매할 주류가 적당한지 확인한다.
③ 바(Bar)의 환경 및 기물 등의 청결을 유지, 관리한다.
④ 칵테일 조주 시 지거(Jigger)를 사용하지 않는다.

바텐더(Bartender)는 지거를 사용하여 정확하고 신속하게 조주하여 칵테일을 제조한다.

37 Glass 관리방법 중 틀린 것은?

① 알맞은 Rack에 담아서 세척기를 이용하여 세척한다.
② 닦기 전에 금이 가거나 깨진 것이 없는지 먼저 확인한다.
③ Glass의 Steam 부분을 시작으로 돌려서 닦는다.
④ 물에 레몬이나 에스프레소 1잔을 넣으면 Glass의 잡냄새가 제거된다.

타월로 글라스를 닦을 시, 타월을 펴서 글라스 밑 부분을 감싸 쥐고, 글라스의 윗부분을 닦으면서 사용한다.

38 Extra Dry Martini는 Dry Vermouth를 어느 정도 넣어야 하는가?

① $\frac{1}{4}$oz
② $\frac{1}{3}$oz
③ 1oz
④ 2oz

드라이 마티니(Dry Martini)의 칵테일 레시피는 Dry Gin 2oz+Dry Vermouth $\frac{1}{3}$oz 이다.

정답 33 ③ 34 ① 35 ④ 36 ④ 37 ③ 38 ②

39 Gibson에 대한 설명으로 틀린 것은?

① 알코올 도수는 약 36도에 해당된다.
② 베이스는 Gin이다.
③ 칵테일 어니언(Onion)으로 장식한다.
④ 기법은 Shaking이다.

깁슨(Gibson) 칵테일의 조주법은 스터(Stir)이다.

40 칵테일 상품의 특성과 가장 거리가 먼 것은?

① 대량 생산이 가능하다.
② 인적 의존도가 높다.
③ 유통 과정이 없다.
④ 반품과 재고가 없다.

칵테일은 주문 시 제조하므로 대량 생산이 불가능하다. 대량으로 생산할 경우 맛이 변질될 수 있다.

41 바의 한 달 전체 매출액이 1,000만원이고 종사원에게 지불된 모든 급료가 300만원이라면 이 바의 인건비율은?

① 10%
② 20%
③ 30%
④ 40%

인건비율(%)=인건비÷매출액×100
300÷1,000×100
=0.3×100
=30%

42 내열성이 강한 유리잔에 제공되는 칵테일은?

① Grasshopper
② Tequila Sunrise
③ New York
④ Irish Coffee

아이리시 커피(Irish Coffee)는 커피에 위스키를 넣어 따뜻하게 마시는 칵테일이므로 내열성이 강한 유리잔에 제공되어야 한다.

43 다음 중에서 Cherry로 장식하지 않는 칵테일은?

① Angel's Kiss
② Manhattan
③ Rob Roy
④ Martini

드라이 마티니(Dry Martini) 칵테일의 가니쉬는 올리브(Olive)이다.

44 칵테일에 사용되는 Garnish에 대한 설명으로 가장 적절한 것은?

① 과일만 사용이 가능하다.
② 꽃이 화려하고 향기가 많이 나는 것이 좋다.
③ 꽃가루가 많은 꽃은 더욱 운치가 있어서 잘 어울린다.
④ 과일이나 허브향이 나는 잎이나 줄기가 적합하다.

가니쉬(Garnish)는 칵테일의 제조·마무리 단계에서 장식되는 각종 과일과 허브향이 나는 잎이나 줄기를 말한다. 가니쉬(Garnish)는 칵테일의 맛에 영향을 크게 주지 않으나, 칵테일의 미관 요소에 중요한 역할을 한다.

정답 39 ④ 40 ① 41 ③ 42 ④ 43 ④ 44 ④

45 다음 중 가장 영양분이 많은 칵테일은?

① Brandy Eggnog
② Gibson
③ Bacardi
④ Olympic

에그녹(Eggnog)은 브랜디와 럼, 설탕, 달걀 등을 넣어 혼합하여 우유로 채운 뒤 넛맥이나 계피를 뿌려 장식하는 칵테일이며, 달걀의 단백질, 우유의 칼슘 등 성분이 포함되어있어 영양분이 많은 칵테일이다.

46 다음 중 1oz 당 칼로리가 가장 높은 것은? (단, 각 주류의 도수는 일반적인 경우를 따른다.)

① Red Wine
② Champagne
③ Liqueur
④ White Wine

리큐어(Liqueur)는 당분이 가미되어 있어 칼로리가 높다.

47 네그로니(Negroni) 칵테일의 조주 시 재료로 가장 적합한 것은?

① Rum $\frac{3}{4}$ oz, Sweet Vermouth $\frac{3}{4}$ oz, Campari $\frac{3}{4}$ oz, Twist of Lemon Peel
② Dry Gin $\frac{3}{4}$ oz, Sweet Vermouth $\frac{3}{4}$ oz, Campari $\frac{3}{4}$ oz, Twist of Lemon Peel
③ Dry Gin $\frac{3}{4}$ oz, Dry Vermouth $\frac{3}{4}$ oz, Campari $\frac{3}{4}$ oz, Twist of Lemon Peel
④ Tequila $\frac{3}{4}$ oz, Sweet Vermouth $\frac{3}{4}$ oz, Campari $\frac{3}{4}$ oz, Twist of Lemon Peel

네그로니(Negroni)의 칵테일 레시피는 Dry Gin $\frac{3}{4}$ oz, Sweet Vermouth $\frac{3}{4}$ oz, Campari $\frac{3}{4}$ oz, Twist of Lemon Peel이다.

48 다음 중 장식이 필요 없는 칵테일은?

① 김렛(Gimlet)
② 시브리즈(Seabreeze)
③ 올드 패션드(Old Fashioned)
④ 싱가폴 슬링(Singapore Sling)

김렛(Gimlet)은 장식이 필요 없는 칵테일이다.

오답 피하기
② A Wedge of Lime or Lemon로 장식한다.
③ A Slice of Orange & Cherry로 장식한다.
④ A Slice of Orange & Cherry로 장식한다.

49 칵테일 레시피(Recipe)를 보고 알 수 없는 것은?

① 칵테일의 색깔
② 칵테일의 판매량
③ 칵테일의 분량
④ 칵테일의 성분

칵테일 레시피로 알 수 있는 것은 색깔, 분량, 성분이다.

50 Gibson을 조주할 때 Garnish는 무엇으로 하는가?

① Olive
② Cherry
③ Onion
④ Lime

깁슨(Gibson) 칵테일의 가니쉬는 어니언(Onion)이다.

51 "우리 호텔을 떠나십니까?"의 표현으로 옳은 것은?

① Do you start our hotel?
② Are you leave to our hotel?
③ Are you leaving our hotel?
④ Do you go our hotel?

"우리 호텔을 떠나십니까?"의 옳은 영어표현은 "Are you leaving our hotel?"이다.

오답 피하기
①②④ "저희 호텔로 가십니까?"라는 표현이다.

52 다음 (   ) 안에 들어갈 말로 가장 적합한 것은?

W : Good evening Mr. Carr. How are you this evening?
G : Fine, And you Mr. Kim.
W : Very well, Thank you. What would you like to try tonight?
G : (   )
W : A whisky. No ice, No water. Am I correct?
G : Fantastic!

① Just one For my health, please.
② One for the road.
③ I'll stick to my usual.
④ Another one please.

자주 방문하는 바(Bar)에서 저녁 식사하려는 상황이며, 바텐더가 오늘은 무엇으로 마실지 물어봤고 고객의 대답에 재차 확인하여 맞는지 확인하는 것으로 보아 고객은 "평소대로 하겠다."라고 대답하는 것이 어울린다.

53 다음 (   )안에 알맞은 단어와 아래의 상황 후 Jenny가 Kate에게 할 말의 연결로 가장 적합한 것은?

Jenny comes back with a magnum and glasses carried by a barman. She sets the glasses while he barman opens the bottle. There is a loud "(   )" and cork hits Kate who jumps up with a cry. The champagne spills all over the carpet.

① Peep – Good luck to you.
② Ouch – I am sorry to hear that.
③ Tut – How awful!
④ Pop – I am very sorry. I do hope you are not hurt.

[문장 해석]
바텐더가 건넨 와인 병과 잔을 가지고 제니는 돌아왔다. 제니는 바텐더가 병을 오픈하는 동안 잔을 세팅했다. '펑'하고 소리가 났고, 코르크 마개가 케이트를 때려 비명 지르며 벌떡 일어났다. 샴페인은 카펫에 쏟아졌다.
이 상황에서 제니는 케이트한테 다치지 않았으면 좋겠다고 말을 할 것이다.

54 다음 (   )안에 들어갈 가장 적합한 것은?

I'm sorry to have (   ) you waiting.

① Kept
② Made
③ Put
④ Had

[문장 해석]
기다리게 해서 죄송합니다.

55 Which one is not aperitif cocktail?

① Dry Martini
② Kir
③ Campari Orange
④ Grasshopper

그래스호퍼(Grasshopper)는 식사 후 칵테일(After Dinner Cocktail)이다.

정답 51 ③ 52 ③ 53 ④ 54 ① 55 ④

56 다음 ( )안에 알맞은 것은?

> ( ) is distilled spirits from the fermented juice of sugarcane or other sugarcane by-products.

① Whisky
② Vodka
③ Gin
④ Rum

사탕수수 또는 기타 사탕수수 부산물을 발효시켜 만든 증류주는 럼(Rum)이다.

---

57 There are basic direction of wine service. Select the one which is not belong to them in the following?

① Filling four-fifth of red wine into the glass.
② Serving the red wine with room temperature.
③ Serving the white wine with condition of 8~12℃.
④ Showing the guest the label of wine before service.

레드 와인은 잔의 $\frac{4}{5}$를 따르는 것이 아닌 150mL 정도 따른다.

오답 피하기
② 레드 와인은 실온에서 서빙한다.
③ 화이트 와인은 8~12℃의 상태로 제공한다.
④ 서빙 전 고객에게 와인 라벨을 보여준다.

---

58 Which one is not distilled beverage in the following?

① Gin
② Calvados
③ Tequila
④ Cointreau

증류주가 아닌 것을 묻는 질문으로, 쿠앵트로(Cointreau)는 혼성주이다.

---

59 다음 문장에서 의미하는 것은?

> This is produce in Italy and made with apricot and almond.

① Amaretto
② Absinthe
③ Anisette
④ Angelica

[문장 해석]
이탈리아에서 생산되며 살구와 아몬드로 만들어진다.

---

60 다음 밑줄 친 곳에 가장 적합한 것은?

> A : Good evening, sir?
> B : Could you show me the wine list?
> A : Here you are, sir. This week is the promotion week of _____.
> B : O.K. I'll try it.

① Stout
② Calvados
③ Glenfiddich
④ Beaujolais Nouveau

고객이 와인 리스트를 보여 달라고 하였으니, 대화 흐름 상 바텐더는 와인의 종류를 권하는 것이 자연스럽다.
[문장 해석]
바텐더 : 안녕하세요.
고객 : 와인 리스트를 보여주세요.
바텐더 : 여기 있습니다. 이번주는 보졸레 누보 프로모션 주간입니다.
고객 : 네, 그러면 그것으로 마셔볼게요.

오답 피하기
① 맥주이다.
② 브랜디이다.
③ 위스키이다.

정답 56 ④ 57 ① 58 ④ 59 ① 60 ④

해설과 함께 보는 최신 기출문제 08회

조주기능사	소요 시간	문항 수
	총 60분	총 60문항

수험번호 : _____
성   명 : _____

01 레드 와인용 포도 품종이 아닌 것은?
① 리슬링(Riesling)
② 메를로(Merlot)
③ 피노 누아(Pinot Noir)
④ 카베르네 소비뇽(Cabernet Sauvignon)

리슬링(Riesling)은 화이트 와인용 포도 품종이다.

02 과일이나 곡류를 발효시켜 증류한 스피릿(Spirits)에 감미와 천연 추출물 등을 첨가한 것은?
① 양조주(Fermented Liquor)
② 증류주(Distilled Liquor)
③ 혼성주(Liqueur)
④ 아쿠아비트(Aquavit)

혼성주는 증류주 또는 양조주를 원료로 하여 당분을 더하고 과일이나 향료, 약초 등 초근목피의 침출물로 향미를 더하여 만든 술이다.

03 이탈리아 와인에 대한 설명으로 틀린 것은?
① 거의 전 지역에서 와인이 생산된다.
② 지명도가 높은 와인산지로는 피에몬테, 토스카나, 베네토 등이 있다.
③ 이탈리아 와인 등급체계는 5등급이다.
④ 네비올로, 산지오베제, 바르베라, 돌체토 포도 품종은 레드 와인용으로 사용된다.

이탈리아 와인 등급은 DOCG, DOC, IGT, VDT(Vino da Tavola) 4가지 등급으로 나뉜다.

04 다음 보기들과 가장 관련되는 것은?

- 만사니아(Manzanilla)
- 몬티야(Montilla)
- 올로로소(Oloroso)
- 아몬티아도(Amontilladc)

① 이탈리아산 포도주
② 스페인산 포도주
③ 프랑스산 샴페인
④ 독일산 포도주

스페인의 셰리 와인의 종류이다.

05 맥주의 제조과정 중 발효가 끝난 후 숙성시킬 때의 온도로 가장 적합한 것은?
① −1~3℃
② 8~10℃
③ 12~14℃
④ 16~20℃

맥주 제조과정 중 2차 발효로 1차 발효를 마친 후에 탄산가스를 함유하기 위해 잔존 분을 저온(−1~3℃의 온도)으로 1~3개월 정도 숙성시킨다.

정답 01 ① 02 ③ 03 ③ 04 ② 05 ①

06 밀(Wheat)을 주원료로 만든 맥주는?

① 산미구엘(San Miguel)
② 호가든(Hoegaarden)
③ 람빅(Lambic)
④ 포스터스(Foster's)

호가든(Hoegaarden)은 대표적인 밀 맥주이다.

오답 피하기
① 필리핀 맥주이다.
③ 벨기에의 자연발효 맥주이다.
④ 호주의 하면발효 맥주이다.

07 리큐어(Liqueur)의 여왕이라고 불리며 프랑스의 수도원의 이름을 가지고 있는 것은?

① 드람부이(Drambuie)
② 샤르트뢰즈(Chartreuse)
③ 베네딕틴(Benedictine)
④ 체리 브랜디(Cherry Brandy)

샤르트뢰즈(Chartreuse)는 130가지 정도의 허브(약초)를 포도주에 침출하고 증류한 리큐어이다.

오답 피하기
① 스카치 위스키에 히스 꽃에서 딴 헤더 꿀과 허브 등을 첨가하여 만든 감미 짙은 암갈색의 스코틀랜드산 리큐어이다.
③ 안젤리카, 박하, 주니퍼 베리, 시나몬 등 약 27종의 약초를 사용한 리큐어이다.
④ 체리향의 리큐어이다.

08 맥주 제조 시 홉(Hop)를 사용하는 가장 주된 이유는?

① 잡냄새 제거
② 단백질 등 질소화합물 제거
③ 맥주 색깔의 강화
④ 맥즙의 살균

맥주의 원료인 홉(Hop)을 사용하는 이유는 맥아즙의 단백질 등 질소 화합물을 침전, 제거하여 맥주를 맑고 투명하게 만들기 위해서이다.

09 다음 중 호크 와인(Hock Wine)이란?

① 독일 라인산 화이트 와인
② 프랑스 버건디산 화이트 와인
③ 스페인 호크하임엘산 레드 와인
④ 이탈리아 피에몬테산 레드 와인

독일 라인(Rhein)산의 화이트 와인을 말한다.

10 다음 중 Bitter가 아닌 것은?

① Angostura
② Campari
③ Galliano
④ Amer Picon

Bitters류에 속하는 혼성주에는 캄파리(Campari), 아메르 피콘(Amer Picon), 앙고스투라 비터(Angostura Bitters), 언더버그(Underberg), 예거마이스터(Jagermeister)가 있다.

11 발포성 와인의 이름이 잘못 연결된 것은?

① 스페인 - 카바(Cava)
② 독일 - 젝트(Sekt)
③ 이탈리아 - 스푸만테(Spumante)
④ 포르투갈 - 도세(Doce)

도세(Doce)는 포르투갈어의 단맛을 의미하며, 포르투갈의 발포성 와인은 에스푸만테(Espumante)이다.

12 식후주(After Dinner Drink)로 가장 적합한 것은?

① 코냑(Cognac)
② 드라이 셰리 와인(Dry Sherry Wine)
③ 드라이 진(Dry Gin)
④ 베르무스(Vermouth)

코냑(Cognac)은 주로 식후주로 마신다.

13 리큐어 중 D.O.M 글자가 표기되어 있는 것은?

① Sloe Gin
② Kahlua
③ Kummel
④ Benedictine

베네딕틴 D.O.M(Benedictine D.O.M)은 1510년 프랑스 페캉(Fecamp) 사원에서 성직자가 만든 리큐어로 라틴어로 데오 옵티모 맥시모(Deo Optimo Maximo) 로 '가장 선하고 가장 위대한 신에게', "최선, 최대의 것을 신에게 바친다."의 뜻을 지닌 리큐어이다.

14 슬로우 진(Sloe Gin)의 설명 중 옳은 것은?

① 증류주의 일종이며, 진(Gin)의 종류이다.
② 보드카(Vodka)에 그레나딘 시럽을 첨가한 것이다.
③ 아주 천천히 분위기 있게 먹는 칵테일이다.
④ 진(Gin)에 야생자두(Sloe Berry)의 성분을 첨가한 것이다.

슬로우 진(Sloe Gin)은 야생 오얏나무 열매(Sloe Berry) 성분에 진(Gin)을 첨가하여 만든 붉은 색의 리큐어이다.

15 콘 위스키(Corn Whiskey)란?

① 원료의 50% 이상 옥수수를 사용한 것
② 원료에 옥수수 50%, 호밀 50%가 섞인 것
③ 원료의 80% 이상 옥수수를 사용한 것
④ 원료의 40% 이상 옥수수를 사용한 것

콘 위스키(Corn Whiskey)는 원료의 80% 이상 옥수수를 사용하여 만든 위스키이다.

16 일반적으로 단식 증류기(Pot Still)로 증류하는 것은?

① Kentucky Straight Bourbon Whiskey
② Grain Whisky
③ Dark Rum
④ Aquavit

단식 증류기(Pot Still)로 증류한 술에는 몰트 위스키(Malt Whisky), 블렌디드 위스키(Blended Whisky), 아이리쉬 위스키(Irish Whiskey), 브랜디(코냑, Cognac), 헤비 럼(Heavy Rum), 진(Gin)이 있다.

오답 피하기
①②④ 모두 연속식 증류기(Patent Still)로 증류한 술이다.

17 알코올성 음료를 의미하는 용어가 아닌 것은?

① Hard Drink
② Liquor
③ Ginger Ale
④ Spirits

진저에일(Ginger Ale)은 생강을 주원료로 만든 착색한 무알코올 착향 탄산음료이다.

18 비알코올성 음료의 분류방법에 해당되지 않는 것은?

① 청량음료
② 영양음료
③ 발포성음료
④ 기호음료

비알코올성 음료 : 청량음료, 영양음료, 기호음료

19 다음 중 럼에 대한 설명이 아닌 것은?
① 럼의 주재료는 사탕수수이다.
② 럼은 서인도제도를 통치하는 유럽의 식민정책 중 삼각무역에 사용되었다.
③ 럼은 사탕을 첨가하여 만든 리큐어이다.
④ 럼의 향, 맛에 따라 라이트 럼, 미디엄 럼, 헤비 럼으로 분류된다.

럼(Rum)은 리큐어가 아닌 사탕수수(Sugar Cane), 당밀(Molasses)을 발효시켜, 시럽으로 농축하여 추출한 후 발효, 증류한 증류주이다.

20 탄산음료 중 뒷맛이 씁쌀한 맛이 남는 음료는?
① 콜린스 믹스
② 토닉 워터
③ 진저에일
④ 콜라

토닉 워터(Tonic Water)는 영국에서 발명된 뒷맛이 씁싸름한 무색투명의 착향 탄산음료이다.

오답 피하기
① 레몬, 설탕을 주원료로 액상과당, 탄산가스, 구연산, 향료 등이 첨가되는 착향 탄산음료이다.
③ 생강을 주원료로 만든 착색한 무알코올 착향 탄산음료이다.
④ 서아프리카의 원산지로 콜라나무 종자 열매에서 추출한 원액을 가공한 뒤 탄산수를 주입하여 제조한 음료이다.

21 다음 중 생산지가 옳게 연결된 것은?
① 비시수 - 오스트리아
② 셀쳐수 - 독일
③ 에비앙수 - 그리스
④ 페리에수 - 이탈리아

셀쳐수는 독일의 광천수이다.

오답 피하기
① 비시수 – 프랑스
③ 에비앙수 – 프랑스
④ 페리에수 – 프랑스

22 우리나라 전통주에 대한 설명으로 틀린 것은?
① 증류주 제조기술은 고려시대 때 몽고에 의해 전래되었다.
② 탁주는 쌀 등 곡식을 주로 이용하였다.
③ 탁주, 약주, 소주의 순서로 개발되었다.
④ 청주는 쌀의 향을 얻기 위해 현미를 주로 사용한다.

청주는 쌀을 원료로 하여 누룩을 1% 미만 사용하여 물과 함께 빚어 걸러낸 맑은술이다.

23 보드카에 대한 설명으로 옳지 않은 것은?
① 슬라브 민족의 국민주로 애음되고 있다.
② 보드카는 러시아에서만 생산된다.
③ 보드카의 원료는 주로 보리, 밀, 호밀, 옥수수, 감자 등이 사용된다.
④ 보드카에 향을 입힌 보드카를 플레이버 보드카라 칭한다.

보드카(Vodka)는 러시아뿐만 아니라 미국, 네덜란드, 핀란드, 프랑스 등 다양한 국가에서 제조된다.

24 Whisky의 재료가 아닌 것은?
① 맥아
② 보리
③ 호밀
④ 감자

위스키(Whisky)의 원료는 보리(Barley), 밀(Wheat), 귀리(Oat), 호밀(Rye), 옥수수(Corn) 등이 있다.
감자를 주원료로 만든 술은 보드카(Vodka)이다.

정답 19 ③ 20 ② 21 ② 22 ④ 23 ② 24 ④

25 에스프레소의 커피추출이 빨리 되는 원인이 아닌 것은?

① 너무 굵은 분쇄입자
② 약한 탬핑 강도
③ 너무 많은 커피 사용
④ 높은 펌프 압력

에스프레소의 커피 추출이 빠른 원인에는 약한 탬핑 강도, 높은 펌프 압력, 너무 굵은 분쇄입자, 너무 적은 커피의 사용이 있다.

26 브랜디에 대한 설명으로 가장 거리가 먼 것은?

① 포도 또는 과실을 발효하여 증류한 술이다.
② 코냑 브랜디에 처음으로 별표의 기호를 도입한 것은 1865년 헤네시(Hennessy)사에 의해서이다.
③ Brandy는 저장기간을 부호로 표시하며 그 부호가 나타내는 저장기간은 법적으로 정해져 있다.
④ 브랜디의 증류는 와인을 2~3회 단식 증류기(Pot Still)로 증류한다.

각 회사별로 등급을 달리 표시하기도 해 같은 등급이라도 저장 연수가 다를 수 있다. 코냑의 경우 Three Star만이 법적으로 보증되는 연수(5년)이고, 그 외는 법적 구속력이 전혀 없다.

27 위스키의 원료에 따른 분류가 아닌 것은?

① 몰트 위스키
② 그레인 위스키
③ 포트 스틸 위스키
④ 블렌디드 위스키

포트 스틸 위스키(Pot Still Whisky)는 증류 방식에 따른 분류이다.

28 국가지정 중요무형문화재로 지정받은 전통주가 아닌 것은?

① 충남 면천두견주
② 진도 홍주
③ 서울 문배주
④ 경주 교동법주

진도 홍주는 고려 초부터 전승되어 온 술로 쌀과 보리, 자초 등으로 빚어낸 증류식 소주이다.

오답 피하기
① 중요무형문화재 제86-2호
③ 중요무형문화재 제86-1호
④ 중요무형문화재 제86-3호

29 커피로스팅의 정도에 따라 약한 순서에서 강한 순서대로 나열한 것으로 옳은 것은?

① American Roasting → German Roasting → French Roasting → Italian Roasting
② German Roasting → Italian Roasting → American Roasting → French Roasting
③ Italian Roasting → German Roasting → American Roasting → French Roasting
④ French Roasting → American Roasting → Italian Roasting → German Roasting

커피의 로스팅(Roasting)은 '아메리칸 로스팅(American Roasting) → 저먼 로스팅(German Roasting) → 프렌치 로스팅(French Roasting) → 이탈리안 로스팅(Italian Roasting)' 순으로 강해진다.

정답 25 ③ 26 ③ 27 ③ 28 ② 29 ①

30 혼합물을 구성하는 각 물질의 비등점의 차이를 이용하여 만드는 술을 무엇이라 하는가?

① 발효주
② 발아주
③ 증류주
④ 양조주

증류주는 혼합물을 구성하는 각 물질의 비등점의 차이를 이용하여 만든 술이다.

31 구매부서의 기능이 아닌 것은?

① 검수
② 저장
③ 불출
④ 판매

구매 부서의 기능에는 검수, 저장, 불출이 있다.

32 Pousse Cafe를 만드는 재료 중 가장 나중에 따르는 것은?

① Brandy
② Grenadine
③ Crème de Menthe(White)
④ Crème de Cassis

푸스카페(Pousse Cafe)는 Grenadine Syrup $\frac{1}{3}$ Part → Crème de Menthe(Green) $\frac{1}{3}$ Part → Brandy $\frac{1}{3}$ Part 순으로 잔에 따른다.

33 Manhattan 조주 시 사용하는 기물은?

① 셰이커(Shaker)
② 믹싱 글라스(Mixing Glass)
③ 전기 블렌더(Blender)
④ 주스 믹서(Juice Mixer)

맨해튼(Manhattan) 칵테일 조주 시, 스터(Stir) 기법으로 믹싱 글라스(Mixing Glass)와 스트레이너(Strainer)가 필요하다.

34 바텐더의 칵테일용 가니쉬 재료 손질에 관한 설명 중 가장 거리가 먼 것은?

① 레몬 슬라이스는 미리 손질하여 밀폐용기에 넣어서 준비한다.
② 오렌지 슬라이스는 미리 손질하여 밀폐용기에 넣어서 준비한다.
③ 레몬 껍질은 미리 손질하여 밀폐용기에 넣어서 준비한다.
④ 딸기는 미리 꼭지를 제거한 후 깨끗하게 세척하여 밀폐용기에 넣어서 준비한다.

딸기는 칵테일 조주 시 딸기의 꼭지를 제거하여 사용하기 때문에 미리 손질하지 않아도 된다.

35 Gin&Tonic에 알맞은 Glass와 장식은?

① Collins Glass - Pineapple Slice
② Cocktail Glass - Olive
③ Cordial Glass - Orange Slice
④ Highball Glass - Lemon Slice

진 토닉(Gin Tonic)은 하이볼 글라스(Highball Glass)에 조주하여 마지막 레몬 슬라이스(Lemon Slice)로 마무리한다.

36 Classic Bar의 특징과 가장 거리가 먼 것은?

① 서비스의 중점을 정중함과 편안함에 둔다.
② 소규모 라이브 음악을 제공한다.
③ 고객에게 화려한 바텐딩 기술을 선보인다.
④ 칵테일 조주 시 정확한 용량과 방법으로 제공한다.

클래식 바(Classic Bar)는 조용한 음악을 느낄 수 있는 조용한 분위기의 바를 말하며, 화려한 바텐딩 기술을 선보이는 곳은 웨스턴 바(Western Bar)를 말한다.

정답 30 ③ 31 ④ 32 ① 33 ② 34 ④ 35 ④ 36 ③

37 위스키가 기주로 쓰이지 않는 칵테일은?

① 뉴욕(New York)
② 로브 로이(Rob Roy)
③ 블랙 러시안(Black Russian)
④ 맨하탄(Manhattan)

블랙 러시안(Black Russian) 칵테일의 기주는 보드카(Vodka)이다.

38 셰이킹(Shaking) 기법에 대한 설명으로 틀린 것은?

① 셰이커에 얼음을 충분히 넣어 빠른 시간 안에 잘 섞이고 차게 한다.
② 셰이커에 재료를 순서대로 Cap을 Strainer에 씌운 다음 Body에 덮는다.
③ 잘 섞이지 않는 재료들을 셰이커에 넣어 세차게 흔들어 섞는 조주기법이다.
④ 계란, 우유, 크림, 당분이 많은 리큐어 등으로 칵테일을 만들 때 많이 사용된다.

셰이킹(Shaking) 기법은 셰이커 바디에 얼음과 재료를 넣은 후 바디(Body) → 스트레이너(Strainer) → 캡(Cap) 순으로 닫고 흔든다.

39 주장의 종류로 가장 거리가 먼 것은?

① Cocktail Bar
② Members Club Bar
③ Snack Bar
④ Pub Bar

스낵 바(Snack Bar)는 간단하게 먹고 마실 수 있는 간이식당을 말한다.

40 다음 중 달걀이 들어가는 칵테일은?

① Millionaire
② Black Russian
③ Brandy Alexander
④ Daiquiri

밀리오네어(Millionaire)는 '버번 위스키(Burbon Whiskey) + 그랑 마니에(Grand Marnier) + 압생트(Absente) + 그레나딘 시럽(Grenadine Syrup) + 달걀 흰자(Egg White) + 레몬 주스(Lemon Juice)'를 혼합하여 제조한다.

41 다음 중 휘젓기(Stirring) 기법으로 만드는 칵테일이 아닌 것은?

① Manhattan
② Martini
③ Gibson
④ Gimlet

김렛(Gimlet) 칵테일은 셰이크(Shake) 기법으로 조주한다.

42 다음 칵테일 중 Floating 기법으로 만들지 않는 것은?

① B&B
② Pousse Cafe
③ B-52
④ Black Russian

블랙 러시안(Black Russian) 칵테일은 빌드(Build) 기법으로 조주한다.

정답 37 ③ 38 ② 39 ③ 40 ① 41 ④ 42 ④

43 와인에 대한 Corkage의 설명으로 가장 거리가 먼 것은?

① 업장의 와인이 아닌 개인이 따로 가져온 와인을 마시고자 할 때 적용된다.
② 와인을 마시기 위해 이용되는 글라스, 직원 서비스 등에 대한 요금이 포함된다.
③ 주로 업소가 보유하고 있지 않은 와인을 시음할 때 많이 작용된다.
④ 코르크로 밀봉되어 있는 와인을 서비스하는 경우에 적용되며, 스크류 캡을 사용한 와인은 부과되지 않는다.

콜키지 차지(Corkage Charge)는 고객이 다른 곳에서 구입한 주류를 바에 가져와서 마실 때 부과하는 요금을 말한다. 보통 판매가의 20~30% 정도를 부과하며, 디캔딩 서비스를 제공하여 봉사료를 청구하기도 한다.

44 주장(Bar)에서 기물의 취급방법으로 적합하지 않은 것은?

① 금이 간 접시나 글라스는 규정에 따라 폐기한다.
② 은기물은 은기물 전용 세척액에 오래 담가두어야 한다.
③ 크리스탈 글라스는 가능한 손으로 세척한다.
④ 식기는 같은 종류별로 보관하며 너무 많이 쌓아두지 않는다.

은기물은 오래 담가두면 부식될 수 있으므로 오래 담가두면 안 된다.

45 다음 중 소믈리에(Sommelier)의 주요 임무는?

① 기물 세척(Utensil Cleaning)
② 주류 저장(Store Keeper)
③ 와인 판매(Wine Steward)
④ 칵테일 조주(Cocktail Mixing)

소믈리에(Sommelier)는 와인을 관리하고 추천하여 판매하는 사람이다.

46 바의 매출액 구성요소 산정방법 중 옳은 것은?

① 매출액=고객수 ÷ 객단가
② 고객수=고정고객 × 일반고객
③ 객단가=매출액 ÷ 고객수
④ 판매가=기준단가 × (재료비 ÷ 100)

객단가=매출액 ÷ 고객수

47 바(Bar) 기물이 아닌 것은?

① Bar Spoon
② Shaker
③ Chaser
④ Jigger

체이서(Chaser)는 도수가 높은 술이나 칵테일을 내놓을 때, 다른 글라스에 물이나 음료수 등을 담아 내놓는 것을 말한다.

48 글라스 세척 시 알맞은 세제와 세척순서로 짝지어진 것은?

① 산성세제, 더운물 – 찬물
② 중성세제, 찬물 – 더운물
③ 산성세제, 찬물 – 더운물
④ 중성세제, 더운물 – 찬물

글라스 세척 시에는 중성세제와 따뜻한 물로 씻고, 찬물에 헹구어 깨끗하게 닦는다.

49 Rum 베이스 칵테일이 아닌 것은?

① Daiquiri
② Cuba Libre
③ Mai Tai
④ Stinger

스팅어(Stinger) 칵테일의 기주는 브랜디(Brandy)이다.

정답 43 ④ 44 ② 45 ③ 46 ③ 47 ③ 48 ④ 49 ④

50 다음 중 보드카(Vodka)를 주재료로 사용하지 않는 칵테일은?

① Cosmopolitan
② Kiss of Fire
③ Apple Martini
④ Margarita

마가리타(Margarita) 칵테일의 기주는 테킬라(Tequila)이다.

51 "5월 5일에는 이미 예약이 다 되어 있습니다."의 영어 표현은?

① We look forward to seeing you on May 5th.
② We are fully booked on May 5th.
③ We are available on May 5th.
④ I will check availability on May 5th.

"We are fully booked on May 5th."는 "5월 5일에는 이미 예약이 다 되어 있습니다."는 의미로 맞는 표현이다.

오답 피하기
① 5월 5일에 뵙기를 기대합니다.
③ 5월 5일에 예약 가능합니다.
④ 5월 5일에 예약 가능 여부를 확인하겠습니다.

52 다음 문장 중 틀린 것은?

① Are you in a hurry?
② May I help with you your baggage?
③ Will you pay in cash or with a credit card?
④ What is the most famous in Seoul?

"May I help you with your baggage?"가 올바른 문장이다. with와 you가 바뀌어야 한다.

53 아래 문장의 의미는?

> The line is busy, so I can't put you through.

① 통화 중이므로 바꿔 드릴 수 없습니다.
② 고장이므로 바꿔 드릴 수 없습니다.
③ 외출 중이므로 바꿔 드릴 수 없습니다.
④ 아무도 없으므로 바꿔 드릴 수 없습니다.

[문장 해석]
통화 중이므로 바꿔 드릴 수 없습니다.

54 Which one is the spirit made from agave?

① Tequila
② Rum
③ Vodka
④ Gin

테킬라(Tequila)는 아가베(Agave)를 발효하여 만든 증류주이다.

55 "a glossary of basic wine terms"의 연결로 틀린 것은?

① Balance : the portion of the wine's odor derived from the grape variety and fermentation.
② Nose : the total odor of wine composed of aroma, bouquet, and other factors.
③ Body : the weight or fullness of wine on palate.
④ Dry : a tasting term to denote the absence of sweetness in wine.

[문장 해석]
밸런스는 포도 품종과 발효에서 나온 와인 향의 부분이 아닌 와인의 모든 균형이 잡힌 것을 말한다.

오답 피하기
② 향기 : 아로마, 부케 및 기타 요소로 구성된 와인의 전체 냄새
③ 바디감 : 입 안에서 느껴지는 와인의 무게 또는 충만함
④ 드라이 : 와인에 단맛이 없음을 나타내는 시음 용어

정답 50 ④ 51 ② 52 ② 53 ① 54 ① 55 ①

56 다음 ( ) 안에 들어갈 단어로 가장 적합한 것은?

( ) goes well with dessert.

① Ice Wine
② Red Wine
③ Vermouth
④ Dry Sherry

디저트와 어울리는 것은 아이스 와인이다.

오답 피하기
② 테이블 와인(Table Wine)에 속한다.
③ 아페리티프 와인(Aperitif Wine)에 속한다.
④ 아페리티프 와인(Aperitif Wine)에 속한다.

57 Which is not an appropriate instrument for stirring method of how to make cocktail?

① Mixing Glass
② Bar Spoon
③ Shaker
④ Strainer

스터링(Stirring) 기법에 어울리지 않은 기물은 셰이커(Shaker)이다.

58 다음 중 의미가 다른 하나는?

① It's my treat this time.
② I'll pick up the tab.
③ Let's go Dutch.
④ It's on me.

"Let's go Dutch."는 "각자 내자."라는 표현이다.

오답 피하기
①②④ "내가 낼게요."라는 표현이다.

59 다음 괄호 안에 들어갈 내용으로 가장 적합한 것은?

A bartender must ( ) his helpers, waiters or waitress. He must also ( ) various kinds of records, such as stock control, inventory, daily sales report, purchasing report and so on.

① take, manage
② supervise, handle
③ respect, deal
④ manage, careful

[문장 해석]
바텐더는 도우미, 웨이터, 웨이트리스를 감독해야 하며 재고 관리, 재고, 일일 판매 보고서, 구매 보고서 등 다양한 종류의 기록을 처리해야 합니다.
• 감독하다 : Supervise
• 처리하다 : Handle

60 Dry Gin, Egg White, and Grenadine are the main ingredients of ( ).

① Bloody Mary
② Eggnog
③ Tom and Jerry
④ Pink Lady

[문장 해석]
드라이 진, 달걀 흰자, 그레나딘은 핑크 레이디 칵테일의 재료이다.

정답 56 ① 57 ③ 58 ③ 59 ② 60 ④

PART 06

해설과 따로 보는
최신 기출문제

◀ 접속

CBT 온라인 문제집
① QR 코드 찍기(PC는 홈페이지 접속)
② 랜덤 모의고사 무료 응시
③ 풀이 후 자동 채점
④ 해설 즉시 확인 가능

해설과 따로 보는 최신 기출문제 01회

조주기능사	소요 시간	문항 수
	총 60분	총 60문항

수험번호 : _____
성   명 : _____

정답 & 해설 ▶ 1-348쪽

01 다음 중 증류주가 아닌 것은?
① 위스키(Whisky)
② 진(Gin)
③ 보드카(Vodka)
④ 쿰멜(Kummel)

02 다음 브랜디의 숙성 정도의 표시와 그 약자가 바르게 연결되지 않은 것은?
① V – Very
② P – Pale
③ S – Special
④ X – Extra

03 생맥주(Draft Beer)의 의미로 옳은 것은?
① 효모가 살균되어 저장이 가능한 맥주
② 효모가 살균되지 않아 장기저장이 불가능한 맥주
③ 제조과정에서 특별히 만든 흑맥주
④ 저장이 가능한 병이나 캔맥주

04 다음 중 콜라에 대한 설명으로 옳지 않은 것은?
① 서아프리카의 원산지이다.
② 탄산 성분은 자연발효 중 생성된다.
③ 콜라나무 열매에서 추출한 농축액을 가공하여 만든다.
④ 콜라나무 종자에는 커피보다 2~3배 많은 카페인과 콜라닌이 들어 있다.

05 다음 중 샴페인에 관한 설명으로 옳지 않은 것은?
① 샴페인은 스파클링(Sparkling) 와인의 일종이다.
② 샴페인 원료는 피노 누아, 피노 뮈니에, 샤르도네이다.
③ 돔 페리뇽(Dom Pérignon)에 의해 만들어졌다.
④ 샴페인 산지인 샹파뉴 지방은 이탈리아 북부에 위치해 있다.

06 에일(Ale)은 어떤 음료의 일종인가?
① 와인
② 증류주
③ 맥주
④ 혼성주

07 Cognac은 무엇을 원료로 만든 술인가?
① 감자
② 옥수수
③ 보리
④ 포도

08 다음 중 연속식 증류(Patent Still)법으로 증류하는 위스키는?
① 아이리시 위스키(Irish Whisky)
② 블렌디드 위스키(Blended Whisky)
③ 몰트 위스키(Malt Whisky)
④ 그레인 위스키(Grain Whisky)

09 차나무의 분포 지역을 가장 잘 나타낸 것은?
① 남위 20° ~ 북위 40° 사이의 지역
② 남위 23° ~ 북위 43° 사이의 지역
③ 남위 26° ~ 북위 46° 사이의 지역
④ 남위 25° ~ 북위 50° 사이의 지역

10 다음 중 포트 와인(Port Wine)에 대한 설명으로 가장 적절한 것은?
① 붉은 포도주를 총칭한다.
② 포르투갈의 도오루(Douro) 지방산 포도주를 말한다.
③ 항구에서 노역을 일삼는 서민들의 포도주를 일컫는다.
④ 백포도주로서 식사 전에 흔히 마신다.

11 다음 중 기호음료는?
① Fruit Juice
② Vegetable Juice
③ Milk
④ Tea, Coffee

12 다음 중 멕시코산 증류주는?
① Cognac
② Johnnie Walker
③ Tequila
④ Cutty Sark

13 다음 중 혼성주에 속하는 것은?
① Whisky
② Tequila
③ Rum
④ Benedictine

14 다음 중 리큐어(Liqueur)에 대한 설명으로 옳지 않은 것은?
① 영국, 미국에서는 코디얼(Cordial)이라고도 부른다.
② 술 분류상 혼성주 범주에 속한다.
③ 주정(Spirit)에다 약초, 과일, 씨, 뿌리의 즙을 넣어서 만든다.
④ 위스키(Whisky)가 대표적인 술이다.

15 다음 중 독일의 진(German Gin)이라고 일컬어 지는 Spirits는?

① 슈타인헤거(Steinhäger)
② 힘베르가이스트(Himbeergeist)
③ 키르시(Kirsch)
④ 프랑부아즈(Framboise)

16 버번 위스키(Bourbon Whiskey) 80 Proof는 우리나라 주정 도수로 몇 도인가?

① 35도
② 40도
③ 45도
④ 50도

17 다음 중 Sparkling Wine과 관련이 없는 것은?

① Champagne
② Sekt
③ Cremant
④ Armagnac

18 다음 증류주 중에서 곡류의 전분을 원료로 하지 않는 것은?

① 진(Gin)
② 럼(Rum)
③ 보드카(Vodka)
④ 위스키(Whisky)

19 다음 중 이탈리아 와인 중 지명이 아닌 것은?

① 키안티
② 바르바레스코
③ 바롤로
④ 바르베라

20 클라렛(Claret)이라는 말은 다음 중 어느 것과 같은가?

① 적포도주(Red Wine)
② 백포도주(White Wine)
③ 담색포도주(Rose Wine)
④ 황색포도주(Yellow Wine)

21 숙성을 거쳐서 완성되는 술로 알맞은 것은?

① Tequila
② Grappa
③ Gin
④ Brandy

22 다음 중 Pina Colada를 만들 때 필요한 재료로 가장 거리가 먼 것은?

① 럼
② 파인애플주스
③ 피나콜라다 믹스
④ 레몬주스

23 Aperitif에 대한 설명으로 옳은 것은?
① 식사 전에 먹는 식전주이다.
② 디저트용으로 먹는 술이다.
③ 메인 음식과 함께 먹는 술이다.
④ 식사 후에 먹는 식후주이다.

24 다음 중 조주를 하는 목적과 가장 거리가 먼 것은?
① 술과 술을 섞어서 두 가지 향의 배합으로 색다른 맛을 얻을 수가 있다.
② 술과 소프트 드링크 혼합으로 좀 더 부드럽게 마실 수 있다.
③ 술과 기타 부재료를 가미하여 좀 더 독특한 맛과 향을 창출해 낼 수 있다.
④ 원가를 줄여서 이익을 극대화하기 위하여

25 다음 중 원료와 제법의 관계가 일치하지 않는 것은?
① Grain – Canadian Whisky
② Malt – Scotch Whisky
③ Corn – Canadian Whisky
④ Rye – Canadian Whisky

26 다음 중 맥주의 관리 방법으로 잘못된 것은?
① 맥주는 5~10℃의 냉장온도에서 보관하여야 한다.
② 장시간 보관, 숙성시켜서 먹는 것이 좋다.
③ 병을 굴리거나 뒤집지 않는다.
④ 직사광선을 피해 그늘지고 어두운 곳에 보관하여야 한다.

27 다음 중 독일의 와인 생산지가 아닌 것은?
① Ahr 지역
② Mosel 지역
③ Rheingau 지역
④ Toscana 지역

28 다음 중 조선 시대에 유입된 외래주가 아닌 것은?
① 천축주
② 섬라주
③ 금화주
④ 두견주

29 커피를 주원료로 만든 리큐어는?
① Grand Marnier
② Benedictine
③ Kahlua
④ Sloe Gin

30 특히 여름에만 마시는 것으로 소주에다 잿밥을 넣고 여기에 계피, 건강, 향인 등을 넣어 장마가 지고 습한 기운이 있을 때 소화를 돕고 향료가 있는 맛 좋은 고유의 술은?
① 연엽주
② 춘향주
③ 과하주
④ 송순주

31 조주 시 기본이 되는 단위는?
① cc(씨씨)
② g(그람)
③ oz(온스)
④ mg(밀리그램)

32 다음 중 Vodka Base Cocktail은?
① Paradise Cocktail
② Million Dollars
③ Bronx Cocktail
④ Kiss of Fire

33 다음 중 주장 요원의 직무가 아닌 것은?
① 영업장 안의 각종 주류재고량 파악
② 각종 주문전표 확인
③ 영업시간 전 준비상태 확인을 위한 각종 부재료 파악
④ 음식물 제공 여부 점검

34 다음 중 Old-Fashioned의 일반적인 가니쉬(Garnish) 재료는?
① 올리브
② 크림, 설탕
③ 레몬 껍질
④ 오렌지, 체리

35 다음 중 재고가 과도한 경우의 단점이 아닌 것은?
① 판매 기회가 상실된다.
② 식재료의 손실을 초래한다.
③ 필요 이상의 유지 관리비가 발생된다.
④ 기회 이익이 상실된다.

36 일드 테스트(Yield test)란?
① 산출량 실험
② 종사원들의 양보성향 조사
③ 알코올 도수 실험
④ 재고 조사

37 다음 중 위생적인 주류 취급으로 옳지 않은 것은?
① 먼지가 많은 양주는 깨끗이 닦아 Setting 한다.
② 와인은 세워서 보관하고 먼지는 항상 깨끗이 닦아 준다.
③ 사용한 주류는 항상 뚜껑을 닫아 둔다.
④ 창고에 보관할 때는 Bin Card를 작성한다.

38 글라스 가장자리를 소금으로 프로스팅(Frosting)하는 기법의 칵테일은?
① 마가리타(Margarita)
② 키스 오브 파이어(Kiss of Fire)
③ 아이리시 커피(Irish Coffee)
④ 다이키리(Daiquiri)

39 설탕, 달걀 등을 이용하는 칵테일에 필요한 기구는?
① Mixing Glass
② Strainer
③ Squeezer
④ Shaker

40 다음의 재료들은 푸스카페(Pousse Cafe) 칵테일에 해당한다. 가장 위층에 따르는 재료는?
① Brandy
② Creme de cacao
③ Peppermint
④ Violet

41 저장관리방법 중 FIFO란?
① 임의불출
② 매입수출
③ 가격선출
④ 선입선출

42 바(Bar) 디자인의 중요 점검사항에 포함되지 않는 것은?
① 주류가격, 병의 크기
② 시간대별 영업량, 컨셉 및 분위기
③ 음료 종류, 주장의 형태와 크기
④ 서비스 형태, 목표 고객

43 칵테일 부재료는 어떻게 보관하는가?
① Open한 부재료는 냉장고에 보관한다.
② 쓰다 남은 부재료를 상온에 보관한다.
③ 모든 부재료는 냉동그에 보관한다.
④ 햇볕이 많이 들어오는 곳에 보관한다.

44 'Inventory Management'는 무슨 관리를 뜻하는가?
① 매출관리
② 재고관리
③ 원가관리
④ 인사관리

45 와인 스튜어드(Wine Steward)의 주된 임무는?
① 와인 구매
② 와인 저장
③ 와인 판매
④ 와인 검수

46 White Wine을 차게 마시는 이유는?
① 유산은 온도가 낮으면 단맛이 더 강해지기 때문이다.
② 사과산은 온도가 차가울 때 더욱 fruity 하기 때문이다.
③ Tannin의 맛은 차가울수록 부드러워지기 때문이다.
④ Polyphenol은 차가울 때 인체에 더욱 이롭기 때문이다.

47 다음 중 장식으로 양파(Cocktail Onion)가 필요한 것은?

① 마티니(Martini)
② 깁슨(Gibson)
③ 좀비(Zombie)
④ 다이키리(Daiquiri)

48 다음 중 주류의 구매관리에 있어서 적절하지 않은 것은?

① 최대 저장량은 2개월분이 적당하다.
② 다량의 주류 저장은 도난 위험이 있으므로 비효율적이다.
③ 증류주는 변질의 우려가 있으므로 다량 구매의 장점을 살린다.
④ 재고로 발생한 비용은 자금회전율을 늦추게 하므로 유의한다.

49 와인(Wine)을 오픈(Open)할 때 사용하는 기물로 적당한 것은?

① Cork Screw
② White Napkin
③ Ice Tong
④ Wine Basket

50 다음 중 칵테일에 관한 각 용어의 설명으로 옳지 않은 것은?

① Cocktail Pick – 장식에 사용하는 핀이다.
② Peel – 과일 껍질이다.
③ Decanter – 신맛이라는 뜻을 가지고 있다.
④ Fix – 약간 달고, 맛이 강한 칵테일의 종류이다.

51 What is the best-known Straight American Whiskey?

① Bourbon
② Rye
③ Scotch
④ Irish

52 다음 (　　) 안에 들어갈 내용으로 적절한 것은?

> A table (　　) three, sir? Please, come this way.

① on
② to
③ for
④ at

53 다음 문장에서 (　　) 안에 들어갈 단어는?

> What will you gentleman have? I'll have a double Johnny Walker (　　) the rocks.

① above
② on
③ over
④ in

54 What is Rum made from?

① Sugar Cane
② Grapes
③ Grains
④ Peaches

55 What is the best alcoholic beverage with fish dinner?

① Cocktail
② Whisky
③ White wine
④ Beer

56 What does "It is up to you." mean?

① It is difficult for you.
② You must decide.
③ You look confused.
④ It is just in front of you.

57 다음 문장에서 (   ) 안에 들어갈 내용으로 적절한 것은?

| I (   ) born in 1987. |

① am
② were
③ was
④ did

58 What is the alcoholic drink that is served to promote appetite before a meal?

① Fermented non-alcoholic drink
② Aperitif
③ Liqueur
④ Appetizer

59 What is an alternative form of "I beg your pardon?"

① Excuse me.
② Wait for me.
③ I'd like to know.
④ Let me see.

60 다음 중 (   ) 안에 들어갈 단어로 가장 적절한 것은?

| (   ) is the chemical process in which yeast breaks down sugar in solution into carbon dioxide and alcohol. |

① Distillation
② Fermentation
③ Classification
④ Evaporation

해설과 따로 보는 최신 기출문제 02회

조주기능사	소요 시간	문항 수
	총 60분	총 60문항

수험번호 : _____
성　　명 : _____

정답 & 해설 ▶ 1-352쪽

01 다음 중 양조주가 아닌 것은?

① 맥주(Beer)
② 와인(Wine)
③ 브랜디(Brandy)
④ 풀케(Pulque)

02 비알코올성 음료에 대한 설명으로 틀린 것은?

① Decaffeinated Coffee는 Caffeine을 제거한 커피이다.
② 아라비카는 에티오피아가 원산지인 향미가 우수한 커피이다.
③ 에스프레소 커피는 고압의 수증기로 추출한 커피이다.
④ Cocoa는 카카오 열매의 과육을 말려 가공한 것이다.

03 Irish Whiskey에 대한 설명으로 틀린 것은?

① 깊고 진한 맛과 향을 지닌 몰트 위스키이다.
② 피트 훈연을 하지 않아 향이 깨끗하고 맛이 부드럽다.
③ 스카치 위스키와 제조 과정이 동일하다.
④ John Jameson, Old Bushmills가 대표적이다.

04 술을 제조방법에 따라 분류한 것으로 옳은 것은?

① 발효주, 증류주, 추출주
② 양조주, 증류주, 혼성주
③ 발효주, 칵테일, 에센스주
④ 양조주, 칵테일, 여과주

05 셰이커(Shaker)를 이용하여 만든 칵테일을 짝지은 것으로 올바른 것은?

㉠ Pink Lady	㉡ Olympic
㉢ Stinger	㉣ Seabreeze
㉤ Bacardi	㉥ Kir

① ㉠, ㉡, ㉤
② ㉠, ㉣, ㉤
③ ㉡, ㉣, ㉥
④ ㉠, ㉢, ㉥

06 우리나라 민속주에 대한 설명으로 틀린 것은?

① 탁주류, 약주류, 소주류 등 다양한 민속주가 생산된다.
② 쌀 등 곡물을 주원료로 사용하는 민속주가 많다.
③ 삼국시대부터 증류주가 제조되었다.
④ 발효제로는 누룩만을 사용하여 제조하고 있다.

07 보드카(Vodka)에 대한 설명 중 틀린 것은?
① 슬라브 민족의 국민주라고 할 수 있을 정도로 애음되는 술이다.
② 사탕수수를 주원료로 사용한다.
③ 무색(Colorless), 무미(Tasteless), 무취(Odorless)이다.
④ 자작나무의 활성탄과 모래를 통과시켜 여과한 술이다.

08 다음 중 꿀을 사용하는 칵테일은?
① Zoom
② Honeymoon
③ Golden Cadillac
④ Harmony

09 주세법상 용어의 정의로 틀린 것은?
① 밑술 : 효모를 배양, 증식한 것으로 당분이 포함되어 있는 물질을 알코올 발효시킬 수 있는 재료
② 주조연도 : 매년 1월 1일부터 9월 30일까지의 기간
③ 국 : 녹말이 포함된 재료에 곰팡이류를 번식시킨 것
④ 주류 : 알코올분 1도 이상의 음료

10 조주의 부재료에서 시럽류인 석류 열매의 색과 향을 가진 것은?
① 그레나딘 시럽(Grenadine Syrup)
② 메이플 시럽(Maple Syrup)
③ 껌 시럽(Gum Syrup)
④ 플레인 시럽(Plain Syrup)

11 Pilsner Glass에 대한 설명으로 옳은 것은?
① 브랜디를 마실 때 사용한다.
② 맥주를 따르면 기포가 올라와 거품이 유지된다.
③ 와인 향을 즐기는 데 가장 적합하다.
④ 역삼각형으로 발레리나를 연상하게 하는 모양이다.

12 차의 분류가 바르게 연결된 것은?
① 발효차 – 얼그레이
② 불발효차 – 보이차
③ 반발효차 – 녹차
④ 후발효차 – 자스민차

13 감미 와인(Sweet Wine)을 만드는 방법이 아닌 것은?
① 귀부포도를 사용하는 방법
② 발효 도중 알코올을 강화하는 방법
③ 발효 시 설탕을 첨가하는 방법
④ 햇빛에 말린 포도를 사용하는 방법

14 호크(Hock) 와인이란?
① 독일 라인산 화이트 와인
② 프랑스 버건디산 화이트 와인
③ 스페인산 호크하임엘산 레드 와인
④ 이탈리아 피에몬테산 레드 와인

15 1Gallon을 Ounce로 환산하면 얼마인가?

① 128oz
② 64oz
③ 32oz
④ 16oz

16 칵테일의 기본 5대 요소와 거리가 가장 먼 것은?

① Decoration(장식)
② Method(방법)
③ Glass(잔)
④ Flavor(향)

17 다음 중 과실음료가 아닌 것은?

① 토마토 주스
② 천연 과즙 주스
③ 희석 과즙 주스
④ 과립 과즙 주스

18 양조주의 설명으로 옳지 않은 것은?

① 주로 과일이나 곡물을 발효하여 만든 술이다.
② 단발효주, 복발효주 2가지 방법이 있다.
③ 양조주의 알코올 함유량은 대략 25% 이상이다.
④ 발효하는 과정에서 당분이 효모에 의해 물, 에틸알코올, 이산화탄소가 발생한다.

19 Gin에 대한 설명으로 틀린 것은?

① 저장 및 숙성을 하지 않는다.
② 생명의 물이라는 뜻이다.
③ 무색투명하고 산뜻한 맛이다.
④ 알코올 농도는 40~50% 정도이다.

20 다음 중 럼(Rum)의 일반적인 분류에 속하지 않는 것은?

① Light Rum
② Soft Rum
③ Heavy Rum
④ Medium Rum

21 다음 중 테킬라(Tequila)가 아닌 것은?

① Cuervo
② El Toro
③ Sambuca
④ Sauza

22 다음에서 설명하고 있는 것은?

> 키니네, 레몬, 라임 등 여러 가지 향료 식물 원료로 만들며 열대 지방 사람들의 식욕증진과 원기를 회복시키는 강장제 음료이다.

① Cola
② Soda Water
③ Ginger Ale
④ Tonic Water

23 Standard Recipes를 지켜야 하는 이유로 가장 거리가 먼 것은?

① 다양한 맛을 낼 수 있다.
② 객관성을 유지할 수 있다.
③ 원가책정의 기초로 삼을 수 있다.
④ 동일한 제조 방법으로 숙련할 수 있다.

24 혼성주의 제법이 아닌 것은?

① 증류법
② 침출법
③ 에센스법
④ 압착법

25 사카린나트륨에 대한 설명으로 옳은 것은?

① 음료류에는 사용할 수 없다.
② 단맛의 강도는 설탕의 10배 정도로 설탕의 대용품으로 사용된다.
③ 주류 중 소주와 보드카에만 보존료로 사용할 수 있다.
④ 발효 음료류 및 인삼, 홍삼음료를 제외한 감미료로 사용할 수 있다.

26 오팔색의 리큐어로 제조 및 판매 금지령이 내려진 적이 있는 술은?

① 깔루아(Kahlua)
② 압생트(Absinthe)
③ 드람부이(Drambuie)
④ 캄파리(Campari)

27 맥주 저장 시 숙성기간 동안 단백질은 무엇과 결합하여 침전하는가?

① 맥아
② 세균
③ 탄닌
④ 효모

28 단식 증류기의 일반적인 특징이 아닌 것은?

① 원료 고유의 향을 잘 얻을 수 있다.
② 고급 증류주의 제조에 이용한다.
③ 적은 양을 빠른 시간에 증류하여 시간이 적게 걸린다.
④ 증류 시 알코올 도수를 80도 이하로 낮게 증류한다.

29 식음료 서비스의 특성이 아닌 것은?

① 제공과 사용의 분리성
② 형체의 무형성
③ 품질의 다양성
④ 상품의 소멸성

30 다음은 어떤 리큐어에 대한 설명인가?

> 스카치산 위스키에 히스 꽃에서 딴 봉밀과 그 밖에 허브를 넣어 만든 감미 짙은 리큐어로 러스티 네일을 만들 때 사용한다.

① Cointreau
② Galliano
③ Chartreuse
④ Drambuie

31 칵테일 제조 방법 중 셰이킹(Shaking)이란?
① 재료를 셰이커(Shaker)에 넣고 흔들어서 혼합하는 과정을 말한다.
② 칵테일 제조가 끝난 후에 장식하는 것을 말한다.
③ 칵테일 제조가 끝난 후에 따르는 것을 말한다.
④ 칵테일에 대한 향과 맛을 배합하는 것을 말한다.

32 다음 중 Wine 병마개를 뽑을 때 쓰는 기구는?
① Ice Pick
② Bar Spoon
③ Opener
④ Cork Screw

33 바(Bar)에서 일반적으로 물에 들어있는 기물은?
① 지거, 셰이커
② 바 스푼, 셰이커
③ 지거, 바 스푼
④ 셰이커, 스트레이너

34 중요한 연회 시 그 행사에 관한 모든 내용이나 협조사항을 호텔 각 부서에 알리는 행사지시서는?
① Event Order
② Check-Up List
③ Reservation Sheet
④ Banquet Memorandum

35 코스터(Coaster)란?
① 바(Bar)용 양념세트
② 잔 밑받침
③ 주류 재고 계량기
④ 술의 원가표

36 럼으로 만든 칵테일이 아닌 것은?
① 쿠바리브레
② 싱가폴 슬링
③ 다이키리
④ 마이 타이

37 풋사랑의 기법은?
① 빌드
② 스터
③ 셰이킹
④ 플로트

38 호텔에서 호텔홍보, 판매촉진 등 특별한 접대목적으로 일부를 무료로 제공하는 것은?
① Complaint
② Complimentary Service
③ F/O Cashier
④ Out of Order

39 조주용 기물 종류 중 푸어러(Pourer)의 설명으로 옳은 것은?

① 쓰고 남은 청량음료를 밀폐시키는 병마개
② 칵테일을 마시기 쉽게 하기 위한 빨대
③ 술병 입구에 끼워 쏟아지는 양을 일정하게 만드는 기구
④ 물을 담아놓고 쓰는 손잡이가 달린 물병

40 칵테일 조주 방법 중에서 재료의 비중을 이용하여 내용물을 위에 띄우거나 쌓이도록 하는 것은?

① Floating
② Shaking
③ Blending
④ Stirring

41 다음 중 Blender로 혼합해서 만드는 칵테일은?

① Harvey Wallbanger
② Cuba Libre
③ Virgin Fruit Punch
④ Orange Blossom

42 바텐더가 지켜야 할 바(Bar)에서의 예의로 가장 올바른 것은?

① 정중하게 손님을 환대하며 고객이 기분이 좋도록 Lip Service를 한다.
② 자주 오시는 손님과는 오랜 시간 이야기한다.
③ Second Order를 하도록 적극적으로 강요한다.
④ 고가의 품목을 적극 추천하여 손님의 입장보다 매출에 많은 신경을 쓴다.

43 (A), (B), (C)에 들어갈 말을 순서대로 나열한 것은?

(A)는 프랑스어의 (B)에서 유래된 말로 고객과 바텐더 사이에 가로질러진 널판을 (C)라고 하던 개념이 현대에 와서는 술을 파는 식당을 총칭하는 의미로 사용되고 있다.

	A	B	C
①	Flair	Bariere	Bar
②	Bar	Bariere	Bar
③	Bar	Bariere	Bartender
④	Flair	Bariere	Bartender

44 바의 한 달 전체 매출액이 1,000만 원이고, 종사원에게 지불된 모든 급료가 300만 원인 경우 이 바의 인건비율은?

① 10%
② 20%
③ 30%
④ 40%

45 재고 조사 시 잘못된 것은?

① 하우스 와인 750mL 12잔으로 계산
② 세리 와인 750mL 12잔으로 계산
③ 브랜디 750mL 15잔으로 계산
④ 위스키 750mL 15잔으로 계산

46 키 박스(Key Box)나 보틀 멤버(Bottle Member) 제도의 잘못된 설명은?

① 자기 술병을 가지고 있으므로 음료의 판매 회전이 저조하다.
② 고정 고객을 확보할 수 있어 고정 수입이 확보된다.
③ 선불이기 때문에 회수가 정확하며 자금운영이 원활하다.
④ 회원에게 특별 요금으로 보틀 채 판매하며 청량음료의 무료 서비스 혜택을 준다.

47 쿨러(Cooler)의 종류에 해당되지 않는 것은?

① Jigger Cooler
② Champagne Cooler
③ Beer Cooler
④ Wine Cooler

48 핑크 레이디, 밀리언 달러, 마티니, B-52의 조주 기법을 순서대로 나열한 것은?

① Shaking, Stirring, Building, Float&Layer
② Shaking, Shaking, Float&Layer, Building
③ Shaking, Shaking, Stirring, Float&Layer
④ Shaking, Float&Layer, Stirring, Building

49 음료 저장 방법에 관한 설명 중 옳지 않은 것은?

① 와인 병은 눕혀서 코르크 마개가 항상 젖어 있도록 저장한다.
② 살균된 맥주는 출고 후 약 3개월 정도는 실온에서 저장할 수 있다.
③ 적포도주는 미리 냉장고에 저장하여 충분히 냉각시킨 후 바로 제공한다.
④ 양조주는 선입선출법 의해 관리한다.

50 다음 식품 위생법상의 식품 접객업의 내용으로 틀린 것은?

① 휴게 음식점 영업은 주로 빵과 떡 그리고 과자와 아이스크림류 등 과자점 영업을 포함한다.
② 일반음식점 영업은 음식류만 조리 판매가 허용되는 영업을 말한다.
③ 단란주점 영업은 유흥 종사자는 둘 수 없으나 모든 주류의 판매 허용과 손님이 노래를 부르는 행위가 허용되는 영업이다.
④ 유흥주점 영업은 유흥 종사자를 두거나 손님이 노래를 부르거나 춤을 추는 행위가 허용되는 영업이다.

51 Choose the most appropriate response to the statement.

> A : How can I get to the bar?
> B : I haven't been there in year!
> A : Well, why don't you show me on map?
> B : (   )

① I'm sorry to hear that.
② No, I think I can find it.
③ You should have gone there.
④ I guess I could.

52 Which is not Scotch Whisky?

① Bourbon
② Ballantine's
③ Cutty Sark
④ V.A.T. 69

53 다음 ( ) 안에 알맞은 것은?

( ) is distilled spirits from the fermented juice of sugarcane or other sugarcane by-products.

① Whisky
② Vodka
③ Gin
④ Rum

54 Select the one which does not belong to aperitif.

① Sherry Wine
② Campari
③ Kir
④ Brandy

55 다음 중 German Gin은?

① Gordon's
② Beefeater
③ Steinhager
④ Aquavit

56 다음에서 설명하는 Bitters는?

It is made from a Trinidadian sector recipe.

① Peychaud's Bitters
② Abbott's Aged Bitters
③ Orange Bitters
④ Angostura Bitters

57 다음 ( ) 안에 알맞은 것은?

( ) is distilled from fermented fruit, sometimes aged in oak casks, and usually bottled at 80 proof.

① Vodka
② Brandy
③ Whisky
④ Dry gin

58 "Would you like me to catch a taxi ( ) you?"

① for
② to
③ of
④ on

59 약속과 관련된 표현과 거리가 먼 것은?

① He has got appointment all day on Monday.
② We made up.
③ Anytime would be fine with me on that day.
④ Let's promise.

60 Table Wine에 대한 설명으로 틀린 것은?

① It is a wine term which is used in two different meanings in different countries to signify a wine style and as a quality level within wine classification.
② In the United States, it is primarily used as a designation of a wine style, and refers to "ordinary wine", which is neither fortified nor sparkling.
③ In the EU wine regulations, it is used for the higher of two overall quality categories for wine.
④ It is fairly cheap wine that is drunk with meals.

해설과 따로 보는 최신 기출문제 03회

조주기능사 | 소요 시간: 총 60분 | 문항 수: 총 60문항

수험번호 : _____
성 명 : _____

01 다음 중 양조주에 대한 설명으로 옳지 않은 것은?
① 맥주, 와인 등이 이에 속한다.
② 증류주와 혼성주의 제조 원료가 되기도 한다.
③ 보존 기간이 비교적 짧고 유통기간이 있는 것이 많다.
④ 발효주라고도 하며 알코올 발효는 효모에 의해서만 이루어진다.

02 다음 중 기호음료가 아닌 것은?
① 오렌지 주스(Orange Juice)
② 커피(Coffee)
③ 코코아(Cocoa)
④ 티(Tea)

03 다음 중 셰리를 숙성하기에 가장 적합한 곳은?
① 솔레라(Solera)
② 보데가(Bodega)
③ 페니어(Pannier)
④ 플로르(Flor)

04 Grain Whisky에 대한 설명으로 옳은 것은?
① Silent Spirit라고도 불린다.
② 발아시킨 보리를 원료로 해서 만든다.
③ 향이 강하다.
④ Andrew Usher에 의해 개발되었다.

05 Aquavit에 대한 설명으로 틀린 것은?
① 감자를 맥아로 당화시켜 발효하여 만든다.
② 알코올 농도는 40~45%이다.
③ 옅은 노란색을 띠는 것을 Taffel이라고 한다.
④ 북유럽에서 만드는 증류주이다.

06 Whisky를 만드는 과정이 순서대로 나열된 것은?
① Fermentation – Mashing – Distillation – Aging
② Distillation – Mashing – Fermentation – Aging
③ Mashing – Fermentation – Distillation – Aging
④ Mashing – Distillation – Fermentation – Aging

07 샴페인 제조 과정 중 옳은 설명은?
① 2차 발효 : 2차 발효는 포도에서 나온 당과 효모를 이용한다.
② 르뮈아주(Remuage) : 찌꺼기를 병목에 모으는 작업이다.
③ 데고르주망(Degorgement) : 찌꺼기를 제거하기 위하여 영하 10℃ 정도에 병목을 얼린다.
④ 도사지(Dosage) : 코르크로 병을 막는다.

08 우리나라의 증류식 소주에 해당하지 않는 것은?
① 안동소주
② 제주 한주
③ 경기 문배주
④ 금산 삼송주

09 '생명의 물'이라고 지칭되었던 유래가 없는 술은?
① 위스키
② 브랜디
③ 보드카
④ 진

10 맥주의 원료 중 홉(Hop)의 역할이 아닌 것은?
① 맥주 특유의 상큼한 쓴맛과 향을 낸다.
② 알코올의 농도를 증가시킨다.
③ 맥아즙의 단백질을 제거한다.
④ 잡균을 제거하여 보존성을 증가시킨다.

11 Cognac은 무엇을 원료로 만든 술인가?
① 감자
② 옥수수
③ 보리
④ 포도

12 포트 와인(Port Wine)이란?
① 포르투갈산 강화주
② 포도주의 총칭
③ 캘리포니아산 적포도주
④ 호주산 적포도주

13 슬로우 진(Sloe Gin)에 대한 설명 중 옳은 것은?
① 증류주의 일종이며, 진(Gin)의 종류이다.
② 보드카(Vodka)에 그레나딘 시럽을 첨가한 것이다.
③ 아주 천천히 분위기 있게 먹는 칵테일이다.
④ 오얏나무 열매 성분을 진(Gin)에 첨가한 것이다.

14 Ginger Ale에 대한 설명 중 틀린 것은?
① 생강의 향을 함유한 소다수이다.
② 알코올 성분이 포함된 영양음료이다.
③ 식욕증진이나 소화제로 효과가 크다.
④ Gin이나 Brandy와 조주하여 마시기도 한다.

15 포도주 저장(Aging of Wine)을 처음 시도한 나라는?

① 프랑스(France)
② 포르투갈(Portugal)
③ 스페인(Spain)
④ 그리스(Greece)

16 리큐어(Liqueur) 병에 D.O.M이라고 쓰여 있다. 이 말의 원문과 그 뜻은?

① 리큐어 중의 리큐어라는 말이다.
② 라틴어로서 베네딕틴 술을 말하며, 최선, 최대의 신에게 이 술을 드린다는 뜻이다.
③ 베네딕틴의 최상품을 설명하는 말이다.
④ 이탈리아산 약술로서 최상품을 뜻한다.

17 에스프레소의 커피 추출이 빨리 되는 원인이 아닌 것은?

① 너무 굵은 분쇄 입자
② 약한 탬핑 강도
③ 너무 많은 커피 사용
④ 높은 펌프 압력

18 맛에 따른 와인 분류로 알맞은 것은?

① 영 와인
② 드라이 와인
③ 아페리티프 와인
④ 포티파이드 와인

19 다음은 어떤 품종에 관하여 설명한 것인가?

> 작은 포도알, 깊은 적갈색, 두꺼운 껍질, 많은 씨앗이 특징이며, 씨앗은 탄닌 함량을 풍부하게 하고, 두꺼운 껍질은 색깔을 깊이 있게 나타낸다. 블랙커런트, 체리, 자두향을 지니고 있으며, 대표적인 생산지역은 프랑스 보르도 지방이다.

① 메를로(Merlot)
② 피노 누와(Pinot Noir)
③ 카베르네 쇼비뇽(Cabernet Sauvignon)
④ 샤르도네(Chardonney)

20 다음 중 흑맥주가 아닌 것은?

① Stout Beer
② Porter Beer
③ Dortmunder Beer
④ Munchener Beer

21 소다수에 대한 설명 중 틀린 것은?

① 인공적으로 이산화탄소를 첨가한다.
② 약간의 신맛과 단맛이 나며 청량감이 있다.
③ 식욕을 돋우는 효과가 있다.
④ 성분은 수분과 이산화탄소로 칼로리는 없다.

22 이탈리아 와인에 대한 설명으로 틀린 것은?

① 거의 전 지역에서 와인이 생산된다.
② 지명도가 높은 와인산지로는 피에몬테, 토스카나, 베네토 등이 있다.
③ 이탈리아의 와인 등급체계는 5등급이다.
④ 네비올로, 산지오베제, 바르베라, 돌체토 포도품종은 레드 와인용으로 사용된다.

23 아쿠아비트(Aquavit)에 대한 설명 중 틀린 것은?
① 감자를 당화시켜 연속 증류법으로 증류한다.
② 혼성주의 한 종류로 식후주에 적합하다.
③ 맥주와 곁들여 마시기도 한다.
④ 진(Gin)의 제조 방법과 비슷하다.

24 술과 체이서(Chaser)의 연결이 어울리지 않는 것은?
① 위스키 – 광천수
② 진 – 토닉 워터
③ 보드카 – 시드르
④ 럼 – 오렌지 주스

25 주류의 주정 도수가 높은 것부터 낮은 순서대로 나열된 것으로 옳은 것은?
① Vermouth > Brandy > Fortified Wine > Kahlua
② Fortified Wine > Vermouth > Brandy > Beer
③ Fortified Wine > Brandy > Beer > Kahlua
④ Brandy > Sloe Gin > Fortified Wine > Beer

26 브랜디의 등급 표시가 아닌 것은?
① Napoleon
② VSOP
③ XO
④ Blended

27 보드카와 관련이 없는 것은?
① Beefeater(비피터)
② Smirnoff(스미노프)
③ Absolute(앱솔루트)
④ Danzka(단즈카)

28 빈티지(Vintage)란 무엇을 뜻하는가?
① 포도주의 이름
② 포도주의 수확 연도
③ 포도주의 원산지명
④ 포도의 품종

29 국가지정 중요무형문화재로 지정받은 전통주가 아닌 것은?
① 충남 면천 두견주
② 진도 홍주
③ 서울 문배주
④ 경주 교동법주

30 콜린스 믹스의 주원료는?
① 라임, 설탕
② 라임, 소금
③ 레몬, 설탕
④ 레몬, 소금

31 칵테일 조주 시 술의 양을 계량할 때 사용하는 기구는?

① Squeezer
② Measure Cup
③ Cork Screw
④ Ice Pick

32 글라스(Glass)의 위생적인 취급방법으로 옳지 않은 것은?

① Glass는 불쾌한 냄새나 기름기가 없고 환기가 잘 되는 곳에 보관해야 한다.
② Glass는 비눗물에 닦고 뜨거운 물과 맑은 물에 헹귀 그대로 사용하면 된다.
③ Glass를 차갑게 할 때는 냄새가 전혀 없는 냉장고에서 Frosting 시킨다.
④ 얼음으로 Frosting 시킬 때는 냄새가 없는 얼음인지를 반드시 확인해야 한다.

33 백포도주를 서비스할 때 함께 제공하여야 할 기물은?

① Bar Spoon
② Wine Cooler
③ Muddler
④ Tongs

34 다음 중 롱 드링크(Long Drink)에 해당하는 것은?

① 사이드카(Sidecar)
② 스팅어(Stinger)
③ 로얄 피즈(Royal Fizz)
④ 맨해튼(Manhattan)

35 올리브 가니쉬를 하는 칵테일은?

① 드라이 마티니
② 맨해튼
③ 뉴욕
④ 마가리타

36 싱가폴 슬링(Singapore Sling) 칵테일의 재료로 적합하지 않은 것은?

① 드라인 진(Dry Gin)
② 체리 브랜디(Cherry flavored Brandy)
③ 레몬 주스(Lemon Juice)
④ 토닉 워터(Tonic Water)

37 다음 중 뜨거운 칵테일은?

① 아이리시 커피
② 싱가폴 슬링
③ 핑크 레이디
④ 피나콜라다

38 Old Fashioned에 필요한 재료가 아닌 것은?

① Bourbon Whiskey
② Sugar
③ Angostura Bitters
④ Light Rum

39 Champagne 서브 방법으로 옳은 것은?
① 병을 미리 흔들어서 거품이 많이 나오도록 한다.
② 0~4℃ 정도의 냉장온도로 서브한다.
③ 쿨러에 얼음과 함께 담아서 운반한다.
④ 가능한 코르크를 열 때 소리가 크게 나도록 한다.

40 여러 종류의 술을 비중이 무거운 것부터 차례로 섞이지 않도록 Floating 하여 만드는 것은?
① Long Island Iced Tea
② Pousse Cafe
③ Bloody Mary
④ Tequila Sunrise

41 다음 중 가장 많은 재료를 넣어 만드는 칵테일은?
① Manhattan
② Apple Martini
③ Gibson
④ Long Island Iced Tea

42 음료가 저장고에 적정재고 수준 이상으로 과도할 경우 나타나는 현상이 아닌 것은?
① 필요 이상의 유지 관리비가 요구된다.
② 기회 이익이 상실된다.
③ 판매 기회가 상실된다.
④ 과다한 자본이 재고에 묶이게 된다.

43 Par Stock은 무엇을 의미하는가?
① 식음료 재료저장
② 식음료 예비저장
③ 영업에 필요한 적정 재고량
④ 영업 후 남아 보관하여야 할 상품

44 바 카운터의 요건으로 가장 거리가 먼 것은?
① 카운터의 높이는 1~1.5m 정도가 적당하며 너무 높아서는 안 된다.
② 카운터는 넓을수록 좋다.
③ 작업대(Working Board)는 카운터 뒤에 수평으로 부착시켜야 한다.
④ 카운터 표면은 잘 닦이는 재료로 되어 있어야 한다.

45 와인(Wine) 서비스 방법 중 틀린 것은?
① 손님의 오른쪽에서 정중히 서브한다.
② 소믈리에(Sommelier)가 주문을 받는다.
③ 와인 라벨을 손님에게 설명한다.
④ 바텐더(Bartender)가 주문과 서브를 담당한다.

46 누출(漏出)을 방지하기 위한 관리방안은?
① 일드 테스트(Yield Test) 실시
② 빈 카드(Bin Card) 사용
③ 스팟 체크(Spot Check) 실시
④ 레시피(Recipes) 사용 준수

47 애플 마티니(Apple Martini) 칵테일 원가비율을 20%에 맞추어 판매하고자 할 때, 재료비가 1,500원이라면 판매가(Sale Price)는?
① 7,500원
② 8,500원
③ 9,000원
④ 10,000원

48 다음 중 바텐더가 지켜야 할 사항이 아닌 것은?
① 항상 고객의 입장에서 근무하며 고객을 공평이 대할 것
② 업장에 손님이 없을 시에도 서비스 자세를 바르게 유지할 것
③ 고객의 취향에 맞추어 서비스 것
④ 고객끼리 대화를 할 경우 적극적으로 대화에 참여할 것

49 원가의 분류에서 고정비에 해당하는 것은?
① 직접재료비
② 직접노무비
③ 공장건물에 대한 보험료
④ 일정비율로 지급되는 판매수수료

50 우리나라 주세법상 리큐어는 어디에 속하는가?
① 증류주
② 양조주
③ 혼성주
④ 기타 주류

51 다음 중 의미가 다른 하나는?
① It's my treat this time.
② I'll pick up the tab.
③ Let's go dutch.
④ It's on me.

52 오드비(Eau-de-Vie)와 관련 있는 것은?
① Tequila
② Grappa
③ Gin
④ Brandy

53 다음 밑줄 친 단어의 의미는?

A : This beer is flat. I don't like warm beer.
B : I'll have them replace it with a cold one.

① 시원한
② 맛이 좋은
③ 김이 빠진
④ 너무 독한

54 Which of the following is not Compounded Liqueur?
① Cutty Sark
② Curacao
③ Advocaat
④ Amaretto

55 아래의 대화에서 (   )에 가장 알맞은 것은?

> A : Come on, Marry. Hurry up and finish your coffee. We have to catch a taxi to the airport.
> B : I can't hurry. This coffee's (A) hot for me (B) drink.

① A : so, B : that
② A : too, B : to
③ A : due, B : to
④ A : would, B : on

56 다음 문장에서 의미하는 것은?

> This is produced in Italy and made with apricot and almond.

① Amaretto
② Absinthe
③ Anisette
④ Angelica

57 다음 중 스카치 위스키인 것은?

① Bourbon
② Ballantine's
③ Jameson
④ Crown Royal

58 내열성이 강한 유리잔에 제공되는 칵테일은?

① Grasshopper
② Tequila Sunrise
③ New York
④ Irish Coffee

59 다음 중 (   ) 안에 알맞은 것은?

> (   ) is the chemical interaction of grape sugar and yeast cells to produce alcohol, carbon dioxide and heat.

① Distillation
② Maturation
③ Blending
④ Fermentation

60 다음 중 식전주(Aperitif)로 가장 적합하지 않은 것은?

① Campari
② Dubonnet
③ Cinzano
④ Sidecar

해설과 따로 보는 최신 기출문제 04회

조주기능사	소요 시간	문항 수
	총 60분	총 60문항

수험번호 : _____
성   명 : _____

정답 & 해설 ▶ 1-357쪽

01 샴페인의 발명자는?

① Bordeaux
② Champane
③ St. Emilion
④ Dom Perignon

02 각 나라별 발포성 와인(Sparkling Wine)의 명칭이 잘못 연결된 것은?

① 프랑스 – Cremant
② 스페인 – Vin Mousseux
③ 독일 – Sekt
④ 이탈리아 – Spumante

03 음료의 역사에 대한 설명으로 틀린 것은?

① 기원전 6000년경 바빌로니아 사람들은 레몬즙을 마셨다.
② 스페인 발렌시아 부근의 동굴에서는 탄산가스를 발견해 마시는 벽화가 있었다.
③ 바빌로니아 사람들은 밀빵이 물에 젖어 발효된 맥주를 발견해 음료로 즐겼다.
④ 중앙아시아 지역에서는 야생의 포도가 쌓여 자연 발효된 포도주를 음료로 즐겼다.

04 Brandy의 등급을 나타내는 VSOP의 약자는?

① Very Superior Old Passion
② Very Superior Old Pale
③ Verse Superior Old Pale
④ Verse Special Old Passion

05 주류의 용량을 측정하기 위한 기구는?

① Jigger
② Mixing Glass
③ Straw
④ Decanter

06 프리미엄 테킬라의 원료는?

① 아가베 아메리카나
② 아가베 아즐 테킬레나
③ 아가베 아트로비렌스
④ 아가베 시럽

07 다음 중 럼에 대한 설명이 아닌 것은?
① 럼의 주재료는 사탕수수이다.
② 럼은 서인도제도를 통치하는 유럽의 식민정책 중 삼각무역에 사용되었다.
③ 럼은 사탕을 첨가하여 만든 리큐어이다.
④ 럼의 향, 맛에 따라 라이트 럼, 미디엄 럼, 헤비 럼으로 분류된다.

08 Sherry Wine의 원산지는?
① Bordeaux 지방
② Xeres 지방
③ Rhine 지방
④ Hockenheim 지방

09 소금을 Cocktail Glass 가장자리에 찍어서 만드는 칵테일은?
① Singapore Sling
② Sidecar
③ Margarita
④ Snowball

10 위스키의 제조과정을 순서대로 나열한 것으로 가장 적합한 것은?
① 맥아 – 당화 – 발효 – 증류 – 숙성
② 맥아 – 당화 – 증류 – 저장 – 후숙
③ 맥아 – 발효 – 증류 – 당화 – 블렌딩
④ 맥아 – 증류 – 저장 – 숙성 – 발효

11 블렌디드(Blended) 위스키가 아닌 것은?
① Chivas Regal 18년
② Glenfiddich 15년
③ Royal Salute 21년
④ Dimple 12년

12 다음 중 와인의 품질을 결정하는 요소로 가장 거리가 먼 것은?
① 환경요소(Terroir, 떼루아)
② 양조기술
③ 포도품종
④ 부케(Bouquet)

13 다음 중 코냑(Cognac)의 증류가 끝나도록 규정된 날짜는?
① 12월 31일
② 2월 1일
③ 3월 31일
④ 5월 1일

14 다음에서 설명되는 우리나라 고유의 술은?

> 엄격한 법도에 의해 술을 담근다는 전통주로 신라시대부터 전해오는 유상곡수(流觴曲水)라 하여 주로 상류계급에서 즐기던 것으로 중국 남방 술인 샤오싱주보다 빛깔은 조금 희고 그 순수한 맛이 가히 일품이다.

① 두견주
② 인삼주
③ 감홍로주
④ 경주 교동법주

15 다음 계량 단위 중 옳은 것은?

① 1oz=30mL
② 1Dash=6Teaspoon
③ 1Jigger=60mL
④ 1Pony=15mL

16 담색 또는 무색으로 칵테일의 기본 주로 사용되는 Rum은?

① Heavy Rum
② Medium Rum
③ Light Rum
④ Jamaica Rum

17 콘 위스키(Corn Whiskey)란?

① 50% 이상 옥수수가 포함된 것
② 옥수수 50%, 호밀 50% 섞인 것
③ 80% 이상 옥수수가 포함된 것
④ 40% 이상 옥수수가 포함된 것

18 다음 중 하면발효 맥주에 해당되는 것은?

① Stout Beer
② Porter Beer
③ Pilsner Beer
④ Ale Beer

19 클라렛(Claret)이란?

① 독일산의 유명한 백포도주(White Wine)
② 프랑스 보르도 지방의 적포도주(Red Wine)
③ 스페인 헤레스 지방의 포트 와인(Port Wine)
④ 이탈리아산 스위트베르무스(Sweet Vermouth)

20 Decanting 작업이 필요하지 않은 와인은?

① 침전물이 많은 와인
② 오래 숙성된 레드 와인
③ 달콤한 화이트 와인
④ 숙성이 덜 된 거친 와인

21 소주의 특성 중 아닌 것은?

① 초기에는 약용으로 음용되기 시작하였다.
② 희석식 소주가 가장 일반적이다.
③ 자작나무 숯으로 여과하기에 맑고 투명하다.
④ 저장과 숙성과정을 거치면서 고급화된다.

22 맥주의 마개를 따서 맥주가 넘쳐 나올 경우의 보관 관리상 원인은?

① 시원하고 그늘진 곳에 보관하였다.
② 통풍이 잘되지 않는 지하에서 보관하였다.
③ 너무 차게 하거나 너무 오래되었다.
④ 건조하게 보관하였으며 직사광선에 노출되었다.

23 다음 중 나머지 셋과 성격이 다른 것은?

| A. Cherry Brandy | B. Peach Brandy |
| C. Hennessy Brandy | D. Apricot Brandy |

① A
② B
③ C
④ D

24 다음 중 무색, 무미, 무취의 탄산음료는?

① 콜린스 믹스(Collins Mix)
② 콜라(Cola)
③ 소다수(Soda Water)
④ 에비앙 워터(Evian Water)

25 다음 중 혼성주에 속하는 것은?

① 글렌피딕
② 코냑
③ 버드와이저
④ 캄파리

26 맥주를 저장할 때 신선한 맛을 유지하기 위하여 어떤 재고관리 방법을 활용하는 것이 좋은가?

① First In First Out
② Last In First Out
③ Maximum Inventory
④ Minimum Inventory

27 와인의 보관방법으로 적합하지 않은 것은?

① 진동이 없는 곳에 보관한다.
② 직사광선을 피하여 보관한다.
③ 와인을 눕혀서 보관한다.
④ 습기가 없는 곳에 보관한다.

28 프랑스 부르고뉴 지방의 적포도 품종은?

① 카베르네 쇼비뇽
② 메를로
③ 말벡
④ 피노 누아

29 다음 중 생선요리와 가장 잘 어울리는 술은?

① 적포도주
② 백포도주
③ 샴페인
④ 코냑

30 다음 중 중요무형문화재로 지정받은 민속주는?

① 전주 이강주
② 계룡 백일주
③ 서울 문배주
④ 한산 소곡주

31 맥주를 취급, 관리, 보관하는 방법으로 틀린 것은?
① 장기간 보관하여 숙성시킬 것
② 심한 온도 변화를 주지 말 것
③ 그늘진 곳에 보관할 것
④ 맥주가 얼지 않도록 할 것

32 맨해튼 칵테일(Manhattan Cocktail)의 가니쉬(Garnish)로 옳은 것은?
① Cocktail Olive
② Pearl Onion
③ Lemon
④ Cherry

33 Store Room에서 쓰이는 Bin Card의 용도는?
① 품목별 불출 재고 기록
② 품목별 상품특성 및 용도 기록
③ 품목별 수입가와 판매가 기록
④ 품목별 생산지와 빈티지 기록

34 주장(Bar)을 의미하는 것이 아닌 것은?
① 주류를 중심으로 한 음료 판매가 가능한 일정시설을 갖추어 판매하는 공간
② 고객과 바텐더 사이에 놓인 널판을 의미
③ 주문과 서브가 이루어지는 고객들의 이용 장소
④ 조리 가능한 시설을 갖추어 음료와 식사를 제공하는 장소

35 음료를 서빙할 때에 사용하는 비품이 아닌 것은?
① Napkin
② Coaster
③ Serving Tray
④ Bar Spoon

36 바닷바람이라는 의미의 칵테일은?
① 모스코 뮬
② 시브리즈
③ 애플 마티니
④ 코스모폴리탄

37 Red Bordeaux Wine의 Service 온도로 가장 적합한 것은?
① 3~5℃
② 6~7℃
③ 7~11℃
④ 16~18℃

38 바 스푼(Bar Spoon)의 용도가 아닌 것은?
① 칵테일 조주 시 글라스 내용물을 섞을 때 사용한다.
② 얼음을 잘게 부술 때 사용한다.
③ 프로팅 칵테일(Floating Cocktail)을 만들 때 사용한다.
④ 믹싱 글라스를 이용하여 칵테일을 만들 때 휘젓는 용도로 사용한다.

39 일반적인 칵테일의 특징으로 가장 거리가 먼 것은?

① 부드러운 맛
② 분위기의 증진
③ 색, 맛, 향의 조화
④ 항산화, 소화증진 효소 함유

40 네그로니(Negroni) 조주 시 필요한 기구는?

① 지거, 바 스푼
② 셰이커, 지거
③ 믹싱 글라스, 스트레이너
④ 블렌더, 지거

41 Draft Beer의 관리 방법으로 잘못된 것은?

① 충격을 주면 거품이 지나치게 많이 생기므로 주의한다.
② 적온 유지를 위해 냉장고에 보관한다.
③ 직사광선을 피한다.
④ 변질을 막기 위하여 냉동고에 보관한다.

42 Glass 취급방법으로 가장 적합한 것은?

① Glass 상단을 쥐고 서브한다.
② Glass 중간을 쥐고 서브한다.
③ Glass 하단 부분을 쥐고 서브한다.
④ Glass 리밍 부분을 쥐고 서브한다.

43 Brandy Base Cocktail이 아닌 것은?

① Gibson
② B&B
③ Sidecar
④ Zoom

44 칵테일 기법 중 믹싱 글라스에 얼음과 술을 넣고, 바 스푼으로 잘 저어서 잔에 따르는 방법은?

① 직접 넣기(Building)
② 휘젓기(Stirring)
③ 흔들기(Shaking)
④ 띄우기(Float&Layer)

45 다음은 무엇에 대한 설명인가?

> 매매계약 조건을 정당하게 이행하였음을 밝히는 것으로 판매자가 구매자에게 보내는 서류를 말한다.

① 송장(Invoice)
② 출고전표
③ 인벤토리 시트(Inventory Sheet)
④ 빈 카드(Bin Card)

46 바(Bar) 업무능률 향상을 위한 시설물 설치 방법 중 옳지 않은 것은?

① 칵테일 얼음을 바(Bar) 작업대 옆에 보관한다.
② 바(Bar)의 수도시설은 믹싱 스테이션(Mixing Station) 바로 후면에 설치한다.
③ 냉각기(Cooling Cabinet)는 주방에 설치한다.
④ 얼음제빙기는 가능한 바(Bar) 내에 설치한다.

47 주장 경영에 있어서 프라임 코스트(Prime Cost)는 무엇을 의미하는가?

① 감가상각과 이자율
② 식음료 재료비와 인건비
③ 임대비 등의 부동산 관련 비용
④ 초과근무수당

48 주세법상 알코올분의 도수는 섭씨 몇 도에서 원용량 100분 중에 포함되어 있는 알코올분의 용량으로 하는가?

① 4도
② 10도
③ 15도
④ 20도

49 Standard Recipes란?

① 표준 판매가
② 표준 제조법
③ 표준 조직법
④ 표준 구매가

50 발포성 와인의 서비스 방법으로 옳은 것은?

① 병을 수직으로 세운 후 병 안쪽의 압축가스를 신속하게 빼낸다.
② 병을 45°로 기울인 후 세게 흔들어 거품이 충분히 나도록 한 후 철사 열 개를 푼다.
③ 거품이 충분히 일어나도록 잔의 가운데에 한꺼번에 많은 양을 넣어 잔을 채운다.
④ 거품이 너무 나지 않게 잔의 내측 벽으로 흘리면서 잔을 채운다.

51 Which of the following is not distilled Liqueur?

① Vodka
② Gin
③ Calvados
④ Pulque

52 다음 영문에서 나타내는 것은?

> The white sparkling French wine because it is charged with gas.

① Sherry
② Champagne
③ Port
④ Vermouth

53 Which is the correct one as a base of Sidecar in the following?

① Bourbon Whiskey
② Brandy
③ Gin
④ Vodka

54 "얼음물 좀 더 갖다 드릴까요?"의 적합한 표현은?

① Shall you have some more ice water?
② Shall I get you some more ice water?
③ Will you get me some more ice water?
④ Shall I have some more ice water?

55 Which is not an appropriate definition?

① Ice Pick : 얼음을 잘게 부술 때 사용하는 기구
② Squeezer : 과즙을 짤 때 사용하는 기구
③ Ice Tong : 얼음을 제조하는 기구
④ Pourer : 주류를 따를 때 흘리지 않도록 하는 기구

56 고객과 종업원간의 대화에서 (　　)안에 알맞은 것은?

> W : Welcome to Toscana restaurant.
> G : Do you have a table for three?
> W : Sorry. All the tables are occupied for now. Would you wait for a while in front of restaurant?
> G : OK.
> ─── a few minute later ───
> W : (　　　　) We have a table for you.

① I am sorry to have kept you waiting.
② I am sorry to keep your wait.
③ I am sorry to have not kept you waiting.
④ I am sorry not to keep you waiting.

57 다음 중 Cognac 지방의 Brandy가 아닌 것은?

① Remy Martin
② Hennessy
③ Chabot
④ Hine

58 다음 중 칵테일 기법이 아닌 것은?

① Build
② Stir
③ Drip
④ Blend

59 다음 중 After Drink로 가장 거리가 먼 것은?

① Rusty Nail
② Cream Sherry
③ Alexander
④ Campari

60 다음 문장의 내용으로 보아 밑줄 친 동사형을 바르게 변형시킨 보기는 어느 것인가?

> Ten years pass since I came here.

① pass
② passed
③ has passed
④ have passed

해설과 따로 보는 최신 기출문제 05회

조주기능사 | 소요 시간: 총 60분 | 문항 수: 총 60문항

수험번호 : _____
성   명 : _____

정답 & 해설 ▶ 1-360쪽

01 전통주에 대한 설명으로 틀린 것은?
① 한산 소곡주 : 찹쌀을 빚어 100일 동안 익혀서 마시는 술로 일명 '앉은뱅이 술'이라 한다.
② 진주 이강주 : 배와 생강을 넣어 만드는 술이다.
③ 면천 두견주 : 진달래꽃을 넣어 만든 약주이다.
④ 김천 과하주 : 막걸리에 8가지 한약재를 넣어 만든 술이다.

02 Bock Beer에 대한 설명으로 옳은 것은?
① 알코올 도수가 높은 흑맥주
② 알코올 도수가 낮은 담색 맥주
③ 이탈리아산 고급 흑맥주
④ 제조 12시간 이내의 생맥주

03 전통주 중 합주에 대한 설명으로 맞는 것은?
① 막걸리를 말한다.
② 소주의 일종이다.
③ 혼성주를 말한다.
④ 흑주 라고도 한다.

04 다음 중 증류주가 아닌 것은?
① 소주
② 청주
③ 위스키
④ 진

05 위스키의 종류 중 증류방법에 의한 분류는?
① Malt Whisky
② Grain Whisky
③ Blended Whisky
④ Patent Whisky

06 주니퍼 베리(Juniper Berry)를 넣은 술은 무엇인가?
① Irish Whiskey
② Gin
③ American Whiskey
④ Vodka

07 스파클링 와인에 해당하지 않는 것은?
① Champagne
② Cremant
③ Vin doux Naturel
④ Spumante

08 맥주의 재료인 홉(Hop)의 설명으로 옳지 않은 것은?
① 자웅이주 식물로서 수꽃인 솔방울 모양의 열매를 사용한다.
② 맥주의 쓴맛과 향을 낸다.
③ 단백질을 침전·제거하여 맥주를 맑고 투명하게 한다.
④ 거품의 지속성 및 항균성을 부여한다.

09 다음 중 그 종류가 다른 하나는?
① Vienna Coffee
② Cappuccino Coffee
③ Espresso Coffee
④ Irish Coffee

10 보드카(Vodka) 생산 회사가 아닌 것은?
① 스톨리치나야(Stolichnaya)
② 비피터(Beefeater)
③ 핀란디아(Finlandia)
④ 스미노프(Smirnoff)

11 Malt Whisky를 바르게 설명한 것은?
① 대량의 양조주를 연속식으로 증류해서 만든 위스키
② 단식 증류기를 사용하여 2회의 증류과정을 거쳐 만든 위스키
③ 피트탄(Peat, 석탄)으로 건조한 맥아의 당액을 발효해서 증류한 피트향과 통의 향이 밴 독특한 맛의 위스키
④ 옥수수를 원료로 대맥의 맥아를 사용하여 당화 시켜 개량솥으로 증류한 고농도 알코올의 위스키

12 다음에서 설명하는 것은?

- 북유럽 스칸디나비아 지방의 특산주로 어원은 '생명의 물'이라는 라틴어에서 온 말이다.
- 제조 과정은 먼저 감자를 익혀서 으깬 감자와 맥아를 당화, 발효시켜 증류 시킨다.
- 연속 증류기로 95%의 고농도 알코올을 얻은 다음 물로 희석하고 회향초나 박하, 오렌지 껍질 등 여러 가지 종류의 허브로 향기를 착향 시킨 술이다.

① 보드카(Vodka)
② 럼(Rum)
③ 아쿠아비트(Aquavit)
④ 브랜디(Brandy)

13 호주의 와인 산지가 아닌 곳은?
① 바로사 밸리
② 맥라렌 베일
③ 나파 밸리
④ 야라 밸리

14 Tequila에 대한 설명으로 옳지 않은 것은?
① Agave Tequilana종으로 만든다.
② Tequila는 멕시코 전 지역에서 생산된다.
③ Reposado는 1년 이하 숙성시킨 것이다.
④ Anejo는 1년 이상 숙성시킨 것이다.

15 Draft Beer란?
① 미살균 맥주
② 살균 맥주
③ 살균 병맥주
④ 장기 저장 가능 맥주

16 영국왕 조지 6세의 캐나다 방문을 기념하여 만든 술은?

① 제임슨
② 씨그램
③ 블랙 벨벳
④ 크라운 로얄

17 커피의 품종에서 주로 인스턴트 커피의 원료로 사용되고 있는 것은?

① 로부스타
② 아라비카
③ 리베리카
④ 레귤러

18 음료에 관한 설명으로 틀린 것은?

① 음료는 크게 알코올성 음료와 비알코올성 음료로 구분된다.
② 알코올성 음료는 양조주, 증류주, 혼성주로 구분된다.
③ 커피는 영양음료로 구분된다.
④ 발효주에는 탁주, 와인, 청주, 맥주 등이 있다.

19 탄산음료의 종류가 아닌 것은?

① 진저에일
② 콜린스 믹스
③ 토닉 워터
④ 리카

20 레몬 주스, 슈가 시럽, 소다수를 혼합한 것으로 대용할 수 있는 것은?

① 진저에일
② 토닉 워터
③ 콜린스 믹스
④ 사이다

21 녹차의 대표적인 성분 중 15% 내외로 함유되어 있는 가용성 성분은?

① 카페인
② 비타민
③ 카테킨
④ 사포닌

22 다음 중 원료가 다른 술은?

① 트리플 섹
② 마라스키노
③ 쿠앵트로
④ 블루 큐라소

23 커피의 맛과 향을 결정하는 중요 가공 요소가 아닌 것은?

① Roasting
② Blending
③ Grinding
④ Weathering

24 스카치 위스키의 법적 정의로서 틀린 것은?
① 위스키의 숙성기간은 최소 3년 이상이어야 한다.
② 물 이외에 색을 내기 위한 어떤 물질도 첨가할 수 없다.
③ 병입 후 알코올 도수가 최소 40도 이상이어야 한다.
④ 증류된 원액을 숙성시켜야 하는 오크통은 700리터가 넘지 않아야 한다.

25 맥주 제조에 필요한 중요한 원료가 아닌 것은?
① 맥아
② 포도당
③ 물
④ 효모

26 살균방법에 의한 우유의 분류가 아닌 것은?
① 초저온살균우유
② 저온살균우유
③ 고온살균우유
④ 초고온살균우유

27 다음 중 음료에 대한 설명이 틀린 것은?
① 에비앙은 프랑스의 천연 광천수이다.
② 페리에 워터는 프랑스의 탄산수이다.
③ 비시 워터는 프랑스 비시의 탄산수이다.
④ 셀처 워터는 프랑스의 천연 광천수이다.

28 다음 중 상면발효 맥주에 해당하는 것은?
① Lager Beer
② Porter Beer
③ Pilsner Beer
④ Dortmunder Beer

29 아티초크를 원료로 사용한 혼성주는?
① 언더버그(UnderBerg)
② 시나(Cynar)
③ 아메르 피콘(Amer Picon)
④ 사브라(Sabra)

30 4월 20일(곡우) 이전에 수확하여 제조한 차로 찻잎이 작으며 연하고 맛이 부드러우며 감칠맛과 향이 뛰어난 한국의 녹차는?
① 작설차
② 우전차
③ 곡우차
④ 입하차

31 얼음과 관련된 기구 설명이 잘못된 것은?
① 얼음을 거르는 기구 – Strainer
② 얼음을 담는 용기 – Ice Tong
③ 얼음을 부술 때 사용하는 기구 – Ice Pick
④ 얼음을 담을 때 쓰는 기구 – Ice Scoop

32 와인 서빙에 필요치 않은 것은?
① Decanter
② Cork Screw
③ Stir Road
④ Wine Stand

33 서브 시 칵테일 글라스를 잡는 부위로 가장 적합한 것은?
① Rim
② Stem
③ Body
④ Bottom

34 기구 설명으로 틀린 것은?
① 셰이커 - 캡, 스트레이너, 바디의 3부분으로 되어 있다.
② 지거 - 계량에 사용하는 기구이다.
③ 글라스 리머 - 장식으로 쓰는 올리브나 체리 등을 꽂을 때 사용하는 핀이다.
④ 스트레이너 - 얼음을 거르는 기구이다.

35 셰이킹(Shaking) 기법에 대한 설명으로 틀린 것은?
① 셰이커(Shaker)에 얼음을 충분히 넣어 빠른 시간 안에 잘 섞이고 차게 한다.
② 셰이커(Shaker)에 재료를 넣고 순서대로 Cap을 씌운 다음 Body에 덮는다.
③ 잘 섞이지 않는 재료들을 셰이커(Shaker)에 넣어 세차게 흔들어 섞는 조주기법이다.
④ 달걀, 우유, 크림, 당분이 많은 리큐어 등으로 칵테일을 만들 때 많이 사용된다.

36 1Quart는 몇 mL에 해당되는가?
① 약 60mL
② 약 240mL
③ 약 760mL
④ 약 960mL

37 정찬코스에서 Hors d'Oeuvre 또는 Soup 대신에 마시는 우아하고 자양분이 많은 칵테일은?
① After Dinner Cocktail
② Before Dinner Cocktail
③ Club Cocktail
④ Night Cap Cocktail

38 보드카가 기주로 쓰이지 않는 칵테일은?
① 맨해튼
② 스크류드라이버
③ 키스 오브 파이어
④ 치치

39 혈중 알코올 농도 측정 공식은?
① 음주량(mL) × 알코올 도수(%) ÷ 833 × 체중(kg)
② 음주량(mL) × 알코올 도수(%) ÷ 체중(kg)
③ 음주량(mL) × 체중(kg) × 알코올 도수(%) ÷ 833
④ 음주량(mL) × 체중(kg) ÷ 833 × 알코올 도수(%)

40 글라스 웨어(Glass Ware)의 취급 요령에 대한 설명으로 틀린 것은?

① Glass Ware는 고객에게 서비스하기 전 반드시 닦아서 서브한다.
② Glass Ware는 닦을 때 반드시 뜨거운 물에 담가 닦는다.
③ Glass Ware는 자주 닦으면 좋지 않다.
④ Glass Ware에 냄새가 날 때는 레몬 슬라이스를 물에 넣어서 닦으면 냄새를 제거할 수 있다.

41 칵테일 조주 시 사용되는 다음 방법 중 가장 위생적인 방법은?

① 손으로 얼음을 Glass에 담는다.
② Glass 윗부분(Rim)을 손으로 잡아 움직인다.
③ Garnish는 깨끗한 손으로 Glass에 Setting 한다.
④ 유효기간이 지난 칵테일 부재료를 사용한다.

42 행사장에 임시로 설치해 간단한 주류와 음료를 판매하는 곳의 명칭은?

① Open Bar
② Dance Bar
③ Cash Bar
④ Lounge Bar

43 주로 일품요리를 제공하며 매출을 증대시키고, 고객의 기호와 편의를 도모하기 위해 그날의 특별요리를 제공하는 레스토랑은?

① 다이닝 룸(Dining Room)
② 그릴(Grill)
③ 카페테리아(Cafeteria)
④ 델리카트슨(Delicatessen)

44 원가의 종류인 고정비와 관련 없는 것은?

① 임대료
② 광열비
③ 인건비
④ 감가상각비

45 식품 위해요소 중점관리기준이라 불리는 위생관리 시스템은?

① HAPPC
② HACCP
③ HACPP
④ HNCPP

46 간을 보호하는 음주법으로 가장 바람직한 것은?

① 도수가 낮은 술에서 높은 술 순으로 마신다.
② 도수가 높을 술에서 낮은 술 순으로 마신다.
③ 도수와 관계없이 개인의 기호대로 마신다.
④ 여러 종류의 술을 섞어 마신다.

47 구매 명세서(Standard Purchase Specification)를 사용 부서에서 작성할 때 필요한 사항이 아닌 것은?

① 요구되는 품질 요건
② 품목의 규격
③ 무게 또는 수량
④ 거래처의 상호

48 다음 중 바텐더의 직무가 아닌 것은?

① 글라스 및 칵테일용 기물을 세척 정돈한다.
② 바텐더는 여러 가지 종류의 와인에 대하여 충분한 지식을 가지고 서비스를 한다.
③ 고객이 바 카운터에 있을 때는 바텐더는 항상 서서 있어야 한다.
④ 호텔 내외에서 거행되는 파티도 돕는다.

49 해피 아워(Happy Hour)란?

① 행복한 시간
② 음료판매에 있어 정기판매액이 줄어들 때의 저녁시간
③ 바에 초저녁 시간대에 음료판매를 활성화하기 위한 가격할인 판매시간
④ 바(bar)에서의 한가한 시간에서 종업원이 즐거워지는 시간

50 Wine Master의 의미로 가장 적합한 것은?

① 와인의 제조 및 저장관리를 책임지는 사람
② 포도나무를 가꾸고 재배하는 사람
③ 와인을 판매 및 관리하는 사람
④ 와인을 구매하는 사람

51 다음 ( )안에 적합한 단어는?

A : What would you like to drink?
B : I'd like a ( ).

① Bread
② Sauce
③ Pizza
④ Beer

52 What does 'Black Coffee' mean?

① Rich in coffee
② Strong coffee
③ Coffee without cream and sugar
④ Clear strong coffee

53 다음의 ( )안에 들어갈 적합한 것은?

( ) Whisky is a Whisky which is distilled and produced at just one particular distillery.
( )s are made entirely from one type of malted grain, traditionally barley, which is cultivated in the region of the distillery.

① Grain
② Blended
③ Single Malt
④ Bourbon

54 다음 질문에 대한 대답으로 가장 적절한 것은?

> How often do you go to the bar?

① For a long time.
② When I am free.
③ Quite often. OK.
④ From yesterday.

55 아래의 (　　) 안에 알맞은 용어는?

> The (　　) guarantees that all AOC products will hold to a rigorous set of clearly defined standards.

① DOCG
② ONIVINS
③ VOQS
④ INAO

56 Which one is the most famous Herb Liqueur?

① Baileys Irish cream
② Benedictine D.O.M
③ Crème de Cacao
④ Aquavit

57 "I feel like throwing up."의 의미는?

① 토할 것 같다.
② 너무 좋다.
③ 공을 던지고 싶다.
④ 더 마시고 싶다.

58 Stir 기법으로 만드는 칵테일이 아닌 것은?

① Martini
② Manhattan
③ Gibson
④ Bacardi Cocktail

59 Kir 칵테일의 제조법은?

① Build
② Stir
③ Shake
④ Float

60 선입선출(FIFO)의 의미로 맞는 것은?

① First - In, First - On
② First - In, First - Off
③ First - In, First - Out
④ First - Inside, First - On

해설과 따로 보는 최신 기출문제 06회

조주기능사 | 소요 시간 총 60분 | 문항 수 총 60문항

수험번호 : _____
성   명 : _____

정답 & 해설 ▶ 1-362쪽

01 쇼트 드링크(Short Drink)란?
① 만드는 시간이 짧은 음료
② 증류주와 청량음료를 믹스한 음료
③ 시간적인 개념으로 짧은 시간에 마시는 칵테일 음료
④ 증류주와 맥주를 믹스한 음료

02 보졸레 누보 양조과정의 특징이 아닌 것은?
① 기계수확을 한다.
② 열매를 분리하지 않고 송이채 밀폐된 탱크에 집어넣는다.
③ 발효 중 CO_2의 영향을 받아 산도가 낮은 와인이 만들어진다.
④ 오랜 숙성기간 없이 출하한다.

03 혼성주의 제조방법이 아닌 것은?
① 발효법(Fermentation)
② 증류법(Distillation)
③ 침출법(Infusion)
④ 에센스 추출법(Essence)

04 국가별로 부르는 적포도주로 틀린 것은?
① 프랑스 – Vin Rouge
② 이탈리아 – Vino Rcsso
③ 스페인 – Vino Rosado
④ 독일 – Rotwein

05 와인의 적정온도 유지의 원칙으로 옳지 않은 것은?
① 보관 장소는 햇빛이 들지 않고 서늘하며, 습기가 없는 곳이 좋다.
② 연중 급격한 변화가 없는 곳이어야 한다.
③ 와인에 전해지는 충격이나 진동이 없는 곳이 좋다.
④ 코르크가 젖어있도록 병을 눕혀서 보관해야 한다.

06 Gibson에 대한 설명으로 틀린 것은?
① 알코올 도수는 약 36도에 해당한다.
② 베이스는 Gin이다.
③ 칵테일 어니언(Onion)으로 장식한다.
④ 기법은 Shaking이다.

07 코냑(Cognac)은 무엇을 원료로 만든 술인가?
① 감자
② 포도
③ 보리
④ 옥수수

08 다음 중 바르게 연결된 것은?
① Absinthe - 노르망디 지방의 프랑스산 사과 브랜디
② Campari - 주정에 향초를 넣어 만드는 프랑스산 리큐어
③ Calvados - 이탈리아 밀라노에서 생산되는 와인
④ Chartreuse - 승원(수도원)이란 뜻을 가진 리큐어

09 프랑스의 와인등급에 해당하지 않는 것은?
① DOCG
② VDQS
③ Vin de Pays
④ Vin de Table

10 양조주에 대한 설명으로 옳은 것은?
① 당질 또는 전분질 원료에 효모를 첨가하여 발효시켜 만든 술이다.
② 발효주에 열을 가하여 증류하여 만든다.
③ Amaretto, Drambuie, Cointreau 등은 양조주에 속한다.
④ 증류주 등에 초근, 목피, 향료, 과즙, 당분을 첨가하여 만든 술이다.

11 독일의 리슬링(Riesling)와인에 대한 설명으로 틀린 것은?
① 독일의 대표적 와인이다.
② 살구향, 사과향 등의 과실향이 주로 난다.
③ 대부분 무감미 와인(Dry Wine)이다.
④ 다른 나라 와인에 비해 비교적 알코올 도수가 낮다.

12 다음 설명에 해당하는 혼성주를 바르게 연결한 것은?

> ㉠ 멕시코산 커피를 주원료로 하여 Cocoa, Vanilla 향을 첨가하여 만든 혼성주이다.
> ㉡ 야생 자두를 진에 첨가해서 만든 빨간색의 혼성주이다.
> ㉢ 이탈리아의 국민주로 제조법은 각종 식물의 뿌리, 씨, 향초, 껍질 등 70여 가지의 재료로 만들어지며, 제조기간은 45일이 걸린다.

① ㉠ 샤르트뢰즈(Chartreuse)
   ㉡ 시나(Cynar)
   ㉢ 캄파리(Campari)
② ㉠ 파샤(Pasha)
   ㉡ 슬로우 진(Sloe Gin)
   ㉢ 캄파리(Campari)
③ ㉠ 깔루아(Kahlua)
   ㉡ 시나(Cynar)
   ㉢ 캄파리(Campari)
④ ㉠ 깔루아(Kahlua)
   ㉡ 슬로우 진(Sloe Gin)
   ㉢ 캄파리(Campari)

13 좌측부터 술의 오래된 순서로 맞는 것은?
① 소주 - 와인 - 브랜디
② 혼성주 - 와인 - 테킬라
③ 와인 - 브랜디 - 혼성주
④ 브랜디 - 와인 - 혼성주

14 포도즙을 내고 남은 찌꺼기에 약초 등을 배합하여 증류해 만든 이탈리아 술은?

① 삼부카
② 베르무스
③ 그라파
④ 캄파리

15 다음 중 발포성 포도주가 아닌 것은?

① Vin Mousseux
② Vin Rouge
③ Sekt
④ Spumante

16 비중이 서로 다른 술을 섞이지 않고 띄워서 여러 가지 색상을 음미할 수 있는 칵테일은?

① 프라페(Frappe)
② 슬링(Sling)
③ 피즈(Fizz)
④ 푸스카페(Pousse Cafe)

17 생강을 주원료로 만든 것은?

① 진저에일
② 토닉 워터
③ 소다수
④ 콜린스 믹스

18 고구려의 술로 전해지며, 여름날 황혼 무렵에 찐 차좁쌀로 담가서 그 다음날 닭이 우는 새벽녘에 먹을 수 있도록 빚었던 술은?

① 교동법주
② 청명주
③ 소곡주
④ 계명주

19 브랜디의 제조순서로 옳은 것은?

① 양조작업 – 저장 – 혼합 – 증류 – 숙성 – 병입
② 양조작업 – 증류 – 저장 – 혼합 – 숙성 – 병입
③ 양조작업 – 숙성 – 저장 – 혼합 – 증류 – 병입
④ 양조작업 – 증류 – 숙성 – 저장 – 혼합 – 병입

20 다음 중 종자류 계열이 아닌 혼성주는?

① 티아 마리아
② 아마레토
③ 쇼콜라 스위스
④ 갈리아노

21 아라비카 커피의 특징으로 옳은 것은?

① 병충해에 강하고 관리가 쉽다.
② 생두의 모양이 납작한 타원형이다.
③ 아프리카 콩고가 원산지이다.
④ 해발 600m 이하에서도 잘 자란다.

22 다음 중 우리나라의 전통주가 아닌 것은?
① 소흥주
② 소곡주
③ 문배주
④ 경주법주

23 칼바도스에 대한 설명으로 옳은 것은?
① 스페인의 와인
② 프랑스의 사과 브랜디
③ 북유럽의 아쿠아비트
④ 멕시코의 테킬라

24 다음 중 Rum의 맛에 의한 분류로 옳은 것은?
① Light Rum : 향신료를 첨가한 것이 특징이다.
② Heavy Rum : 색과 향이 가장 진한 럼으로, 단식 증류기를 사용하여 증류한다.
③ Flavored Rum : Light Rum과 Heavy Rum의 중간 타입을 말한다.
④ Medium Rum : 가볍고 깔끔한 맛을 가진 Rum을 말한다.

25 곡류를 발효 증류시킨 후 주니퍼 베리, 고수풀, 안젤리카 등의 향료식물을 넣어 만든 증류주는?
① Vodka
② Rum
③ Gin
④ Tequila

26 Gin Fizz의 특징이 아닌 것은?
① 하이볼 글라스를 사용한다.
② 기법으로 Shaking과 Building을 병행한다.
③ 레몬의 신맛과 설탕의 단맛이 난다.
④ 칵테일 어니언(Onion)으로 장식한다.

27 다음 중 탄산음료가 아닌 것은?
① 콜라
② 소다수
③ 진저에일
④ 광천수

28 다음 중 용량이 다른 것은?
① 1Pony
② 1oz
③ 1Shot
④ 1Pint

29 다음 중 청주의 주재료는?
① 쌀
② 감자
③ 보리
④ 옥수수

30 Tonic Water에 대한 설명으로 옳은 것은?
① 레몬, 라임, 오렌지, 키니네 껍질 등으로 만든 즙에 당분을 첨가한 음료이다.
② 커피의 향과 맛을 첨가하여 소화를 도와주고 정신을 맑게 하는 음료이다.
③ 사과를 발효하여 만든 음료로서 알코올 6%이다.
④ 소다수에 레몬 주스와 당분을 섞어 만든 음료이다.

31 다음 중 소믈리에(Sommelier)의 역할로 틀린 것은?
① 손님의 취향과 음식과의 조화, 예산 등에 따라 와인을 추천한다.
② 주문한 와인은 먼저 여성에게 우선적으로 와인 병의 상표를 보여주며 주문한 와인임을 확인시켜 준다.
③ 시음 후 여성부터 차례로 와인을 따르고 마지막에 그날의 호스트에게 와인을 따라준다.
④ 코르크 마개를 열고 주빈에게 코르크 마개를 보여주면서 시큼하고 이상한 냄새가 나지 않는지, 코르크가 잘 젖어있는지를 확인시킨다.

32 Rob Roy를 조주 할 때는 일반적으로 어떤 술을 사용하는가?
① Rye Whisky
② Bourbon Whiskey
③ Canadian Whisky
④ Scotch Whisky

33 브랜디 글라스(Brandy Glass)에 대한 설명으로 틀린 것은?
① 코냑 등을 마실 때 사용하는 튤립형의 글라스이다.
② 향을 잘 느낄 수 있도록 만들어졌다.
③ 기둥이 긴 것으로 윗부분이 넓다.
④ 스니프터(Snifter)라고도 하며 밑이 넓고 위는 좁다.

34 위스키가 기주로 쓰이지 않는 칵테일은?
① 뉴욕(New York)
② 로브 로이(Rob Roy)
③ 블랙 러시안(Black Russian)
④ 맨해튼(Manhattan)

35 조주 시 필요한 셰이커(Shaker)의 3대 구성 요소의 명칭이 아닌 것은?
① 믹싱(Mixing)
② 바디(Body)
③ 스트레이너(Strainer)
④ 캡(Cap)

36 영업을 폐점하고 남은 물량을 품목별로 재고 조사하는 것을 무엇이라 하는가?
① Daily Issue
② Par Stock
③ Inventory Management
④ FIFO

37 다음은 바 수익관리에 관련된 용어들 중 틀리게 설명된 것은?

① 수익(Revenue Income) - 총수익에서 모든 비용을 빼고 남은 금액
② 비용(Expense) - 상품 등을 생산하는 데 필요한 여러 생산 요소에 지불되는 대가
③ 총수익(Gross Profit) - 전체음료의 판매수익에서 판매된 음료에 소요된 비용을 제한 것
④ 감가상각비(Depreciation) - 시간의 흐름에 자산의 가치 감소를 회계에 반영하는 것

38 다음 칵테일(Cocktail) 중 글라스(Glass) 가장자리에 소금으로 프로스팅(Frosting)하여 내용물을 담는 것은?

① Million Dollar
② Cuba Libre
③ Grasshopper
④ Margarita

39 아래에서 설명하는 Glass는?

> 위스키 사워, 브랜디 사워 등의 사워 칵테일에 주로 사용되며 3~5oz를 담기에 적당한 크기이다. Stem이 길고 위가 좁고 밑이 깊어 거의 평형으로 생겼다.

① Goblet
② Wine Glass
③ Sour Glass
④ Cocktail Glass

40 용량 표시가 옳은 것은?

① 1Tea Spoon = $\frac{1}{32}$ oz
② 1Pony = $\frac{1}{2}$ oz
③ 1Pint = $\frac{1}{2}$ Quart
④ 1Table Spoon = $\frac{1}{32}$ oz

41 가니쉬(Garnish)로 레몬껍질이 들어가는 칵테일은?

① 네그로니
② 블루 하와이안
③ 애플 마티니
④ 드라이 마티니

42 Muddler에 대한 설명으로 틀린 것은?

① 설탕이나 장식 과일 등을 으깨거나 혼합하기에 편리하게 사용할 수 있는 긴 막대형이다.
② 칵테일 장식에 체리나 올리브 등을 찔러 사용한다.
③ 롱 드링크를 마실 때는 휘젓는 용도로 사용한다.
④ Stir Road라고도 한다.

43 주류를 글라스에 담아서 고객에게 서빙할 때 글라스 밑받침으로 사용하는 것은?

① 스터러(Stirrer)
② 디캔더(Decanter)
③ 스토퍼(Stopper)
④ 코스터(Coaster)

44 월 재고회전율을 구하는 식은?

① 총 매출원가 ÷ 평균 재고액
② 평균 재고액 ÷ 총 매출원가
③ (월말재고 - 월초재고) × 100
④ (월초재고 + 월말재고) ÷ 2

45 바텐더가 영업시작 전 준비하는 업무가 아닌 것은?

① 충분한 얼음을 준비한다.
② 글라스의 청결도를 점검한다.
③ 레드 와인을 냉각시켜 놓는다.
④ 전처리가 필요한 과일 등을 준비해 둔다.

46 주장의 영업 허가가 되는 근거 법률은?

① 외식업법
② 음식업법
③ 식품위생법
④ 주세법

47 음료를 풀고 할 때 선입선출(FIFO : First In, First Out)의 원칙을 지켜야 하는 이유에 대하여 올바르게 표현한 것은?

① 부패에 의한 손실을 최소화하기 위함이다.
② 정확한 재고조사를 하기 위함이다.
③ 적정 재고량(Par Stock)을 저장하기 위함이다.
④ 유효기간을 파악하기 위함이다.

48 스파클링 와인(Sparkling Wine) 서비스 방법으로 틀린 것은?

① 병을 천천히 돌리면서 천천히 코르크가 빠지게 한다.
② 반드시 '펑' 하는 소리가 나게 신경 써서 개봉한다.
③ 상표가 보이게 하여 테이블에 놓여있는 글라스에 천천히 넘치지 않게 따른다.
④ 오랫동안 거품을 간직할 수 있는 플루트(Flute)형 잔에 따른다.

49 연회 석상에서 각 고객들이 소비한 만큼 계산을 별도로 하는 바(Bar)를 무엇이라고 하는가?

① Banquet Bar
② Host Bar
③ No-Host Bar
④ Paid Bar

50 칵테일 글라스의 부위 명칭으로 틀린 것은?

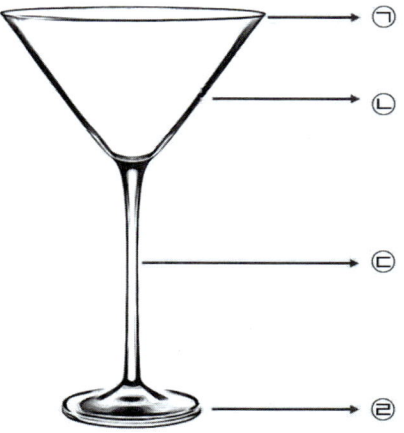

① (ㄱ) Rim
② (ㄴ) Bowl
③ (ㄷ) Body
④ (ㄹ) Bottom

51 다음 전치사 중에서 ( ) 안에 들어갈 말로 알맞은 것은?

> How long have you been ( ) Korea?

① at
② in
③ on
④ to

52 다음 ( ) 안에 들어갈 단어로 가장 적합한 것은?

> I'd like a Stinger please, make it very ( ). But not to strong, please.

① hot
② cold
③ sour
④ dry

53 "This milk has gone bad."의 의미는?

① 이 우유는 상했다.
② 이 우유는 맛이 없다.
③ 이 우유는 신선하다.
④ 이 우유는 건강에 나쁘다.

54 Which is not Non-alcoholic drink?

① Cola
② Fruit Smoothie
③ Lemonade
④ Mimosa

55 다음 밑줄 친 내용의 뜻으로 적합한 것은?

> You must make a reservation in advance.

① 미리
② 나중에
③ 원래
④ 당장

56 다음 영문의 ( )에 들어갈 말은?

> May I ( ) you cocktail before dinner?

① put
② service
③ take
④ bring

57 다음 중 비터(Bitters)가 함유된 칵테일은?

① Dry Martini
② Manhattan
③ New York
④ Cosmopolitan Cocktail

58 Which of the following is not Scotch Whisky?

① Cutty Sark
② White Horse
③ John Jameson
④ Royal Salute

59 다음 ( ) 안에 가장 적합한 것은?

May I have ( ) coffee, please?

① some
② many
③ to
④ only

60 Which one is wine that can be served before meal?

① Table Wine
② Dessert Wine
③ Aperitif Wine
④ Port Wine

해설과 따로 보는 최신 기출문제 07회

조주기능사	소요 시간	문항 수
	총 60분	총 60문항

수험번호 : _____
성   명 : _____

정답 & 해설 ▶ 1-365쪽

01 다음 중 럼(Rum)의 주원료는 무엇인가?
① 호밀(Rye)과 보리(Barley)
② 사탕수수(Sugar Cane)와 당밀(Molasses)
③ 꿀(Honey)
④ 쌀(Rice)과 옥수수(Corn)

02 다음 중 양조주에 해당하는 것은?
① 청주
② 럼
③ 브랜디
④ 리큐어

03 다음 중 Red Wine용 포도 품종은?
① Cabernet Sauvignon
② Chardonnay
③ Pinot Blanc
④ Sauvignon Blanc

04 혼성주 제조방법 중 시간이 가장 많이 소요되는 방법은?
① 증류법(Distillation Process)
② 침출법(Infusion Process)
③ 추출법(Percolation Process)
④ 배합법(Essence Process)

05 꿀로 만든 리큐어(Liqueur)는?
① Cynar
② Curacao
③ Galliano
④ Drambuie

06 곡류를 원료로 만드는 술의 제조 시 당화과정에 필요한 것은?
① Ethyl Alcohol
② CO_2
③ Yeast
④ Diastase

07 효모의 생육조건이 아닌 것은?
① 적정 알코올
② 적정 온도
③ 적정 pH
④ 적정 영양소

08 독일맥주가 아닌 것은?
① 뢰벤브로이
② 벡스
③ 밀러
④ 크롬바허

09 스카치 위스키(Scotch Whisky)와 거리가 가장 먼 것은?
① Malt
② Peat
③ Used Sherry Cask
④ Used Limousine Oak Cask

10 병행복발효주의 의미는?
① 당화와 발효가 한 통에서 동시에 일어난다.
② 당질 또는 전분질 원료에 효모를 첨가하여 발효시켜 만든 술
③ 발효주에 열을 가하여 증류하여 만드는 술
④ 당화와 발효가 순차적으로 일어난다.

11 에스프레소 추출 시 너무 진한 크레마(Dark Crema)가 추출되었을 때 그 원인이 아닌 것은?
① 물의 온도가 95℃보다 높은 경우
② 펌프압력이 기준압력보다 낮은 경우
③ 포터 필터의 구멍이 너무 큰 경우
④ 물 공급이 제대로 안 되는 경우

12 이탈리아 와인 최고 등급은?
① DOCG
② AOC
③ DOC
④ VDQS

13 일반적으로 Bourbon Whiskey를 주조할 때 약 몇 %의 어떤 곡물이 사용되는가?
① 50% 이상의 호밀
② 40% 이상의 감자
③ 51% 이상의 옥수수
④ 40% 이상의 보리

14 와인을 분류하는 방법의 연결이 틀린 것은?
① 스파클링 와인 – 알코올 유무
② 드라이 와인 – 맛
③ 아페리티프 와인 – 식사 용도
④ 로제 와인 – 색깔

15 증류주에 대한 설명으로 가장 거리가 먼 것은?
① 대부분 알코올 도수가 20도 이상이다.
② 알코올 도수가 높아 잘 부패 되지 않는다.
③ 장기 보관 시 변질되므로 대부분 유통기간이 있다.
④ 갈색의 증류주는 대부분 오크통에서 숙성시킨다.

16 좋은 맥주용 보리의 조건으로 알맞은 것은?
① 껍질이 두껍고 윤택이 있는 것
② 알맹이가 고르고 발아가 잘 안 되는 것
③ 수분 함유량이 높은 것
④ 전분 함유량이 많은 것

17 음료에서 사용하는 용어인 "Dry"의 의미와 가장 가까운 샴페인 용어는?
① Brut
② Sec
③ Doux
④ Demi Sec

18 다음 중 알코올성 커피는?
① 카페 로얄(Cafe Royal)
② 비엔나 커피(Vienna Coffee)
③ 데미타세 커피(Demi-Tasse Coffee)
④ 카페 오레(Cafe au Lait)

19 다음 중 싱글몰트 위스키로 옳은 것은?
① Johnnie Walker
② Ballantine's
③ Glenfiddich
④ Bell's

20 다음 중 증류주가 아닌 것은?
① 보드카(Vodka)
② 샴페인(Champagne)
③ 진(Gin)
④ 럼(Rum)

21 다음 중 Bitters가 아닌 것은?
① Angostura
② Campari
③ Galliano
④ Amer Picon

22 다음 중 식전주로 가장 적합한 것은?
① 맥주(Beer)
② 드람부이(Drambuie)
③ 캄파리(Campari)
④ 코냑(Cognac)

23 매년 보졸레 누보의 출시일은?
① 11월 첫째 주 목요일
② 11월 셋째 주 목요일
③ 11월 첫째 주 금요일
④ 11월 셋째 주 금요일

24 우리나라의 와인 생산지가 아닌 곳은?
① 무주
② 영천
③ 영동
④ 연태

25 우유가 사용되지 않는 커피는?
① 카푸치노(Cappuccino)
② 에스프레소(Espresso)
③ 카페 마끼야또(Cafe Macchiato)
④ 카페 라테(Cafe Latte)

26 다음에서 설명하는 전통주는?

- 원료는 쌀이며, 혼성주에 속한다.
- 약주에 소주를 섞어 빚는다.
- 무더운 여름을 탈 없이 날 수 있는 술이라는 뜻에서 그 이름이 유래되었다.

① 과하주
② 백세주
③ 두견주
④ 문배주

27 콜라를 바르게 설명한 것은?

① 콜라는 설탕물에 색소를 가미한 것이다.
② 탄산수에 검은향 색소를 가미한 것이다.
③ 콜라콩을 가공 처리한 것이다.
④ 커피콩을 가공 처리하여 탄산수를 혼합한 것이다.

28 다음 중 영양음료는?

① 토마토 주스
② 카푸치노
③ 녹차
④ 광천수

29 사과로 만들어진 양조주는?

① Camus Napoleon
② Cider
③ Kirschwasser
④ Anisette

30 와인 양조 시 1%의 알코올을 만들기 위해 약 몇 그램의 당분이 필요한가?

① 1g/L
② 10g/L
③ 16.5g/L
④ 20.5g/L

31 다음 중 셰이커(Shaker)를 사용하여야 하는 칵테일은?

① 브랜디 알렉산더(Brandy Alexander)
② 드라이 마티니(Dry Martini)
③ 올드 패션드(Old Fashioned)
④ 로브 로이(Rob Roy)

32 Long Drink가 아닌 것은?

① Pina Colada
② Manhattan
③ Singapore Sling
④ Mai-Tai

33 재고조사 시 기물 적정 Loss는?

① 3~5%
② 5~7%
③ 8~10%
④ 10~15%

34 다음 중 맨해튼 칵테일 조주 시 사용되는 기물은?

① Mixing Glass
② Electric Shaker
③ Lemon Squeezer
④ Cork Screw

35 다음 중 기구에 대한 설명이 잘못된 것은?

① 스토퍼(Stopper) : 남은 음료를 보관하기 위한 병마개
② 코르크 스크류(Cork Screw) : 와인 병마개를 딸 때 사용
③ 아이스 텅(Ice Tong) : 톱니 모양으로 얼음을 집는 데 사용
④ 머들러(Muddler) : 얼음을 깨는 송곳

36 우리나라 주세법상 탁주와 약주의 알코올 도수 표기 시 허용 오차는?

① ± 0.1%
② ± 0.5%
③ ± 1.0%
④ ± 1.5%

37 칵테일을 만들 때 흔들거나 섞지 않고 글라스에 직접 얼음과 재료를 넣어 바 스푼이나 머들러로 휘저어 만드는 방법으로 적합한 칵테일은?

① 스크류드라이버(Screw Driver)
② 스팅어(Stinger)
③ 마가리타(Margarita)
④ 싱가폴 슬링(Singapore Sling)

38 Liqueur Glass의 다른 명칭은?

① Shot Glass
② Cordial Glass
③ Sour Glass
④ Goblet

39 프라페(Frappe)를 만들기 위해 준비하는 얼음은?

① Cube Ice
② Lump of Ice
③ Cracked Ice
④ Crushed Ice

40 Onion 장식을 하는 칵테일은?

① Margarita
② Martini
③ Rob Roy
④ Gibson

41 구매 관리 업무와 가장 거리가 먼 것은?

① 납기관리
② 우량 납품업체 선정
③ 시장조사
④ 음료 상품 판매촉진 기회

42 바(Bar)에서 사용하는 Decanter의 용도는?

① 테이블용 얼음 용기
② 포도주를 제공하는 유리병
③ 펀치를 만들 때 사용하는 화채 그릇
④ 포도주병 하나를 눕혀 놓을 수 있는 바구니

43 바 매니저(Bar Manager)의 주 업무가 아닌 것은?

① 영업 및 서비스에 관한 지휘 통제권을 갖는다.
② 직원의 근무 시간표를 작성한다.
③ 직원들의 교육 훈련을 담당한다.
④ 인벤토리(Inventory)를 세부적으로 관리한다.

44 네그로니(Negroni) 칵테일의 조주 시 재료로 가장 적합한 것은?

① Rum $\frac{3}{4}$ oz, Sweet Vermouth $\frac{3}{4}$ oz, Campari $\frac{3}{4}$ oz, Twist of Lemon Peel
② Dry Gin $\frac{3}{4}$ oz, Sweet Vermouth $\frac{3}{4}$ oz, Campari $\frac{3}{4}$ oz, Twist of Lemon Peel
③ Dry Gin $\frac{3}{4}$ oz, Dry Vermouth $\frac{3}{4}$ oz, Grenadine Syrup $\frac{3}{4}$ oz, Twist of Lemon Peel
④ Tequila $\frac{3}{4}$ oz, Sweet Vermouth $\frac{3}{4}$ oz, Campari $\frac{3}{4}$ oz, Twist of Lemon Peel

45 주장(Bar)에서 주문받는 방법으로 옳지 않은 것은?

① 가능한 한 빨리 주문을 받는다.
② 분위기나 계절에 어울리는 음료를 추천한다.
③ 추가 주문은 잔이 비었을 때에 받는다.
④ 시간이 걸리더라도 구체적이고 명확하게 주문받는다.

46 식재료가 소량이면서 고가인 경우나 희귀한 아이템의 경우에 검수하는 방법으로 옳은 것은?

① 발췌 검수법
② 전수 검수법
③ 송장 검수법
④ 서명 검수법

47 칵테일을 만드는 기법으로 적당하지 않은 것은?

① 띄우기(Floating)
② 휘젓기(Stirring)
③ 흔들기(Shaking)
④ 거르기(Filtering)

48 와인의 Tasting 방법으로 옳은 것은?

① 와인을 오픈한 후 공기와 접촉되는 시간을 최소화하여 바로 따른 후 마신다.
② 와인에 얼음을 넣어 냉각시킨 후 마신다.
③ 와인 잔을 흔든 뒤 아로마 또는 부케의 향을 맡는다.
④ 검은 종이를 테이블에 깔아 투명도 및 색을 확인한다.

49 마신 알코올양(mL)을 나타내는 공식은?

① 알코올 양(mL) × 0.8
② 술의 농도(%) × 마시는 양(mL) ÷ 100
③ 술의 농도(%) − 마시는 양(mL)
④ 술의 농도(%) ÷ 마시는 양(mL)

50 바텐더 보조(Bar Helper)의 역할이 아닌 것은?

① 바에서 필요한 모든 물품을 창고로부터 수령한다.
② 장식에 필요한 과일류를 슬라이스 하여 준비한다.
③ 와인을 주문받고 서브한다.
④ 글라스 종류를 정리 정돈한다.

51 다음 중 밑줄 친 change가 나머지 셋과 다른 의미로 쓰인 것은?

① Do you have <u>change</u> for a dollar?
② Keep the <u>change</u>.
③ I need some <u>change</u> for the bus.
④ Let's try a new restaurant for a <u>change</u>.

52 Which is the correct one as a base of Bloody Mary in the following?

① Gin
② Rum
③ Vodka
④ Tequila

53 다음의 (   )안에 들어갈 적합한 것은?

(   ) which looks like fine sea spray, is the Holy Grail of espresso, the beautifully tangible sign that everything has gone right.
(   ) is golden foam made up of oil and colloids, which floats atop the surface of a perfectly brewed cup of espresso.

① Crema
② Espresso Con Panna
③ Cappuccino
④ Cafe Latte

54 다음의 (   ) 안에 들어갈 적당한 단어는?

I'll have a Scotch (㉠) the rocks and a Bloody Mary (㉡) my wife.

① ㉠ on, ㉡ for
② ㉠ in, ㉡ to
③ ㉠ for, ㉡ at
④ ㉠ of, ㉡ in

55 (   ) 안에 알맞은 리큐어는?

(   ) is called the queen of liqueur. This is one of the French traditional liqueur and is made from several years aging after distilling of various herbs added to spirit.

① Chartreuse
② Benedictine
③ Kummel
④ Cointreau

56 다음 질문의 대답으로 가장 적절한 것은?

> A : Who's your favorite singer?
> B : (   )

① I like jazz the best.
② I guess I'd have to say Elton John.
③ I don't really like to sing.
④ I like opera music.

57 What is the liqueur made by Scotch Whisky, Honey, Herb?

① Grand Marnier
② Sambuca
③ Drambuie
④ Amaretto

58 The covering or skin of any fruit is generally referred to as the (   ).

① heart
② top
③ leaf
④ peel

59 다음 (   )안에 들어갈 알맞은 단어는?

> Being a (   ) requires far more than memorizing a few recipes and learning to use some basic tools.

① Shaker
② Jigger
③ Bartender
④ Cork screw

60 다음 빈칸에 들어갈 적합한 말로 바르게 짝지어진 것은?

> W : Would you like a dessert?
> G : Yes, please. Could you tell us what you have (㉠).
> W : Certainly. (㉠) we have fruit salad, chocolate gateau, and lemon pie.
> G : The gateau looks nice but what is (㉡)?
> W : (㉡) there is fresh fruit, cheesecake, and profiteroles.
> G : I think I'll have them, please, with chocolate sauce.

① ㉠ on it, ㉡ under
② ㉠ on the top, ㉡ underneath
③ ㉠ over, ㉡ below
④ ㉠ one the top, ㉡ under

해설과 따로 보는 최신 기출문제 08회

조주기능사	소요 시간	문항 수
	총 60분	총 60문항

수험번호 : _____
성   명 : _____

정답 & 해설 ▶ 1-368쪽

01 음료에 대한 설명이 잘못된 것은?
① 콜린스 믹스(Collins Mix)는 레몬 주스와 설탕을 주원료로 만든 착향 탄산음료이다.
② 토닉 워터(Tonic Water)는 키니네(Quinine)를 함유하고 있다.
③ 코코아(Cocoa)는 코코넛(Coconut) 열매를 가공하여 가루로 만든 것이다.
④ 콜라(Cola)는 콜라닌과 카페인을 함유하고 있다.

02 커피에 대한 설명으로 가장 거리가 먼 것은?
① 아라비카종의 원산지는 에티오피아다.
② 초기에는 약용으로 사용되기도 했다.
③ 발효와 숙성과정을 거쳐 만들어진다.
④ 카페인이 중추신경을 자극하여 피로감을 없애준다.

03 맥주용 보리의 조건이 아닌 것은?
① 껍질이 얇아야 한다.
② 담황색을 띠고 윤택이 있어야 한다.
③ 전분 함유량이 적어야 한다.
④ 수분 함유량 13% 이하로 잘 건조되어야 한다.

04 다음 음료 중 냉장 보관이 필요 없는 것은?
① White Wine
② Dry Sherry
③ Beer
④ Brandy

05 포도주(Wine)의 분류 중 색에 따른 분류에 포함되지 않는 것은?
① 레드 와인(Red Wine)
② 화이트 와인(White Wine)
③ 블루 와인(Blue Wine)
④ 로제 와인(Rose Wine)

06 다음 중 병행복발효주는?
① 와인
② 맥주
③ 사과주
④ 청주

07 다음 중 Rum의 원산지는?
① 러시아
② 카리브해 서인도제도
③ 북미 지역
④ 중앙아시아

08 와인의 등급제도가 없는 나라는?
① 프랑스
② 이탈리아
③ 독일
④ 남아프리카공화국

09 다음 중 숙성기간이 가장 긴 브랜디의 표기는?
① 3 Star
② VSOP
③ VSO
④ XO

10 부르고뉴 지역의 주요 포도품종은?
① 가메와 메를로
② 샤르도네와 피노 누아
③ 리슬링과 산지오베제
④ 진판델과 카베르네 쇼비뇽

11 블렌디드 위스키(Blended Whisky)에 대한 설명 중 틀린 것은?
① 스트레이트 위스키에 다른 위스키나 중성 곡류 주정을 섞는다.
② 스트레이트 위스키에 적어도 5% 이상의 브랜디를 섞어야 한다.
③ 기본인 스트레이트 위스키는 20% 이상 포함되어야 한다.
④ 일반적으로 80Proof 이상으로 병에 담아 시판된다.

12 우유의 살균에 이용되지 않는 방법은?
① 저온장시간살균법(LTLT)
② 자외선 살균법
③ 고온단시간살균법(HTST)
④ 초고온살균법(UHT)

13 커피 로스팅의 정도에 따라 약한 순서에서 강한 순서대로 나열한 것으로 옳은 것은?

① American Roasting → German Roasting → French Roasting → Italian Roasting
② German Roasting → Italian Roasting → American Roasting → French Roasting
③ Italian Roasting → German Roasting → American Roasting → French Roasting
④ French Roasting → American Roasting → Italian Roasting → German Roasting

14 맥주의 보관에 대한 내용으로 옳지 않은 것은?

① 장기 보관할수록 맛이 좋아진다.
② 맥주가 얼지 않도록 보관한다.
③ 직사광선을 피한다.
④ 적정온도(4~10℃)에 보관한다.

15 다음 중 괄호 안의 내용으로 맞는 것은?

> 아라비카는 (㉠)가 원산지이며, 전 세계 커피 생산량의 (㉡)%를 차지한다.
> 로부스타는 (㉢)가 원산지이며, 전 세계 커피 생산량의 (㉣)%를 생산한다.

	㉠	㉡	㉢	㉣
①	에티오피아	70	콩고	30
②	에티오피아	70	리베리아	30
③	리베리아	30	콩고	70
④	에티오피아	30	콩고	70

16 맥주의 계절별 알맞은 온도는?

① 여름 2~6℃, 겨울 17~19℃
② 여름 4~6℃, 겨울 8~12℃
③ 여름 8~12℃, 겨울 12~16℃
④ 여름 12~16℃, 겨울 20~24℃

17 다음 보기의 발효차 중 다른 하나는?

① 우바차
② 보이차
③ 기문차
④ 다즐링차

18 차(Tea)에 대한 설명으로 가장 거리가 먼 것은?

① 녹차는 차 잎을 찌거나 덖어서 만든다.
② 녹차는 끓는 물로 신속히 우려낸다.
③ 홍차는 레몬과 잘 어울린다.
④ 홍차에 우유를 넣을 때는 뜨겁게 하여 넣는다.

19 헤네시의 등급 규정으로 틀린 것은?

① EXTRA : 15~25년
② VO : 15년
③ XO : 45년 이상
④ VSOP : 20~30년

20 선입선출(FIFO)의 원래 의미로 맞는 것은?

① First-In, First-On
② First-In, First-Off
③ First-In, First-Out
④ First-Inside, First-On

21 전통주와 관련한 설명으로 옳지 않은 것은?

① 모주 - 막걸리에 한약재를 넣고 끓인 술
② 감주 - 누룩으로 빚은 술의 일종으로 술과 식혜의 중간
③ 죽력고 - 청죽을 쪼개어 불에 구워 스며 나오는 진액인 죽력과 물을 소주에 넣고 중탕한 술
④ 합주 - 물 대신 좋은 술로 빚어 감미를 더한 주도가 낮은 술

22 지봉유설에 전해오는 것으로 이것을 마시면 불로장생한다 하여 장수주로 유명하며, 주로 찹쌀과 구기자, 고유약초로 만들어진 우리나라 고유의 술은?

① 두견주
② 백세주
③ 문배주
④ 이강주

23 80 Proof는 알코올 도수(%)로 얼마인가?

① 10%
② 20%
③ 30%
④ 40%

24 독일 와인의 분류 중 가장 고급 와인 등급 표시는?

① QbA
② Tafelwein
③ Landwein
④ QmP

25 커피의 3대 원종이 아닌 것은?

① 아라비카
② 로부스타
③ 리베리카
④ 인디카

26 오렌지 껍질을 주원료로 만든 혼성주는?

① Anisette
② Campari
③ Triple Sec
④ Underberg

27 상면발효 맥주로 옳은 것은?

① Bock Beer
② Budweiser Beer
③ Porter Beer
④ Asahi Beer

28 탄산수에 키니네, 레몬, 라임 등의 농축액과 당분을 넣어 만든 강장제 음료는?

① 진저비어(Ginger Beer)
② 진저에일(Ginger Ale)
③ 콜린스 믹스(Collins Mix)
④ 토닉 워터(Tonic Water)

29 발포성 와인의 이름이 잘못 연결된 것은?

① 스페인 - 카바(Cava)
② 독일 - 젝트(Sekt)
③ 이탈리아 - 스푸만테(Spumante)
④ 포르투갈 - 도세(Doce)

30 커피 생산량이 가장 많은 나라는?

① 베트남
② 브라질
③ 멕시코
④ 인도네시아

31 믹싱 글라스(Mixing Glass)에서 만든 칵테일을 글라스에 따를 때 얼음을 걸러주는 역할을 하는 기구는?

① Ice Pick
② Ice Tong
③ Strainer
④ Squeezer

32 잔 주위에 설탕이나 소금 등을 묻혀서 만드는 방법은?

① Shaking
② Building
③ Floating
④ Frosting

33 다음 중 용량이 가장 적은 글라스는?

① Old-Fashioned Glass
② Highball Glass
③ Cocktail Glass
④ Shot Glass

34 영업 형태에 따라 분류한 Bar의 종류 중 일반적으로 활기차고 즐거우며 조금은 어둡지만 따뜻하고 조용한 분위기와 가장 거리가 먼 것은?

① Western Bar
② Classic Bar
③ Modern Bar
④ Room Bar

35 음료가 든 잔을 서비스할 때 틀린 사항은?

① Tray를 사용한다.
② Stem을 잡는다.
③ Rim을 잡는다.
④ Coaster를 잡는다.

36 다음 중 연결이 잘못된 것은?

① Ice Pick : 얼음을 잘게 부술 때 사용
② Squeezer : 과즙을 짤 때 사용
③ Pourer : 주류를 따를 때 흘리지 않도록 하는 기구
④ Ice Tong : 얼음 제조기

37 다음 중 칵테일 계량 단위 범주에 해당되지 않는 것은?

① oz
② Tsp
③ Jigger
④ Ton

38 다음 중 소믈리에(Sommelier)의 주요 임무는?

① 기물 세척
② 주류 저장
③ 와인 판매
④ 칵테일 조주

39 주세법상 주류에 대한 설명으로 괄호 안에 들어갈 내용을 순서대로 나열한 것은?

> 알코올분 (   ) 이상의 음료를 말한다. 단, 약사법에 따른 의약품으로써 알코올분이 (   ) 미만의 것을 제외한다.

① 1%, 6%
② 2%, 4%
③ 1%, 3%
④ 2%, 5%

40 업장에서 장기간 보관 시 세워서 보관하지 않고 뉘어서 보관해야 하는 것은?

① 위스키
② 브랜디
③ 그라파
④ 아이스 와인

41 다음 시럽 중 나머지 셋과 특징이 다른 것은?

① Grenadine Syrup
② Sugar Syrup
③ Simple Syrup
④ Plain Syrup

42 주장 원가의 3요소는?

① 인건비, 재료비, 주장경비
② 재료비, 주장경비, 세금
③ 인건비, 봉사료, 주장경비
④ 주장경비, 세금, 봉사료

43 Corkage Charge의 의미는?

① 고객이 다른 곳에서 구입한 주류를 바(Bar)에 가져와서 마실 때 부과되는 요금
② 고객이 술을 보관할 때 지불하는 보관 요금
③ 고객이 보틀(Bottle) 주문 시 따라 나오는 Soft Drink의 요금
④ 적극적인 고객 유치를 위한 판촉 비용

44 와인의 마개로 사용되는 코르크 마개의 특성이 아닌 것은?
① 온도 변화에 민감하다.
② 코르크 참나무의 외피로 만든다.
③ 신축성이 뛰어나다.
④ 밀폐성이 있다.

45 칵테일 레시피(Recipes)를 보고 알 수 없는 것은?
① 칵테일의 색깔
② 칵테일의 분량
③ 칵테일의 성분
④ 칵테일의 판매량

46 Under Cloth에 대한 설명으로 옳은 것은?
① 흰색을 사용하는 것이 원칙이다.
② 식탁의 마지막 장식이라 할 수 있다.
③ 식탁 위의 소음을 줄여준다.
④ 서비스 플레이트나 식탁 위에 놓는다.

47 가니쉬가 안 들어가는 칵테일은?
① Healing
② Martini
③ Grasshopper
④ Manhattan

48 바텐더가 Bar에서 Glass를 사용할 때 가장 먼저 체크하여야 할 사항은?
① Glass의 가장자리 파손 여부
② Glass의 청결 여부
③ Glass의 재고 여부
④ Glass의 온도 여부

49 테이블의 분위기를 돋보이게 하거나 고객의 편의를 위해 중앙에 놓는 집기들의 배열을 무엇이라 하는가?
① Service Wagon
② Show Plate
③ B&B Plate
④ Center Piece

50 물품 검수 시 주문 내용과 차이가 발견될 때 반품하기 위하여 작성하는 서류는?
① 송장(Invoice)
② 견적서(Price Quotation Sheet)
③ 크레디트 메모(Credit Memorandum)
④ 검수보고서(Receiving Sheet)

51 What is the name of famous Liqueur on Scotch basis?
① Drambuie
② Cointreau
③ Grand marnier
④ Curacao

52 다음은 어떤 도구에 대한 설명인가?

> Looks like a wooden pestle, the flat end of which is used to crush and combine ingredients in a serving glass or mixing glass.

① Shaker
② Muddler
③ Bar spoon
④ Strainer

53 다음 (　) 안에 들어갈 적합한 것은?

> A : What would you like for dessert, sir?
> B : No, thank you. I don't need any.
> 　(　　　　　　　　　)

① Coffee would be fine.
② That's a good idea.
③ I'm on a diet.
④ Cash or charge?

54 "How would you like your steak?"의 대답으로 가장 적합한 것은?

① Yes, I like it.
② I like my steak.
③ Medium rare, please.
④ Filet mignon, please.

55 다음 대화 중 (　) 안에 들어갈 B의 질문으로 적합하지 않은 것은?

> G1 : I'll have a Sunset Strip. What about you, Sally?
> G2 : I don't drink at all. Do you serve soft drinks?
> B : Certainly, Madam. (　　　　　　　　　)
> G2 : It sounds exciting. I'll have that.

① How about a Virgin Colada?
② What about a Shirley Temple?
③ How about a Black Russian?
④ What about a Lemonade?

56 위스키(Whisky)를 만드는 과정이 맞게 배열된 것은?

① Mashing – Fermentation – Distillation – Aging
② Fermentation – Mashing – Distillation – Aging
③ Aging – Fermentation – Distillation – Mashing
④ Distillation – Fermentation – Mashing – Aging

57 원산지가 프랑스인 술은?

① Absinthe
② Curacao
③ Kahlua
④ Drambuie

58 파인애플 주스가 사용되지 않는 칵테일은?

① Mai-Tai
② Pina Colada
③ Paradise
④ Blue Hawaiian

59 Which one is the cocktail containing "Midori"?

① Cacao Fizz(카카오 피즈)
② June Bug(준벅)
③ Rusty Nail(러스티네일)
④ Blue Note(블루 노트)

60 싱가폴 슬링(Singapore Sling) 칵테일의 재료로 가장 거리가 먼 것은?

① Tonic Water
② Sugar
③ Cherry flavored Brandy
④ Gin

PART 07

정답 & 해설

정답 & 해설

해설과 따로 보는 최신 기출문제 01회   1~280쪽

01 ④	02 ③	03 ②	04 ②	05 ④
06 ③	07 ④	08 ④	09 ②	10 ②
11 ④	12 ③	13 ④	14 ④	15 ①
16 ②	17 ④	18 ②	19 ④	20 ①
21 ④	22 ④	23 ①	24 ④	25 ③
26 ④	27 ④	28 ②	29 ③	30 ④
31 ③	32 ④	33 ④	34 ④	35 ④
36 ①	37 ②	38 ①	39 ④	40 ④
41 ④	42 ①	43 ④	44 ④	45 ③
46 ②	47 ②	48 ③	49 ①	50 ③
51 ①	52 ③	53 ②	54 ①	55 ③
56 ②	57 ③	58 ②	59 ①	60 ②

01 ④
쿰멜 : 혼성주이다.

오답 피하기
①②③ 아쿠아비트, 브랜디, 위스키, 럼, 진, 보드카, 테킬라는 증류주이다.

02 ③
S – Superior를 뜻한다.

03 ②
생맥주는 열처리 살균을 하지 않은 맥주를 말하며, 신선도와 풍미를 유지하기 위해 냉장 보관이 필요하고, 장기저장이 어렵다.

04 ②
콜라의 탄산은 자연발효가 아니라, 인위적으로 이산화탄소를 주입하여 생성된다.

05 ④
샴페인(Champagne)은 프랑스 샹파뉴 지역에서 만든 최고급 스파클링 와인이다.

06 ③
에일(Ale)은 상면발효 효모를 사용하여 발효시킨 맥주의 한 종류이다.

오답 피하기
① 와인 : 포도를 발효시킨 주류
② 증류주 : 알코올을 증류해 만든 주류
④ 혼성주 : 서로 다른 종류의 술을 혼합한 주류

07 ④
코냑(Cognac)은 포도를 주원료로 프랑스의 코냑 지방(보르도 북쪽)에서만 생산되는 브랜디이다.

오답 피하기
① 감자 : 보드카
② 옥수수 : 버번 위스키
③ 보리 : 스카치 위스키

08 ④
그레인 위스키(Grain Whisky)는 곡물을 원료로 만든 위스키로서 연속식 증류기로 증류하여, 풍미가 순하고 온화한 맛 때문에 '사이런트 스피릿(Silent Spirit)'이라고도 부르며, 블렌드(Blend)용 위스키로 대부분 사용된다.

09 ②
차나무는 열대기후와 온대기후 사이에 위치한 기후에서 잘 자라는 식물로, 일반적으로 남위 23도에서 북위 43도 사이의 지역에서 주로 재배된다.

10 ②
포트 와인(Port Wine)은 포르투갈 북부 도오루(Douro)지방에서 생산되며, 발효 도중 브랜디를 첨가하여 알코올 도수를 높이고 단맛을 남긴 강화 와인(Fortified Wine)이다. 주로 디저트 와인(Dessert Wine)으로 분류된다.

오답 피하기
① 레드 와인(Red Wine)에 대한 설명이다.
③ 어원에서 'Port(항구)'가 유래했지만, 단순한 서민용 술을 의미하지 않는다.
④ 대부분 적포도주이며, 주로 식후 디저트용으로 마신다.

11 ④
기호음료(Beverages) : 세계 3대 기호음료인 커피(Coffee), 차(Tea), 코코아(Cocoa)

오답 피하기
①②③ 영양음료에 속한다.

12 ③
테킬라(Tequila)는 멕시코 화산지대인 할리스코(Jalisco) 주에 위치한 테킬라 지역의 전체가 아닌 5곳에서 생산이 된다.

오답 피하기
① 프랑스
②④ 스코틀랜드

13 ④
베네딕틴 D.O.M(Benedictine D.O.M)은 프랑스에서 가장 오래된 리큐어 중 하나로 호박색 띠는 혼성주이다.

오답 피하기
①②③ 증류주이다.

14 ④
위스키(Whisky)는 증류주이다.

15 ①

슈타인헤거(Steinhager)는 독일산 주니퍼 베리를 원료로 한 증류주로, 독일식 진으로 분류된다.

> 오답 피하기
> ② 독일산 라즈베리 향의 과실주
> ③ 체리로 만든 프랑스산 브랜디
> ④ 프랑스산 라즈베리 브랜디

16 ②

미국에서는 알코올 도수를 Proof로 표시하며, 우리나라에서는 도(°) 또는 % 알코올 함량을 표기한다. 따라서, 80 Proof는 40도(40%)와 동일하다.

17 ④

아르마냑(Armagnac)은 프랑스의 브랜디이다.

> 오답 피하기
> ①③ 프랑스의 스파클링 와인
> ② 독일의 스파클링 와인

18 ②

럼(Rum) : 사탕수수

> 오답 피하기
> ① 보리, 호밀, 옥수수 등
> ③ 감자, 고구마, 보리, 밀, 옥수수 등
> ④ 보리, 밀, 귀리, 호밀, 옥수수 등

19 ④

바르베라(Barbera)는 지명이 아닌 포도품종이다.

> 오답 피하기
> ① 토스카나(Toscana) 산지의 키안티(Chianti)
> ②③ 피에몬테(Piemonte) 산지의 바롤로(Barolo), 바르바레스코(Barbaresco)

20 ①

클라렛(Claret)은 프랑스 보드로 지방의 레드 와인으로 포도주의 여왕을 의미한다.

21 ④

브랜디(Brandy)는 포도 또는 과실을 발효시켜 만든 와인을 증류한 후, 오크통에서 숙성하여 완성시킨 증류주이다.

22 ④

피나콜라다(Pina Colada) 칵테일 재료에는 Rum, Pina Colada Mix, Pineapple Juice가 있다.

23 ①

아페리티프 와인(Aperitif)은 식욕 증진을 위해 식전에 마시는 와인을 뜻한다.

> 오답 피하기
> ②④ 디저트 와인(Dessert Wine)
> ③ 테이블 와인(Table Wine)

24 ④

조주의 주요 목적은 맛, 향, 색, 질감 등을 조화롭게 조합하여 새로운 음료 경험을 창출하는 것이다. 고객의 기호에 맞춘 창의적 음료를 만드는 과정으로, 향과 풍미의 조화를 중시한다.

> 오답 피하기
> ①②③ 맛의 다양성, 향의 배합, 부드러운 음용감

25 ③

옥수수(Corn)은 버번 위스키(Bourbon Whiskey)이다.

26 ②

맥주는 직사광선을 피해 그늘지고 어두운 곳에 보관하거나 4~10도 냉장보관을 한다. 그리고 맥주는 유통기한이 있으므로 장시간 보관이 아닌 선입선출 해야 한다.

27 ④

토스카나(Toscana)는 이탈리아의 와인 산지 이다.

28 ④

충남 면천 두견주는 중요무형문화재 제86-2호로 청주에 진달래꽃을 넣어 만든 약주이다.

> 오답 피하기
> ①②③ 천축주, 섬라주, 금화주, 죽엽, 청주, 스흥주는 외래주이다.

29 ③

깔루아(Kahlua)는 증류주에 멕시코산 커피를 주원료로 하여 코코아, 바닐라 향을 첨가하여 만든 리큐어이다.

> 오답 피하기
> ① 그랑 마니에(Grand Marnier)는 3~4년 숙성된 코냑에 오렌지 껍질 등을 침출하여 만든 최고급 오렌지 리큐어이다.
> ② 베네딕틴 D.O.M(Benedictine D.O.M)은 프랑스에서 가장 오래된 리큐어 중 하나로 호박색 띠는 리큐어이다.
> ④ 슬로 진(Sloe Gin)은 야생 오얏나무 열매 성분에 진(Gin)을 첨가하여 만든 붉은색의 리큐어이다.

30 ③

과하주는 무더운 여름을 탈 없이 날 수 있는 술이라는 뜻에서 유래되었다.

> 오답 피하기
> ① 백제시대 때 궁중 술로서 백제 유민들이 나라를 잃고 그 슬픔을 잊기 위해 빚은 술
> ② 지역 전통 술 이름이며, 계절성이나 약용성은 없다.
> ④ 곡주를 빚는 과정에서 송순과 소주를 넣어 발효시킨 술

31 ③

조주에서 가장 기본이 되는 단위는 온스(oz)이다.

32 ④

키스 오브 파이어(Kiss of Fire) 칵테일 : Vodka + Dry Vermouth + Triple Sec

> 오답 피하기
> ①②③ 진(Gin) 베이스의 칵테일이다.

33 ④
주방 또는 홀 매니저의 역할이다.

오답 피하기
주장(Bar Captain)은 바(Bar) 내에서 주류 및 음료 관련 업무 전반을 총괄하는 역할이다.

34 ④
올드 패션드(Old Fashioned) 칵테일의 가니쉬는 A Slice of Orange & Cherry이다.

35 ①
재고 부족일 경우 판매 기회 상실이 된다.

오답 피하기
적정재고가 초과할 경우 발생되는 사항은 필요 이상의 유지 관리비, 기회 이익 상실, 식재료의 손실 초래 등이 있고, 과다한 자본이 재고에 묶이게 되는 현상이 발생한다.

36 ①
일드 테스트(Yield Test)는 산출량 실험을 뜻한다. 예를 들어, 위스키 1병으로 몇 잔의 칵테일을 만들 수 있는지에 대한 테스트를 의미한다.

37 ②
코르크 마개가 있는 와인은 눕혀서 보관해야 코르크가 마르지 않고 밀봉 상태가 유지된다. 세워서 보관하면 코르크가 마르면서 공기가 들어가 산화될 위험이 있다.

38 ①
글라스 가장자리(Rim)에 레몬즙 등을 사용하여 소금이나 설탕 등을 묻히는 것을 리밍(Rimming) 또는 프로스팅(Frosting)이라고 하며, 대표적인 칵테일로는 소금은 마가리타(Margarita), 설탕은 키스 오브 파이어(Kiss of Fire) 등이 있다.

39 ④
셰이커(Shaker)는 혼합하기 어려운 재료를 얼음과 함께 섞으면서 냉각시키는 도구이다.

오답 피하기
① 혼합하기 쉬운 재료를 바 스푼으로 저어주는 스터(Stir) 기법에 사용되는 도구
② 얼음이 글라스에 떨어지지 않게 하는 도구
③ 오렌지나 레몬, 라임 등 감귤류의 과일의 생즙을 짤 때 사용하는 도구

40 ①
푸스카페(Pousse Cafe) 칵테일 레시피 : Grenadine Syrup + Creme de Menthe + Brandy

41 ④
저장관리 원칙 : 저장 위치 표시, 품질 보존의 원칙, 적정 온도 유지의 원칙, 품목별 분류 저장의 원칙, 선입선출(FIFO)의 원칙, 재고순환의 원칙, 공간 활용의 원칙

42 ①
오답 피하기
바(Bar) 디자인의 중요 점검사항 : 주장의 형태와 크기, 시간의 영업량, 콘셉트의 크기, 음료 종류, 서비스 형태, 목표 고객

43 ①
칵테일에 사용하는 부재료는 개봉 후에는 세균 번식과 변질 위험이 있기 때문에 냉장 보관해야 한다.

오답 피하기
② 부패 및 변질 위험이 있다.
③ 과일, 크림 등 일부는 냉동 시 품질 저하된다.
④ 직사광선은 변질 및 품질 저하된다.

44 ②
재고관리(Inventory Management)는 영업을 폐점하고 남은 물량을 품목별로 재고 조사하는 것을 말한다.

45 ③
와인 스튜어드(Wine Steward) 또는 소믈리에(Sommelier)는 와인을 관리하고 추천하여 판매하는 사람을 말한다.

46 ②
화이트 와인은 산도가 높은 것이 특징이며, 차게 마시면 산미가 신선하고 상쾌한 맛을 더욱 잘 살아나며, 화이트 와인의 특유의 청량감과 과일 향이 살아난다.

오답 피하기
① 유산(Lactic acid)은 부드럽지만, 단맛과 관련 없다.
③ 탄닌은 레드 와인과 관련 있다.
④ 온도와 인체 효능은 관련이 적고, 레드 와인에 더 풍부하다.

47 ②
깁슨(Gibson)의 가니쉬는 칵테일 양파(Cocktail Onion)이다.

오답 피하기
① 올리브
③ 열대 과일류(파인애플, 체리 등)
④ 없음

48 ③
증류주는 알코올 도수가 높아 쉽게 변질되지 않기 때문에 장기 보관이 가능하다.

49 ①
코르크 스크류(Cork Screw)는 와인의 병마개를 뽑을 때 사용하는 도구이다.

오답 피하기
② 와인병을 닦거나 라벨을 가리는 데 사용
③ 얼음 집게
④ 오래된 빈티지 와인을 수평 상태로 서빙할 때 사용되는 보조 기물

50 ②
디캔터(Decanter)는 레드 와인의 침전물을 분리하기 위해 사용하는 용기이다.

51 ①
스트레이트 아메리칸 위스키는 버번 위스키(Bourbon Whiskey)이다.
[문장 해석]
가장 잘 알려진 스트레이트 아메리칸 위스키는?

52 ③

a table for three = 세 분 자리라는 뜻
[문장 해석]
세 분 자리이신가요? 이쪽으로 안내해 드리겠습니다.

53 ②

on the rocks = 얼음을 넣어달라는 뜻
[문장 해석]
조니워커 더블로, 얼음 넣어 주세요.

54 ①

럼(Rum)은 사탕수수(Sugar Cane)로 만든 술이다.
[문장 해석]
럼은 무엇으로 만들어지나요?

55 ③

화이트 와인(White Wine)은 가벼운 바디감과 산미을 가지고 있어, 생선 요리나 해산물과 가장 어울리는 주류이다.
[문장 해석]
생선 요리에 가장 어울리는 주류는?

56 ②

• You must decide. = "네가 정해."라는 뜻
[문장 해석]
"너에게 달려 있어"의 의미는 무엇인가?

오답 피하기
① 너에게 어렵다.
③ 혼란스러워 보인다.
④ 바로 앞에 있다.

57 ③

과거 시제이며, 'be born'은 수동태 형태로 과거에 태어났음을 표현할 때 사용한다.
[문장 해석]
나는 1987년에 태어났다.

오답 피하기
① am은 현재 시제이므로 사용 불가능하다.
② 과거형 복수 또는 you/he/she와 사용해야 한다.
④ do 동사의 과거형이며, be동사에는 사용 불가능하다.

58 ②

아페리티프 와인(Aperitif)은 식욕 증진을 위해 식전에 마시는 와인을 뜻한다.
[문장 해석]
식전에 식욕을 돋우기 위해 제공되는 알코올 음료는?

오답 피하기
① 비알코올 음료이다.
③ 식후주에 가깝다.
④ 전채 요리를 의미한다.

59 ①

I beg your pardon? = "죄송하지만, 다시 말씀해 주시겠어요?"라는 뜻이며, 유사한 표현으로 "Excuse me."가 있다.
[문장 해석]
"I beg your pardon?"의 대체 표현은 무엇인가요?

오답 피하기
② 나를 기다려 줘.
③ 알고 싶습니다.
④ 어디 보자.

60 ②

Fermentation(발효) = 효모가 당을 분해해 알코올을 만드는 과정
[문장 해석]
발효는 효모가 용액 속의 당을 이산화탄소와 알코올로 분해하는 화학적 과정이다.

오답 피하기
① 증류
③ 분류
④ 증발

해설과 따로 보는 최신 기출문제 02회 1-288쪽

01 ③	02 ④	03 ③	04 ②	05 ①
06 ③	07 ②	08 ①	09 ②	10 ①
11 ②	12 ①	13 ③	14 ①	15 ①
16 ②	17 ①	18 ③	19 ②	20 ②
21 ③	22 ④	23 ①	24 ④	25 ②
26 ②	27 ③	28 ③	29 ①	30 ④
31 ①	32 ④	33 ③	34 ①	35 ②
36 ②	37 ③	38 ②	39 ③	40 ①
41 ③	42 ①	43 ③	44 ③	45 ①
46 ①	47 ①	48 ③	49 ③	50 ②
51 ④	52 ①	53 ④	54 ③	55 ③
56 ④	57 ②	58 ①	59 ②	60 ③

01 ③

브랜디는 증류주이다.

02 ④

코코아는 카카오나무의 열매를 분쇄하여 가루로 만든 것이다.

03 ③

아이리시 위스키는 맥아를 건조시킬 때 바닥에 널어서 건조시키며, 스카치 위스키는 피트를 태운 연기에 건조시키기 때문에 제조과정이 다르다고 볼 수 있다.

04 ②

술은 제조 방법에 따라 양조주(발효주), 증류주, 혼성주(리큐어)로 나눌 수 있다.

05 ①

㉠, ㉡, ㉢, ㉤은 셰이커(Shaker)를 이용하여 만든 칵테일이다.

> 오답 피하기

㉣, ㉥은 빌드(Build) 기법으로 만든 칵테일이다.

06 ③

고려시대부터 증류주가 제조되었다.

07 ②

사탕수수를 주원료로 사용하는 술은 럼(Rum)이다.

08 ①

줌(Zoom) 칵테일은 '꿀+레몬 주스+진+트리플 섹' 등의 재료로 만든다.

09 ②

주조연도 : 매년 1월 1일부터 12월 31일까지의 기간을 말한다.

10 ①

석류 열매의 색과 향을 가진 시럽은 그레나딘 시럽(Grenadine Syrup)이다.

> 오답 피하기

② 메이플 나무의 수액으로 만든 시럽이다.
③ 설탕과 물을 섞어 만든 시럽이다.
④ 설탕 시럽이다.

11 ②

필스너 글라스(Pilsner Glass)는 체코의 '필슨'이라는 회사에서 만든 맥주잔으로 맥주를 따르면 기포가 올라와 거품이 유지된다.

12 ①

얼그레이는 발효차에 속한다.

> 오답 피하기

② 보이차는 후발효차에 속한다.
③ 녹차는 비발효차에 속한다.
④ 자스민차는 반발효차에 속한다.

13 ③

발효 시 설탕을 첨가하는 것은 와인의 알코올 함량을 높이기 위함이지, 감미 와인을 만들기 위한 방법이 아니다.

14 ①

호크(Hock) 와인은 독일 라인(Rhein)산 화이트 와인을 말한다.

15 ①

1Gallon = 128oz
Ounce는 oz라고 표기한다.

16 ②

칵테일의 5대 기본 요소는 색, 향, 맛, 장식, 잔이다.

17 ①

토마토 주스는 과실음료가 아닌 채소음료이다.

18 ③

양조주의 알코올 함유량은 20% 이하이다.

19 ②

생명의 물이라는 유래를 가진 술은 보드카, 위스키, 브랜디 등이다.

20 ②

럼은 라이트 럼(Light Rum), 헤비 럼(Heavy Rum), 미디엄 럼(Medium Rum)으로 분류된다.

21 ③

삼부카(Sambuca)는 이탈리아에서 생산되는 혼성주이다.

22 ④

토닉 워터(Tonic Water)에 대한 설명이다.

23 ①

일정하게 동일한 맛을 내기 위해서는 스탠다드 레시피(Standard Recipes)를 지켜야 한다.

24 ④

혼성주의 제법에는 증류법, 침출법, 에센스법, 여과법이 있다.

25 ②

사카린나트륨은 단맛 강화제로, 설탕의 10배 정도 단맛을 가지고 있다.

26 ②

압생트(Absinthe)는 향쑥, 살구씨, 아니스 등의 원료를 침출한 다음 증류한 오팔색의 리큐어로 이전에 제조 및 판매 금지령이 내려진 적이 있다.

27 ③

맥주 저장 시 숙성기간 동안 단백질은 탄닌과 결합하여 침전하여, 맥주의 맛과 향을 개선시킨다.

28 ③

단식 증류기는 연속식 증류기에 비해 시간이나 원가가 많이 들지만 향과 맛이 좋아 고급 위스키 또는 브랜디 제조에 사용한다.

29 ①

식음료 서비스의 특성에는 형체의 무형성, 품질의 다양성, 상품의 소멸성, 생산과 소비의 동시성이 있다.

30 ④

드람부이(Drambuie)에 대한 설명이다.

31 ①

셰이킹(Shaking)은 재료를 셰이커(Shaker)에 넣고 흔들어서 혼합하는 과정을 말한다.

32 ④

코르크 스크류(Cork Screw)는 와인병의 마개를 뽑는 도구이다.

33 ③

지거(Jigger)와 바 스푼(Bar Spoon)은 항상 물에 담가놓고 사용해야 한다.

34 ①

이벤트 오더(Event Order)는 중요한 연회나 행사에 대한 모든 내용이나 협조사항을 호텔 각 부서에 알리는 행사지시서이다.

35 ②

코스터는 잔 밑받침을 말한다.

36 ②

싱가폴 슬링은 진(Gin) 베이스의 칵테일이다.

37 ③

풋사랑(Puppy Love)의 기법은 셰이킹(Shaking)이다.

38 ②

Complimentary Service는 줄여서 'Comp'라고 하는데, 무료 서비스를 의미한다.

39 ③

푸어러(Pourer)는 술병 입구에 끼워 쏟아지는 양을 일정하게 만드는 기구이다.

오답 피하기

① 스토퍼(Stopper)에 대한 설명이다.
② 빨대(Straw)에 대한 설명이다.
④ 피처(Pitcher)에 대한 설명이다.

40 ①

Floating(띄우기)에 대한 설명이다.

41 ③

버진 프루트 펀치(Virgin Fruit Punch)는 블렌드(Blend) 기법으로 제조한다.

오답 피하기

① Build+Float 기법을 사용한다.
② Build 기법을 사용한다.
④ Shake 기법을 사용한다.

42 ①

바(Bar)에서 가장 중요한 것은 고객 만족도이며, 이를 위해서는 정중하고 친절한 서비스가 필요하다.

43 ②

Bar는 프랑스어의 'Bariere'에서 유래된 말로 고객과 바텐더 사이에 가로질러진 널판을 'Bar'라고 하던 개념이 현대에 와서는 술을 파는 식당을 총칭하는 의미로 사용되고 있다.

44 ③

인건비율(%)=인건비÷매출액×100
300÷1,000×100
= 0.3×100
= 30%

45 ①

하우스 와인은 5~6잔으로 계산한다.

오답 피하기

주정 강화 와인 중 셰리 와인은 12잔, 증류주인 브랜디, 위스키는 15잔으로 계산한다.

46 ①

보틀 멤버(Bottle Member)는 고객이 자신의 술병을 가져오지 않고 가게에서 음료를 보관해 주는 시스템으로, 판매 회전이 더 빠를 수 있다.

47 ①

Jigger는 술을 계량하는 도구이다.

오답 피하기

쿨러(Cooler)의 종류에는 Beer Cooler, Wine Cooler, Champagne Cooler가 있다.

48 ③

핑크 레이디는 Shaking 기법, 밀리언 달러는 Shaking 기법, 마티니는 Stirring 기법, B-52는 Float & Layer 기법으로 제조한다.

49 ③

적포도주는 냉각시키지 않고 실온 보관한다.

50 ②

일반음식점 영업은 음식을 조리, 판매하는 영업으로서 식사와 함께 음주 행위가 허용되는 영업이다.

51 ④

바(Bar) 장소의 위치에 대해 확신은 없지만 도울 의향은 있다는 의미이다.
[문장 해석]
A : 바에 가려면 어떻게 가야 하나요?
B : 1년 동안 한 번도 가본 적이 없어요!
A : 그렇다면 지도로 보여주실 수 있나요?

52 ①

스카치 위스키(Scotch Whisky)가 아닌 것을 묻는 질문으로 버번(Bourbon)은 아메리칸 위스키이다.

53 ④

[문장 해석]
사탕수수와 다른 부산물의 발효된 주스를 증류한 것은 럼이다.

54 ④

Brandy는 식전주가 아닌 식후주이다.

55 ③

슈타인헤거(Steinhager)는 독일에서 생산되는 진이다.

56 ④

트리니다드(Trinidadian) 지역 레시피로 만든 비터는 앙고스투라 비터(Angostura Bitters)이다.

57 ②

[문장 해석]
발효된 과일을 증류하여 오크통에서 숙성시키기도 하며, 보통 80 proof로 병에 담는 것은 브랜디이다.

58 ①

[문장 해석]
택시 대신 잡아드릴까요?

59 ②

"We made up." 문장은 "우리는 화해했다."라는 뜻으로 약속과 관련 없는 표현이다.

60 ③

테이블 와인(Table Wine)은 특별한 어느 원산지명과 생산 연도를 갖지 않는 와인을 말한다. 그러므로 EU 와인 규정 중 더 높은 범주에 속한다는 뜻은 옳지 않다.

> 오답 피하기

① 여러 나라에서 두 가지의 의미로 사용되는 와인 용어로 와인 분류 내에서 와인의 스타일과 품질을 나타내기 위해 사용한다.
② 미국에서는 주로 와인 스타일의 명칭으로 사용되며, 강화하지도 않고 스파클링도 하지 않은 '일반 와인'을 의미한다.
④ 식사와 함께 마시는 비교적 저렴한 와인이다.

해설과 따로 보는 최신 기출문제 03회

01 ④	02 ①	03 ②	04 ①	05 ③
06 ③	07 ②	08 ④	09 ④	10 ②
11 ④	12 ①	13 ④	14 ②	15 ④
16 ②	17 ①	18 ②	19 ③	20 ⑤
21 ②	22 ③	23 ②	24 ③	25 ②
26 ④	27 ①	28 ②	29 ③	30 ②
31 ②	32 ②	33 ②	34 ③	35 ①
36 ④	37 ①	38 ④	39 ③	40 ④
41 ④	42 ③	43 ③	44 ③	45 ④
46 ④	47 ①	48 ③	49 ③	50 ④
51 ②	52 ④	53 ③	54 ①	55 ④
56 ①	57 ②	58 ④	59 ④	60 ④

01 ④

양조주는 발효주라고도 하며, 곡물, 과일 등의 원료를 발효시켜 만든 술이며, 알코올 발효는 효모뿐만 아니라 박테리아, 균류 등 다양한 미생물을 첨가하여 발효시킨다.

02 ①

오렌지 주스는 과일을 착즙한 주스이므로 영양음료에 속한다.

03 ②

보데가(Bodega)는 스페인의 와인 저장 창고를 말한다.

> 오답 피하기

① 가장 아래층에 위치하는 오크통을 말한다.
③ 와인용 바구니를 말한다.
④ 셰리 와인을 70~80%만 채우고 보관하는데, 이때 표면에 얇은 막이 생기는 현상을 말한다.

04 ①

그레인 위스키(Grain Whisky)는 곡물을 원료로 만든 위스키로서 연속식 증류기로 증류하여, 풍미가 순하고 온화한 맛 때문에 '사일런트 스피릿(Silent Spirit)'이라고도 부르며, 블렌드(Blend)용 위스키로 대부분 사용된다.

05 ③

아쿠아비트(Aquavit)는 노란색이 아닌 무색에 가까운 옅은 색상의 투명한 술이다.

06 ③

위스키(Whisky) 제조과정은 '맥아(Malting) → 당화(Mashing) → 발효(Fermentation) → 증류(Distillation) → 숙성(Aging) → 병입(Bottling)'이다.

07 ②

샴페인 제조 과정 중 르뮈아주(Remuage)는 찌꺼기를 병목에 모아 제거하기 위한 과정이다.

08 ④

금산 삼송주는 충청남도의 전통주에 속한다.

09 ④
생명의 물이라는 유래를 가진 술은 보드카, 위스키, 브랜디 등이다.

10 ②
알코올의 농도를 증가시키는 것은 효모(Yeast)이다.

11 ①
코냑(Cognac)은 포도를 주원료로 프랑스의 코냑 지방(보르도 북쪽)에서만 생산되는 브랜디이다.

12 ①
포트 와인(Port Wine)은 포르투갈산 강화 와인으로 식후주이다.

13 ①
슬로우 진(Sloe Gin)은 야생 오얏나무 열매(야생 자두, Sloe Berry) 성분에 진(Gin)을 첨가하여 만든 붉은색의 리큐어이다.

14 ②
진저에일(Ginger Ale)은 생강향이 포함된 탄산음료(청량음료)이다.

15 ④
포도주 저장 기술인 에이징(Aging)은 고대 그리스 시대부터 시작되었다. 그리스인들은 포도주를 저장하기 위해 토기와 암반으로 만든 포도주 저장용 그릇을 사용하였으며, 이를 통해 포도주의 맛과 향을 개선시키는 기술을 발전시켰다.

16 ②
베네딕틴 D.O.M을 말하며, '최선, 최대의 신에게'라는 뜻을 가지고 있다.

17 ③
커피의 양이 많으면 추출 시간이 길어진다.

18 ②
와인은 맛에 따라 드라이 와인, 스위트 와인으로 분류된다.

오답 피하기
① 숙성기간에 따른 분류이다.
③ 식사 용도에 따른 분류이다.
④ 알코올 도수에 따른 분류이다.

19 ③
프랑스 보르도 지방의 품종인 카베르네 쇼비뇽(Cabernet Sauvignon)에 대한 설명이다.

20 ③
도르트문트(Dortmunder Beer)는 옅은 황금색을 띠는 맥아를 사용한 담색 맥주에 속한다.

21 ②
소다수는 물에 이산화탄소를 넣은 것으로 무색, 무미, 무취의 탄산음료이다.

22 ③
이탈리아 와인 등급은 DOCG, DOC, IGT, VDT(Vino da Tavola) 4가지로 나뉜다.

23 ②
아쿠아비트(Aquavit)는 북유럽 스칸디나비아 지방에서 감자를 주원료로 만드는 증류주이다.

24 ③
시드르(Cidre)는 사과주를 말하며 양조주이다.

25 ④
증류주인 브랜디가 가장 높고, 양조주인 맥주가 가장 낮다.

26 ④
브랜디 등급은 VO, VSO, VSOP, XO(Napoleon), Extra 5가지 등급으로 나뉜다.

27 ①
Beefeater(비피터)는 진(Gin)을 생산하는 회사이며, 진(Gin)의 유명 브랜드이다.

오답 피하기
② 미국의 보드카 브랜드이다.
③ 스웨덴의 보드카 브랜드이다.
④ 독일의 보드카 브랜드이다.

28 ②
빈티지(Vintage)는 포도 수확 연도를 말한다.

29 ②
진도 홍주는 전라남도 무형문화재 제26호 술이다.

오답 피하기
① 중요무형문화재 제86-2호 술이다.
③ 중요무형문화재 제86-1호 술이다.
④ 중요무형문화재 제86-3호 술이다.

30 ③
콜린스 믹스는 레몬, 설탕을 주원료로 액상과당, 탄산가스, 구연산, 향료 등이 첨가되는 착향 탄산음료이다.

31 ②
Measure Cup은 용량을 정확하게 계량할 수 있는 컵으로 지거(Jigger)라고 부르기도 한다.

32 ②
물에 헹궈 그대로 사용하지 않고 타월로 글라스의 물기를 닦은 후 사용한다.

33 ②
백포도주는 서비스 시 차갑게 유지하기 위해 와인 쿨러(Wine Cooler)와 함께 제공한다.

34 ③
롱 드링크(Long Drink)는 양조주 또는 진 등의 주정과 탄산수, 과일 주스 등을 섞어 만든 음료를 말하며, 로얄 피즈(Royal Fizz)는 '진+레몬 주스+설탕+탄산수'를 혼합하여 만든 음료로서 롱 드링크(Long Drink)에 속한다.

35 ①
드라이 마티니(Dry Martini)는 올리브로 장식한다.

> 오답 피하기

② 체리(Cherry)로 장식한다.
③ 레몬 필(Twist of Lemon Peel)로 장식한다.
④ 소금 리밍(Rimming with Salt)으로 장식한다.

36 ④
싱가폴 슬링(Singapore Sling)은 드라이 진(Dry Gin), 레몬 주스(Lemon Juice), 설탕 가루(Powdered Sugar), 소다수(Soda Water), 체리 브랜디(Cherry flavored Brandy)를 혼합하여 만든 칵테일이다.

37 ①
아이리시 커피(Irish Coffee)는 커피에 위스키를 넣어 따뜻하게 마시는 칵테일 커피이다.

38 ④
올드 패션드(Old Fashioned)는 버번 위스키(Bourbon Whiskey), 설탕 가루(Powdered Sugar), 앙고스투라 비터(Angostura Bitters), 소다수(Soda Water)를 혼합하여 만든 칵테일이다.

39 ③
샴페인(Champagne)은 와인 쿨러(Wine Cooler)에 물과 얼음을 넣고 샴페인 병을 넣어 차갑게 한 다음 서브한다.

40 ②
Floating(띄우기) 기법을 사용하는 칵테일은 푸스카페(Pousse Cafe)이다.

> 오답 피하기

① Build 기법을 사용한다.
③ Build 기법을 사용한다.
④ Build+Float 기법을 사용한다.

41 ④
롱아일랜드 아이스 티(Long Island Iced Tea)는 Dry Gin, Vodka, Light Rum, Tequila, Triple Sec, Sweet&Sour mix, Cola 7가지의 재료가 들어간다.

42 ③
판매 기회가 상실된다는 것은 과도한 재고로 인해 제품을 판매할 기회를 놓치게 되는 것을 의미한다.

43 ③
파 스톡(Par Stock)은 영업에 필요한 적정 재고량을 의미한다. 고객의 수요를 충족시키기 위해 필요한 최소한의 재고량을 말하며, 이를 유지함으로써 비용을 절감하고 효율적인 운영이 가능해진다.

44 ②
바 카운터는 너무 넓으면 고객과의 거리가 멀어 대화나 서비스가 어려워진다. 따라서 높이 120cm 넓이 40cm가 적당하다.

45 ④
바텐더는 칵테일을 제조하는 업무이다. 와인 서비스는 소믈리에 또는 웨이터가 담당한다.

46 ③
스팟 체크(Spot Check)는 불규칙한 시기에 갑작스럽게 누출이 발생할 가능성 있는 지점을 선별하여 검사하는 방법이다. 스팟 체크(Spot Check)를 통해 누출이 발생하기 전에 미리 예방할 수 있으며, 누출이 발생한 경우에도 빠르게 대응할 수 있다.

47 ①
식재료 원가율(%)=(식재료 원가÷총매출액)×100
$20\% = (1{,}500원 \div x) \times 100$
$20 \div 100 = 1{,}500 \div x$
$20x = 150{,}000$
$x = 7{,}500$

48 ④
고객끼리의 대화 중 참여하는 것은 예의가 아니며, 고객들의 프라이버시를 지키지 못하는 부분이다.

49 ③
고정비는 생산량과 상관없이 일정하게 발생되는 비용을 말한다. 공장건물에 대한 보험료는 생산량과 상관없이 일정한 금액으로 지출되는 비용으로 볼 수 있다.

50 ①
우리나라 주세법상 리큐어는 증류주에 포함된다.

51 ③
[문장 해석]
더치페이하자.

> 오답 피하기

①②④ "제가 사겠습니다."라는 표현이다.

52 ④
오드비(Eau-de-Vie)는 브랜디를 의미한다.

53 ③
맥주에서 'Flat' 표현은 '김이 빠진'이라는 의미이다.

54 ①
혼성주가 아닌 것을 묻는 문제로, 커티 삭(Cutty Sark)은 스카치 위스키인 증류주이다.

55 ②
A는 B에게 서둘러서 커피를 마시기를 원하고, B는 커피가 뜨거워 서둘러서 마시기 어렵다고 말하는 상황이다.
[문장 해석]
B : 저는 서두를 수 없습니다. 이 커피가 너무 뜨거워서 못 마시겠어요.

56 ①
아마레토(Amaretto)에 대한 설명이다.
[문장 해석]
이탈리아의 리큐어로 살구씨와 허브로 만들어지며, 아몬드 풍미를 낸다.

57 ②

Ballantine's은 대표적인 스카치 위스키에 속한다.

오답 피하기

① 아메리칸 위스키이다.
③ 아이리시 위스키이다.
④ 캐나디안 위스키이다.

58 ④

아이리시 커피(Irish Coffee)는 뜨거운 커피를 담기 위해 내열성이 강한 유리잔에 제공된다.

59 ④

[문장 해석]
발효는 포도당과 효모 세포가 화학적으로 상호 작용하여 알코올, 이산화탄소, 열을 생성하는 과정이다.

60 ④

사이드카(Sidecar)는 브랜디 베이스 칵테일로 브랜디는 식후주에 포함된다.

해설과 따로 보는 최신 기출문제 04회   1-305쪽

01 ④	02 ②	03 ②	04 ②	05 ①
06 ②	07 ③	08 ②	09 ③	10 ①
11 ②	12 ④	13 ③	14 ④	15 ①
16 ③	17 ③	18 ③	19 ②	20 ③
21 ③	22 ③	23 ③	24 ③	25 ④
26 ①	27 ③	28 ④	29 ②	30 ③
31 ①	32 ④	33 ①	34 ④	35 ④
36 ②	37 ④	38 ②	39 ④	40 ①
41 ④	42 ③	43 ①	44 ④	45 ①
46 ③	47 ②	48 ③	49 ③	50 ④
51 ④	52 ②	53 ②	54 ②	55 ③
56 ①	57 ③	58 ③	59 ④	60 ④

01 ④

샴페인은 17세기 말경 돔 페리뇽(Dom Perignon)이라는 베네딕트 수도원의 수도승에 의해 만들어졌다.

02 ②

스페인의 발포성 와인은 카바(Cava)이다. 뱅 무세(Vin Mousseux)는 프랑스어로 발포성 와인을 의미한다.

03 ②

스페인 발렌시아 부근의 동굴에서 탄산가스가 아닌 봉밀 자체를 마시거나 물에 타서 마신 기록이 있다.

04 ②

"Very Superior"는 높은 등급을 나타내며, "Old"는 오래된 브랜디를 의미하고, "Pale"은 색이 밝은 것을 의미한다.

05 ①

지거(Jigger)는 칵테일 조주 시 술의 양을 계량할 때 사용하는 도구이다.

06 ②

프리미엄 테킬라는 아가베 아즐 테킬라나 100%를 사용한다.

07 ③

럼은 사탕수수 또는 당밀로 만든 증류주이다.

08 ②

셰리 와인의 원산지는 스페인의 헤레스(Jerez – Xeres – Sherry) 지방에서 생산된다.

09 ③

글라스 가장자리(Rim)에 레몬즙 등을 사용하여 소금이나 설탕 등을 묻히는 것을 리밍(Rimming) 또는 프로스팅(Frosting)이라고 하며, 대표적인 칵테일로 소금은 마가리타(Margarita), 설탕은 키스 오브 파이어(Kiss of Fire) 등이 있다.

10 ①

위스키(Whisky) 제조과정은 '맥아(Malting) → 당화(Mashing) → 발효(Fermentation) → 증류(Distillation) → 숙성(Aging) → 병입(Bottling)'이다.

11 ②

Glenfiddich 15년은 싱글몰트 위스키이다.

12 ④

와인의 품질을 결정하는 요소는 포도품종(Grape), 양조기술(Skill), 환경요소(Terroir) 등이 있다.
부케(Bouquet)는 와인의 발효 과정이나 숙성 과정 중에 형성되어 발생하는 복잡하고 다양한 향을 말한다.

13 ③

코냑(Cognac)의 증류는 3월 31일까지 끝내야 한다.

14 ①

경주 교동법주에 대한 설명이다.

15 ①

1oz = 30mL이다.

오답 피하기

② 1Dash = 5~6Drop (0.9mL)
③ 1Jigger = $\frac{1}{4}$ Split (45mL)
④ 1Pony = 1oz (약 30mL)

16 ③

담색 또는 무색으로 칵테일의 기주로 사용되는 럼은 라이트 럼(Light Rum)이다.

17 ③

주원료인 옥수수를 80% 이상 사용하여 만든 위스키이다.

18 ③

필스너(Pilsner Beer)는 대표적인 하면발효 맥주이다.

오답 피하기

①②④ 모두 상면발효 맥주이다.

19 ②

클라렛(Claret)은 프랑스 보드로 지방의 레드 와인으로 '포도주의 여왕'을 의미한다.

20 ③

달콤한 화이트 와인은 침전물이 적으며, 숙성이 필요하지 않은 와인이기 때문에 디캔팅(Decanting) 작업을 하지 않아도 된다.

21 ①

보드카에 대한 설명으로, 보드카는 맥아를 넣어 당화, 발효, 증류한 뒤 자작나무 숯으로 만든 활성탄과 모래층에 통과시키는 여과 작업을 진행한다.

22 ③

맥주는 온도가 너무 낮거나 오랫동안 보관될 경우 맥주의 탄산이 과도하게 발생하여 넘쳐나는 경우가 있어 5~20℃로 보관하는 것이 좋다.

23 ③

C는 증류주에 속한다.

오답 피하기

A, B, D는 모두 혼성주에 속한다.

24 ③

소다수는 탄산가스와 물로 만든 음료로 무색, 무미, 무취의 탄산음료이다.

25 ④

캄파리(Campari)는 오렌지 과피, 뿌리, 씨, 회향초 등 70여 가지의 재료로 만든 붉은색 리큐어(혼성주)이다.

오답 피하기

① 위스키(글렌피딕)는 증류주이다.
② 브랜디(코냑)는 증류주이다.
③ 맥주(버드와이저)는 양조주이다.

26 ①

FIFO(First In First Out)는 맥주의 신선함을 위해 이용하는 선입선출 방법이다.

27 ④

와인은 직사광선과 진동이 없는 어두운 곳에 눕혀서 보관하며, 습기가 없는 곳에 보관 시에는 코르크 마개가 마르고 수축되기 때문에 습도는 75% 내외가 좋다.

28 ④

부르고뉴 지방의 대표적인 적포도 품종은 피노 누아(Pinot Noir)이다.

29 ②

백포도주는 생선의 신선한 맛을 살려주는 효과가 있어 잘 어울린다.

30 ③

서울 문배주는 밀, 좁쌀, 수수를 원료와 누룩으로 술을 빚고, 익으면 소주고리에서 증류하여 받은 술이며, 조선시대부터 전해오는 평안도 지방에서 전승된 전통주이다.

31 ①

맥주는 유통기한이 있다.

32 ④

맨해튼 칵테일(Manhattan Cocktail)은 버번 위스키(Bourbon Whiskey), 스위트베르무스(Sweet Vermouth), 앙고스투라 비타(Angostura Bitters)를 혼합한 뒤 체리(Cherry)로 장식하는 칵테일이다.

33 ①

빈 카드(Bin Card)는 물품의 재고 및 출입 상황을 기록하는 카드이다.

34 ④

조리 가능한 시설을 갖추어 음료와 식사를 제공하는 장소는 펍(Pup) 또는 레스토랑(Restaurant)을 말한다.

35 ④

바 스푼은 서빙할 때 사용하는 비품이 아닌 칵테일을 조주할 때 사용하는 도구이다.

36 ②

시브리즈(Seabreeze)는 '바닷바람, 해풍'이라는 뜻을 가진 칵테일이다.

37 ④

Red Bordeaux Wine은 탄닌과 알코올 함량이 높아 서비스 온도가 너무 높으면 알코올의 맛이 강해지고, 너무 낮으면 탄닌의 맛이 강해져서 와인의 균형이 깨질 수 있어 16~18℃가 적합한 서비스 온도다.

38 ②

얼음을 잘게 부술 때 사용하는 도구는 아이스 픽(Ice Pick)이다.

39 ④

칵테일의 특징은 부드러운 맛, 분위기의 증진, 색 맛 향의 조화이다.

40 ①

네그로니(Negroni) 칵테일은 빌드(Build) 기법이므로, 바 스푼과 지거가 필요하다.

41 ④

맥주는 냉동보관 시 맥주의 맛과 향이 변질될 수 있으므로, 반드시 냉장보관해야 한다.

42 ③

Glass의 하단 부분은 일반적으로 더 두껍고 강하게 만들어져 있으며, 무게 중심이 하단으로 내려가기 때문에 하단을 잡아야 안정적으로 서브할 수 있다.

43 ①

깁슨(Gibson)은 진(Gin) 베이스의 칵테일이다.

44 ②

휘젓기(Stirring) 기법에 대한 설명이다.

45 ①

송장(Invoice)에 대한 설명이다.

> **오답 피하기**
> ③ 재고조사표이다.
> ④ 물품의 재고 및 출입상황을 기록하는 카드이다.

46 ③

냉각기(Cooling Cabinet)는 주방이 아닌 바(Bar) 내부에 설치하여 작업 효율성을 높인다.

47 ②

프라임 코스트(Prime Cost)는 외식업에서 매출 대비 큰 부분을 차지하는 2~3가지 비용을 말한다. 식재료 원가, 인건비가 포함되어 있다.

48 ③

알코올분의 도수는 섭씨 15도에서 원용량 100분 중에 포함되어 있는 알코올분의 용량을 말한다.

49 ②

Standard Recipes는 표준 제조법을 말한다.

50 ④

발포성 와인(스파클링 와인)은 거품이 많이 나는 와인이므로, 잔에 따를 때 거품이 많이 나지 않도록 잔의 내측 벽으로 흘리면서 천천히 따르도록 한다.

51 ④

풀케(Pulque)는 증류주가 아닌 양조주이다.

52 ②

프랑스산 화이트 스파클링 와인인 샴페인(Champagne)에 대한 설명이다.

53 ②

사이드카(Sidecar)의 베이스는 브랜디(Brandy)이다.

54 ②

"Shall I get you some more ice water?"는 상대방에게 "얼음물을 좀 더 갖다 드릴까요?"라고 묻는 표현으로, 나머지는 문법이 올바르지 않거나 의미가 다르게 작성되어 있다.

55 ③

Ice Tong은 얼음 담을 때 사용하는 얼음 집게이다.

56 ①

"기다리시게 해드려 죄송합니다."라는 표현으로, 나머지는 문법이 올바르지 않은 표현이다.

57 ④

샤보(Chabot)는 코냑 지방이 아닌 아르마냑 지방의 브랜디이다.

58 ③

칵테일 기법은 빌드(Build), 셰이크(Shake), 스터(Stir), 플로트(Float), 블렌드(Blend)가 있다.

59 ④

캄파리(Campari)는 대표적인 식전주이다.

60 ④

[문장 해석]
제가 이곳에 온 지 10년이 지났습니다.

해설과 따로 보는 최신 기출문제 05회

1-313쪽

01 ④	02 ①	03 ①	04 ②	05 ④
06 ②	07 ③	08 ①	09 ④	10 ②
11 ③	12 ③	13 ③	14 ②	15 ①
16 ④	17 ①	18 ③	19 ④	20 ③
21 ③	22 ②	23 ④	24 ②	25 ②
26 ①	27 ④	28 ②	29 ②	30 ②
31 ②	32 ③	33 ③	34 ③	35 ②
36 ④	37 ③	38 ①	39 ①	40 ②
41 ③	42 ②	43 ②	44 ③	45 ②
46 ①	47 ①	48 ③	49 ①	50 ①
51 ④	52 ③	53 ③	54 ③	55 ④
56 ②	57 ①	58 ④	59 ①	60 ③

01 ④
- 김천 과하주는 쌀을 원료로 약주에 소주를 섞어 빚어 마시는 술이다.
- 막걸리에 8가지 한약재를 넣어 만든 술은 모주이다.

02 ①
복 비어(Bock Beer)는 짙은 색의 맥주로 향미가 짙고 단맛을 띤 알코올 도수가 높은 맥주이다.

03 ①
합주는 찹쌀로 빚어서 여름에 마시는 막걸리이며, 꿀 또는 설탕을 타서 마신다.

04 ②
청주는 양조주(발효주)이다.

05 ④
증류 방법에 따른 위스키에는 Pot Still Whisky(단식 증류 위스키), Patent Whisky(연속식 증류 위스키)가 있다.

오답 피하기
①②③ 원료와 제조방법 따른 분류이다.

06 ②
진(Gin)은 알코올에 두송자(Juniper Berry), 고수풀, 당귀 뿌리 등의 향료식물로 착향 시킨 술이다.

07 ③
뱅 두 내추럴(Vin doux Naturel)은 프랑스 남부지역의 강화 와인이다.

08 ①
홉(Hop)은 자웅이주 식물로서 수정이 안 된 암꽃으로 사용한다.

09 ④
아이리시 커피(Irish Coffee)는 아이리시 위스키로 만드는 칵테일이다.

10 ②
Beefeater(비피터)는 진(Gin)을 생산하는 회사이며, 진(Gin)의 유명 브랜드이다.

11 ③
몰트 위스키(Malt Whisky)는 100% 맥아로 증류한 위스키이며, 피트탄(Peat)으로 건조한 맥아의 당액을 발효시켜 증류한 피트 향과 통의 향이 밴 독특한 맛의 위스키이다.

12 ③
아쿠아비트(Aquavit)에 대한 설명이다.

13 ③
나파 밸리(Napa Valley)는 미국의 와인 산지이다.

14 ②
Tequila는 멕시코 전 지역이 아닌 테킬라 지역의 중심으로 지정된 할리스코(Jalisco), 과나후아토(Guanajuato), 미초아칸(Michoacan), 타마울리파스(Tamaulipas), 나야리트(Nayarit) 지역에서만 생산된다.

15 ①
Draft Beer는 미살균 맥주, 즉 생맥주라고 부른다.

16 ④
크라운 로얄(Crown Royal)은 1939년 영국 왕 조지 6세와 엘리자베스 공주가 캐나다를 방문한 것을 계기로 만든 술이다.

17 ①
로부스타는 주로 인스턴트 커피 제조용으로 사용된다.

18 ③
커피는 영양음료가 아닌 기호음료이다.

19 ④
리카(Ricard)는 감초를 베이스로 한 프랑스의 식전주 리큐어로 프랑스 프로방스 지방의 식물을 배합해서 만든다.

20 ③
콜린스 믹스(Collins Mix)는 레몬, 설탕을 주원료로 액상과당, 탄산가스, 구연산, 향료 등이 첨가되는 착향 탄산음료이다.

21 ③
폴리페놀의 일종으로 녹차의 떫은맛 성분인 카테킨(Catechin)에 대한 설명이다.

22 ②
마라스키노는 체리 리큐어이다.

오답 피하기
①③④ 오렌지를 주원료로 만든 혼성주이다.

23 ④
커피의 맛과 향을 결정하는 가공 요소에는 Roasting(볶는 과정), Blending(원두를 선별하여 섞는 과정), Grinding(분쇄 과정)이 있다.

24 ②
스카치 위스키는 물과 캐러멜 외에는 어떠한 첨가물도 넣으면 안 된다.

25 ②
맥주의 4대 원료는 보리, 물, 홉(Hop), 효모(Yeast)이다.

26 ①

우유 원료인 원유의 잡균을 없애기 위해 살균을 하며, 살균과정에서 신선함과 영양성분을 그대로 유지해야 한다. 살균방법은 저온살균, 고온단시간살균, 고온장시간살균, 초고온순간살균이 있다.

27 ④

셀처 워터(Seltzer Water)는 독일의 마을 Nieder Selters의 천연 광천수이다.

28 ②

Porter Beer(포터 맥주)는 상면발효 맥주이다.

29 ②

시나(Cynar)는 와인에 국화과의 아티초크(Artichoke)와 약초를 배합한 진한 커피색의 리큐어이다.

30 ②

우전차는 곡우 이전에 수확하여 제조한 차이며, 찻잎이 작고 연하며 맛이 부드러운 것이 특징이다.

> **오답 피하기**
> ① 곡우에서 입하 사이에 차나무의 새싹을 따 만든 녹차이다.
> ③ 곡우를 전후하여 제조한 차로 맛이 부드럽고 잎의 크기가 작다.
> ④ 입하 전후로 따 만든 차로 비타민 C와 엽록소, 카테킨류, 무기성분 등이 풍부하게 함유되어 있다.

31 ②

아이스 텅(Ice Tong)은 셰이커, 믹싱 글라스, 글라스에 얼음을 담을 때 사용하는 얼음 집게이다.

32 ③

스터 로드(Stir Road)는 주로 음료나 칵테일 저을 때 필요하다.

33 ②

스템(Stem)이 있는 경우 스템을 잡고, 없을 경우 글라스 밑 부분을 잡아 서브한다.

34 ③

글라스 리머(Glass Rimmer)는 글라스 가장자리에 소금 또는 설탕을 묻힐 때 간편하게 사용할 수 있는 도구이다.

35 ②

셰이킹 기법은 셰이커(Shaker)에 재료를 순서대로 넣고 스트레이너(Strainer) 먼저 덮은 후 캡(Cap)으로 닫아 흔들어 준다.

36 ④

1Quart = 32oz = 960mL

37 ③

클럽 칵테일(Club Cocktail)에 대한 설명이다.

38 ①

맨해튼(Manhattan)은 버번 위스키(Bourbon Whiskey)를 기주로 사용하는 칵테일이다.

39 ①

혈중 알코올 농도 측정 공식은 '음주량(mL) × 알코올 도수(%) ÷ 833 × 체중(kg)'이다.

40 ②

뜨거운 물에 담그면 깨질 수 있으므로, 미지근한 물에 중성세제를 풀어 부드럽게 닦는 것이 좋다.

41 ③

칵테일 조주 시 가니쉬(Garnish)는 깨끗한 손으로 글라스에 장식해야 한다.

> **오답 피하기**
> ① 손이 아닌 Ice Tong을 사용해 얼음을 Glass에 담는다.
> ② 서브 시 Glass의 스템(Stem) 부분을 잡는다.
> ④ 유효기간이 지난 칵테일 부재료를 사용하지 않고 바로 폐기한다.

42 ③

캐시 바(Cash Bar)는 행사장에 임시로 설치해 간단한 주류와 음료를 판매하는 바(Bar)이다.

43 ②

그릴(Grill)은 주로 일품요리를 제공하며 매출을 증대시키고, 고객의 기호와 편의를 도모하기 위해 그날의 특별 요리를 제공하는 레스토랑이다.

> **오답 피하기**
> ① 점심 또는 저녁 식사를 예약 후 정식(코스) 메뉴를 식사하는 레스토랑이다.
> ③ 진열이 되어있는 음식을 직접 담아 요금 지불 후 먹는 셀프서비스 레스토랑이다.
> ④ 제과, 제빵, 가공식품 등을 판매하는 레스토랑이다.

44 ③

고정비는 생산량과 상관없이 일정하게 발생되는 비용을 말한다. 임대료, 광열비, 감가상각비는 생산량과 상관없이 일정한 금액으로 지출되는 비용으로 볼 수 있지만, 인건비는 생산량에 따라 변동하는 가변비용으로 변동비에 해당한다.

45 ②

HACCP(Hazard Analysis and Critical Control Point)은 식품 위해요소 중점관리기준이라 불리는 위생관리시스템이다.

46 ①

간을 보호하는 음주법은 도수가 낮은 술에서 높은 술 순으로 마신다.

47 ④

구매 명세서는 제품의 요구되는 품질 요건 품목의 규격, 무게 또는 수량 등을 작성해야 한다. 거래처의 상호는 이미 인식하고 구매한 부분이니 표기를 안 해도 된다.

48 ③

③은 직무가 아닌 바텐더의 자세에 대한 설명이다.

49 ③

해피 아워(Happy Hour)는 음료나 스낵을 제공하는 서비스를 시행하여 하루 중 고객이 붐비지 않는 시간을 정해서 가격을 낮춰 영업하는 시간을 말한다.

50 ①

와인 마스터는 와인의 제조 및 저장관리를 책임지는 사람이다.

51 ④

[문장 해석]
A : 어떤 음료를 마시겠어요?
B : 저는 맥주를 마시고 싶어요.

52 ③

블랙 커피(Black Coffee) 의미는 크림과 설탕이 들어가지 않은 커피를 말한다.

53 ③

[문장 해석]
싱글몰트 위스키는 특정 증류소에서만 증류 및 생산되는 위스키이다. 싱글몰트는 증류소 지역에서 재배되는 한 종류의 맥아(보리)로 만들어진다.

54 ③

'바(Bar)에 얼마나 자주 가나요?' 질문에 대한 답으로 'Quite often, OK.'라는 '꽤 자주 갑니다.'라는 표현이 적절하다.

오답 피하기
① 오랫동안
② 한가할 때
④ 어제부터

55 ④

[문장 해석]
INAO는 모든 AOC 제품이 명확하게 정의된 엄격한 기준을 준수함을 보장한다.

56 ②

베네딕틴 D.O.M(Benedictine D.O.M)은 안젤리카, 박하, 주니퍼 베리, 시나몬 등 약 27종의 약초를 사용하여 만든 리큐어이다.

57 ①

"I feel like throwing up."은 "토할 것 같다."라는 표현의 문장이다.

58 ④

Bacardi Cocktail은 셰이크(Shake) 기법의 칵테일이다.

59 ①

키르(Kir)는 빌드(Build) 기법의 칵테일이다.

60 ③

FIFO은 'First In, First Out' 선입선출이라는 의미이다.

해설과 따로 보는 최신 기출문제 06회

01 ③	02 ①	03 ①	04 ③	05 ①
06 ④	07 ②	08 ④	09 ①	10 ①
11 ③	12 ④	13 ③	14 ③	15 ②
16 ④	17 ①	18 ④	19 ②	20 ④
21 ②	22 ①	23 ②	24 ②	25 ③
26 ④	27 ④	28 ④	29 ③	30 ①
31 ②	32 ④	33 ③	34 ③	35 ①
36 ③	37 ①	38 ③	39 ③	40 ③
41 ①	42 ②	43 ④	44 ③	45 ③
46 ③	47 ①	48 ②	49 ①	50 ③
51 ②	52 ②	53 ①	54 ④	55 ①
56 ④	57 ②	58 ③	59 ①	60 ③

01 ③

쇼트 드링크는 짧은 시간에 마시는 칵테일을 말한다.

02 ①

기계가 아닌 손으로 수확한다.

03 ①

혼성주의 제조법에는 증류법, 침출법, 에센스법, 여과법이 있다.

04 ③

Vino Rosado는 로제 와인을 말한다.

05 ①

습기가 없는 곳에 보관 시 코르크 마개가 마르고 수축되므로, 습도는 75% 내외가 좋다.

06 ④

깁슨(Gibson)은 Stirring 기법으로 제조한다.

07 ②

코냑은 주원료인 포도로 생산된다.

08 ④

샤르트뢰즈(Chartreuse)는 승원(수도원)이란 뜻을 가진 리큐어로 '리큐어의 여왕'이라고 불린다.

오답 피하기
① 향쑥, 살구씨, 아니스 등의 원료를 침출 한 다음 증류한 리큐어이다.
② 오렌지 과피, 뿌리, 씨, 회향초 등 70여 가지의 재료로 만든 붉은색의 리큐어이다.
③ 사과로 만든 증류주이다.

09 ①

프랑스 와인 등급 : Vin de Table < Vin de Pays < VDQS < AOC

10 ①
양조주는 발효주라고도 하며, 당질이나 곡물 원료에 효모를 첨가하여 발효시켜 만든 술이다.

11 ③
독일의 리슬링은 과실향이 풍부하여 스위트 와인에 가깝다.

12 ④
㉠ 깔루아(Kahlua), ㉡ 슬로우 진(Sloe Gin), ㉢ 캄파리(Campari)에 대한 설명이다.

13 ③
와인(양조주) → 브랜디(증류주) → 혼성주 순으로 술이 만들어졌다.

14 ③
그라파(Grappa)는 포도주를 만들고 남은 포도 찌꺼기에 약초 등 배합하여 발효, 증류한 브랜디이다.

15 ②
프랑스어로 레드 와인을 말하며, 비발포성 와인이다.

> **오답 피하기**
> ① 프랑스어로 스파클링 와인을 말한다.
> ③ 독일어로 스파클링 와인을 말한다.
> ④ 이탈리아어로 스파클링 와인을 말한다.

16 ④
비중이 서로 다른 술을 섞이지 않고 띄우는 기법은 플로팅(Floating)이라고 하며, 대표적인 칵테일로는 푸스카페(Pousse Cafe), B-52 등이 있다.

17 ①
진저에일(Ginger Ale)은 생강을 주원료로 만든 착색한 무알코올 착향 탄산음료이다.

18 ④
계명주는 고구려의 서경(평양)을 중심으로 술을 빚은 다음 날 새벽에 닭이 울 때까지 술이 다 익는다는 뜻에서 이름이 유래되었다.

19 ①
브랜디는 '양조작업(와인제조) → 증류(Distillation) → 저장(Aging) → 혼합(Blending) → 숙성(Aging) → 병입(Bottling)'의 제조과정으로 만들어진다.

20 ④
Galliano(갈리아노)는 약초, 향초류 계열의 혼성주이다.

21 ②
아라비카 원두의 원산지는 에티오피아이며, 생두의 모양이 납작한 타원형이다. 원두의 성장이 느리나, 향미가 풍부하며 산미가 있는 부드러운 맛이다.

22 ①
소흥주는 찹쌀을 발효시켜 만든 중국 술이다.

23 ②
프랑스 사과로 만든 증류주이다.

24 ②
헤비 럼(Heavy Rum)은 색과 향이 가장 진하고, 단식 증류기로 증류하여 증류한 럼이다.

> **오답 피하기**
> ① 가볍고 깔끔한 맛을 가진 럼이다.
> ③ 도수가 40% 이하의 바나나, 망고, 시트러스 계열, 코코넛 등 과일의 풍미가 들어간 럼이다.
> ④ Light Rum과 Heavy Rum의 중간 타입의 럼이다.

25 ③
진(Gin)에 대한 설명이다.

26 ④
진 피즈(Gin Fizz)는 레몬 슬라이스로 장식한다.

27 ④
광천수는 탄산이 없는 물이므로 탄산음료가 아니다.

28 ④
1Pony = 1oz = 1Shot = 30mL 용량이다.

> **오답 피하기**
> 1Pint는 480mL 용량이다.

29 ①
청주는 쌀을 발효시켜 만든 술이다.

30 ①
토닉 워터(Tonic Water)는 소다수에 여러 가지의 향료식물(레몬, 키니네 껍질, 라임, 오렌지 등)의 원료로 당분을 첨가한 음료이다.

31 ②
주문한 와인은 주문한 고객 또는 당일의 호스트에게 우선으로 와인 병의 상표를 보여주며 주문한 와인임을 확인시켜 준다.

32 ④
로브 로이(Rob Roy)는 'Scotch Whisky + Sweet Vermouth + Angostura Bitters'를 혼합하여 제조한다.

33 ③
브랜디 글라스(Brandy Glass)는 스니프터(Snifter)라고도 하며, 향을 잘 느낄 수 있도록 몸통 부분이 넓고 입구가 좁은 튤립 형태의 기둥이 짧은 글라스이다.

34 ③
블랙 러시안(Black Russian)은 Vodka 기주의 칵테일이다.

35 ①
셰이커(Shaker)는 캡(Cap), 스트레이너(Strainer), 바디(Body)로 구성되어 있다.

36 ③
재고관리(Inventory Management)에 대한 설명이다.

37 ①
수익(Revenue Income)은 기업의 총수익, 다른 말로 매출을 말한다.

38 ④

마가리타(Margarita)는 소금을 묻힌 칵테일이다.

39 ③

사워 글라스(Sour Glass)에 대한 설명이다.

40 ③

1Pint는 $\frac{1}{2}$ Quart의 용량이다.

> 오답 피하기

① 1Tea Spoon = $\frac{1}{6} \sim \frac{1}{8}$ oz
② 1Pony = 1oz
④ 1Table Spoon = $\frac{1}{2}$ oz

41 ①

네그로니는 레몬 껍질을 비틀어 장식한다.

> 오답 피하기

② A Wedge of fresh Pineapple&Cherry
③ A Slice of Apple
④ Green Olive

42 ②

칵테일 장식에 체리나 올리브 등을 찔러 사용하는 도구는 칵테일 픽(Cocktail Pick)이다.

43 ④

코스터(Coaster)에 대한 설명이다.

44 ①

월 재고회전율은 '총매출원가 ÷ 평균 재고액'으로 계산한다.

45 ③

레드와인은 실온 보관으로 냉각하지 않고 서브한다.

46 ③

주장 영업은 식품위생법에 따라 철저히 준수하고 있다.

47 ①

음료는 선입선출의 원칙을 지켜 입고된 제품 먼저 사용함으로써 부패에 의한 손실을 최소화시킬 수 있다.

48 ②

'펑' 소리가 나면 와인이 공기와 접촉하여 맛과 향이 변질될 수 있어, 소리가 나지 않도록 조심스럽게 개봉해야 한다.

49 ①

Banquet Bar에 대한 설명이다.

50 ③

(ㄷ) Body가 아닌 Stem이라고 부른다.

51 ②

[문장 해석]
한국에 오신 지 얼마나 되나요?

52 ②

[문장 해석]
스팅어(Stinger) 아주 차갑게 만들어 주시는데, 강하지 않게 해 주세요.

53 ①

[문장 해석]
이 우유는 상했다.

54 ④

미모사(Mimosa)는 샴페인 베이스의 칵테일이다.

55 ①

[문장 해석]
예약을 미리 해야 한다.

56 ④

[문장 해석]
저녁 식사 전에 칵테일을 가져다드릴까요?

57 ②

맨해튼(Manhattan)은 'Bourbon Whiskey + Sweet Vermouth + Angostura Bitters'를 혼합하여 제조한다.

58 ③

존 제임슨(John Jameson)은 아이리시 위스키이다.

59 ①

[문장 해석]
커피 한 잔 주시겠어요?

60 ③

식사 전에 마실 수 있는 와인은 무엇인지 묻는 질문으로 Aperitif Wine은 식전 와인을 의미한다.

해설과 따로 보는 최신 기출문제 07회   1~330쪽

01 ②	02 ①	03 ①	04 ②	05 ④
06 ④	07 ①	08 ③	09 ④	10 ①
11 ③	12 ①	13 ③	14 ①	15 ④
16 ④	17 ①	18 ①	19 ①	20 ②
21 ③	22 ③	23 ②	24 ①	25 ②
26 ①	27 ③	28 ①	29 ③	30 ③
31 ①	32 ②	33 ①	34 ①	35 ④
36 ③	37 ①	38 ②	39 ①	40 ④
41 ④	42 ②	43 ④	44 ①	45 ②
46 ②	47 ④	48 ③	49 ②	50 ③
51 ④	52 ①	53 ①	54 ①	55 ①
56 ②	57 ③	58 ④	59 ①	60 ②

01 ②
럼(Rum)은 사탕수수(Sugar Cane), 당밀(Molasses)을 발효시켜, 시럽으로 농축하여 추출한 후 발효, 증류한 술이다.

02 ①
청주는 양조주(발효주)에 속한다.

오답 피하기
② 증류주에 속한다.
③ 증류주에 속한다.
④ 혼성주에 속한다.

03 ①
카베르네 쇼비뇽(Cabernet Sauvignon)은 레드 와인용 포도 품종이다.

오답 피하기
②③④ 화이트 와인용 포도 품종이다.

04 ②
침출법(Infusion Process)은 혼성주 제조 과정 중 가장 많이 쓰이는 방법이며, 증류하면 변질될 수 있는 과일이나 약초, 향료 등을 증류주에 담가 맛과 향을 우려내는 방법이다. 수개월에서 수년간 장기 숙성시키기 때문에 가장 시간이 많이 소요된다.

05 ④
드람부이(Drambuie)는 스카치 위스키에 히스꽃을 딴 헤더 꿀과 허브 등을 첨가하여 만든 감미 짙은 리큐어이다.

오답 피하기
① 국화과의 아티초크(Artichoke)와 약초를 배합하여 만든 리큐어이다.
② 오렌지 껍질을 원료로 만든 리큐어이다.
③ 오렌지와 아니스 등 40여 종의 약초로 만든 리큐어이다.

06 ④
당화과정은 곡류의 전분을 당으로 분해하기 위해 당화효소인 Diastase가 필요하다.

07 ①
효모의 생육조건은 적정 영양소, 온도, pH이다.

08 ③
밀러는 미국 맥주이다.

09 ④
리무진 오크 캐스크(Limousine Oak Cask)는 프랑스의 브랜디(Brandy)에 사용되는 오크통이다.

오답 피하기
① 스카치 위스키의 원료로 사용된다.
② 스카치 위스키는 피트(Peat) 혹은 석탄으로 건조하는 맥아 건조 과정을 거친다.
③ 스카치 위스키 중 하나로 분류되는 셰리 위스키는 스페인의 셰리 와인 오크통(Sherry Cask)에 숙성시킨 위스키를 말한다.

10 ①
병행복발효주는 당화와 발효를 동시에 진행하는 술이다.

11 ③
포터 구멍이 클 경우, 커피가 추출 시간이 짧아져서 과다 추출이 되며, 크레마가 얇게 생길 가능성이 있다.

12 ①
이탈리아 와인 등급은 DOCG, DOC, IGT, VDT(Vino da Tavola) 4가지 등급으로 나뉜다.

13 ③
버번 위스키(Bourbon Whiskey)는 주원료인 옥수수를 최소 51% 이상 사용하여 만들어진다.

14 ①
스파클링 와인은 탄산 유무에 따른 분류이다.

15 ④
맥주(양조주)에 대한 설명이며, 증류주는 알코올 도수가 20도 이상이므로 도수가 높아 변질이 쉽게 되지 않는다.

16 ④
맥주용 보리는 전분 함유량이 많고 단백질이 적어야 한다.

오답 피하기
① 껍질이 얇고, 황금빛(담황색)을 띠며 윤택이 있어야 한다.
② 알맹이가 고르고 발아율이 95% 이상이어야 한다.
③ 수분함량이 13% 이하로 잘 건조된 것이어야 한다.

17 ①
당분 함량은 Brut(가장 덜 단) < Extra Dry < Sec < Demi Sec < Doux(가장 단) 순으로 높아진다.

18 ①
카페 로얄(Cafe Royal)은 브랜디(Brandy) 베이스의 칵테일이다.

19 ③
Glenfiddich은 대표적인 싱글몰트 위스키이다.

오답 피하기
①②④ 블렌디드 위스키에 속한다.

20 ②

샴페인(Champagne)은 양조주이다.

21 ③

갈리아노(Galliano)는 비터(Bitters)가 아닌 오렌지와 아니스 등 40여 종의 약초로 만든 강한 바닐라향의 리큐어이다.

22 ③

캄파리(Campari)는 대표적인 식전주이다.

23 ②

보졸레 누보(Beaujolais Nouveau)는 프랑스 보졸레 지역에서 가메(Gamey) 품종으로 만든 햇와인을 말하며, 매년 9월에 생산된 와인을 4~6주 숙성시킨 후 11월 셋째 주 목요일에 출시된다.

24 ④

우리나라 대표적인 와인 생산지는 충북 영동, 경북 영천, 전북 무주, 경기 안산 대부도 등이다.

25 ②

에스프레소(Espresso)는 고압의 수증기로 추출한 커피를 말한다.

26 ①

과하주에 대한 설명이다.

27 ③

콜라나무 종자 열매에서 추출한 원액을 가공한 뒤 탄산수를 주입하여 제조한 음료이다.

28 ①

영양음료에는 우유와 주스류가 포함되며 토마토 주스는 주스류에 속한다.

29 ②

사과로 만들어진 양조주를 Cider라고 하며, Cider는 영어로 사이. 프랑스어로 시드르(Cidre)라 말한다.

30 ③

식품기준청 와인 표준 규정상 1% 알코올을 만들기 위해 16.5g/L의 당분이 필요하다.

31 ①

브랜디 알렉산더(Brandy Alexander)는 셰이커(Shaker)를 사용하는 셰이크(Shake) 기법을 사용하여 만드는 칵테일이다.

> **오답 피하기**
> ② Stir 기법을 사용하여 제조한다.
> ③ Build 기법을 사용하여 제조한다.
> ④ Stir 기법을 사용하여 제조한다.

32 ②

맨해튼(Manhattan)은 Cocktail Glass에 담아 제공되며, Cocktail Glass는 쇼트 드링크(Short drink)에 속한다.

> **오답 피하기**
> ①③④ Footed Pilsner Glass에 담아 제공된다.

33 ①

재고조사 시 기물 적정 Loss는 3~5%이다.

34 ①

맨해튼(Manhattan)은 Stir 기법으로 만든 칵테일이며, Stir 기법은 믹싱 글라스(Mixing Glass)가 필요하다.

35 ④

머들러(Muddler)는 술과 음료를 혼합하기 전에 과일이나 허브 같은 재료를 미리 으깨서 향을 낼 때 사용하는 도구이다.

36 ③

우리나라 주세법상 탁주와 약주의 알코올 도수를 표기 시 허용 오차는 ±1.0%이다.

37 ①

글라스에 직접 얼음과 재료를 넣어 바 스푼(Bar Spoon) 또는 머들러(Muddler)로 휘젓는 방법은 Build 기법으로 스크류드라이버(Screw Driver) 제조 시 사용되는 기법이다.

> **오답 피하기**
> ② Shake 기법을 사용하여 제조한다.
> ③ Shake 기법을 사용하여 제조한다.
> ④ Shake/Build 기법을 사용하여 제조한다.

38 ②

Liqueur Glass는 Cordial Glass라고도 부른다.

39 ④

크러쉬드 아이스(Crushed Ice)는 잘게 갈아낸 알갱이 모양의 얼음을 말하며, 프라페(Frappe) 스타일의 칵테일을 만들 때 사용한다.

> **오답 피하기**
> ① 가장 많이 사용하는 정육면체의 사각 얼음이다.
> ② 올드 패션드 글라스(Old-Fashioned Glass)에 들어가는 크기의 주먹만한 작은 덩어리 얼음이다.
> ③ 큰 얼음 덩어리를 아이스 픽(Ice Pick)으로 쪼개서 만든 불규칙한 모양의 각진 얼음이다.

40 ④

깁슨(Gibson) 칵테일의 가니쉬는 어니언(Onion)이다.

41 ④

구매관리의 업무에는 시장조사, 우량 납품업체 선정, 납기관리 등이 있다.

42 ②

디캔더(Decanter)는 포도주(와인)를 제공하는 유리병이다.

43 ④

인벤토리(Inventory)는 영업이 끝난 후에 작성한다.

44 ②

네그로니(Negroni)는 'Dry Gin $\frac{3}{4}$oz + Sweet Vermouth $\frac{3}{4}$oz + Campari $\frac{3}{4}$oz'를 혼합하여 제조한 뒤 마지막에 Twist of Lemon Peel로 장식하여 제공한다.

45 ③

글라스가 비워지기 전에 재주문 여부를 확인한다.

46 ②

전수 검수법은 식재료가 소량이면서 고가인 경우나 희귀한 아이템의 경우 검수하는 방법이다.

47 ④

칵테일 만드는 기법에는 Building, Shaking, Stirring, Floating, Blending, Muddling, Rimming이 있다.

48 ③

와인 테이스팅 시, 와인 잔을 흔들면서 돌리면 아로마 또는 부케의 풍부한 향과 맛을 느낄 수 있다.

49 ②

알코올양 계산공식은 '술의 농도(%) × 마시는 양(mL) ÷ 100'이다.

50 ①

소믈리에의 역할(직무)에 속한다.

51 ④

④의 change는 변화를 의미한다.

> **오답 피하기**
> ①②③ 거스름돈을 의미한다.

52 ③

블러디 메리(Bloody Mary)의 베이스는 보드카(Vodka)이다.

53 ①

[문장 해석]
크레마는 미세한 바닷물 스프레이처럼 보이는 에스프레소의 성배로, 모든 것이 제대로 되었다는 아름답고도 확실한 징조입니다. 크레마는 오일과 콜로이드로 구성된 황금빛 거품으로, 완벽하게 추출된 에스프레소 한 잔의 표면 위에 떠 있습니다.

54 ①

[문장 해석]
저는 스카치 온 더 락 주시고, 아내를 위한 블러디 메리 한 잔 주세요.

55 ①

[문장 해석]
샤르트뢰즈는 리큐어의 여왕이라 불리는 프랑스 전통 리큐어 중 하나로, 다양한 허브를 증류주에 첨가하여 몇 년간 숙성시켜 만듭니다.

56 ②

가장 좋아하는 가수는 누구인지 묻는 질문에는 엘튼 존이라는 인물을 대답해야 한다.

57 ③

스카치 위스키, 꿀, 허브로 만든 리큐어는 드람부이(Drambuie)이다.

58 ④

[문장 해석]
과일의 표면을 일반적으로 껍질이라고 부릅니다.

59 ③

[문장 해석]
바텐더가 되려면 몇 가지 레시피를 외우고 기본 도구를 사용하는 방법을 배워야 합니다.

60 ②

[문장 해석]
W : 디저트 드시겠어요?
G : 네, 위에 뭐가 있는지 알려주시겠어요?
W : 물론이죠, 위에는 과일 샐러드, 초콜릿 가토, 레몬파이가 있습니다.
G : 가토는 보기 좋아 보이는데 아래는 뭐가 있나요?
W : 아래에는 신선한 과일, 치즈케이크, 프로피트롤이 있습니다.
G : 그거 먹을게요, 초콜릿 소스와 함께 주세요.

해설과 따로 보는 최신 기출문제 08회   1-338쪽

01 ③	02 ③	03 ③	04 ④	05 ③
06 ④	07 ②	08 ④	09 ④	10 ②
11 ②	12 ②	13 ①	14 ①	15 ①
16 ②	17 ②	18 ②	19 ①	20 ③
21 ④	22 ②	23 ④	24 ④	25 ④
26 ③	27 ③	28 ④	29 ④	30 ②
31 ④	32 ④	33 ④	34 ①	35 ④
36 ④	37 ④	38 ③	39 ①	40 ④
41 ①	42 ①	43 ①	44 ①	45 ④
46 ①	47 ③	48 ①	49 ④	50 ③
51 ①	52 ②	53 ③	54 ④	55 ③
56 ①	57 ①	58 ③	59 ②	60 ①

01 ③

코코아는 코코넛이 아닌 카카오 열매를 가공하여 만든 것이다.

02 ③

아라비카 원두는 커피 원두 3대 중 하나이며 원산지는 에티오피아이다. 초기에는 약용으로 사용하였으며, 커피 성분 중 하나인 카페인은 식물성 알칼로이드에 속하는 흥분제의 일종으로 중추신경을 자극하여 피로감을 없애준다.

03 ③

맥주용 보리는 전분 함유량이 많고 단백질이 적어야 한다.

04 ④

브랜디(Brandy)는 증류주에 속하며, 증류주는 도수가 높으므로 상온에 보관하여도 된다.

> 오답 피하기

와인류는 8~12℃, 맥주류는 4~10℃로 냉장 보관하여야 한다(단, 레드 와인은 실온 보관해야 한다).

05 ③

와인 색에 따른 분류에는 레드 와인, 화이트 와인, 로제 와인이 있다.

06 ④

병행복발효법은 당화와 발효가 한 통에서 동시에 일어난 것을 말한다. 청주는 쌀과 누룩을 사용하여 만들어지며, 쌀에서 발효된 알코올과 누룩에서 발생한 산성이 함께 작용하여 병행복발효가 발생된다.

07 ②

럼(Rum)은 17세기 초 카리브해의 바베이도스(Barbados) 섬에 이주한 영국인에 의해 사탕수수 즙의 부산물인 당밀로 알코올 발효될 수 있다는 사실을 처음 발견하였다.

08 ④

남아프리카 공화국은 와인 등급제도를 도입하지 않았다.

09 ④

브랜디 숙성기간에 따라 VO < VSO < VSOP < XO(Napoleon) < Extra 나뉜다.

10 ②

샤르도네와 피노 누아는 부르고뉴 지역의 대표적인 포도 품종이다.

> 오답 피하기

① 가메 : 부르고뉴 / 메를로 : 보르도
③ 리슬링 : 독일, 프랑스 / 산지오베제 : 이탈리아
④ 진판델 : 미국 / 카베르네 쇼비뇽 : 보르도

11 ②

블렌디드 위스키(Blended Whisky)는 몰트 위스키와 그레인 위스키를 혼합하여 만든 위스키이다.

12 ②

자외선 살균법은 우유의 살균법이 아니다.

> 오답 피하기

우유의 살균법은 아래 4가지로 구분된다.
• 저온살균법(LTLT) : 62~65℃, 30분 살균
• 고온단시간살균법(HTST) : 72~75℃, 15~20초 살균
• 고온장시간살균법(HTLT) : 95~120℃, 30~60분 살균
• 초고온순간살균법(UHT) : 130~150℃, 0.5~5초 살균

13 ①

커피의 로스팅(Roasting)은 '아메리칸 로스팅(American Roasting) → 저먼 로스팅(German Roasting) → 프렌치 로스팅(French Roasting) → 이탈리안 로스팅(Italian Roasting)' 순으로 강해진다.

14 ①

맥주는 유통기한이 있어, 선입선출(FIFO)해야 한다.

15 ①

아라비카(Arabica)종의 원산지는 에티오피아이며, 생산량의 70%를 차지한다. 로부스타(Robusta)종의 원산지는 콩고이며, 생산량의 30%를 차지한다.

16 ②

맥주는 여름철 4~6℃, 겨울철 8~12℃ 온도가 맛있게 즐길 수 있는 온도이다.

17 ②

보이차는 후발효차에 속한다.

> 오답 피하기

①③④ 세계 3대 홍차이며 발효차에 속한다.

18 ②

녹차는 뜨거운 물로 우려내면 떫은맛이 강해지고 차가운 물로 하면 제대로 우러나지 않으므로 70~80℃ 정도로 천천히 우려낸다.

19 ①

EXTRA : 70년 이상을 말한다.

20 ③

선입선출(FIFO)은 First-In, First-Out라는 의미이다.

21 ④

합주는 청주와 탁주를 합한 술이다.

> 오답 피하기

물 대신 좋은 술로 빚어 감미를 더한 주도가 낮은 술은 청감주이다.

22 ②

백세주는 불로장생한다 하여 장수주(불로장수주)로 유명하며, 주로 찹쌀과 구기자, 고유약초 등의 원료로 만들어지는 우리나라 고유의 술이다.

23 ④

Proof는 미국의 알코올 도수 표기법으로 일반 도수의 2배를 나타낸다. 즉, 80 Proof = 40도 같은 의미이다.

24 ④

독일의 와인 등급은 QmP > QbA > Deutscher Landwein > Tafelwein 4가지 등급으로 나뉜다.

25 ④

커피의 3대 원종은 아라비카(Arabica), 로부스타(Robusta), 리베리카(Liberica)이다.

26 ③

트리플 섹(Triple Sec)은 오렌지 껍질을 주원료로 만든 혼성주이다.

> 오답 피하기

① 증류주에 아니스 열매, 레몬 껍질 등의 향미를 첨가한 혼성주이다.
② 오렌지 과피, 뿌리, 씨, 회향초 등 70여 가지의 재료로 만든 붉은색의 혼성주이다.
④ 독일산 허브와 향신료로 만든 식후주의 혼성주이다.

27 ③

Porter Beer(포터 맥주)는 상면발효 맥주이다.

28 ④

토닉 워터(Tonic Water)에 대한 설명이다.

29 ④

포르투갈의 발포성 와인은 에스푸만테(Espumante)이다.

30 ②

브라질은 세계적인 커피 재배 국가이다.

31 ③

스트레이너(Strainer)는 믹싱 글라스(Mixing Glass)에서 혼합한 칵테일을 글라스에 따를 때 얼음을 걸러주는 역할을 한다.

> 오답 피하기

① 규모가 큰 얼음 덩어리를 잘게 부술 때 사용하는 도구이다.
② 얼음을 담을 때 사용하는 얼음 집게이다.
④ 오렌지나 레몬, 라임 등 감귤류의 과일의 생즙을 짤 때 사용하는 도구이다.

32 ④

잔 주위에 설탕이나 소금 등을 묻혀서 만드는 방법을 Frosting 또는 Rimming이라고 부른다.

33 ④

샷 글라스(Shot Glass)의 용량은 1~2oz(30~60mL)이다.

> 오답 피하기

① 해당 글라스의 용량은 6~8oz(180~240mL)이다.
② 해당 글라스의 용량은 8~10oz(240~300mL)이다.
③ 해당 글라스의 용량은 4~5oz(120~150mL)이다.

34 ①

웨스턴 바(Western Bar)는 고객에게 화려한 바텐딩 기술을 선보이는 바(Bar)이다.

35 ③

가장자리(Rim) 부분은 제일 얇고, 입에 닿는 부분이므로 가장자리(Rim)를 잡고 글라스를 서비스하면 안 된다.

36 ④

아이스 텅(Ice Tong)은 얼음을 담을 때 사용하는 얼음 집게이다.

37 ④

Ton은 무게의 단위이다.

38 ③

소믈리에(Sommelier)는 와인을 관리하고 추천하여 판매하는 사람이다.

39 ①

주세법상 주류는 알코올분 1% 이상의 음료를 말한다. 단, 약사법에 따른 의약품으로써 알코올분이 6% 미만인 것은 제외한다.

40 ④

와인은 누워서 보관한다.

41 ①

그레나딘 시럽(Grenadine Syrup)은 석류 향을 넣어 만든 붉은색의 풍미를 가한 달콤한 시럽이다.

42 ①

주장관리 원가의 3요소는 인건비, 재료비, 주장경비이다.

43 ①

콜키지 차지(Corkage Charge)는 고객이 다른 곳에서 구입한 주류를 바(Bar)에 가져와서 마실 때 부과되는 요금을 말한다.

44 ①

코르크는 잘 타지 않고 온도 변화와 진동에 저항력이 있다.

45 ④

칵테일 레시피를 보고 판매량은 알 수가 없다.

46 ③

언더 클로스(Under Cloth)는 식탁 위의 소음을 줄이기 위해 까는 깔개이다.

47 ③

그래스호퍼(Grasshopper)는 가니쉬가 들어가지 않는 칵테일이다.

> **오답 피하기**
> ① Twist of Lemon Peel로 장식한다.
> ② Green Olive로 장식한다.
> ④ Cherry로 장식한다.

48 ①

가장 먼저 Glass의 가장자리 파손되었는지 확인한다.

49 ④

센터 피스(Center Piece)에 대한 설명이다.

50 ③

크레디트 메모(Credit Memorandum)는 물품을 검수 시 주문 내용과 차이를 발견할 때 반품하기 위해 작성하는 서류이다.

51 ①

드람부이(Drambuie)는 스카치 위스키에 히스꽃에서 딴 헤더 꿀과 허브 등을 첨가하여 만든 감미 짙은 암갈색의 스코틀랜드산 리큐어이다.

52 ②

머들러(Muddler)에 대한 설명이다.
[문장 해석]
나무 막대기처럼 생겼으며, 평평한 끝부분은 서빙 잔이나 믹싱 잔에서 재료를 부수고 섞는 데 사용된다.

53 ③

[문장 해석]
A : 디저트는 어떤 것으로 드릴까요?
B : 괜찮습니다. 어떤 것도 필요 없어요. 저는 다이어트하고 있어요.

54 ③

"스테이크는 어떻게 해드릴까요?"의 질문에 맞는 대답은 "미디엄 레어로 해주세요."가 적절하다.

55 ③

G2는 술을 못하기 때문에 청량음료가 있는지 물어보는 질문에 보드카가 들어가는 블랙 러시안(Black Russian)은 어울리지 않는 대답이다.

56 ①

위스키(Whisky) 제조 과정은 '맥아(Malting) → 당화(Mashing) → 발효(Fermentation) → 증류(Distillation) → 숙성(Aging) → 병입(Bottling)'이다.

57 ①

압생트(Absinthe)는 향쑥, 살구씨, 아니스 등의 원료를 침출한 다음 증류한 프랑스산 리큐어이다.

> **오답 피하기**
> ② 베네수엘라산 리큐어이다.
> ③ 멕시코산 리큐어이다.
> ④ 스코틀랜드산 리큐어이다.

58 ③

파라다이스(Paradise)는 진(Gin)+애프리콧 브랜디(Apricot Brandy)+오렌지 주스(Orange Juice)를 혼합하여 만든 칵테일이다.

59 ②

준벅(June Bug)은 미도리(Midori)+코코넛 럼(Coconut flavored Rum)+바나나 리큐어(Banana Liqueur)+파인애플 주스(Pineapple Juice)+스윗 앤 사워 믹스(Sweet&Sour mix)를 혼합하여 만든 칵테일이다.

60 ①

싱가폴 슬링(Singapore Sling)은 드라이 진(Dry Gin)+레몬 주스(Lemon Juice)+설탕 가루(Powdered Sugar)+소다수(Soda Water)+체리 브랜디(Cherry flavored Brandy)를 혼합하여 만든 칵테일이다.

MEMO

MEMO

MEMO

MEMO

MEMO

시험 환경 100% 재현!
CBT 온라인 문제집

CBT 온라인 문제집 이용 가이드

- **STEP 1**   CBT 사이트 (cbt.youngjin.com) 접속하기
- **STEP 2**   과목을 선택하고 시작하기 버튼 클릭하기
- **STEP 3**   시간에 맞춰 문제 풀고 합격 여부 확인하기
- **STEP 4**   로그인하면 MY 페이지에서 응시 결과 확인 가능

글자 크기 조절
글자 크기 100% 150% 200%

안 푼 문제 수 확인 가능
· 전체 문제 수 : 40 · 안 푼 문제 수 : 40

실제 시험처럼 시간 재며 풀기
제한 시간 40분
남은 시간 37분 39초

모바일 접속도 가능

답안 표기란에 체크

안 푼 문제로 바로 이동 가능
합격 결과 즉시 확인

이기적 CBT

한번에 합격, 자격증은 이기적

이기적 스터디 카페

합격 전담마크! 추가 자료부터
1:1 Q&A까지 다양한 혜택 받기

CBT 온라인 문제집

연습도 실전처럼!
PC와 모바일로 언제든지 시험 연습

100% 무료 강의

QR 하나로 교재와 연계된
실기 과제 동영상 전부 무료

또기적 합격자료집

인증만 하면!
필기 모의고사 및 실기 꿀팁 제공

이기적 스터디 카페
홈페이지 : license.youngjin.com
질문/답변 : cafe.naver.com/yjbooks

이기적 유튜브 채널
@ydot0789 채널을 구독해 주세요!
15만 구독자와 약 10,000개의 동영상으로 합격을 준비하세요!

이기적 카카오톡 플러스친구
@이기적 친구를 추가해 주세요!
합격을 부르는 소식, 카톡으로 먼저 받아보고 혜택을 챙기세요!

이렇게 기막힌 적중률

필기 + 실기
올인원
All in one

조주기능사
2권 · 실기

조주기능사 전문 유튜버 한잔공감 저

26
· 2026년 수험서 ·
수험서 30,000원

ISBN 978-89-314-7955-3

- CBT 온라인 문제집 — 언제든지 무료로 응시
- 100% 무료 강의 — 실기 과제 동영상 제공
- 또기적 합격자료집 — 모의 2회 & 실기 꿀팁 제공

YoungJin.com Y.
영진닷컴

또, 드릴게요! 이기적이 준비한 선물
또기적 합격자료집

1	**시험에 관한 A to Z 합격 비법서** 책에 다 담지 못한 혜택은 또기적 합격자료집에서 확인
2	**편리하고 똑똑한 디지털 자료** PC · 태블릿 · 스마트폰으로 언제든 열람하고 필요한 부분만 출력 가능
3	**초보자, 독학러 필수 신청** 혼자서도 충분한 학습 플랜과 수험생 맞춤 구성으로 한 번에 합격

※ 도서 구매 시 추가로 증정되는 PDF용 자료이며 실제 도서가 아닙니다.

◀ 또기적 합격자료집 받으러 가기

이렇게 기막힌 적중률

조주기능사
올인원
2권 · 실기

"이" 한 권으로 합격의 **"기적"**을 경험하세요!

차례

PART 01 조주기능사 실기

실기시험	2-12
칵테일 기물	2-15
칵테일의 음료와 재료	2-20
칵테일 레시피 암기	2-31

PART 02 칵테일 실기 시험문제(40가지 레시피)

▶ 합격 강의

푸스카페
2-40

맨해튼
2-41

드라이 마티니
2-42

올드 패션드
2-43

브랜디 알렉산더
2-44

싱가폴 슬링
2-45

블랙 러시안
2-46

마가리타
2-47

러스티 네일
2-48

위스키 사워
2-49

뉴욕
2-50

다이키리
2-51

B-52
2-52

준벅
2-53

바카디
2-54

쿠바리브레
2-55

그래스호퍼
2-56

시브리즈
2-57

애플 마티니
2-58

네그로니
2-59

롱 아일랜드 아이스 티 2-60	사이드카 2-61	마이타이 2-62	피나콜라다 2-63	코스모폴리탄 2-64
모스코 뮬 2-65	애프리콧 칵테일 2-66	허니문 칵테일 2-67	블루 하와이안 2-68	키르 2-69
테킬라 선라이즈 2-70	힐링 2-71	진도 2-72	풋사랑 2-73	금산 2-74
고창 2-75	진 피즈 2-76	프레시 레몬 스쿼시 2-77	버진 프루트 펀치 2-78	불바디에 2-79

 BONUS 또기적 합격자료집

※ 참여 방법 : '이기적 스터디 카페' 검색 → 이기적 스터디카페(cafe.naver.com/yjbooks) 접속 → '구매 인증 PDF 증정' 게시판 → 구매 인증 → 메일로 자료 받기

시험 안내

01 실기시험 출제기준

직무 분야	중직무 분야	자격종목	적용기간
음식 서비스	조리	조주기능사	2025.01.01. ~ 2027.12.31.

- **직무내용** 다양한 음료의 특성을 이해하고 조주에 관계된 지식, 기술, 태도의 습득을 통해 음료 서비스, 영업장 관리를 수행하는 직무이다.
- **수행준거**
1. 고객에게 위생적인 음료를 제공하기 위하여 음료 영업장과 조주에 활용되는 재료·기물·기구를 청결히 관리하고 개인위생을 준수할 수 있다.
2. 다양한 음료의 특성을 파악·분류하고 조주에 활용할 수 있다.
3. 칵테일 조주를 위한 기본적인 지식과 기법을 습득하고 수행할 수 있다.
4. 칵테일 조주 기법에 따라 칵테일을 조주하고 관능평가를 수행할 수 있다.
5. 고객영접, 주문, 서비스, 다양한 편익제공, 환송 등 고객에 대한 서비스를 수행할 수 있다.
6. 음료 영업장 시설을 유지보수하고 기구·글라스를 관리하며 음료의 적정 수량과 상태를 관리할 수 있다.
7. 기초 외국어, 음료 영업장 전문용어를 숙지하고 사용할 수 있다.
8. 본격적인 식음료서비스를 제공하기 전 영업장환경과 비품을 점검함으로써 최선의 서비스가 될 수 있도록 준비할 수 있다.
9. 와인서비스를 위해 와인글라스, 디캔터와 그 외 관련비품을 청결하게 유지·관리할 수 있다.

실기검정방법	작업형	시험시간	7분 정도

실기과목명	주요항목	세부항목	세세항목
바텐더 실무	1. 위생 관리	1. 음료 영업장 위생 관리하기	1. 음료 영업장의 청결을 위하여 영업 전 청결상태를 확인하여 조치할 수 있다. 2. 음료 영업장의 청결을 위하여 영업 중 청결 상태를 유지할 수 있다. 3. 음료 영업장의 청결을 위하여 영업 후 청결상태를 복원할 수 있다.
		2. 재료·기물·기구 위생 관리하기	1. 음료의 위생적 보관을 위하여 음료 진열장의 청결을 유지할 수 있다. 2. 음료 외 재료의 위생적 보관을 위하여 냉장고의 청결을 유지할 수 있다. 3. 조주 기물의 위생 관리를 위하여 살균 소독을 할 수 있다.

바텐더 실무	1. 위생 관리	3. 개인위생 관리	1. 이물질에 의한 오염을 막기 의하여 개인 유니폼을 항상 청결하게 유지할 수 있다.
			2. 이물질에 의한 오염을 막기 의하여 손과 두발을 항상 청결하게 유지할 수 있다.
			3. 병원균 오염의 예방관리를 위하여 건강진단결과서(보건증)을 발급받을 수 있다.
	2. 음료 특성 분석	1. 음료 분류하기	1. 알코올 함유량에 따라 음료를 분류할 수 있다.
			2. 양조방법에 따라 음료를 분류할 수 있다.
			3. 청량음료, 영양음료, 기호음료를 분류할 수 있다.
			4. 지역별 전통주를 분류할 수 있다.
		2. 음료 특성 파악하기	1. 다양한 양조주의 기본적인 특성을 설명할 수 있다.
			2. 다양한 증류주의 기본적인 특성을 설명할 수 있다.
			3. 다양한 혼성주의 기본적인 특성을 설명할 수 있다.
			4. 다양한 전통주의 기본적인 특성을 설명할 수 있다.
			5. 다양한 청량음료, 영양음료, 기호음료의 기본적인 특성을 설명할 수 있다.
		3. 음료 활용하기	1. 알코올성 음료를 칵테일 조주에 활용할 수 있다.
			2. 비알코올성 음료를 칵테일 조주에 활용할 수 있다.
			3. 비터와 시럽을 칵테일 조주에 활용할 수 있다.
	3. 칵테일 기법 실무	1. 칵테일 특성 파악하기	1. 고객에게 음료관련 정보를 제공하기 위하여 칵테일의 유래와 역사를 설명할 수 있다.
			2. 칵테일 조주를 위하여 칵테일 기구의 사용법을 습득할 수 있다.
			3. 칵테일별 특성에 따라서 칵테일을 분류할 수 있다.
		2. 칵테일 기법 수행하기	1. 셰이킹(Shaking) 기법을 수행할 수 있다.
			2. 빌딩(Building) 기법을 수행할 수 있다.
			3. 스터링(Stirring) 기법을 수행할 수 있다.
			4. 플로팅(Floating) 기법을 수행할 수 있다.
			5. 블렌딩(Blending) 기법을 수행할 수 있다.
			6. 머들링(Muddling) 기법을 수행할 수 있다.

바텐더 실무	4. 칵테일 조주 실무	1. 칵테일 조주하기
		1. 동일한 맛을 유지하기 위하여 표준 레시피에 따라 조주할 수 있다.
		2. 칵테일 종류에 따라 적절한 조주 기법을 활용할 수 있다.
		3. 칵테일 종류에 따라 적절한 얼음과 글라스를 선택하여 조주할 수 있다.
		2. 전통주 칵테일 조주하기
		1. 전통주 칵테일 레시피를 설명할 수 있다.
		2. 전통주 칵테일을 조주할 수 있다.
		3. 전통주 칵테일에 맞는 가니쉬를 사용할 수 있다.
		3. 칵테일 관능평가하기
		1. 시각을 통해 조주된 칵테일을 평가할 수 있다.
		2. 후각을 통해 조주된 칵테일을 평가할 수 있다.
		3. 미각을 통해 조주된 칵테일을 평가할 수 있다.
	5. 고객 서비스	1. 고객 응대하기
		1. 고객의 예약사항을 관리할 수 있다.
		2. 고객을 영접할 수 있다.
		3. 고객의 요구사항과 불편사항을 적절하게 처리할 수 있다.
		4. 고객을 환송할 수 있다.
		2. 주문 서비스하기
		1. 음료 영업장의 메뉴를 파악할 수 있다.
		2. 음료 영업장의 메뉴를 설명하고 주문 받을 수 있다.
		3. 고객의 요구나 취향, 상황을 확인하고 맞춤형 메뉴를 추천할 수 있다.
		3. 편익 제공하기
		1. 고객에 필요한 서비스 용품을 제공할 수 있다.
		2. 고객에 필요한 서비스 시설을 제공할 수 있다.
		3. 고객 만족을 위하여 이벤트를 수행할 수 있다.

바텐더 실무	6. 음료 영업장 관리	1. 음료 영업장 시설 관리하기	1. 음료 영업장 시설물의 안전 상태를 점검할 수 있다.
			2. 음료 영업장 시설물의 작동 상태를 점검할 수 있다.
			3. 음료 영업장 시설물을 정해진 위치에 배치할 수 있다.
		2. 음료 영업장 기구·글라스 관리하기	1. 음료 영업장 운영에 필요한 조주 기구, 글라스를 안전하게 관리할 수 있다.
			2. 음료 영업장 운영에 필요한 조주 기구, 글라스를 정해진 장소에 보관할 수 있다.
			3. 음료 영업장 운영에 필요한 조주 기구, 글라스를 정해진 수량을 유지할 수 있다.
		3. 음료 관리하기	1. 원가 및 재고 관리를 위하여 인벤토리(Inventory)를 작성할 수 있다.
			2. 파 스톡(Par Stock)을 통하여 적정재고량을 관리할 수 있다.
			3. 음료를 선입선출(F.I.F.O)에 따라 관리할 수 있다.
	7. 바텐더 외국어 사용	1. 기초 외국어 구사하기	1. 기초 외국어 습득을 통하여 외국어로 고객을 응대할 수 있다.
			2. 기초 외국어 습득을 통하여 고객 응대에 필요한 외국어 문장을 해석할 수 있다.
			3. 기초 외국어 습득을 통해서 고객 응대에 필요한 외국어 문장을 작성할 수 있다.
		2. 음료 영업장 전문 용어 구사하기	1. 음료 영업장 시설물과 조주 기구를 외국어로 표현할 수 있다.
			2. 다양한 음료를 외국어로 표현할 수 있다.
			3. 다양한 조주 기법을 외국어로 표현할 수 있다.

바텐더 실무	8. 식음료 영업 준비	1. 테이블 세팅하기	1. 메뉴에 따른 세팅 물품을 숙지하고 정확하게 준비할 수 있다.
			2. 집기 취급 방법에 따라 테이블 세팅을 할 수 있다.
			3. 집기의 놓는 위치에 따라 정확하게 테이블 세팅을 할 수 있다.
			4. 테이블 세팅 시에 소음이 나지 않게 할 수 있다.
			5. 테이블과 의자의 균형을 조정할 수 있다.
			6. 예약현황을 파악하여 요청사항에 따른 준비를 할 수 있다.
			7. 영업장의 성격에 맞는 테이블 클로스, 냅킨 등 린넨류를 다룰 수 있다.
			8. 냅킨을 다양한 방법으로 활용하여 접을 수 있다.
		2. 스테이션 준비하기	1. 스테이션의 기물을 용도에 따라 정리할 수 있다.
			2. 비품과 소모품의 위치와 수량을 확인하고 재고 목록표를 작성할 수 있다.
			3. 회전율을 고려한 일일 적정 재고량을 파악하여 부족한 물품이 없도록 확인할 수 있다.
			4. 식자재 유통기한과 표시기준을 확인하고 선입선출의 방법에 따라 정돈 사용할 수 있다.
		3. 음료 재료 준비하기	1. 표준 레시피에 따라 음료제조에 필요한 재료의 종류와 수량을 파악하고 준비할 수 있다.
			2. 표준 레시피에 따라 과일 등의 재료를 손질하여 준비할 수 있다.
			3. 덜어 쓰는 재료를 적합한 용기에 보관하고 유통기한을 표기할 수 있다.
		4. 영업장 점검하기	1. 영업장의 청결을 점검할 수 있다.
			2. 최적의 조명상태를 유지하도록 조명기구들을 점검할 수 있다.
			3. 고정 설치물의 적합한 위치와 상태를 유지할 수 있도록 점검할 수 있다.
			4. 영업장 테이블 및 의자의 상태를 점검할 수 있다.
			5. 일일 메뉴의 특이사항과 재고를 점검할 수 있다.

바텐더 실무	9. 와인장비·비품 관리	1. 와인글라스 유지·관리하기	1. 와인글라스의 파손, 오염을 확인할 수 있다.
			2. 와인글라스를 청결하게 유지·관리할 수 있다.
			3. 와인글라스를 종류별로 정리·정돈할 수 있다.
			4. 와인글라스의 종류별 재고를 적정하게 확보·유지할 수 있다.
		2. 와인디캔터 유지·관리하기	1. 디캔터의 파손, 오염을 확인할 수 있다.
			2. 디캔터를 청결하게 유지·관리할 수 있다.
			3. 디캔터를 종류별로 정리·정돈할 수 있다.
			4. 디캔터의 종류별 재고를 적정하게 확보·유지할 수 있다.
		3. 와인비품 유지·관리하기	1. 와인오프너, 와인쿨러 등 비품의 파손, 오염을 확인할 수 있다.
			2. 와인오프너, 와인쿨러 등 비품을 청결하게 유지·관리할 수 있다.
			3. 와인오프너, 와인쿨러 등 비품을 종류별로 정리·정돈할 수 있다.
			4. 와인오프너, 와인쿨러 등 비품을 적정하게 확보·유지할 수 있다.

02 공개문제 예시

국가기술자격 실기시험문제

자격종목	조주기능사	과 제 명	칵테일

※ 문제지는 시험종료 후 본인이 가져갈 수 있습니다.

비번호		시험일시		시험장명	

※ 시험시간 : 7분

1. 요구사항

※ 다음의 칵테일 중 감독위원이 제시하는 3가지 작품을 조주하여 제출하시오.

번호	칵테일	번호	칵테일	번호	칵테일	번호	칵테일
1	Pousse Cafe	11	New York	21	Long Island Iced Tea	31	Tequila Sunrise
2	Manhattan Cocktail	12	Daiquiri	22	Side Car	32	Healing
3	Dry Martini	13	B-52	23	Mai Tai	33	Jindo
4	Old Fashioned	14	June Bug	24	Pina Colada	34	Puppy Love
5	Brandy Alexander	15	Bacardi Cocktail	25	Cosmopolitan Cocktail	35	Geumsan
6	Singapore Sling	16	Cuba Libre	26	Moscow Mule	36	Gochang
7	Black Russian	17	Grasshopper	27	Apricot Cocktail	37	Gin Fizz
8	Margarita	18	Seabreeze	28	Honeymoon Cocktail	38	Fresh Lemon Squash
9	Rusty Nail	19	Apple Martini	29	Blue Hawaiian	39	Virgin Fruit Punch
10	Whiskey Sour	20	Negroni	30	Kir	40	Boulevardier

PART 01
조주기능사 실기

본격적인 학습에 앞서 조주기능사 실기 시험은 어떻게 시행하는지 자세히 확인해 보세요.
칵테일 기물과 재료의 특징을 파악하고 가니쉬 손질법과 칵테일 레시피를 학습할 수 있습니다.

실기 시험

반복학습 1 2 3　　빈출 태그 ▶ 시험, 진행, 절차, 유의사항

01 실기 시험

1) 시험 요구사항
다음 칵테일 중 감독위원이 제시하는 3가지 작품을 조주하여 제출하시오. (시험 시간 : 7분간 진행)

2) 시험 칵테일

번호	칵테일	번호	칵테일	번호	칵테일	번호	칵테일
1	Pousse Cafe 푸스카페	11	New York 뉴욕	21	Long Island Iced Tea 롱 아일랜드 아이스 티	31	Tequila Sunrise 테킬라 선라이즈
2	Manhattan Cocktail 맨해튼	12	Daiquiri 다이키리	22	Side Car 사이드카	32	Healing 힐링
3	Dry Martini 드라이 마티니	13	B-52	23	Mai Tai 마이타이	33	Jindo 진도
4	Old Fashioned 올드 패션드	14	June Bug 준벅	24	Pina Colada 피나콜라다	34	Puppy Love 풋사랑
5	Brandy Alexander 브랜디 알렉산더	15	Bacardi Cocktail 바카디	25	Cosmopolitan Cocktail 코스모폴리탄	35	Geumsan 금산
6	Singapore Sling 싱가폴 슬링	16	Cuba Libre 쿠바리브레	26	Moscow Mule 모스코 뮬	36	Gochang 고창
7	Black Russian 블랙 러시안	17	Grasshopper 그래스호퍼	27	Apricot Cocktail 애프리콧 칵테일	37	Gin Fizz 진 피즈
8	Margarita 마가리타	18	Seabreeze 시브리즈	28	Honeymoon Cocktail 허니문 칵테일	38	Fresh Lemon Squash 프레쉬 레몬 스쿼시
9	Rusty Nail 러스티네일	19	Apple Martini 애플 마티니	29	Blue Hawaiian 블루 하와이안	39	Virgin Fruit Punch 버진 프루트 펀치
10	Whiskey Sour 위스키 사워	20	Negroni 네그로니	30	Kir 키르	40	Boulevardier 불바디에

3) 시험 절차

① 시험 준비물 : 마른행주 1~2개, 신분증

② 시험 절차
- 수험자 확인 후 시험 순서 뽑기
- 3인 구성으로 조별 대기 → 시험 문제 뽑기 → 시험장 입장
- 시험장 입장 후 2분 간 술, 기물 확인
- 3가지 작품을 7분 이내 완성하여 제출
- 3분 이내에 세척, 원위치 정리 후 퇴장

02 수험자 유의사항

1) 위생

① 두발과 복장을 단정히 하여 입장한다.
② 작업에 방해되는 액세서리는 착용하지 않는다.
③ 시험장에 입장 후 제일 먼저 반드시 손을 씻는다.
④ 글라스의 가장자리, 얼음, 가니쉬 등은 손으로 집지 않는다.

2) 조주 진행 시

① 완성한 작품 제출 시 반드시 코스터를 사용해야 한다.
② 시험장 내 기주, 기물 이외에는 조주 작업에 사용하면 안 된다.
③ 과도나 글라스 등은 조심해서 다루어 안전에 유의한다.

03 실격 사항

1) 오작

① 3가지 과제 중 2가지 이상의 주재료(주류) 선택이 잘못된 경우
② 3가지 과제 중 2가지 이상의 조주법(기법) 선택이 잘못된 경우
③ 3가지 과제 중 2가지 이상의 글라스 사용 선택이 잘못된 경우
④ 3가지 과제 중 2가지 이상의 장식의 선택이 잘못된 경우
⑤ 1과제 내에 재료(주·부재료) 선택이 2가지 이상 잘못된 경우

2) 미완성

① 요구된 3가지 과제 중 1가지라도 제출하지 못한 경우

3) 기타

① 시험 도중 포기하는 경우
② 시험 도중 시험장을 무단이탈하는 경우
③ 부정한 방법으로 타인의 도움을 받거나 타인의 시험을 방해하는 경우
④ 국가기술자격법상 국가기술자격 검정에서의 부정행위 등을 하는 경우

04 시험 TIP

① 시험 시작 전, 접수한 시험장 후기 확인하여 시험장의 구조 및 기물 배치를 파악한다.
② 시험장 입장 후, 2분간의 확인 시간에 술, 기물 등 문제 있는 부분이 없는지 확인한다(문제가 있을 시 반드시 시험관에게 문제 제기한다).
③ 술병의 라벨은 시험관이 볼 수 있도록 시험관을 향해 정면으로 잡는다.
④ 술은 반드시 주재료부터 넣는다.
⑤ 조주는 쉬운 것부터 진행하여 시간 배분에 유의한다. (Build → Stir → Shake → Blend → Float)
⑥ 얼음은 8~10개 넣는 것이 기준이지만 시간이 부족할 시 4~5개만 넣도록 한다.
⑦ 시간이 부족할 시 가니쉬를 잔에 꽂지 않고 잔 안에 바로 넣어 제출한다.
⑧ 작품 제출 후, 남는 시간에 장식을 한 번 더 확인한다.

칵테일 기물

반복학습 1 2 3

빈출 태그 ▶ 글라스, 기구

01 글라스의 종류

1) 텀블러 글라스(Tumbler Glass)형

글라스	명칭	내용
	올드 패션드 글라스 Old-Fashioned Glass	• 증류주를 얼음과 함께 차갑게 마실 때 사용하는 글라스 • 온 더 락 글라스(On the Rock Glass)라고도 부름 • 평균적으로 6~8oz(180~240mL)의 용량
	하이볼 글라스 Highball Glass	• 얼음, 술, 탄산음료를 혼합할 때 사용하는 글라스 • 평균적으로 8~10oz(240~300mL)의 용량
	콜린스 글라스 Collins Glass	• 양이 많은 롱 드링크를 제공할 때 사용하는 글라스 • 톨 하이볼 글라스(Tall Highball Glass)라고도 부름 • 평균적으로 10~12oz(300~360mL)의 용량

2) 스템 글라스(Stemmed Glass)형

글라스	명칭	내용
	칵테일 글라스 Cocktail Glass	• 가장 많이 사용되는 칵테일용 글라스 • 역삼각형의 발레리나를 연상하게 하는 모양 • 평균적으로 4~5oz(120~150mL)의 쇼트 드링크 용량
	샴페인 글라스 Champagne Glass [소서(Saucer)형]	• 입구와 볼의 형태가 넓은 형태의 글라스 • 축하주로서 건배용 글라스로 주로 사용
	샴페인 글라스 Champagne Glass [플루트(Flute)형]	• 입구가 좁고 볼이 길쭉한 형태의 글라스 • 탄산의 기포가 오래 보존되어 스파클링 와인용으로 주로 사용
	사워 글라스 Sour Glass	• 위스키 사워, 브랜디 사워 등 사워 칵테일을 제공할 때 사용하는 글라스 • 평균적으로 4oz(120mL)의 용량
	리큐어 글라스 Liqueur Glass	• 리큐어, 스피리츠, 위스키 등을 마실 때 사용하는 글라스 • 코디얼 글라스(Cordial Glass)라고도 부름 • 1oz(30mL)의 용량
	필스너 글라스 Pilsner Glass	• 원래는 체코의 '필슨'이라는 회사에서 맥주잔으로 개발 • 최근에 롱 드링크를 제공할 때 사용하는 글라스 • 평균적으로 8~12oz(240~360mL) 용량

도구	명칭	내용
	셰리 와인 글라스 Sherry Wine Glass	• 셰리 와인이나 포트 와인을 마실 때 사용하는 글라스 • 칵테일 B-52 제조 시 사용 • 평균적으로 2~3oz(60~90mL) 용량
	와인 글라스 Wine Glass	• 와인을 마실 때 사용하는 글라스 • 다양한 형태 • 레드 와인 글라스와 화이트 와인 글라스로 구분

02 칵테일 기구

도구	명칭	내용
	셰이커 Shaker	• 혼합하기 어려운 재료를 얼음과 함께 섞으면서 냉각시키는 도구 • 캡(Cap), 스트레이너(Strainer), 바디(Body)로 구성
	지거 Jigger	• 음료와 술의 양을 측정하는 표준 계량컵 • 보편적으로 1oz(30mL), $1+\frac{1}{2}$ oz(45mL) 용기이 위아래로 붙어있는 더블 지거(Double Jigger) 형태
	바 스푼 Bar Spoon	• 재료를 혼합하거나 소량으로 계량할 때 사용하는 가늘고 중간 부분이 나선형으로 되어있는 긴 스푼 • 체리, 올리브를 떠서 담을 때도 사용 • 믹싱 스푼이라고도 부름
	믹싱 글라스 Mixing Glass	• 비교적 혼합하기 쉬운 재료를 바 스푼으로 저어주는 스터(Stir) 기법에 사용되는 도구 • 칵테일 마티니(Martini)를 만들 때 많이 사용되는 도구

	스트레이너 Strainer	• 믹싱 글라스(Mixing Glass)에서 혼합한 칵테일을 글라스에 따를 때 사용 • 얼음이 글라스에 떨어지지 않게 하는 도구 • 둥근 원형 철사 망+용수철+손잡이 형태
	푸어러 Pourer	병의 입구에 끼워 글라스나 지거(Jigger)에 따를 때 음료가 흘러내리는 것을 방지하고 양 조절을 해주는 도구
	머들러 Muddler	술과 음료를 혼합하기 전에 과일이나 허브 같은 가니쉬 재료를 미리 으깨서 향을 낼 때 사용하는 도구
	블렌더 Blender	• 과일 등 혼합하기 어려운 재료를 얼음과 함께 섞을 때 사용하는 도구 • 트로피컬 칵테일(Tropical Cocktail), 프로즌 칵테일(Frozen Cocktail)을 만들 때 사용
	스퀴저 Squeezer	오렌지나 레몬, 라임 등 감귤류의 과일의 생즙을 짤 때 사용하는 도구
	글라스 리머 Glass Rimmer	• 소금, 설탕을 글라스의 가장자리에 뒤집어서 묻히는 도구 • 마가리타(Margarita), 키스 오브 파이어(Kiss of Fire)를 만들 때 사용
	제스터 Zester	• 오렌지나 레몬의 껍질을 벗기는 도구 • 가니쉬에 적합한 두께의 껍질 생성이 가능하며, 과일의 상처를 방지함
	스터 로드 Stir Road	음료를 저을 때 사용하는 도구

	명칭	설명
	칵테일 픽 Cocktail Pick	• 칵테일의 장식인 가니쉬를 꽂을 때 사용하는 도구 • 주로 올리브나 체리, 파인애플 등을 꽂아 장식하는 데 사용
	아이스 픽 Ice Pick	• 규모가 큰 얼음 덩어리를 잘게 부술 때 사용하는 도구 • 손잡이 아랫부분이 송곳으로 되어있어 원하는 크기로 얼음을 다듬을 때도 사용
	아이스 페일 Ice Pail	얼음을 담아두는 용기인 얼음 통
	아이스 텅 Ice Tong	셰이커, 믹싱 글라스, 글라스에 얼음을 담을 때 사용하는 얼음 집게
	아이스 스쿱 Ice Scoop	• 셰이커, 믹싱 글라스, 글라스에 얼음을 담을 때 사용하는 얼음 스푼 • 스테인리스, 플라스틱 두 종류
	스토퍼 Stopper	• 주로 탄산이 들어간 술이나 음료가 사용 후 남았을 경우 보관하는 도구 • 보조 병마개 역할
	코스터 Coaster	• 글라스의 표면에 맺힌 물방울이 바 카운터나 테이블을 적시지 않도록 사용하는 글라스 받침대 • 냉각된 글라스의 물기가 흘러내리는 것을 방지하기 위해 사용

칵테일의 음료와 재료

빈출 태그 ▶ 증류주, 양조주, 전통주, 혼성주, 비알코올성 음료, 가니쉬

01 증류주

| Bacardi Rum White | Dry Gin | Vodka | Tequila | Bourbon Whiskey |

| Scotch Whisky | Brandy | Apple Brandy |

02 양조주

| Sweet Vermouth | Dry Vermouth | White Wine |

03 전통주

| Gam Hong Ro | Jindo Hong Ju | Andong Soju | Geumsan Insamju | Sunwoonsan Bokbunja |

04 혼성주

Crème de Menthe(Green)	Crème de Menthe(White)	Crème de Cacao(Brown)	Crème de Cacao(White)	Crème de Cassis
Midori(Melon Liqueur)	Banana Liqueur	Coffee Liqueur	Apple Pucker	Blue Curacao
Coconut flavored Rum	Cherry flavored Brandy	Apricot flavored Brandy	Cointreau	Triple Sec
Bailey's Irish Cream Liqueur	Angostura Bitters	Campari	Drambuie	Grand Marnier
Benedictine D.O.M				

05 비알코올성 음료

Lemon Juice	Lime Juice	Grapefruit Juice	Cranberry Juice	Pineapple Juice
Orange Juice	White Grape Juice	Soda Water	Ginger Ale	Cola
Sprite	Milk	Grenadine Syrup	Raspberry Syrup	Pina Colada Mix
Sweet&Sour mix				

06 가니쉬

Cherry	Green Olive	A Slice of Orange&Cherry	A Slice of Lemon&Cherry	A Wedge of Pineapple&Cherry
A Wedge of Lemon	Twist of Lemon Peel	A Slice of Lemon	A Slice of Apple	Nutmeg Powder

07 가니쉬 손질

1) 레몬 슬라이스

레몬의 양쪽 꼭지를 살짝 자른다.

긴 부분(세로 방향)을 기준으로 반으로 자른다.

반으로 자른 레몬의 1/3 지점 또는 1/2 지점에서 자른다.

약 0.5cm~1cm의 일정한 두께로 자른다.

레몬의 가운데 부분에 1cm~1.5cm 칼집을 낸다.

집게를 사용하여 잔에 끼운다.

2) 레몬 웨지

레몬의 양쪽 꼭지를 살짝 자른다.

긴 부분(세로 방향)을 기준으로 반으로 자른다.

반으로 자른 레몬을 3등분하여 세로로 자른다.

잔을 꽂는 부분의 레몬 꼭지를 더 자른다.

레몬의 과육과 껍질 사이를 1/2 지점까지 자른다.

집게를 사용하여 잔에 끼운다.

3) 레몬 트위스트 필

레몬의 양쪽 꼭지를 살짝 자른다.

긴 부분(세로 방향)을 기준으로 반으로 자른다.

반으로 자른 레몬의 1/3 지점 또는 1/2 지점에서 자른다.

약 0.5cm~1cm의 일정한 두께로 자른다.

레몬의 과육과 껍질 사이를 자른다.

집게를 사용하여 비틀어 3초간 유지한 후 잔에 넣는다.

4) 레몬 슬라이스&체리

1. 레몬의 양쪽 꼭지를 살짝 자른다.

2. 긴 부분(세로 방향)을 기준으로 반으로 자른다.

3. 반으로 자른 레몬의 1/3 지점 또는 1/2 지점에서 자른다.

4. 약 0.5cm~1cm의 일정한 두께로 자른다.

5. 칵테일 픽에 체리를 먼저 꽂는다.

6. 칵테일 픽을 꽂은 체리와 함께 레몬 슬라이스를 꽂는다.

7. 집게를 사용하여 잔에 끼운다.

5) 오렌지 트위스트 필

오렌지의 양쪽 꼭지를 살짝 자른다.

세로 방향을 기준으로 반으로 자른다.

반으로 자른 오렌지의 1/3 지점 또는 1/2 지점에서 자른다.

약 1cm의 일정한 두께로 자른다.

오렌지의 과육과 껍질 사이를 자른다.

집게를 사용하여 비틀어 3초간 유지한 후 잔에 넣는다.

6) 오렌지 슬라이스&체리

1. 오렌지의 양쪽 꼭지를 살짝 자른다.

2. 세로 방향을 기준으로 반으로 자른다.

3. 반으로 자른 오렌지의 1/3 지점 또는 1/2 지점에서 자른다.

4. 약 1cm의 일정한 두께로 자른다.

5. 칵테일 픽에 체리를 먼저 꽂는다.

6. 칵테일 픽을 꽂은 체리와 함께 오렌지 슬라이스를 꽂는다.

7. 집게를 사용하여 잔에 끼운다.

7) 사과 슬라이스

세로 방향을 기준으로 반으로 자른다.

반으로 자른 사과의 1/3 지점 또는 1/2 지점에서 자른다.

약 0.5cm~1cm의 일정한 두께로 자른다.

사과의 가운데 부분에 1cm~1.5cm 칼집을 낸다.

집게를 사용하여 잔에 끼운다.

8) 파인애플 웨지&체리

파인애플의 1/3 지점 또는 1/2 지점에서 자른다.

약 1cm~1.5cm의 일정한 두께로 자른다.

파인애플의 가운데 부분에 1cm~1.5cm 칼집을 낸다.

칵테일 픽에 체리를 먼저 꽂는다.

칵테일 픽을 꽂은 체리와 함께 파인애플 웨지를 꽂는다.

집게를 사용하여 잔에 끼운다.

반복학습 1 2 3

칵테일 레시피 암기

빈출 태그 ▶ 칵테일 표준레시피

01 칵테일 표준 레시피(Standard Recipes)

번호	칵테일	조주법	글라스	가니쉬	재료
1	Pousse Cafe 푸스카페	Float	Stemmed Liqueur Glass	없음	Grenadine Syrup $\frac{1}{3}$ part Crème de Menthe(Green) $\frac{1}{3}$ part Brandy $\frac{1}{3}$ part
2	Manhattan 맨해튼	Stir	Cocktail Glass	Cherry	Bourbon Whiskey 1+$\frac{1}{2}$ oz Sweet Vermouth $\frac{3}{4}$ oz Angostura Bitters 1dash
3	Dry Martini 드라이 마티니	Stir	Cocktail Glass	Green Olive	Dry Gin 2oz Dry Vermouth $\frac{1}{3}$ oz
4	Old Fashioned 올드 패션드	Build	Old-Fashioned Glass	A Slice of Orange&Cherry	Bourbon Whiskey 1+$\frac{1}{2}$ oz Powdered Sugar 1tsp Angostura Bitters 1dash Soda Water $\frac{1}{2}$ oz
5	Brandy Alexander 브랜디 알렉산더	Shake	Cocktail Glass	Nutmeg Powder	Brandy $\frac{3}{4}$ oz Crème de Cacao(Brown) $\frac{3}{4}$ oz Light Milk $\frac{3}{4}$ oz
6	Singapore Sling 싱가폴 슬링	Shake/Build	Footed Pilsner Glass	A Slice of Orange&Cherry	Dry Gin 1+$\frac{1}{2}$ oz Lemon Juice $\frac{1}{2}$ oz Powdered Sugar 1tsp Fill with Soda Water On Top with Cherry flavored Brandy $\frac{1}{2}$ oz
7	Black Russian 블랙 러시안	Build	Old-Fashioned Glass	없음	Vodka 1oz Coffee Liqueur $\frac{1}{2}$ oz

8	Margarita 마가리타	Shake	Cocktail Glass	Rimming with Salt	Tequila 1+$\frac{1}{2}$ oz Cointreau or Triple Sec $\frac{1}{2}$ oz Lime Juice $\frac{1}{2}$ oz
9	Rusty Nail 러스티네일	Build	Old-Fashioned Glass	없음	Scotch Whisky 1oz Drambuie $\frac{1}{2}$ oz
10	Whiskey Sour 위스키 사워	Shake/Build	Sour Glass	A Slice of Lemon&Cherry	Bourbon Whiskey 1+$\frac{1}{2}$ oz Lemon Juice $\frac{1}{2}$ oz Powdered Sugar 1tsp On Top with Soda Water 1oz
11	New York 뉴욕	Shake	Cocktail Glass	Twist of Lemon Peel	Bourbon Whiskey 1+$\frac{1}{2}$ oz Lime Juice $\frac{1}{2}$ oz Powdered Sugar 1tsp Grenadine Syrup $\frac{1}{2}$ tsp
12	Daiquiri 다이키리	Shake	Cocktail Glass	없음	Light Rum 1+$\frac{3}{4}$ oz Lime Juice $\frac{3}{4}$ oz Powdered Sugar 1tsp
13	B-52	Float	Sherry Glass(2oz)	없음	Coffee Liqueur $\frac{1}{3}$ part Bailey's Irish Cream Liqueur $\frac{1}{3}$ part Grand Marnier $\frac{1}{3}$ part
14	June Bug 준벅	Shake	Collins Glass	A Wedge of fresh Pineapple&Cherry	Midori(Melon Liqueur) 1oz Coconut flavored Rum $\frac{1}{2}$ oz Banana Liqueur $\frac{1}{2}$ oz Pineapple Juice 2oz Sweet&Sour mix 2oz
15	Bacardi Cocktail 바카디	Shake	Cocktail Glass	없음	Bacardi Rum White 1+$\frac{3}{4}$ oz Lime Juice $\frac{3}{4}$ oz Grenadine Syrup 1tsp
16	Cuba Libre 쿠바리브레	Build	Highball Glass	A Wedge of Lemon	Light Rum 1+$\frac{1}{2}$ oz Lime Juice $\frac{1}{2}$ oz Fill with Cola
17	Grasshopper 그래스호퍼	Shake	Champagne Glass(Saucer형)	없음	Crème de Menthe(Green) 1oz Crème de Cacao(White) 1oz Light Milk 1oz
18	Seabreeze 시브리즈	Build	Highball Glass	A Wedge of Lime or Lemon	Vodka 1+$\frac{1}{2}$ oz Cranberry Juice 3oz Grapefruit Juice $\frac{1}{2}$ oz

19	Apple Martini 애플 마티니	Shake	Cocktail Glass	A Slice of Apple	Vodka 1oz Apple Pucker(Sour Apple Liqueur) 1oz Lime Juice $\frac{1}{2}$ oz
20	Negroni 네그로니	Build	Old-Fashioned Glass	Twist of Lemon Peel	Dry Gin $\frac{3}{4}$ oz Sweet Vermouth $\frac{3}{4}$ oz Campari $\frac{3}{4}$ oz
21	Long Island Iced Tea 롱 아일랜드 아이스 티	Build	Collins Glass	A Wedge of Lime or Lemon	Dry Gin $\frac{1}{2}$ oz Vodka $\frac{1}{2}$ oz Light Rum $\frac{1}{2}$ oz Tequila $\frac{1}{2}$ oz Triple Sec $\frac{1}{2}$ oz Sweet&Sour mix $1+\frac{1}{2}$ oz On Top with Cola
22	Side Car 사이드카	Shake	Cocktail Glass	없음	Brandy 1oz Triple Sec 1oz Lemon Juice $\frac{1}{4}$ oz
23	Mai Tai 마이타이	Blend	Footed Pilsner Glass	A Wedge of fresh Pineapple(Orange) &Cherry	Light Rum $1+\frac{1}{4}$ oz Triple Sec $\frac{3}{4}$ oz Lime Juice 1oz Pineapple Juice 1oz Orange Juice 1oz Grenadine Syrup $\frac{1}{4}$ oz
24	Pina Colada 피나콜라다	Blend	Footed Pilsner Glass	A Wedge of fresh Pineapple&Cherry	Light Rum $1+\frac{1}{4}$ oz Pina Colada Mix 2oz Pineapple Juice 2oz
25	Cosmopolitan Cocktail 코스모폴리탄	Shake	Cocktail Glass	Twist of Lime or Lemon Peel	Vodka 1oz Triple Sec $\frac{1}{2}$ oz Lime Juice $\frac{1}{2}$ oz Cranberry Juice $\frac{1}{2}$ oz
26	Moscow Mule 모스코 뮬	Build	Highball Glass	A Slice of Lime or Lemon	Vodka $1+\frac{1}{2}$ oz Lime Juice $\frac{1}{2}$ oz Fill with Ginger Ale
27	Apricot Cocktail 애프리콧 칵테일	Shake	Cocktail Glass	없음	Apricot flavored Brandy $1+\frac{1}{2}$ oz Dry Gin 1tsp Lemon Juice $\frac{1}{2}$ oz Orange Juice $\frac{1}{2}$ oz

#	Name	Method	Glass	Garnish	Recipe
28	Honeymoon Cocktail 허니문 칵테일	Shake	Cocktail Glass	없음	Apple Brandy $\frac{3}{4}$ oz Benedictine D.O.M $\frac{3}{4}$ oz Triple Sec $\frac{1}{4}$ oz Lemon Juice $\frac{1}{2}$ oz
29	Blue Hawaiian 블루 하와이안	Blend	Footed Pilsner Glass	A Wedge of fresh Pineapple&Cherry	Light Rum 1oz Blue Curacao 1oz Coconut flavored Rum 1oz Pineapple Juice $2+\frac{1}{2}$ oz
30	Kir 키르	Build	White Wine Glass	Twist of Lemon Peel	White Wine 3oz Crème de Cassis $\frac{1}{2}$ oz
31	Tequila Sunrise 테킬라 선라이즈	Build/Float	Footed Pilsner Glass	없음	Tequila $1+\frac{1}{2}$ oz Fill with Orange Juice Grenadine Syrup $\frac{1}{2}$ oz
32	Healing 힐링	Shake	Cocktail Glass	Twist of Lemon Peel	Gam Hong Ro(감홍로/40도) $1+\frac{1}{2}$ oz Benedictine D.O.M $\frac{1}{3}$ oz Crème de Cassis $\frac{1}{3}$ oz Sweet&Sour mix 1oz
33	Jindo 진도	Shake	Cocktail Glass	없음	Jindo Hong Ju(진도 홍주/40도) 1oz Crème de Menthe(White) $\frac{1}{2}$ oz White Grape Juice(청포도 주스) $\frac{3}{4}$ oz Raspberry Syrup $\frac{1}{2}$ oz
34	Puppy Love 풋사랑	Shake	Cocktail Glass	A Slice of Apple	Andong Soju(안동소주/35도) 1oz Triple Sec $\frac{1}{3}$ oz Apple Pucker(Sour Apple Liqueur) 1oz Lime Juice $\frac{1}{3}$ oz
35	Geumsan 금산	Shake	Cocktail Glass	없음	Geumsan Insamju(금산 인삼주/43도) $1+\frac{1}{2}$ oz Coffee Liqueur(Kahlûa) $\frac{1}{2}$ oz Apple Pucker(Sour Apple Liqueur) $\frac{1}{2}$ oz Lime Juice 1tsp
36	Gochang 고창	Stir	Flute Champagne Glass	없음	Sunwoonsan Bokbunja Wine(선운산 복분자주) 2oz Triple Sec $\frac{1}{2}$ oz Sprite 2oz

37	Gin Fizz 진 피즈	Shake/Build	Highball Glass	A Slice of Lemon	Dry Gin $1+\frac{1}{2}$ oz Lemon Juice $\frac{1}{2}$ oz Powdered Sugar 1tsp Fill with Soda Water
38	Fresh Lemon Squash 프레쉬 레몬 스쿼시	Build	Highball Glass	A Slice of Lemon	Fresh squeezed Lemon $\frac{1}{2}$ ea Powdered Sugar 2tsp Fill with Soda Water
39	Virgin Fruit Punch 버진 프루트 펀치	Blend	Footed Pilsner Glass	A Wedge of fresh Pineapple&Cherry	Orange Juice 1oz Pineapple Juice 1oz Cranberry Juice 1oz Grapefruit Juice 1oz Lemon Juice $\frac{1}{2}$ oz Grenadine Syrup $\frac{1}{2}$ oz
40	Boulevardier 불바디에	Stir	Old-Fashioned Glass	Twist of Orange Peel	Bourbon Whiskey 1oz Sweet Vermouth 1oz Campari 1oz

02 조주기법별 칵테일 분류

조주법	칵테일
Build 직접넣기	• Moscow Mule(모스코 뮬) • Kir(키르) • Long Island Iced Tea(롱 아일랜드 아이스 티) • Seabreeze(시브리즈) • Cuba Libre(쿠바리브레) • Negroni(네그로니) • Old Fashioned(올드 패션드) • Rusty Nail(러스티네일) • Black Russian(블랙 러시안) • Fresh Lemon Squash(프레쉬 레몬 스쿼시)
Stir 휘젓기	• Manhattan(맨해튼) • Dry Martini(드라이 마티니) • Gochang(고창) • Boulevardier(불바디에)

기법	칵테일
Shake 흔들기	• Brandy Alexander(브랜디 알렉산더) • Grasshopper(그래스호퍼) • Apple Martini(애플 마티니) • June Bug(준벅) • Daiquiri(다이키리) • Bacardi Cocktail(바카디) • Apricot Cocktail(애프리콧 칵테일) • Cosmopolitan Cocktail(코스모폴리탄) • Side Car(사이드카) • New York(뉴욕) • Margarita(마가리타) • Honeymoon Cocktail(허니문 칵테일) • Healing(힐링) • Jindo(진도) • Puppy Love(풋사랑) • Geumsan(금산)
Float 띄우기	• B-52 • Pousse Cafe(푸스카페)
Blend 갈아넣기	• Mai Tai(마이타이) • Pina Colada(피나콜라다) • Blue Hawaiian(블루 하와이안) • Virgin Fruit Punch(버진 프루트 펀치)
Shake+Build 흔들기+직접넣기	• Singapore Sling(싱가폴 슬링) • Whiskey Sour(위스키 사워) • Gin Fizz(진 피즈)
Build+Float 직접넣기+띄우기	Tequila Sunrise(테킬라 선라이즈)

03 베이스별 칵테일 분류

베이스	칵테일
Rum 럼	• Cuba Libre(쿠바리브레) • Mai Tai(마이타이) • Pina Colada(피나콜라다) • Blue Hawaiian(블루 하와이안) • Daiquiri(다이키리) • Bacardi Cocktail(바카디)
Gin 진	• Long Island Iced Tea(롱 아일랜드 아이스 티) • Dry Martini(드라이 마티니) • Negroni(네그로니) • Singapore Sling(싱가폴 슬링) • Gin Fizz(진 피즈)
Vodka 보드카	• Moscow Mule(모스코 뮬) • Seabreeze(시브리즈) • Apple Martini(애플 마티니) • Cosmopolitan Cocktail(코스모폴리탄) • Black Russian(블랙 러시안)

	Tequila 테킬라	• Tequila Sunrise(테킬라 선라이즈) • Margarita(마가리타)
	Whisky(Whiskey) 위스키	• Manhattan(맨해튼) • Whiskey Sour(위스키 사워) • New York(뉴욕) • Old Fashioned(올드 패션드) • Rusty Nail(러스티네일) • Boulevardier(불바디에)
	Brandy 브랜디	• Brandy Alexander(브랜디 알렉산더) • Side Car(사이드카) • Honeymoon Cocktail(허니문 칵테일)
	Liqueur 혼성주	• Grasshopper(그래스호퍼) • June Bug(준벅) • Apricot Cocktail(애프리콧 칵테일) • Pousse Cafe(푸스카페) • B-52
	Wine 와인	Kir(키르)
	전통주	• Healing(힐링) • Jindo(진도) • Puppy Love(풋사랑) • Geumsan(금산) • Gochang(고창)
	Non-Alcoholic 논-알코올	• Fresh Lemon Squash(프레쉬 레몬 스쿼시) • Virgin Fruit Punch(버진 프루트 펀치)

04 글라스별 칵테일 분류

글라스	칵테일
Cocktail Glass 칵테일 글라스	• Brandy Alexander(브랜디 알렉산더) • Manhattan(맨해튼) • Dry Martini(드라이 마티니) • Apple Martini(애플 마티니) • Daiquiri(다이키리) • Bacardi Cocktail(바카디) • Apricot Cocktail(애프리콧 칵테일) • Cosmopolitan Cocktail(코스모폴리탄) • Side Car(사이드카) • New York(뉴욕) • Honeymoon Cocktail(허니문 칵테일) • Margarita(마가리타) • Healing(힐링) • Jindo(진도) • Puppy Love(풋사랑) • Geumsan(금산)

Glass	Cocktails
Highball Glass 하이볼 글라스	• Moscow Mule(모스코 뮬) • Seabreeze(시브리즈) • Cuba Libre(쿠바리브레) • Gin Fizz(진 피즈) • Fresh Lemon Squash(프레쉬 레몬 스쿼시)
Footed Pilsner Glass 풋 필스너 글라스	• Tequila Sunrise(테킬라 선라이즈) • Mai Tai(마이타이) • Pina Colada(피나콜라다) • Blue Hawaiian(블루 하와이안) • Singapore Sling(싱가폴 슬링) • Virgin Fruit Punch(버진 프루트 펀치)
Old-Fashioned Glass 올드 패션드 글라스	• Negroni(네그로니) • Old Fashioned(올드 패션드) • Rusty Nail(러스티네일) • Black Russian(블랙 러시안) • Boulevardier(불바디에)
Collins Glass 콜린스 글라스	• Long Island Iced Tea(롱 아일랜드 아이스 티) • June Bug(준벅)
Champagne Glass(Saucer) 샴페인 글라스(소서형)	Grasshopper(그래스호퍼)
Champagne Glass(Flute) 샴페인 글라스(플루트형)	Gochang(고창)
Sherry Glass 셰리 글라스	B-52
Sour Glass 사워 글라스	Whiskey Sour(위스키 사워)
Stemmed Liqueur Glass 스템 리큐어 글라스	Pousse Cafe(푸스카페)
White Wine Glass 화이트 와인 글라스	Kir(키르)

PART 02
칵테일 실기 시험문제
(40가지 레시피)

실제 시험에 출제되는 40가지의 칵테일 레시피를 구체적으로 학습할 수 있습니다.
각각의 칵테일을 만들 때 어떤 점을 유의해야 하는지도 확인하세요.

푸스카페
(Pousse Cafe)

요구 사항 ▶ Pousse Cafe를 제조하여 제출하시오.

재료

레시피

조주법	Float
글라스	Stemmed Liqueur Glass
가니쉬	없음
재료	− Grenadine Syrup $\frac{1}{3}$ Part − Crème de Menthe(Green) $\frac{1}{3}$ Part − Brandy $\frac{1}{3}$ Part

제조 방법

1 먼저 잔에 그레나딘 시럽 $\frac{1}{3}$ part(약 $\frac{1}{4}$ oz)를 계량하여 잔의 바닥에 깔아준다.
2 사용한 지거와 바 스푼은 닦아준다.
3 크렘 드 민트(그린) $\frac{1}{3}$ part(약 $\frac{1}{4}$ oz)를 계량하여, 바 스푼을 이용하여 천천히 쌓는다.
4 사용한 지거와 바 스푼은 닦아준다.
5 브랜디 $\frac{1}{3}$ part(약 $\frac{1}{3}$ oz)를 계량하여, 동일하게 바 스푼을 이용하여 천천히 쌓는다.

Keyword

"3색의 컬러가 아름다운 칵테일"

TIP

1 Float(플로트) 기법은 재료의 비중차를 이용하여 잔에 쌓는 방법이다.
2 $\frac{1}{3}$ part는 잔의 $\frac{1}{3}$ 기준이다.
3 1가지 재료를 따른 후 지거와 바 스푼은 항상 닦아준 뒤 다음 재료를 따른다.
4 지거와 바 스푼은 사용 전에 물기를 닦아주면 플로팅 시 섞이지 않고 잘 쌓을 수 있다.

맨해튼 (Manhattan)

반복학습 1 2 3

요구 사항 ▶ Manhattan을 제조하여 제출하시오.

재료

레시피

조주법	Stir
글라스	Cocktail Glass
가니쉬	Cherry
재료	- Bourbon Whiskey $1+\dfrac{1}{2}$ oz - Sweet Vermouth $\dfrac{3}{4}$ oz - Angostura Bitters 1dash

제조 방법

1. 잔에 얼음을 넣어 칠링한다.
2. 믹싱 글라스에 얼음을 8~10개 정도 넣는다.
3. 버번 위스키 $1+\dfrac{1}{2}$ oz, 스위트 베르무스 $\dfrac{3}{4}$ oz, 앙고스투라 비터 1dash를 순서대로 넣는다.
4. 바 스푼으로 최소 6~8번 젓는다.
5. 칠링한 잔의 얼음을 버린다.
6. 믹싱 글라스에 스트레이너를 끼운 뒤, 잔의 밑부분을 잡고 따른다.
7. 체리를 픽에 꽂아 마무리한다.

Keyword

"칵테일의 여왕"

TIP

1. 믹싱 글라스에 얼음을 너무 많이 담지 않는다. (다만, 시험장에서 얼음이 작을 경우, 얼음을 더 담아준다.)
2. 1dash는 5~6방울 정도이다.
3. 바 스푼으로 저을 때, 마구 섞지 말고 글라스의 벽을 따라 젓는다.
4. 실기 시험에 출제되는 칵테일 중에 믹싱 글라스에 Stir(스터) 기법으로만 진행되는 칵테일은 맨해튼, 드라이 마티니, 고창, 불바디에 4가지이다.

드라이 마티니 (Dry Martini)

반복학습 1 2 3

요구 사항 ▶ Dry Martini를 제조하여 제출하시오.

재료

레시피

조주법	Stir
글라스	Cocktail Glass
가니쉬	Green Olive
재료	– Dry Gin 2oz – Dry Vermouth $\frac{1}{3}$ oz

제조 방법

1. 잔에 얼음을 넣어 칠링한다.
2. 믹싱 글라스에 얼음을 8~10개 정도 넣는다.
3. 드라이 진 2oz, 드라이 베르무스 $\frac{1}{3}$oz 순서로 넣는다.
4. 바 스푼으로 최소 6~8번 젓는다.
5. 칠링한 잔의 얼음을 버린다.
6. 믹싱 글라스에 스트레이너를 끼운 뒤, 잔의 밑부분을 잡고 따른다.
7. 올리브를 픽에 꽂아 마무리한다.

Keyword

"칵테일의 왕"

TIP

1. 믹싱 글라스에 얼음을 너무 많이 담지 않는다. (다만, 시험장에서 얼음이 작을 경우, 얼음을 더 담아준다.)
2. 바 스푼으로 저을 때, 마구 섞지 말고 글라스의 벽을 따라 젓는다.
3. 실기 시험에 출제되는 칵테일 중에 믹싱 글라스에 Stir(스터) 기법으로만 진행되는 칵테일은 맨해튼, 드라이 마티니, 고창, 불바디에 4가지이다.

올드 패션드 (Old Fashioned)

반복학습 1 2 3

요구 사항 ▶ Old Fashioned를 제조하여 제출하시오.

재료

레시피

조주법	Build
글라스	Old-Fashioned Glass
가니쉬	A Slice of Orange & Cherry
재료	- Bourbon Whiskey $1+\frac{1}{2}$ oz - Powdered Sugar 1tsp - Angostura Bitters 1dash - Soda Water $\frac{1}{2}$ oz

제조 방법

1. 잔에 설탕 1tsp를 먼저 넣는다.
2. 앙고스투라 비터 1dash, 소다수 $\frac{1}{2}$ oz를 순서대로 넣는다.
3. 바 스푼으로 설탕을 녹여준다.
4. 잔에 얼음 8~10개를 넣는다.
5. 버번 위스키 $1+\frac{1}{2}$ oz를 넣어준 뒤, 바 스푼으로 6~8번 젓는다.
6. 오렌지 슬라이스와 체리를 픽에 꽂아 마무리한다.

Keyword

"클래식 칵테일 No.1"

TIP

1. 설탕을 녹여줄 시, 바 스푼으로 10회 이상 충분히 저어준다.
2. 1dash는 5~6방울 정도이다.
3. 바 스푼으로 저을 때, 다구 섞지 말고 글라스의 벽을 따라 젓는다.
4. 2022년 기준으로 각설탕에서 가루 설탕으로 개정되었다.

브랜디 알렉산더 (Brandy Alexander)

요구 사항 ▶ Brandy Alexander를 제조하여 제출하시오.

재료

레시피

조주법	Shake
글라스	Cocktail Glass
가니쉬	Nutmeg Powder
재료	– Brandy $\frac{3}{4}$ oz – Crème de Cacao(Brown) $\frac{3}{4}$ oz – Light Milk $\frac{3}{4}$ oz

제조 방법

1. 잔에 얼음을 넣어 칠링한다.
2. 셰이커에 얼음을 8~10개 정도 넣는다.
3. 브랜디 $\frac{3}{4}$ oz, 크렘 드 카카오(브라운) $\frac{3}{4}$ oz, 우유 $\frac{3}{4}$ oz를 순서대로 넣는다.
4. 스트레이너, 캡 순으로 셰이커를 닫고 흔들어준다.
5. 칠링한 잔의 얼음을 버린다.
6. 셰이커의 캡만 열고 잔의 밑부분을 잡고 따른다.
7. 넛맥 파우더로 마무리한다.

Keyword

"가벼운 초콜릿 우유 맛의 칵테일"

TIP

1. 실기 시험에 출제되는 칵테일 중 유일하게 크렘 드 카카오(브라운)을 사용한다.

싱가폴 슬링 (Singapore Sling)

요구 사항 ▶ Singapore Sling을 제조하여 제출하시오.

재료

레시피

조주법	Shake/Build
글라스	Footed Pilsner Glass
가니쉬	A Slice of Orange & Cherry
재료	– Dry Gin $1+\frac{1}{2}$ oz – Lemon Juice $\frac{1}{2}$ oz – Powdered Sugar 1tsp – Fill with Soda Water – On Top with Cherry flavored Brandy $\frac{1}{2}$ oz

Keyword

"체리 향을 입은 레모네이드 칵테일"

TIP

1. 칠링한 잔의 얼음을 버리지 않도록 주의한다.
2. 탄산수는 함께 셰이킹 할 수 없기 때문에, 셰이킹 후 Build(빌드) 기법으로 넣어준다.
3. 탄산수를 넣은 뒤 저어줄 때, 탄산이 많이 사라지는 것을 막기 위해 얼음을 살짝 띄워준다는 감각으로 저어준다.
4. 마지막 체리 브랜디는 위에 Float(플로트) 해주는 느낌으로 천천히 넣는다.

제조 방법

1. 잔에 얼음을 가득 넣어 칠링한다.
2. 셰이커에 얼음을 8~10개 정도 넣는다.
3. 드라이 진 $1+\frac{1}{2}$ oz, 레몬 주스 $\frac{1}{2}$ oz, 설탕 1tsp을 순서대로 넣는다.
4. 스트레이너, 캡 순으로 셰이커를 닫고 흔들어준다.
5. 칠링한 잔의 얼음을 버리지 않고, 셰이커의 캡만 열고 잔의 밑부분을 잡고 따른다.
6. 소다수를 잔의 80~90%로 채운다.
7. 바 스푼으로 살짝 젓는다.
8. 체리 브랜디 $\frac{1}{2}$ oz를 바 스푼을 이용하여 천천히 넣는다.
9. 오렌지 슬라이스와 함께 체리를 픽에 꽂아 마무리한다.

블랙 러시안
(Black Russian)

반복학습 1 2 3

요구 사항 ▶ Black Russian을 제조하여 제출하시오.

재료

레시피

조주법	Build
글라스	Old-Fashioned Glass
가니쉬	없음
재료	- Vodka 1oz - Coffee Liqueur $\frac{1}{2}$ oz

제조 방법

1. 잔에 얼음을 가득 넣는다.
2. 보드카 1oz, 깔루아 $\frac{1}{2}$ oz를 순서대로 넣는다.
3. 바 스푼으로 8~10번 저어주면서 마무리한다.

Keyword

"달콤 쌉쌀한 커피 칵테일"

TIP

1. 음료의 양이 많지 않기 때문에, 잔에 얼음을 가득 넣도록 한다.
2. Stir(스터)를 진행할 때는 바 스푼의 뒷면을 글라스의 벽을 향하게 젓는다.
3. 러스티네일 칵테일과 제조 방법이 거의 유사하다.

마가리타 (Margarita)

반복학습 1 2 3

요구 사항 ▶ Margarita를 제조하여 제출하시오.

합격 강의

재료

레시피

조주법	Shake
글라스	Cocktail Glass
가니쉬	Rimming with Salt
재료	− Tecuila $1+\frac{1}{2}$ oz − Cointreau or Triple Sec $\frac{1}{2}$ oz − Lime Juice $\frac{1}{2}$ oz

제조 방법

1. 잔에 얼음을 넣어 칠링한다.
2. 셰이커에 얼음을 8~10개 정도 넣는다.
3. 테킬라 $1+\frac{1}{2}$ oz, 트리플 섹 $\frac{1}{2}$ oz, 라임 주스 $\frac{1}{2}$ oz를 순서대로 넣는다.
4. 스트레이너, 캡 순으로 셰이커를 닫고 흔들어준다.
5. 칠링한 잔의 얼음을 버린다.
6. 집게로 레몬을 집어 잔의 테두리에 레몬즙을 바르고, 잔을 거꾸로 뒤집어 소금을 묻힌다.
7. 셰이커의 캡만 열고 잔의 밑부분을 잡고 따라주면서 마무리한다.

Keyword

"소금눈 내린 새콤달콤 라임 칵테일"

TIP

1. 잔의 테두리를 '림(Rim)'이라고 부른다.
2. 소금을 많이 묻히면 지저분해지므로 주의해서 묻혀준다.
3. 소금을 바른 뒤 가볍게 한번 털어준다.
4. 라임 주스와 함께 들어가는 베이스 기주는 럼, 보드카, 테킬라이다.

러스티네일
(Rusty Nail)

반복학습 1 2 3

요구 사항 ▶ Rusty Nail을 제조하여 제출하시오.

재료

레시피

조주법	Build
글라스	Old-Fashioned Glass
가니쉬	없음
재료	- Scotch Whisky 1oz - Drambuie $\frac{1}{2}$ oz

제조 방법

1. 잔에 얼음을 가득 넣는다.
2. 스카치 위스키 1oz, 드람부이 $\frac{1}{2}$ oz를 순서대로 넣는다.
3. 바 스푼으로 8~10번 저어주면서 마무리한다.

Keyword

"녹슨 못을 연상시키는 황갈색 칵테일"

TIP

1. 음료의 양이 많지 않기 때문에, 잔에 얼음을 가득 넣어준다.
2. Stir(스터)를 진행할 때는 바 스푼의 뒷면을 글라스의 벽을 향하게 저어준다.
3. 블랙 러시안 칵테일과 제조 방법이 거의 유사하다.

위스키 사워 (Whiskey Sour)

반복학습 1 2 3

요구 사항 ▶ Whiskey Sour를 제조하여 제출하시오.

재료

레시피

조주법	Shake/Build
글라스	Sour Glass
가니쉬	A Slice of Lemon & Cherry
재료	– Bourbon Whiskey $1+\frac{1}{2}$ oz – Lemon Juice $\frac{1}{2}$ oz – Powdered Sugar 1tsp – On Top with Soda Water 1oz

제조 방법

1. 잔에 얼음을 가득 넣어 칠링한다.
2. 셰이커에 얼음을 8~10개 정도 넣는다.
3. 버번 위스키 $1+\frac{1}{2}$oz, 레몬 주스 $\frac{1}{2}$oz, 설탕 1tsp을 순서대로 넣는다.
4. 스트레이너, 캡 순으로 셰이커를 닫고 흔들어준다.
5. 칠링한 잔의 얼음을 버리고, 셰이커의 캡만 열고 잔의 밑부분을 잡고 따른다.
6. 소다수 1oz를 넣는다.
7. 바 스푼으로 살짝 젓는다.
8. 레몬 슬라이스와 함께 체리를 픽에 꽂아 마무리한다.

Keyword

"새콤달콤 버번 사워 칵테일"

TIP

1. 유사한 레시피인 싱가폴 슬링 칵테일과 다르게 칠링한 얼음은 반드시 버린다.
2. 탄산수는 함께 셰이킹 할 수 없기 때문에, 셰이킹 후 Build(빌드) 기법으로 넣어준다.
3. 탄산수를 넣은 뒤 저어줄 때, 탄산이 많이 사라지는 것을 막기 위해 살짝 띄워준다는 감각으로 저어준다.
4. 공식 칵테일과 다르게 조주기능사 레시피에는 달걀 흰자를 사용하지 않고 탄산수로 마무리한다.

뉴욕 (New York)

반복학습 1 2 3

요구 사항 ▶ New York을 제조하여 제출하시오.

합격 강의

재료

레시피

조주법	Shake
글라스	Cocktail Glass
가니쉬	Twist of Lemon Peel
재료	– Bourbon Whiskey $1+\frac{1}{2}$ oz – Lime Juice $\frac{1}{2}$ oz – Powdered Sugar 1tsp – Grenadine Syrup $\frac{1}{2}$ tsp

제조 방법

1 잔에 얼음을 넣어 칠링한다.
2 셰이커에 얼음을 8~10개 정도 넣는다.
3 버번 위스키 $1+\frac{1}{2}$ oz, 라임 주스 $\frac{1}{2}$ oz, 설탕 1tsp, 그레나딘 시럽 $\frac{1}{2}$ tsp을 순서대로 넣는다.
4 스트레이너, 캡 순으로 셰이커를 닫고 흔들어준다.
5 칠링한 잔의 얼음을 버린다.
6 셰이커의 캡만 열고 잔의 밑부분을 잡고 따른다.
7 레몬 껍질을 손질 후 비틀어 3초 유지 후 칵테일 안에 넣어서 마무리한다.

Keyword

"뉴욕의 일출을 닮은 오렌지 빛 칵테일"

TIP

1 필(Peel)을 만들 때는 한쪽은 집게를 잡고 다른 한쪽은 손으로 잡아 비틀어주면 쉽게 만들 수 있다.
2 그레나딘 시럽은 $\frac{1}{2}$ tsp으로 너무 많이 넣지 않도록 주의한다.

다이키리 (Daiquiri)

반복학습 1 2 3

요구 사항 ▶ Daiquiri를 제조하여 제출하시오.

합격 강의

재료

레시피

조주법	Shake
글라스	Cocktail Glass
가니쉬	없음
재료	- Light Rum $1+\frac{3}{4}$ oz - Lime Juice $\frac{3}{4}$ oz - Powdered Sugar 1tsp

제조 방법

1. 잔에 얼음을 넣어 칠링한다.
2. 셰이커에 얼음을 8~10개 정도 넣는다.
3. 라이트 럼 $1+\frac{3}{4}$oz, 라임 주스 $\frac{3}{4}$oz, 설탕 1tsp을 순서대로 넣는다.
4. 스트레이너, 캡 순으로 셰이커를 닫고 흔들어준다.
5. 칠링한 잔의 얼음을 버린다.
6. 셰이커의 캡만 열고 잔의 밑부분을 잡고 따라주면서 마무리한다.

Keyword

"럼과 라임의 달달한 만남"

TIP

1. 유사한 레시피인 바카디와 제조 방법이 같으나 재료가 다르니 주의한다.
2. 라임 주스와 함께 들어가는 베이스 기주는 럼, 보드카, 테킬라이다.
3. 시험장에 라이트 럼이 있을 경우, 라이트 럼을 사용해야 한다.

B-52

반복학습 1 2 3

요구 사항 ▶ B-52를 제조하여 제출하시오.

합격 강의

재료

레시피

조주법	Float
글라스	Sherry Glass(2oz)
가니쉬	없음
재료	– Coffee Liqueur $\frac{1}{3}$ Part – Bailey's Irish Cream Liqueur $\frac{1}{3}$ Part – Grand Marnier $\frac{1}{3}$ Part

제조 방법

1 먼저 잔에 깔루아 $\frac{1}{3}$ part(약 $\frac{1}{3}$ oz)를 계량하여 잔의 바닥에 깔아준다.
2 사용한 지거와 바 스푼은 닦아준다.
3 베일리스 아이리시 크림 $\frac{1}{3}$ part(약 $\frac{1}{2}$ oz)를 계량하여, 바 스푼을 이용하여 천천히 쌓는다.
4 사용한 지거와 바 스푼은 닦아준다.
5 그랑 마니에 $\frac{1}{3}$ part(약 $\frac{3}{4}$ oz)를 계량하여, 동일하게 바 스푼을 이용하여 천천히 쌓는다.

Keyword

"입 안에서 터지는 달콤한 폭격기"

TIP

1 B-52의 잔은 위로 갈수록 입구가 벌어지는 형태로 각 $\frac{1}{3}$ part의 용량이 다르니 주의한다.
2 1가지 재료를 따른 후 지거와 바 스푼은 항상 닦아준 뒤 다음 재료를 따른다.
3 지거와 바 스푼은 사용 전에 물기를 닦아주면 플로팅 시 섞이지 않고 잘 쌓을 수 있다.
4 그랑 마니에는 아래층과 혼탁해지기 쉬우니 특히 주의하여 따른다.

준벅 (June Bug)

반복학습 1 2 3

요구 사항 ▶ June Bug을 제조하여 제출하시오.

재료

레시피

조주법	Shake
글라스	Collins Glass
가니쉬	A Wedge of fresh Pineapple & Cherry
재료	— Midori(Melon Liqueur) 1oz — Coconut flavored Rum $\frac{1}{2}$ oz — Banana Liqueur $\frac{1}{2}$ oz — Pineapple Juice 2oz — Sweet&Sour mix 2oz

제조 방법

1. 잔에 얼음을 넣어 칠링한다.
2. 셰이커에 얼음을 8~10개 정도 넣는다.
3. 미도리 1oz, 말리부 $\frac{1}{2}$ oz, 바나나 리큐어 $\frac{1}{2}$ oz, 파인애플 주스 2oz, 스위트 앤 사워 믹스 2oz를 순서대로 넣는다.
4. 스트레이너, 캡 순으로 셰이커를 닫고 흔들어준다.
5. 칠링한 잔의 얼음을 버리지 않고, 셰이커의 캡만 열고 잔의 밑부분을 잡고 따른다.
6. 파인애플 웨지와 함께 체리를 픽에 꽂아 마무리한다.

Keyword

"6월의 애벌레"

TIP

1. 칠링한 잔의 얼음을 버리지 않아야 한다.
2. 완성된 음료의 양이 잔의 90% 정도 채워야하기 때문에 얼음을 가득 담도록 한다.

바카디 (Bacardi Cocktail)

반복학습 1 2 3

요구 사항 ▶ Bacardi Cocktail을 제조하여 제출하시오.

합격 강의

재료

레시피

조주법	Shake
글라스	Cocktail Glass
가니쉬	없음
재료	− Bacardi Rum White $1+\frac{3}{4}$ oz − Lime Juice $\frac{3}{4}$ oz − Grenadine Syrup 1tsp

제조 방법

1. 잔에 얼음을 넣어 칠링한다.
2. 셰이커에 얼음을 8~10개 정도 넣는다.
3. 바카디 럼 $1+\frac{3}{4}$ oz, 라임 주스 $\frac{3}{4}$ oz, 그레나딘 시럽 1tsp을 순서대로 넣는다.
4. 스트레이너, 캡 순으로 셰이커를 닫고 흔들어준다.
5. 칠링한 잔의 얼음을 버린다.
6. 셰이커의 캡만 열고 잔의 밑부분을 잡고 따라주면서 마무리한다.

Keyword

"바카디 회사가 작정하고 만든 칵테일"

TIP

1. 반드시 바카디 럼을 사용해야 한다.
2. 그레나딘 시럽은 지거가 아닌 바 스푼으로 계량하여 넣는다.
3. 유사한 레시피인 다이키리 칵테일과 제조 방법이 같으나 재료가 다르니 주의한다.
4. 라임 주스와 함께 들어가는 베이스 기주는 럼, 보드카, 테킬라이다.

쿠바리브레 (Cuba Libre)

반복학습 1 2 3

요구 사항 ▶ Cuba Libre를 제조하여 제출하시오.

재료

레시피

조주법	Build
글라스	Highball Glass
가니쉬	A Wedge of Lemon
재료	– Light Rum $1+\frac{1}{2}$ oz – Lime Juice $\frac{1}{2}$ oz – Fill with Cola

제조 방법

1. 잔에 얼음을 가득 넣는다.
2. 라이트 럼 $1+\frac{1}{2}$ oz, 라임 주스 $\frac{1}{2}$ oz를 순서대로 넣는다.
3. 콜라를 컵의 80~90%만큼 채운다.
4. 잔에 얼음 8~10개를 넣는다.
5. 바 스푼으로 8~10번 젓는다.
6. 레몬 웨지를 꽂아 마무리한다.

Keyword

"자유 쿠바 만세(Viva Cuba Libre)"

TIP

1. 잔에 얼음을 가득 넣도록 한다.
2. 바 스푼으로 저을 때, 다구 섞지 말고 글라스의 벽을 따라 젓는다.
3. 완성 제조 시, 잔에 음료의 용량이 약 90% 정도 차도록 한다.
4. 콜라가 들어가는 칵테일은 가니쉬로 레몬 웨지를 장식한다.
5. 시험장에 라이트 럼이 있을 경우, 라이트 럼을 사용해야 한다.

그래스호퍼 (Grasshopper)

요구 사항 ▶ Grasshopper를 제조하여 제출하시오.

재료

레시피

조주법	Shake
글라스	Champagne Glass(Saucer형)
가니쉬	없음
재료	– Crème de Menthe(Green) 1oz – Crème de Cacao(White) 1oz – Light Milk 1oz

제조 방법

1 잔에 얼음을 넣어 칠링한다.
2 셰이커에 얼음을 8~10개 정도 넣는다.
3 크렘 드 민트(그린) 1oz, 크렘 드 카카오(화이트) 1oz, 우유 1oz를 순서대로 넣는다.
4 스트레이너, 캡 순으로 셰이커를 닫고 흔들어준다.
5 칠링한 잔의 얼음을 버린다.
6 셰이커의 캡만 열고 잔의 밑부분을 잡고 따라주면서 마무리한다.

Keyword

"민트+초코+우유 칵테일"

TIP

1 칠링한 잔의 얼음을 잊지 말고 버린다.
2 셰이킹은 너무 오래 하지 않는다. (약 8회 정도가 적당하다.)
3 크렘 드 민트(그린), 크렘 드 카카오(화이트)는 병의 색깔로 쉽게 구분이 가능하다.

시브리즈 (Seabreeze)

반복학습 1 2 3

요구 사항 ▶ Seabreeze를 제조하여 제출하시오.

▶ 합격 강의

재료

레시피

조주법	Build
글라스	Highball Glass
가니쉬	A Wedge of Lime or Lemon
재료	– Vodka $1+\frac{1}{2}$ oz – Cranberry Juice 3oz – Grapefruit Juice $\frac{1}{2}$ oz

제조 방법

1 잔에 얼음을 가득 넣는다.
2 보드카 $1+\frac{1}{2}$oz, 크렌베리 주스 3oz, 자몽 주스 $\frac{1}{2}$oz를 순서대로 넣는다.
3 바 스푼으로 8~10번 젓는다.
4 레몬 웨지 혹은 라임 웨지를 꽂아 마무리한다.

Keyword

"바닷바람을 품은 붉은 칵테일"

TIP

1 잔에 얼음을 가득 넣도록 한다.
2 바 스푼으로 저을 때, 마구 섞지 말고 글라스의 벽을 따라 젓는다.
3 완성 제조 시, 잔에 음료의 용량이 약 90% 정도 채우게 한다.
4 레몬(라임)은 웨지 모양으로 자른 후, 과육과 껍질 사이에 칼집을 내주면 쉽게 잔에 꽂아진다.

애플 마티니 (Apple Martini)

요구 사항 ▶ Apple Martini를 제조하여 제출하시오.

재료

레시피

조주법	Shake
글라스	Cocktail Glass
가니쉬	A Slice of Apple
재료	– Vodka 1oz – Apple Pucker (Sour Apple Liqueur) 1oz – Lime Juice $\frac{1}{2}$ oz

제조 방법

1. 잔에 얼음을 넣어 칠링한다.
2. 셰이커에 얼음을 8~10개 정도 넣는다.
3. 보드카 1oz, 애플 퍼커 1oz, 라임 주스 $\frac{1}{2}$oz를 순서대로 넣는다.
4. 스트레이너, 캡 순으로 셰이커를 닫고 흔들어준다.
5. 칠링한 잔의 얼음을 버린다.
6. 셰이커의 캡만 열고 잔의 밑부분을 잡고 따른다.
7. 사과 슬라이스를 꽂아 마무리한다.

Keyword

"보드카를 넣은 사과 칵테일"

TIP

1. 칠링한 얼음은 반드시 버린다.
2. 라임 주스와 함께 들어가는 베이스 기주는 럼, 보드카, 테킬라이다.
3. 조주 시간이 부족할 시, 사과 슬라이스는 잔 안에 넣어도 된다.

네그로니 (Negroni)

반복학습 1 2 3

요구 사항 ▶ Negroni를 제조하여 제출하시오.

재료

레시피

조주법	Build
글라스	Old-Fashioned Glass
가니쉬	Twist of Lemon Peel
재료	- Dry Gin $\frac{3}{4}$ oz - Sweet Vermouth $\frac{3}{4}$ oz - Campari $\frac{3}{4}$ oz

제조 방법

1. 잔에 얼음을 가득 넣는다.
2. 드라이 진 $\frac{3}{4}$ oz, 스위트 베르무스 $\frac{3}{4}$ oz, 캄파리 $\frac{3}{4}$ oz를 순서대로 넣는다.
3. 바 스푼으로 8~10번 젓는다.
4. 레몬 껍질을 손질 후 비틀어 3초 유지 후 칵테일 안에 넣어서 마무리한다.

Keyword

"달콤 쌉쌀한, 세계에서 많이 팔린 클래식 칵테일"

TIP

1. 음료의 양이 많지 않기 때문에, 잔에 얼음을 가득 넣도록 한다.
2. Stir(스터)를 진행할 때는 바 스푼의 뒷면을 글라스의 벽을 향하게 젓는다.
3. 필(Peel)을 만들 때는 한쪽은 집게를 잡고 다른 한쪽은 손으로 잡아 비틀어주면 쉽게 만들 수 있다.
4. 불바디에 칵테일과 제조 방법이 거의 유사하다.

롱 아일랜드 아이스 티 (Long Island Iced Tea)

반복학습 1 2 3

요구 사항 ▶ Long Island Iced Tea를 제조하여 제출하시오.

제조 방법

1. 잔에 얼음을 가득 넣는다.
2. 셰이커에 얼음을 8~10개 정도 넣는다.
3. 드라이 진 $\frac{1}{2}$oz, 보드카 $\frac{1}{2}$oz, 라이트 럼 $\frac{1}{2}$oz, 테킬라 $\frac{1}{2}$oz, 트리플 섹 $\frac{1}{2}$oz, 스위트 앤 사워 믹스 $1+\frac{1}{2}$oz를 순서로 넣는다.
4. 바 스푼으로 8~10번 젓는다.
5. 콜라를 잔의 80~90% 채운 뒤, 바 스푼으로 살짝 젓는다.
6. 레몬 웨지를 꽂아 마무리한다.

재료

레시피

조주법	Build
글라스	Collins Glass
가니쉬	A Wedge of Lime or Lemon
재료	– Dry Gin 1/2oz – Vodka 1/2oz – Light Rum 1/2oz – Tequila 1/2oz – Triple Sec 1/2oz – Sweet&Sour mix 1+1/2oz – On Top with Cola

Keyword

"레몬 홍차 향의 칵테일"

TIP

1. 잔에 얼음을 가득 넣도록 한다.
2. Stir(스터)를 진행할 때는 바 스푼의 뒷면을 글라스의 벽을 향하게 젓는다.
3. 완성된 음료의 양은 잔의 90% 정도 채워야 하며, 양이 적을 시 잔에 얼음을 더 채워야 한다.
4. 콜라가 들어가는 칵테일은 레몬 웨지가 가니쉬이다.
5. 조주 시간이 부족할 시, 레몬 웨지는 잔 안에 넣는다.
6. 시험장에 라이트 럼이 있을 경우, 라이트 럼을 사용해야 한다.

사이드카 (Side Car)

반복학습 1 2 3

요구 사항 ▶ Side Car를 제조하여 제출하시오.

합격 강의

재료

레시피

조주법	Shake
글라스	Cocktail Glass
가니쉬	없음
재료	– Brandy 1oz – Triple Sec 1oz – Lemon Juice $\frac{1}{4}$ oz

제조 방법

1. 잔에 얼음을 넣어 칠링한다.
2. 셰이커에 얼음을 8~10개 정도 넣는다.
3. 브랜디 1oz, 트리플 섹 1oz, 레몬 주스 $\frac{1}{4}$ oz를 순서대로 넣는다.
4. 스트레이너, 캡 순으로 셰이커를 닫고 흔들어준다.
5. 칠링한 잔의 얼음을 버린다.
6. 셰이커의 캡만 열고 잔의 밑부분을 잡고 따라주면서 마무리한다.

Keyword

"브랜디와 레몬의 새콤달콤한 만남"

TIP

1. 유사한 레시피인 허니문 칵테일과 제조 방법이 같으나 재료가 다르니 주의한다.
2. 레몬 주스와 함께 들어가는 베이스 기주는 진, 브랜디이다.

마이타이 (Mai Tai)

반복학습 1 2 3

요구 사항 ▶ Mai Tai를 제조하여 제출하시오.

합격 강의

재료

레시피

조주법	Blend
글라스	Footed Pilsner Glass
가니쉬	A Wedge of fresh Pineapple (Orange)&Cherry
재료	− Light Rum $1+\frac{1}{4}$ oz − Triple Sec $\frac{3}{4}$ oz − Lime Juice 1oz − Pineapple Juice 1oz − Orange Juice 1oz − Grenadine Syrup $\frac{1}{4}$ oz

제조 방법

1. 잔에 얼음을 넣어 칠링한다.
2. 블렌더에 크러쉬드 아이스 1 스쿱을 넣는다.
3. 라이트 럼 $1+\frac{1}{4}$oz, 트리플 섹 $\frac{3}{4}$oz, 라임 주스 1oz, 파인애플 주스 1oz, 오렌지 주스 1oz, 그레나딘 시럽 $\frac{1}{4}$oz를 순서대로 넣는다.
4. 블렌더의 뚜껑을 닫고 약 10초 정도 갈아준다.
5. 칠링한 잔의 얼음을 버린 뒤, 잔의 밑부분을 잡고 따른다.
6. 파인애플 웨지와 함께 체리를 픽에 꽂아 마무리한다.

Keyword

"트로피컬 칵테일의 여왕"

TIP

1. 블렌드(Blend) 기법은 모두 럼이 들어간다.
2. 시험장에 크러쉬드 아이스가 없을 시, 큐브드 아이스를 8~10개 넣어주면 된다.
3. 얼음과 음료가 충분히 섞여 적당히 따라질 정도로만 갈아주며, 너무 오래 블렌딩을 하지 않도록 유의한다.
4. 블렌드(Blend) 기법은 시간이 오래 걸리기 때문에 마지막에 조주 하는 것이 유리하다.
5. 시험장에 라이트 럼이 있을 경우, 라이트 럼을 사용해야 한다.

피나콜라다 (Pina Colada)

반복학습 1 2 3

요구 사항 ▶ Pina Colada를 제조하여 제출하시오.

합격 강의

재료

레시피

조주법	Blend
글라스	Footed Pilsner Glass
가니쉬	A Wedge of fresh Pineapple & Cherry
재료	- Light Rum $1+\frac{1}{4}$ oz - Pina Colada Mix 2oz - Pineapple Juice 2oz

제조 방법

1. 잔에 얼음을 넣어 칠링한다.
2. 블렌더에 크러쉬드 아이스 1 스쿱을 넣는다.
3. 라이트 럼 $1+\frac{1}{4}$ oz, 피나콜라다 믹스 2oz, 파인애플 주스 2oz를 순서대로 넣는다.
4. 블렌더의 뚜껑을 닫고 약 10초 정도 갈아준다.
5. 칠링한 잔의 얼음을 버린 뒤, 잔의 밑부분을 잡고 따른다.
6. 파인애플 웨지와 함께 체리를 픽에 꽂아 마무리한다.

Keyword

"파인애플과 코코넛이 피어나는 칵테일"

TIP

1. 블렌드(Blend) 기법은 모두 럼이 들어간다.
2. 시험장에 크러쉬드 아이스가 없을 시, 큐브드 아이스를 8~10개 넣어주면 된다.
3. 얼음과 음료가 충분히 섞여 적당히 따라질 정도로만 갈아주며, 너무 오래 블렌딩을 하지 않도록 유의한다.
4. 블렌드(Blend) 기법은 시간이 오래 걸리기 때문에 마지막에 조주하는 것이 유리하다.
5. 시험장에 라이트 럼이 있을 경우, 라이트 럼을 사용해야 한다.

코스모폴리탄 (Cosmopolitan Cocktail)

반복학습 1 2 3

요구 사항 ▶ Cosmopolitan Cocktail을 제조하여 제출하시오.

재료

레시피

조주법	Shake
글라스	Cocktail Glass
가니쉬	Twist of Lime or Lemon Peel
재료	– Vodka 1oz – Triple Sec $\frac{1}{2}$ oz – Lime Juice $\frac{1}{2}$ oz – Cranberry Juice $\frac{1}{2}$ oz

제조 방법

1 잔에 얼음을 넣어 칠링한다.
2 셰이커에 얼음을 8~10개 정도 넣는다.
3 보드카 1oz, 트리플 섹 $\frac{1}{2}$ oz, 라임 주스 $\frac{1}{2}$ oz, 크렌베리 주스 $\frac{1}{2}$ oz를 순서대로 넣는다.
4 스트레이너, 캡 순으로 셰이커를 닫고 흔들어준다.
5 칠링한 잔의 얼음을 버린다.
6 셰이커의 캡만 열고 잔의 밑부분을 잡고 따라준다.
7 라임 혹은 레몬 껍질을 손질 후 비틀어 3초 유지 후 칵테일 안에 넣어서 마무리한다.

Keyword

"달달하고 정열적인 보드카 칵테일"

TIP

1 라임 주스와 함께 들어가는 베이스 기주는 럼, 보드카, 테킬라이다.
2 필(Peel)을 만들 때는 한쪽은 집게를 잡고 다른 한쪽은 손으로 잡아 비틀어주면 쉽게 만들 수 있다.

모스코 뮬 (Moscow Mule)

요구 사항 ▶ Moscow Mule을 제조하여 제출하시오.

재료

레시피

조주법	Build
글라스	Highball Glass
가니쉬	A Slice of Lime or Lemon
재료	– Vodka $1+\frac{1}{2}$ oz – Lime Juice $\frac{1}{2}$ oz – Fill with Ginger Ale

제조 방법

1. 잔에 얼음을 가득 넣는다.
2. 보드카 $1+\frac{1}{2}$ oz, 라임 주스 $\frac{1}{2}$ oz를 순서대로 넣는다.
3. 진저에일을 잔의 80~90% 채운다.
4. 바 스푼으로 살짝 젓는다.
5. 레몬 슬라이스를 꽂아 마무리한다.

Keyword

"진저에일에 라임 한 스푼"

TIP

1. 잔에 얼음을 가득 넣도록 한다.
2. 바 스푼으로 저을 때, 마구 섞지 말고 글라스의 벽을 따라 젓는다.
3. 완성 제조 시, 잔에 음료의 용량이 약 90% 정도 채우게 한다.
4. 진저에일을 넣고 바 스푼으로 저을 때, 탄산이 빠져나가지 않도록 살짝만 저어야 한다.

애프리콧 칵테일 (Apricot Cocktail)

반복학습 1 2 3

요구 사항 ▶ Apricot Cocktail을 제조하여 제출하시오.

재료

레시피

조주법	Shake
글라스	Cocktail Glass
가니쉬	없음
재료	– Apricot flavored Brandy $1+\frac{1}{2}$ oz – Dry Gin 1tsp – Lemon Juice $\frac{1}{2}$ oz – Orange Juice $\frac{1}{2}$ oz

제조 방법

1. 잔에 얼음을 넣어 칠링한다.
2. 셰이커에 얼음을 8~10개 정도 넣는다.
3. 살구 브랜디 $1+\frac{1}{2}$ oz, 드라이 진 1tsp, 레몬 주스 $\frac{1}{2}$ oz, 오렌지 주스 $\frac{1}{2}$ oz를 순서대로 넣는다.
4. 스트레이너, 캡 순으로 셰이커를 닫고 흔들어준다.
5. 칠링한 잔의 얼음을 버린다.
6. 셰이커의 캡만 열고 잔의 밑부분을 잡고 따라주며 마무리한다.

Keyword

"살구 브랜디에 드라이 진 한 스푼"

TIP

1. 레몬 주스와 함께 들어가는 베이스 기주는 진, 브랜디이다.

허니문 칵테일
(Honeymoon Cocktail)

반복학습 1 2 3

요구 사항 ▶ Honeymoon Cocktail을 제조하여 제출하시오.

재료

레시피

조주법	Shake
글라스	Cocktail Glass
가니쉬	없음
재료	– Apple Brandy $\frac{3}{4}$ oz – Benedictine D.O.M $\frac{3}{4}$ oz – Triple Sec $\frac{1}{4}$ oz – Lemon Juice $\frac{1}{2}$ oz

제조 방법

1. 잔에 얼음을 넣어 칠링한다.
2. 셰이커에 얼음을 8~10개 정도 넣는다.
3. 애플 브랜디(칼바도스) $\frac{3}{4}$ oz, 베네딕틴 D.O.M $\frac{3}{4}$ oz, 트리플 섹 $\frac{1}{4}$ oz, 레몬 주스 $\frac{1}{2}$ oz를 순서대로 넣는다.
4. 스트레이너, 캡 순으로 셰이커를 닫고 흔들어준다.
5. 칠링한 잔의 얼음을 버린다.
6. 셰이커의 캡만 열고 잔의 밑부분을 잡고 따라주며 마무리한다.

Keyword

"신혼여행은 [에.베.레.트]로"

TIP

1. 프랑스 산의 브랜디(칼바도스)와 리큐어(베네딕틴)가 들어가는 유일한 칵테일이다.
2. 레몬 주스와 함께 들어가는 베이스 기주는 진, 브랜디 이다.

블루 하와이안 (Blue Hawaiian)

요구 사항 ▶ Blue Hawaiian을 제조하여 제출하시오.

재료

레시피

조주법	Blend
글라스	Footed Pilsner Glass
가니쉬	A Wedge of fresh Pineapple & Cherry
재료	– Light Rum 1oz – Blue Curacao 1oz – Coconut flavored Rum 1oz – Pineapple Juice $2+\frac{1}{2}$ oz

제조 방법

1. 잔에 얼음을 넣어 칠링한다.
2. 블렌더에 크러쉬드 아이스 1스쿱을 넣는다.
3. 라이트 럼 1oz, 블루 큐라소 1oz, 말리부 1oz, 파인애플 주스 $2+\frac{1}{2}$ oz를 순서대로 넣는다.
4. 블렌더의 뚜껑을 닫고 약 10초 정도 갈아준다.
5. 칠링한 잔의 얼음을 버린 뒤, 잔의 밑부분을 잡고 따른다.
6. 파인애플 웨지와 함께 체리를 픽에 꽂아 마무리한다.

Keyword

"푸른 바다를 담은 트로피컬 칵테일"

TIP

1. 블렌드(Blend) 기법은 모두 럼이 들어간다.
2. 시험장에 크러쉬드 아이스가 없을 시, 큐브드 아이스를 8~10개 넣어주면 된다.
3. 얼음과 음료가 충분히 섞여 적당히 따라질 정도로만 갈아주며, 너무 오래 블렌딩을 하지 않도록 유의한다.
4. 블렌드(Blend) 기법은 시간이 오래 걸리기 때문에 마지막에 조주하는 것이 유리하다.
5. 시험장에 라이트 럼이 있을 경우, 라이트 럼을 사용해야 한다.

키르 (Kir)

반복학습 1 2 3

요구 사항 ▶ Kir를 제조하여 제출하시오.

재료

레시피

조주법	Build
글라스	White Wine Glass
가니쉬	Twist of Lemon Peel
재료	– White Wine 3oz – Crème de Cassis $\frac{1}{2}$ oz

제조 방법

1. 잔에 바로 화이트 와인 3oz, 크렘 드 카시스 $\frac{1}{2}$ oz를 순서대로 넣는다.
2. 바 스푼으로 살짝 젓는다.
3. 레몬 껍질을 손질 후 비틀어 3초 유지 후 칵테일 안에 넣어서 마무리한다.

Keyword

"매력적인 붉은 빛의 와인 칵테일"

TIP

1. 잔에 칠링 하지 않고 바로 기주를 넣는다.
2. 필(Peel)을 만들 때는 한쪽은 집게를 잡고 다른 한쪽은 손으로 잡아 비틀어주면 쉽게 만들 수 있다.

테킬라 선라이즈 (Tequila Sunrise)

요구 사항 ▶ Tequila Sunrise를 제조하여 제출하시오.

재료

레시피

조주법	Build/Float
글라스	Footed Pilsner Glass
가니쉬	없음
재료	– Tequila $1+\frac{1}{2}$ oz – Fill with Orange Juice – Grenadine Syrup $\frac{1}{2}$ oz

제조 방법

1. 잔에 얼음을 가득 넣는다.
2. 테킬라 $1+\frac{1}{2}$ oz를 넣는다.
3. 오렌지 주스를 잔의 80~90%로 채운다.
4. 바 스푼으로 8~10번 젓는다.
5. 그레나딘 시럽 $\frac{1}{2}$ oz를 바 스푼을 이용해 얼음을 피해 천천히 부으면서 마무리한다.

Keyword

"그레나딘 시럽으로 떠오르는 멕시코의 일출"

TIP

1. 잔에 얼음을 가득 넣도록 한다.
2. 칠링한 얼음은 버리지 않는다.
3. 완성 제조 시, 잔에 음료의 용량이 약 90% 정도 채우게 한다.
4. 마지막 그레나딘 시럽은 바 스푼을 글라스의 벽면에 대지 않은 채, Float(플로트) 해주는 느낌으로 천천히 넣는다.

힐링 (Healing)

반복학습 1 2 3

요구 사항 ▶ Healing을 제조하여 제출하시오.

재료

레시피

조주법	Shake
글라스	Cocktail Glass
가니쉬	Twist of Lemon Peel
재료	– Gam Hong Ro (감홍로/40도) $1+\frac{1}{2}$ oz – Benedictine D.O.M $\frac{1}{3}$ oz – Crème de Cassis $\frac{1}{3}$ oz – Sweet&Sour mix 1oz

제조 방법

1. 잔에 얼음을 넣어 칠링한다.
2. 셰이커에 얼음을 8~10개 정도 넣는다.
3. 감홍로 $1+\frac{1}{2}$ oz, 베네딕틴 D.O.M $\frac{1}{3}$ oz, 크렘 드 카시스 $\frac{1}{3}$ oz, 스위트 앤 사워 믹스 1oz를 순서대로 넣는다.
4. 스트레이너, 캡 순으로 셰이커를 닫고 흔들어준다.
5. 칠링한 잔의 얼음을 버린다.
6. 셰이커의 캡만 열고 잔의 밑부분을 잡고 따른다.
7. 레몬 껍질을 손질 후 비틀어 3초 유지 후 칵테일 안에 넣어서 마무리한다.

Keyword

"지친 몸을 달래주는 약재 향이 가득한"

TIP

1. 필(Peel)을 만들 때는 한쪽을 집게를 잡고 다른 한쪽은 손으로 잡아 비틀어주면 쉽게 만들 수 있다.
2. 전통주가 들어가는 레시피 중 가니쉬가 들어가는 칵테일은 힐링, 풋사랑이다.

진도 (Jindo)

반복학습 1 2 3

요구 사항 ▶ Jindo를 제조하여 제출하시오.

합격 강의

재료

레시피

조주법	Shake
글라스	Cocktail Glass
가니쉬	없음
재료	− Jindo Hong Ju (진도 홍주/40도) 1oz − Crème de Menthe(White) $\frac{1}{2}$ oz − White Grape Juice (청포도 주스) $\frac{3}{4}$ oz − Raspberry Syrup $\frac{1}{2}$ oz

Keyword

"진도의 특산품, 홍주 칵테일"

TIP

1 진도 칵테일은 조주기능사 실기 시험에서 잘 안 쓰이는 재료들로 조합하여 제조하기 때문에 외워두도록 한다. (크렘 드 민트 화이트, 청포도 주스, 라즈베리 시럽)

제조 방법

1 잔에 얼음을 넣어 칠링한다.
2 셰이커에 얼음을 8~10개 정도 넣는다.
3 진도 홍주 1oz, 크렘 드 민트(화이트) $\frac{1}{2}$ oz, 청포도 주스 $\frac{3}{4}$ oz, 라즈베리 시럽 $\frac{1}{2}$ oz를 순서대로 넣는다.
4 스트레이너, 캡 순으로 셰이커를 닫고 흔들어준다.
5 칠링한 잔의 얼음을 버린다.
6 셰이커의 캡만 열고 잔의 밑부분을 잡고 따라주면서 마무리한다.

풋사랑 (Puppy Love)

반복학습 1 2 3

요구 사항 ▶ Puppy Love를 제조하여 제출하시오.

합격 강의

재료

레시피

조주법	Shake
글라스	Cocktail Glass
가니쉬	A Slice of Apple
재료	– Andong Soju(안동소주/35도) 1oz – Triple Sec $\frac{1}{3}$ oz – Apple Pucker 　(Sour Apple Liqueur) 1oz – Lime Juice $\frac{1}{3}$ oz

제조 방법

1. 잔에 얼음을 넣어 칠링한다.
2. 셰이커에 얼음을 8~10개 정도 넣는다.
3. 안동소주 1oz, 트리플 섹 $\frac{1}{3}$ oz, 애플 퍼커 1oz, 라임 주스 $\frac{1}{3}$ oz를 순서대로 넣는다.
4. 스트레이너, 캡 순으로 셰이커를 닫고 흔들어준다.
5. 칠링한 잔의 얼음을 버린다.
6. 셰이커의 캡만 열고 잔의 밑부분을 잡고 따른다.
7. 사과 슬라이스를 꽂아 마무리한다.

Keyword

"풋사과향이 가득한 풋사랑"

TIP

1. 전통주로는 안동소주가 들어간다.
2. 조주 시간이 부족할 시, 사과 슬라이스는 잔 안에 넣어도 된다.
3. 전통주가 들어가는 레시피 중 가니쉬가 들어가는 칵테일은 힐링, 풋사랑이다.

금산 (Geumsan)

반복학습 1 2 3

요구 사항 ▶ Geumsan을 제조하여 제출하시오.

재료

레시피

조주법	Shake
글라스	Cocktail Glass
가니쉬	없음
재료	— Geumsan Insamju 　(금산 인삼주/43도) $1+\frac{1}{2}$ oz — Coffee Liqueur(Kahlúa) $\frac{1}{2}$ oz — Apple Pucker 　(Sour Apple Liqueur) $\frac{1}{2}$ oz — Lime Juice 1tsp

제조 방법

1. 잔에 얼음을 넣어 칠링한다.
2. 셰이커에 얼음을 8~10개 정도 넣는다.
3. 금산 인삼주 $1+\frac{1}{2}$ oz, 깔루아 $\frac{1}{2}$ oz, 애플 퍼커 $\frac{1}{2}$ oz, 라임 주스 1tsp를 순서대로 넣는다.
4. 스트레이너, 캡 순으로 셰이커를 닫고 흔들어준다.
5. 칠링한 잔의 얼음을 버린다.
6. 셰이커의 캡만 열고 잔의 밑부분을 잡고 따라주면서 마무리한다.

Keyword

"강한 인삼향의 흑사탕 칵테일"

TIP

1. 라임 주스 1tsp 계량은 바 스푼을 이용하여 넣어준다.
2. 셰이킹은 너무 오래 진행하지 않고 약 8회 정도 흔드는 것이 적당하다.

고창 (Gochang)

반복학습 1 2 3

요구 사항 ▶ Gochang을 제조하여 제출하시오.

재료

레시피

조주법	Stir
글라스	Flute Champagne Glass
가니쉬	없음
재료	– Sunwoonsan Bokbunja Wine (선운산 복분자주) 2oz – Triple Sec $\frac{1}{2}$ oz – Sprite 2oz

제조 방법

1. 잔에 얼음을 넣어 칠링한다.
2. 믹싱 글라스에 얼음을 8~10개 정도 넣는다.
3. 선운산 복분자주 2oz, 트리플 섹 $\frac{1}{2}$ oz, 사이다 2oz를 순서대로 넣는다.
4. 바 스푼으로 최소 6~8번 젓는다.
5. 칠링한 잔의 얼음을 버린다.
6. 믹싱 글라스에 스트레이너를 끼운 뒤, 잔의 밑부분을 잡고 따른다.

Keyword

"복분자＋오렌지의 조합"

TIP

1. 믹싱 글라스에 얼음을 너무 많이 담지 않는다. (다만, 시험장에서 얼음이 작을 경우, 얼음을 더 담아준다.)
2. 바 스푼으로 저을 때, 마구 섞지 말고 글라스의 벽을 따라 젓는다.
3. 믹싱 글라스에서 잔으로 급하게 따르면 쏟아질 수 있으니, 천천히 따른다. (고창은 붉은색 술로 바닥에 쏟으면 티가 많이 나기 때문에 주의한다.)
4. 실기 시험에 출제되는 칵테일 중에 믹싱 글라스에 Stir(스터) 기법으로만 진행되는 칵테일은 맨해튼, 드라이 마티니, 고창, 불바디에 4가지이다.

진 피즈 (Gin Fizz)

요구 사항 ▶ Gin Fizz를 제조하여 제출하시오.

재료

레시피

조주법	Shake/Build
글라스	Highball Glass
가니쉬	A Slice of Lemon
재료	– Dry Gin $1+\frac{1}{2}$ oz – Lemon Juice $\frac{1}{2}$ oz – Powdered Sugar 1tsp – Fill with Soda Water

제조 방법

1. 잔에 얼음을 가득 넣어 칠링한다.
2. 셰이커에 얼음을 8~10개 정도 넣는다.
3. 드라이 진 $1+\frac{1}{2}$ oz, 레몬 주스 $\frac{1}{2}$ oz, 설탕 1tsp을 순서대로 넣는다.
4. 스트레이너, 캡 순으로 셰이커를 닫고 흔들어준다.
5. 셰이커의 캡만 열고 잔의 밑부분을 잡고 따른다.
6. 소다수를 잔의 80~90%로 채운다.
7. 바 스푼으로 살짝 젓는다.
8. 레몬 슬라이스를 꽂아 마무리한다.

Keyword

"피-즈, 탄산을 머금은 새콤달콤 칵테일"

TIP

1. 유사한 레시피인 싱가폴 슬링과 제조 방법이 같으나 마지막에 재료와 장식이 다르니 주의한다.
2. 탄산수는 함께 셰이킹 할 수 없기 때문에, 셰이킹 후 Build(빌드) 기법으로 넣어준다.
3. 탄산수를 넣은 뒤 저어줄 때, 탄산이 많이 사라지는 것을 막기 위해 얼음을 살짝 띄워준다는 감각으로 저어준다.
4. 완성 제조 시, 잔에 음료의 용량이 약 90% 정도 채우게 한다.

프레쉬 레몬 스쿼시 (Fresh Lemon Squash)

요구 사항 ▶ Fresh Lemon Squash를 제조하여 제출하시오.

재료

레시피

조주법	Build
글라스	Highball Glass
가니쉬	A Slice of Lemon
재료	– Fresh squeezed Lemon $\frac{1}{2}$ ea – Powdered Sugar 2tsp – Fill with Soda Water

제조 방법

1. 잔에 얼음을 가득 넣는다.
2. 레몬을 반으로 자르고, 스퀴저를 이용하여 즙을 짠다.
3. 칠링한 얼음을 버리고 설탕 2tsp를 넣는다.
4. 바 스푼으로 충분히 저어 설탕을 녹인다.
5. 다시 얼음을 넣는다.
6. 소다수를 잔의 80~90%로 채운다.
7. 바 스푼으로 살짝 젓는다.
8. 레몬 슬라이스를 꽂아 마무리한다.

Keyword

"오리지널 레모네이드 칵테일"

TIP

1. 유사한 레시피인 진 피즈와 제조 방법이 비슷하나, 술이 들어가지 않는다.
2. 레몬 주스가 아닌 실제 레몬의 즙을 짜서 사용한다.
3. 바 스푼으로 저을 시, 설탕이 뭉치지 않게 잘 녹을 수 있도록 섞어준다.
4. 완성 제조 시, 잔에 음료의 용량이 약 90% 정도 채우게 한다.

버진 프루트 펀치
(Virgin Fruit Punch)

요구 사항 ▶ Virgin Fruit Punch를 제조하여 제출하시오.

재료

레시피

조주법	Blend
글라스	Footed Pilsner Glass
가니쉬	A Wedge of fresh Pineapple & Cherry
재료	− Orange Juice 1oz − Pineapple Juice 1oz − Cranberry Juice 1oz − Grapefruit Juice 1oz − Lemon Juice $\frac{1}{2}$ oz − Grenadine Syrup $\frac{1}{2}$ oz

제조 방법

1. 잔에 얼음을 넣어 칠링한다.
2. 블렌더에 크러쉬드 아이스 1 스쿱을 넣는다.
3. 각 1oz씩 오렌지 주스, 파인애플 주스, 크랜베리 주스, 자몽 주스를 순서대로 넣는다.
4. 각 $\frac{1}{2}$ oz씩 레몬 주스, 그레나딘 시럽을 순서대로 넣는다.
5. 블렌더의 뚜껑을 닫고 약 10초 정도 갈아준다.
6. 칠링한 잔의 얼음을 버린 뒤, 잔의 밑부분을 잡고 따른다.
7. 파인애플 웨지와 함께 체리를 픽에 꽂아 마무리한다.

Keyword
"무알코올 과일 펀치 칵테일"

TIP
1. 블렌드(Blend) 기법이지만 럼이 들어가지 않는 것이 특징이다.
2. 시험장에 크러쉬드 아이스가 없을 시, 큐브드 아이스를 8~10개 넣어주면 된다.
3. 얼음과 음료가 충분히 섞여 적당히 따라질 정도로만 갈아주며, 너무 오래 블렌딩을 하지 않도록 유의한다.
4. 블렌드(Blend) 기법은 시간이 오래 걸리기 때문에 마지막에 조주하는 것이 유리하다.

불바디에 (Boulevardier)

반복학습 1 2 3

요구 사항 ▶ Boulevardier를 제조하여 제출하시오.

재료

레시피

조주법	Stir
글라스	Old-Fashioned Glass
가니쉬	Twist of Orange Peel
재료	- Bourbon Whiskey 1oz - Sweet Vermouth 1oz - Campari 1oz

제조 방법

1. 잔에 얼음을 가득 넣는다.
2. 믹싱 글라스에 얼음 8~10개를 넣는다.
3. 각 1oz씩 버번 위스키, 스위트 베르무스, 캄파리를 순서대로 넣는다.
4. 바 스푼으로 8~10번 젓는다.
5. 믹싱 글라스에 스트레이너를 끼운 뒤, 잔의 밑부분을 잡고 따른다.
6. 오렌지 껍질을 손질 후 비틀어 3초 유지 후 칵테일 안에 넣어서 마무리한다.

Keyword

"네그로니 칵테일의 형제, 한량의 칵테일"

TIP

1. 음료의 양이 많지 않기 때문에, 잔에 얼음을 가득 넣도록 한다.
2. Stir(스터)를 진행할 때는 바 스푼의 뒷면을 글라스의 벽을 향하게 젓는다.
3. 필(Peel)을 만들 때는 한쪽은 집게를 잡고 다른 한쪽은 손으로 잡아 비틀어주면 쉽게 만들 수 있다.
4. 네그로니 칵테일과 제조 방법이 거의 유사하다.
5. 실기 시험에 출제되는 칵테일 중에 믹싱 글라스에 Stir(스터) 기법으로만 진행되는 칵테일은 맨해튼, 드라이 마티니, 고창, 불바디에 4가지이다.

MEMO

Pousse Cafe
푸스카페

Manhattan
맨해튼

Dry Martini
드라이 마티니

Old Fashioned
올드 패션드

Manhattan
맨해튼

글라스 Cocktail Glass

기법 Stir

재료 Bourbon Whiskey $1+\frac{1}{2}$oz
Sweet Vermouth $\frac{3}{4}$oz
Angostura Bitters 1dash

가니쉬 Cherry

Pousse Cafe
푸스카페

글라스 Stemmed Liqueur Glass

기법 Float

재료 Grenadine Syrup $\frac{1}{3}$part
Crème de Menthe(Green) $\frac{1}{3}$part
Brandy $\frac{1}{3}$part

가니쉬 없음

Old Fashioned
올드 패션드

글라스 Old-Fashioned Glass

기법 Build

재료 Bourbon Whiskey $1+\frac{1}{2}$oz
Powdered Sugar 1tsp
Angostura Bitters 1dash
Soda Water $\frac{1}{2}$oz

가니쉬 A Slice of Orange & Cherry

Dry Martini
드라이 마티니

글라스 Cocktail Glass

기법 Stir

재료 Dry Gin 2oz
Dry Vermouth $\frac{1}{3}$oz

가니쉬 Green Olive

Brandy Alexander
브랜디 알렉산더

Singapore Sling
싱가폴 슬링

Black Russian
블랙 러시안

Margarita
마가리타

Singapore Sling
싱가폴 슬링

- **글라스**: Fcoted Pilsner Glass
- **기법**: Shake/Build
- **재료**:
  - Dry Gin $1+\frac{1}{2}$oz
  - Lemon Juice $\frac{1}{2}$oz
  - Powdered Sugar 1tsp
  - Fill with Soda Water
  - On Top with Cherry flavored Brandy $\frac{1}{2}$oz
- **가니쉬**: A Slice of Orange & Cherry

Brandy Alexander
브랜디 알렉산더

- **글라스**: Cocktail Glass
- **기법**: Shake
- **재료**:
  - Brandy $\frac{3}{4}$oz
  - Crème de Cacao(Brown) $\frac{3}{4}$oz
  - Light Milk $\frac{3}{4}$oz
- **가니쉬**: Nutmeg Powder

Margarita
마가리타

- **글라스**: Cocktail Glass
- **기법**: Shake
- **재료**:
  - Tequila $1+\frac{1}{2}$oz
  - Cointreau or Triple Sec $\frac{1}{2}$oz
  - Lime Juice $\frac{1}{2}$oz
- **가니쉬**: Rimming with Salt

Black Russian
블랙 러시안

- **글라스**: Old-Fashioned Glass
- **기법**: Build
- **재료**:
  - Vodka 1oz
  - Coffee Liqueur $\frac{1}{2}$oz
- **가니쉬**: 없음

Rusty Nail
러스티네일

Whiskey Sour
위스키 사워

New York
뉴욕

Daiquiri
다이키리

Whiskey Sour
위스키 사워

글라스 Sour Glass

기법 Shake/Build

재료 Bourbon Whiskey $1+\frac{1}{2}$oz
Lemon Juice $\frac{1}{2}$oz
Powdered Sugar 1tsp
On Top with Soda Water 1oz

가니쉬 A Slice of Lemon & Cherry

Rusty Nail
러스티네일

글라스 Old-Fashioned Glass

기법 Build

재료 Scotch Whisky 1oz
Drambuie $\frac{1}{2}$oz

가니쉬 없음

Daiquiri
다이키리

글라스 Cocktail Glass

기법 Shake

재료 Light Rum $1+\frac{3}{4}$oz
Lime Juice $\frac{3}{4}$oz
Powdered Sugar 1tsp

가니쉬 없음

New York
뉴욕

글라스 Cocktail Glass

기법 Shake

재료 Bourbon Whiskey $1+\frac{1}{2}$oz
Lime Juice $\frac{1}{2}$oz
Powdered Sugar 1tsp
Grenadine Syrup $\frac{1}{2}$tsp

가니쉬 Twist of Lemon Peel

B-52

B-52

June Bug

준벅

Bacardi Cocktail

바카디

Cuba Libre

쿠바리브레

June Bug
준벅

- **글라스**: Collins Glass
- **기법**: Shake
- **재료**:
  - Midori(Melon Liqueur) 1oz
  - Coconut flavored Rum $\frac{1}{2}$oz
  - Banana Liqueur $\frac{1}{2}$oz
  - Pineapple Juice 2oz
  - Sweet & Sour mix 2oz
- **가니쉬**: A Wedge of fresh Pineapple & Cherry

B-52
B-52

- **글라스**: Sherry Glass(2oz)
- **기법**: Float
- **재료**:
  - Coffee Liqueur $\frac{1}{3}$part
  - Bailey's Irish Cream Liqueur $\frac{1}{3}$part
  - Grand Marnier $\frac{1}{3}$part
- **가니쉬**: 없음

Cuba Libre
쿠바리브레

- **글라스**: Highball Glass
- **기법**: Build
- **재료**:
  - Light Rum $1+\frac{1}{2}$oz
  - Lime Juice $\frac{1}{2}$oz
  - Fill with Cola
- **가니쉬**: A Wedge of Lemon

Bacardi Cocktail
바카디

- **글라스**: Cocktail Glass
- **기법**: Shake
- **재료**:
  - Bacardi Rum White $1+\frac{3}{4}$oz
  - Lime Juice $\frac{3}{4}$oz
  - Grenadine Syrup 1tsp
- **가니쉬**: 없음

Grasshopper
그래스호퍼

Seabreeze
시브리즈

Apple Martini
애플 마티니

Negroni
네그로니

Seabreeze
시브리즈

- **글라스** Highball Glass
- **기법** Build
- **재료** Vodka $1+\frac{1}{2}$oz
  Cranberry Juice 3oz
  Grapefruit Juice $\frac{1}{2}$oz
- **가니쉬** A Wedge of Lime or Lemon

Grasshopper
그래스호퍼

- **글라스** Champagne Glass(Saucer형)
- **기법** Shake
- **재료** Crème de Menthe(Green) 1oz
  Crème de Cacao(White) 1oz
  Light Milk 1oz
- **가니쉬** 없음

Negroni
네그로니

- **글라스** Old-Fashioned Glass
- **기법** Build
- **재료** Dry Gin $\frac{3}{4}$oz
  Sweet Vermouth $\frac{3}{4}$oz
  Campari $\frac{3}{4}$oz
- **가니쉬** Twist of Lemon Peel

Apple Martini
애플 마티니

- **글라스** Cocktail Glass
- **기법** Shake
- **재료** Vodka 1oz
  Apple Pucker
  (Sour Apple Liqueur) 1oz
  Lime Juice $\frac{1}{2}$oz
- **가니쉬** A Slice of Apple

Long Island Iced Tea
롱 아일랜드 아이스 티

Side Car
사이드카

Mai Tai
마이타이

Pina Colada
피나콜라다

Side Car
사이드카

- **글라스** Cocktail Glass
- **기법** Shake
- **재료** Brandy 1oz
  Triple Sec 1oz
  Lemon Juice $\frac{1}{4}$oz
- **가니쉬** 없음

Long Island Iced Tea
롱 아일랜드 아이스 티

- **글라스** Collins Glass
- **기법** Build
- **재료** Dry Gin $\frac{1}{2}$oz
  Vodka $\frac{1}{2}$oz
  Light Rum $\frac{1}{2}$oz
  Tequila $\frac{1}{2}$oz
  Triple Sec $\frac{1}{2}$oz
  Sweet & Sour mix $1+\frac{1}{2}$oz
  On Top with Cola
- **가니쉬** A Wedge of Lime or Lemon

Pina Colada
피나콜라다

- **글라스** Footed Pilsner Glass
- **기법** Blend
- **재료** Light Rum $1+\frac{1}{4}$oz
  Pina Colada Mix 2oz
  Fineapple Juice 2oz
- **가니쉬** A Wedge of fresh Pineapple & Cherry

Mai Tai
마이타이

- **글라스** Footed Pilsner Glass
- **기법** Blend
- **재료** Light Rum $1+\frac{1}{4}$oz
  Triple Sec $\frac{3}{4}$oz
  Lime Juice 1oz
  Pineapple Juice 1oz
  Orange Juice 1oz
  Grenadine Syrup $\frac{1}{4}$oz
- **가니쉬** A Wedge of fresh Pineapple(Orange) & Cherry

Cosmopolitan Cocktail
코스모폴리탄

Moscow Mule
모스코 뮬

Apricot Cocktail
애프리콧 칵테일

Honeymoon Cocktail
허니문 칵테일

Moscow Mule
모스코 뮬

- **글라스** Highball Glass
- **기법** Build
- **재료** Vodka $1+\frac{1}{2}$ oz
  Lime Juice $\frac{1}{2}$ oz
  Fill with Ginger Ale
- **가니쉬** A Slice of Lime or Lemon

Cosmopolitan Cocktail
코스모폴리탄

- **글라스** Cocktail Glass
- **기법** Shake
- **재료** Vodka 1oz
  Triple Sec $\frac{1}{2}$ oz
  Lime Juice $\frac{1}{2}$ oz
  Cranberry Juice $\frac{1}{2}$ oz
- **가니쉬** Twist of Lime or Lemon Peel

Honeymoon Cocktail
허니문 칵테일

- **글라스** Cocktail Glass
- **기법** Shake
- **재료** Apple Brandy $\frac{3}{4}$ oz
  Benedictine D.O.M $\frac{3}{4}$ oz
  Triple Sec $\frac{1}{4}$ oz
  Lemon Juice $\frac{1}{2}$ oz
- **가니쉬** 없음

Apricot Cocktail
애프리콧 칵테일

- **글라스** Cocktail Glass
- **기법** Shake
- **재료** Apricot flavored Brandy $1+\frac{1}{2}$ oz
  Dry Gin 1tsp
  Lemon Juice $\frac{1}{2}$ oz
  Orange Juice $\frac{1}{2}$ oz
- **가니쉬** 없음

Blue Hawaiian
블루 하와이안

Kir
키르

Tequila Sunrise
테킬라 선라이즈

Healing
힐링

Kir
키르

- 글라스: White Wine Glass
- 기법: Build
- 재료: White Wine 3oz
  Crème de Cassis $\frac{1}{2}$oz
- 가니쉬: Twist of Lemon Peel

Blue Hawaiian
블루 하와이안

- 글라스: Footed Pilsner Glass
- 기법: Blend
- 재료: Light Rum 1oz
  Blue Curacao 1oz
  Coconut flavored Rum 1oz
  Pineapple Juice $2+\frac{1}{2}$oz
- 가니쉬: A Wedge of fresh Pineapple & Cherry

Healing
힐링

- 글라스: Cocktail Glass
- 기법: Shake
- 재료: Gam Hong Ro(감홍로/40도) $1+\frac{1}{2}$oz
  Benedictine D.O.M $\frac{1}{3}$oz
  Crème de Cassis $\frac{1}{3}$oz
  Sweet & Sour mix 1oz
- 가니쉬: Twist of Lemon Peel

Tequila Sunrise
테킬라 선라이즈

- 글라스: Footed Pilsner Glass
- 기법: Build/Float
- 재료: Tequila $1+\frac{1}{2}$oz
  Fill with Orange Juice
  Grenadine Syrup $\frac{1}{2}$oz
- 가니쉬: 없음

Jindo
진도

Puppy Love
풋사랑

Geumsan
금산

Gochang
고창

Puppy Love
풋사랑

- 글라스   Cocktail Glass
- 기법   Shake
- 재료   Andong Soju(안동소주/35도) 1oz
  Triple Sec $\frac{1}{3}$oz
  Apple Pucker(Sour Apple Liqueur) 1oz
  Lime Juice $\frac{1}{3}$oz
- 가니쉬   A Slice of Apple

Jindo
진도

- 글라스   Cocktail Glass
- 기법   Shake
- 재료   Jindo Hong Ju(진도 홍주/40도) 1oz
  Crème de Menthe(White) $\frac{1}{2}$oz
  White Grape Juice(청포도 주스) $\frac{3}{4}$oz
  Raspberry Syrup $\frac{1}{2}$oz
- 가니쉬   없음

Gochang
고창

- 글라스   Flute Champagne Glass
- 기법   Stir
- 재료   Sunwoonsan Bokbunja Wine (선운산 복분자주) 2oz
  Triple Sec $\frac{1}{2}$oz
  Sprite 2oz
- 가니쉬   없음

Geumsan
금산

- 글라스   Cocktail Glass
- 기법   Shake
- 재료   Geumsan Insamju (금산 인삼주/43도) 1+$\frac{1}{2}$oz
  Coffee Liqueur(Kahlûa) $\frac{1}{2}$oz
  Apple Pucker(Sour Apple Liqueur) $\frac{1}{2}$oz
  Lime Juice 1tsp
- 가니쉬   없음

Gin Fizz
진 피즈

Fresh Lemon Squash
프레쉬 레몬 스쿼시

Virgin Fruit Punch
버진 프루트 펀치

Boulevardier
불바디에

Fresh Lemon Squash
프레쉬 레몬 스쿼시

- 글라스 Highball Glass
- 기법 Build
- 재료 Fresh squeezed Lemon $\frac{1}{2}$ea
  Powdered Sugar 2tsp
  Fill with Soda Water
- 가니쉬 A Slice of Lemon

Gin Fizz
진 피즈

- 글라스 Highball Glass
- 기법 Shake/Build
- 재료 Dry Gin $1+\frac{1}{2}$oz
  Lemon Juice $\frac{1}{2}$oz
  Powdered Sugar 1tsp
  Fill with Soda Water
- 가니쉬 A Slice of Lemon

Boulevardier
불바디에

- 글라스 Old-Fashioned Glass
- 기법 Stir
- 재료 Bourbon Whiskey 1oz
  Sweet Vermouth 1oz
  Campari 1oz
- 가니쉬 Twist of Orange Peel

Virgin Fruit Punch
버진 프루트 펀치

- 글라스 Footed Pilsner Glass
- 기법 Blend
- 재료 Orange Juice 1oz
  Pineapple Juice 1oz
  Cranberry Juice 1oz
  Grapefruit Juice 1oz
  Lemon Juice $\frac{1}{2}$oz
  Grenadine Syrup $\frac{1}{2}$oz
- 가니쉬 A Wedge of fresh Pineapple & Cherry

MEMO

MEMO

MEMO

이기적 강의는 무조건 0원!
이기적 영진닷컴

공부하다가 궁금한 사항은?
이기적 스터디 카페

이기적 유튜브 채널

유튜브에서 이기적 영진닷컴을 검색해보세요!

교재 연계 동영상 강의 | 저자 직강 무료 강의

시험 관련 특별 강의 | 그 밖의 다양한 콘텐츠

구독자 수 약 15만 명
업로드 영상 약 9천 개
누적 조회수 약 5500만 회

한번에 합격, 자격증은 이기적

이기적 스터디 카페

합격 전담마크! 추가 자료부터
1:1 Q&A까지 다양한 혜택 받기

CBT 온라인 문제집

연습도 실전처럼!
PC와 모바일로 언제든지 시험 연습

100% 무료 강의

QR 하나로 교재와 연계된
실기 과제 동영상 전부 무료

또기적 합격자료집

인증만 하면!
필기 모의고사 및 실기 꿀팁 제공

🔍 **이기적 스터디 카페**

홈페이지 : license.youngjin.com
질문/답변 : cafe.naver.com/yjbooks

🔍 **이기적 유튜브 채널**

@ydot0789 채널을 구독해 주세요!
15만 구독자와 약 10,000개의 동영상으로 합격을 준비하세요!

🔍 **이기적 카카오톡 플러스친구**

@이기적 친구를 추가해 주세요!
합격을 부르는 소식, 카톡으로 먼저 받아보고 혜택을 챙기세요!